Petra Zinke-Wolter

Spüren – Bewegen – Lernen

Handbuch der mehrdimensionalen Förderung
bei kindlichen Entwicklungsstörungen

Petra Zinke-Wolter

Petra Zinke-Wolter

Spüren – Bewegen – Lernen

Handbuch der mehrdimensionalen Förderung bei kindlichen Entwicklungsstörungen

borgmann

Danksagung

Zur Entstehung dieses Buches und seiner Überarbeitung habe ich viele Anregungen erhalten.

Mein Dank gilt allen Behandlungskindern, die mich durch ihre immer wieder neuen und ungewöhnlichen Reaktionen und Entwicklungssprünge „auf Trab" halten.

Mein Dank gilt den Eltern der Kinder, die mich mit ihren vielen Fragen ständig mein Wissen und meine Erfahrung hinterfragen lassen, so daß die Mehrdimensionale Entwicklungstherapie (ME-Therapie) flexibel und lebendig bleibt.

Ich danke meinem Mann, der viel Geduld hatte, mir zuzuhören und mich immer schnell gerettet hat, wenn der Computer meine Bedienungsfehler übel genommen hat. Mein Dank gilt Barbara Laistner und Hans von Waldenfels, durch deren Illustration das Buch an Lebendigkeit gewonnen hat.

Petra Zinke-Wolter

© 1992 by SolArgent Media AG, Basel

Veröffentlicht in der Edition:
borgmann publishing · Schleefstraße 14 · D-44287 Dortmund

© 1991 borgmann publishing Ltd., Broadstairs (UK)

6. Aufl. 2005
Gesamtherstellung: Löer Druck GmbH, Dortmund

Bestell-Nr. 8105　　　　　　　　　　　　ISBN 978-3-86145-191-4

Inhalt

Einleitung

Warum habe ich in dies Buch über das Spüren – Bewegen – Lernen geschrieben? Wie kann Spüren, Bewegen und Lernen als Methode vermittelt werden? Kann man überhaupt von einer „Methode" sprechen, bei einem Prozeß, der nicht „fertig" ist, der sich von Anfang an und immer noch weiter entwickelt?

Immer neue Erfahrungen durch die praktische Arbeit geben Impulse, neue wissenschaftliche Erkenntnisse fließen in die Praxis mit ein, die Fragen der Eltern lassen mich selbst immer wieder nachdenken und hinterfragen. Solange wir noch lernen, sind wir noch nicht alt, solange eine Therapie flexibel und verbesserbar ist, ist sie noch lebendig.

Als noch Lernende habe ich zunächst gezögert, ein Buch zu schreiben, weil eben noch nichts endgültig ist. Wer aber immer auf das Bessere wartet, schafft schließlich nicht einmal das Gute. In meiner Lehrtätigkeit und auf vielen Seminaren wurde ich immer wieder gebeten, die kindlichen Entwicklungsstörungen fachübergreifend und verständlich mit den entwicklungsgemäßen Hintergründen und Möglichkeiten der Förderung darzustellen.

Die Mehrdimensionale Neurophysiologische Entwicklungs-Therapie (ME-Therapie), vom Spüren und Bewegen zum Lernen ist meines Erachtens ein Thema, das nicht allein von einer Berufsseite aus gesehen werden darf. Dies Buch ist daher auch kein fachinternes.

Es richtet sich an alle Therapeuten und Pädagogen, die in der Entwicklungsförderung tätig sind, denn in diesem Bereich sollte jeder etwas von der Sicht und von dem Fachgebiet der Mitstreiter wissen und mehrdimensional denken. Das Buch richtet sich an interessierte Eltern, die Informationen suchen und mit diesem Wissen zu mitdenkenden und kompetenten Partnern in der Therapie werden. Das Buch richtet sich an Ärzte, die sich mit dem Bereich Frühförderung befassen und denen ich Aspekte und praktischen Erfahrungen aus der Therapie erläutern möchte. Kinder, Eltern, TherapeutInnen und Ärzte sind Partner in dem Prozeß der Entwicklung. Das Buch richtet sich an alle Leute, die an der Entwicklung des Kindes und seinem Lernen interessiert sind.

Ich habe bewußt in Deutsch und nicht in Fachlatein geschrieben, damit auch Laien nicht verzweifeln müssen. Alle notwendigen medizinischen Fachausdrücke sind in einem Fachverzeichnis oder an Ort und Stelle im Text erklärt.
Lesen Sie das ganze Buch nicht in einem Zug, lassen Sie sich Zeit zum „Verdauen". Ich habe es schließlich auch nicht „in einem Rutsch" geschrieben. Jeder kann sich beim Lesen heraussuchen, was ihn interessiert. Ein

Kapitel, das dem Laien vielleicht als zu fachlich erscheint, kann er getrost auslassen. Es stimmt nicht, daß man nichts mehr versteht, wenn man ein paar Seiten überliest. FachkollegInnen können die ihnen bekannten Abschnitte auslassen, oder sich beim Lesen am „Aha-Erlebnis" erfreuen. Sie werden viel Selbstverständliches finden, aber auch neue Aspekte in anderem Licht. Es ist erstaunlich, wieviel Selbstverständliches wir wissen und doch neu entdecken und verknüpfen können.

Ich habe bewußt darauf verzichtet, Rezepte und Übungsbeispiele zu geben. Viel zu groß ist die Gefahr, daß solche Beispiele nachgeahmt werden, daß durch schematisches Arbeiten das Kind der Therapie angepaßt wird anstatt umgekehrt. Viel wichtiger und hilfreicher erscheint mir, das Prinzip des Lernens, des Verlaufs der Entwicklung und seiner Störungen klar darzustellen.

Eine Bewegungsstörung ist keine Krankheit, die uns befällt, sondern ist ein Teil unserer Gesamtheit, die aus einer Disharmonie und Inkongruenz in der Entwicklung entsteht. Aus diesem Grund ist die Entwicklungsphysiologie, der Ursprung unserer Sinnes- und Bewegungsentwicklung mit ihrem Bezug zur Praxis so ausführlich dargestellt. Die prinzipiellen Therapieansätze der jeweiligen Störungsbilder und die Möglichkeiten der Förderung der einzelnen Entwicklungsstufen sind als Konzept, nicht als Rezept aufgezeigt und so zu verstehen.

Dieses Buch enthält viele Beispiele und Bilder. Beim Unterrichten habe ich oft erlebt, daß SchülerInnen die Theorie vielleicht vergessen haben, mir aber das passende Beispiel aus der Praxis richtig wiedergeben konnten. Also war mein eifrigstes Reden nutzlos ohne die plastischen Bilder. Die vielen Beispiele sollen Sie außerdem daran hindern, das Buch nach den ersten Seiten zu den vielen anderen ungelesenen Büchern zu stellen.

Das Buch, seit nunmehr zehn Jahren auf dem Markt, ist für TherapeutInnen, PädagogInnen und auch für Eltern eine wichtige Hilfe im Verstehen um die Zusammenhänge der Mehrdimensionalen Therapie. In diesem Jahrzehnt hat sich in der Therapie viel getan. Es wurde Zeit, das Buch völlig zu überarbeiten, denn durch die Erfahrung in der Praxis sind auch wir TherapeutInnen klüger geworden. Aktuelle wissenschaftliche Erkenntnisse der ganzheitlichen Sichtweise der kindlichen Entwicklung in seinem Umfeld, sowie der Neuroplastizität des Gehirns werden im vorliegenden Buch beschrieben und lassen die Einheit von Wahrnehmen, Bewegen und Lernen neu verstehen. Aus dem Spüren, aus der Verbindung der verschiedenartigen Informationen mit dem bereits Bekannten wird Lernen. Der Titel des Buches „Spüren – Bewegen – Lernen" hat also nichts von seiner Aktualität eingebüßt.

Petra Zinke-Wolter

1. Grundlagen

Über den Ursprung der Methode, Grundlagen der Mehrdimensionalen Neurophysiologischen Entwicklungstherapie (ME)

Nichts ist so praktisch wie eine gute Theorie (Kurt Levin).

Noch immer wird in der Fachwelt großer Wert auf die Feststellung gelegt, nach welcher Methode und Theorie die Therapie eines Kindes erfolgen sollte. Die TherapeutInnen erlernen aber meist nur eine Methode. Die Behandlungen erfolgen daher noch oft streng nach einer Methode, wobei immer die Gefahr besteht, daß das Kind an die Therapie angepaßt wird, die der Therapeut gelernt hat.

Feldkamp sagt dazu: „Die Methoden, die heute angewendet werden, sind aus dem Wirken von Wissenschaftlern hervorgegangen. Wir sagen, wir arbeiten nach Bobath, nach Kabat, nach Vojta. Noch ist es eine Zukunftsvision, daß wir eines Tages schlicht sagen könnten: Wir arbeiten nach den Erkenntnissen der Neurologie und Neurophysiologie."

Ein Baby, das im Alter von sechs Monaten von einer Seite auf die andere rollt, kümmert sich indes nicht um Theorien, sondern rollt nach ihm vorgegebenen Entwicklungsschritten. Alle bekannten Therapiemethoden, so unterschiedlich die Ansätze im Einzelnen auch sein mögen, haben viele Gemeinsamkeiten, was aufgrund unserer gemeinsamen evolutionären Herkunft und des gemeinsamen Zieles ja auch nicht verwunderlich ist.

Wie entsteht eine Therapiemethode?

Es gibt die Möglichkeit, eine Therapie theoretisch zu entwickeln und sie dann in die Praxis umzusetzen. „Es gibt bis heute noch keine Begründung für die Wirksamkeit von Physiotherapie auf das Hirn". Wenn wir den Satz vieler Neurophysiologen hören, werden wir allerdings am alleinigen Erfolg dieser Methode zweifeln müssen.

Es gibt die Möglichkeit der empirischen Entwicklung einer Therapie, wobei durch positive Erfahrungswerte aus der praktischen Arbeit ein neuer Weg gefunden wird, der später wissenschaftlich erklärt wird.

Die Methode der Mehrdimensionalen Entwicklungstherapie (ME) geht einerseits von den bestehenden neurophysiologischen Kenntnissen über den Aufbau und die Funktionen des Gehirns aus. Langjährige Erfahrung haben die neurophysiologische Erkenntnis bestätigt, daß die beste Möglichkeit des sensomotorischen Lernens durch Bahnung und Verknüpfung von peripheren Stimulationen besteht. Das Konzept der Mehrdimensionalen Therapie (ME) enthält Elemente von verschiedenen Therapien, die mit eigenen Erfahrungen verknüpft und entsprechend erweitert wurden. Es gibt einige Grundprinzipien in der ME-Therapie, die hier schon genannt sein sollen.

1.1 Die Förderung, orientiert am Entwicklungsstand

Um die grundsätzlichen Überlegungen der Therapie verstehen zu können, soll ein Beispiel zunächst die Entstehung pathologischer Bewegungsabläufe veranschaulichen:
Ein sechs Monate altes Baby will sich aus der Bauchlage aufrichten, weil es den Raum sehen will oder weil es zur Mutter krabbeln will. Nehmen wir an, der Entwicklungsstand seiner Armbewegungen sei verzögert, so daß es sich noch nicht auf seine Arme stützen kann. Wie kommt es trotzdem mit dem Kopf hoch?

Jeder kann das einmal selbst probieren: man muß den Kopf im Nacken nach hinten ziehen, der Rücken spannt sich dabei an bis in das Becken und bis in die Beine, die Knie heben sich von der Unterlage ab. Diese Aktion hat an sich noch nichts krankhaftes, jeder kann sie mit einiger Anstrengung ausführen. Bleibt dies aber die einzige Möglichkeit, den Kopf zu heben, um zu schauen, dann wird diese Bewegungsfolge zu einem zwanghaften Muster, das ausschließlich angewandt wird. Es gibt keine Alternative.

Das Gehirn lernt durch ständige Wiederholungen dieses Muster und prägt es sich über seine Dendritenverknüpfungen fest ein. Das Kind wird auf diese eine Weise nun auch alle weiteren Bewegungen versuchen und vielleicht sogar in irgendeiner Weise ausführen, wenn auch mit riesigem Kraftaufwand. Ein pathologisches Bewegungs- und Verhaltensmuster ist entstanden.

Fehler entstehen, wenn wir mehr tun als wir können, wenn für unsere Handlungen die notwendigen Voraussetzungen fehlen. Krankhafte Bewegungsmuster entstehen aus der Diskrepanz zwischen dem, was das Kind will und was es kann. Pathologische Abläufe fixieren sich schließlich, wenn diese „falsche" Aktion aus Mangel an anderen Möglichkeiten zwanghaft wiederholt wird.

Hier setzt nun unsere Therapiemethode an. Wenn das Kind einen Entwicklungsschritt zu überspringen droht oder schon übersprungen hat, gehen wir diesen fehlenden Schritt noch einmal mit ihm durch, wiederholen ihn mit Variationen, bis er vom Kind übernommen und in die weiteren Abläufe eingebaut wird.

Ein Kind, das in der Säuglingszeit die Stützreaktion der Arme nicht genügend durchlebt hat, und doch laufen lernt, wird noch Jahre später, wenn es stolpert, auf das Gesicht fallen. Es kann sich nicht schnell genug abstützen, weil die Entwicklungsstufe des Stützens damals übersprungen wurde!

Eine sinnvolle Förderung darf also nicht nach dem Kalenderalter, sondern nur parallel zum individuellen Entwicklungsstand des Kindes ablaufen. Was nützt eine Leiter, an der nur die obersten drei Stufen vorhanden sind? Was nützt sie uns, wenn wir unten sind, und wie sicher können wir sein, wenn wir oben sind?

1.2 Lernen mit Leichtigkeit

Wenn wir Bewegungsabläufe bahnen, dann gliedern wir sie zunächst in einzelne Phasen auf. Wir sehen, welcher Teilbereich der Bewegung noch fehlt für das Gelingen des gesamten Ablaufs.

Geben wir nun dem Kind die Hilfe, die es für die schwierige Phase der Bewegungshandlung braucht, so wird das Kind die Bewegung begeistert ausführen (jedes Kind ist bewegungsfreudig).

Voraussetzung dafür ist, daß der Bewegungsablauf, den wir bahnen, für das Kind dann leicht ist. Denn nur, was wir mit Leichtigkeit können, werden wir in unser Bewegungsrepertoire übernehmen.

1.3 Das Lernangebot mit Varianten

Ein weiteres wichtiges Prinzip ist das Lernangebot mit verschiedenen Varianten, um die Hirnverknüpfungen mannigfaltig herzustellen. Dadurch muß das Kind nicht immer stereotyp in gleicher Weise reagieren, sondern kann eine große Handlungsbreite zu erreichen. Wir vermitteln Lernen von verschiedenen Qualitäten und Wahrnehmungen. Eine Entwicklungsstörung betrifft immer mehrere Lernbereiche, auch wenn dies nicht offensichtlich ist. Es ist aber nicht ausschlaggebend, was wir als Krankheitsbild sehen, sondern wir müssen uns daran gewöhnen, wahrzunehmen, was das Kind spürt und wie es sich selbst spürt.

Ein Beispiel: wir sehen bei einem Kind mit einer Halbseitenparese die pathologische Gangbewegung des Fußes, die Beugespannung in Arm und Hand und vielleicht auch die asymmetrische Kopfhaltung. Aber wissen wir, wie das Kind seinen Körper spürt und wie es seine paretische Seite in sein Körperbild eingebaut hat? Kennen wir die Sensibilitätsunterschiede in der Hand und im Gesichtsbereich? Das Kind selbst kennt sie nicht und kann daher aus sich heraus seine Motorik nicht entscheidend verbessern, so eifrig es auch üben mag. Es wird sich immer wieder seinem Körperbild entsprechend bewegen und verhalten müssen.

Nur wenn wir die gesamte Sensorik durchgehend schulen, wenn das Kind lernt, seine Haut, seine Knochen und Gelenke, sein Gewicht und seine Beweglichkeit, also sein ganzes Ich zu spüren, dann kann es das von uns angebotene Bewegungsmuster mit seiner nun gewonnenen Sensibilität aufnehmen.

Ein Mädchen mit einer Hemiparese erklärte mir in der Therapiestunde nach den Ferien: „Ich habe meine Ferse verloren." Und wirklich, sie lief wieder in Spitzfußstellung ohne Fersendruck, obwohl diese Fehlhaltung vorher bereits weitgehend überwunden war. In den Ferien hatte sie nicht nur die Übungen, sondern auch ihr noch nicht sicheres Körperbild vergessen. Nach einer Stunde Arbeit, dem Sensibilisieren über Haut-, Muskel- und Gelenkrezeptoren und dem Aufbau des Bewegungsmusters, konnten die Funktionen wieder gelernt werden. Das war so schnell möglich, weil „nur" drei Wochen verloren waren. Den Kommentar nach der Stunde: „jetzt ist meine Ferse wieder da" konnte man im Gangbild deutlich wiederfinden, die Asymmetrie hatte sich verringert, der ganze Fuß stand wieder auf.

Die Förderung wird vielseitig gestaltet durch verschiedene, dem gleichen Zweck dienende Lernangebote, die das Kind aufnehmen, verknüpfen und benutzen kann.

Ein gesundes Baby kann sich auf verschiedenste Art und Weise vom Rücken auf den Bauch rollen. Es kann den Kopf drehen und in den Nakken nehmen, sich mit einem Bein abstützen und dann mit Hilfe der Arme die Drehung ausführen. Es kann auch die Beine an den Bauch heranziehen, zur Seite kippen und auf diese Weise mit oder auch ohne Ellbogenstütz rollen. Es kann aber auch, einem Arm über die Körpermitte zur anderen Seite herüberziehen und den Körper folgen lassen.

Welche der drei geschilderten Möglichkeiten ist nun „richtig"? Falsch wäre sicherlich, nur den Bewegungsablauf einzuüben, den der Therapeut nach seinem eigenen Körpergefühl als richtig empfindet. Unser Gehirn mit seinen vielen Verknüpfungen verleiht uns die Fähigkeit, den gleichen Vorgang auf verschiedenste Weise auszuführen. Diese dem Menschen eigene Vielseitigkeit zu fördern und zu erhalten ist wichtiger Bestandteil unserer Therapie. Mehrere Bewegungsalternativen zu kennen heißt, die Freiheit der Wahl und damit die größere Handlungskompetenz zu haben.

1.4   Die neurophysiologischen Grundlagen der Therapie

Die Förderung folgt dem hierarchischen Aufbau des Gehirns. Das Gehirn jedes Kindes reift entsprechend seiner Stammesentwicklung, die über Jahrmillionen bis heute weiter abläuft. Wir wiederholen in unserer individuellen

Entwicklung gewissermaßen im „Eilzugtempo" einen Teil dieser Stammesentwicklung.

Die phylogenetisch älteren Hirnteile, die für das Überleben, die Haltung, die
Streckreflexe und die Aufrichtung da sind, werden überlappt von neueren
Hirnteilen, die zum Teil „erst" fünfzigtausend Jahre alt sind. Sie garantieren
unsere Willkürmotorik, die Feinbewegungen und die sinnvolle Integration
von Wahrnehmung und Bewegung zu einer harmonischen Handlung.

Die neueren Funktionen sind die differenzierten, die wir lernen und immer
weiter verfeinern können. Die älteren gehen dadurch aber nicht verloren,
sie ruhen vielmehr und sind jederzeit bereit, wieder einzuspringen, wenn
die komplizierten und damit anfälligen Systeme einmal versagen.

Feldenkrais gibt dafür ein Beispiel: Ein Mann geht über einen Bürgersteig.
Er denkt an alles Mögliche und kann sich trotzdem wohl koordiniert bewegen. Eine Bananenschale auf dem Boden ändert seine Situation schlagartig. Er verliert die Kontrolle und sein Gleichgewicht. Er kann jetzt nicht
mehr denken, was er tun und wie er reagieren sollte. Er ist angewiesen auf
seine älteren Hirnteile, die schnell und sicher für ihn handeln, und ihm
seine aufrechte Haltung und sein Gleichgewicht wiedergeben.

„Die älteren Schichten sind zuverlässiger; sie funktionieren schneller und
brauchen weniger Lernzeit. Gilt es, das Überleben zu sichern, dann schal-
ten die neueren Schichten sich ab und lassen die früheren, verläßlicheren,
flinkeren Formationen ans Ruder. Die feineren, mannigfaltigeren, neueren
Partien werden das Kommando wieder übernehmen, wenn die Gefahr
vorüber ist. Die älteren Strukturen werden nicht abgebaut oder zerstört, sie
werden bloß latent und weniger offenkundig, bleiben aber unentbehrlich
für den Notfall."

Wir sollten daher nicht so überheblich von „Primitivfunktionen" sprechen.
Sie haben uns schon oft das Leben gerettet. Sagen wir doch lieber „Pri-
märfunktion", dann wird auch deutlich, daß wir diese Strukturen in unserer
Therapie nicht vernachlässigen oder gar durch Desensibilisieren zurück-
drängen dürfen.

1.5   Die sensomotorischen Grundlagen

Dieses weitere, wichtige Prinzip ergibt sich aus dem Aufbau der motorischen und sensorischen Hirnrinde.

Sensorik und Motorik sind die beiden Systeme des menschlichen Körpers,
ohne die der Vorgang des Lernens nicht vorstellbar ist. Ich stelle dabei
bewußt die Sensorik an den Anfang, weil sie zunächst die wichtigen Einflüsse für die Motorik vermittelt. Das Lernen der ersten 18 Monate läuft

über unsere sensomotorischen Bahnen ab. Schon Frostig und Piaget sprechen von der sensomotorischen Phase der ersten 18 Monate. Da die Entstehung einer Störung aber in diesen Zeitraum fällt, machen wir uns in der Therapie diese Art des Lernens zunutze.

Wir sehen, daß in der Hirnrinde für den Körper nur ein relativ kleines Areal angelegt ist, während die Assoziationsfelder für Hand, Mund und Mimik viel größer sind, weil die differenzierten Bewegungen von Hand und Mund größere Hirnareale brauchen. Unsere Therapie berücksichtigt diese Tatsache und setzt auch dort an, wo durch große Areale bessere Stimulationsmöglichkeiten gegeben sind. Zwar ist die Körpermotorik besser sichtbar und die hier auftretenden Störungen sind offenkundiger als zum Beispiel die Schwierigkeiten in der Feinmotorik oder in der Mimik. Aber es ist ein Irrtum, in erster Linie oder gar ausschließlich dort zu behandeln, wo Fehler am meisten auffallen. Dem Hand-Mundbereich, der als basale sensomotorische Erfahrung in der Entwicklung zuerst gelernt wird, schenken wir viel Aufmerksamkeit in der Therapie. Ziel der Therapie ist nicht, Bewegungen zu trainieren, sondern das Gehirn zu stimulieren, damit es seine Funktionen besser erfüllen lernt.

Lange Jahre war nicht bekannt, ob und wie im sensomotorischen System Impulse von der motorischen zur sensorischen Hirnrinde überspringen, wie also die Verbindung vom Input zum Output verläuft. Heute weiß man, daß die sensorische Hirnrinde motorische Einheiten enthält und umgekehrt, so daß *Spüren und Bewegen auch neurophysiologisch nicht mehr voneinander trennbar sind.*

Mit kalten Fingern, deren Sensibilität herabgesetzt ist, kann niemand geschickt hantieren, und jeder Pianist kann nur mit sensiblen Händen und flinken Fingern schnelle Läufe spielen. Sein typisches Händereiben vor dem Spiel ist aber nicht nur für die Durchblutung nötig, sondern ist auch Stimulation der taktilen Nervenbahnen der Hände. Die sensomotorische Re-Afferenz sorgt so dafür, daß die Impulse seine motorischen „Handlungen" und Geschicklichkeit verbessern. Umgekehrt erweitert die Verbesserung von Bewegungen unsere Sensibilität und macht uns unsere Fähigkeiten bewußter.

Durch die kombinierte Förderung von Sensorik und Motorik lernt das Kind eine feine Wahrnehmung, in der Fachsprache Perzeption genannt. An dieser Stelle sei eine Begriffsklärung erlaubt: „Sensibilität" sollte nicht mit „Empfindlichkeit" verwechselt werden. Unter Sensibilität soll vielmehr die Fähigkeit verstanden werden, Reize aufzunehmen und zu verarbeiten. Wahrnehmung oder Perzeption ist also nichts anderes als die Integration aller aufgenommenen Reize im Gehirn.

Durch quantitative und qualitative Erweiterung von Erfahrungen und ihre Verknüpfung und Verarbeitung wird letztlich ein intelligenteres Verhalten erworben. Mehrdimensionale Entwicklungstherapie ist also programmiertes Lernen und Voraussetzung für jedes weitere Lernen.

Zusammenfassung

1. Der phylogenetische Aufbau des Gehirns findet seine ständige Wiederholung in der ontogenetischen Entwicklung und damit in jeder Frühförderung. Die ME-Therapie begleitet das Kind parallel zu seiner sensomotorischen Entwicklung. Dies ist in der Frühtherapie möglich, wenn noch keine starren Bewegungsmuster fixiert sind. Die phylogenetisch älteren, primären Funktionen werden dabei in gleicher Wichtigkeit behandelt wie die entwicklungsgeschichtlich jüngeren Systeme.

2. Die Komplexität des Kindes und seines Zentralnervensystems verlangt eine komplexe Förderung. Durch die Mehrfachanlegung von Hirnfunktionen können wir Lernprozesse von mehreren Seiten und Qualitäten aufnehmen. Die Varianz in der Therapie betrifft die verschiedenen Eingangskanäle, über die wir stimulieren, genauso wie die vielfältigen Bewegungsabläufe, die wir anbahnen. Die Förderung führt nicht in Einzelbereichen von Fortschritt zu Fortschritt sondern verknüpft die Lernschritte aller aufnehmenden und ausführenden Funktionen zu einer neuen. Das Gehirn besteht nicht aus der Summe seiner Einzelleistungen sondern aus der Gesamtheit seiner Vernetzungen. Die Varianz in der Förderung hilft dem Kind, den für sich jeweils passenden nächsten Lernschritt zu gehen.

3. Die sensomotorische Förderung ist als Grundlage jeder und in Kooperation mit jeder weiteren Förderung zu sehen. Eine Entwicklungsstörung kann nie als lokales Ereignis gesehen werden, auch wenn sie für uns sichtbar so erscheinen mag. Jede Funktion wird zunächst sensorisch und neuromotorisch gebahnt, um später über die weiteren Rindenfelder zu einer sinnvollen Handlungsintegration gebracht zu werden. Die Relation der sensomotorischen Areale der Hirnrinde zueinander zeigt uns, daß unsere Förderung sich nicht primär nach der sichtbaren peripheren Störung, sondern vielmehr nach den neurophysiologisch – sensomotorischen Gegebenheiten im Gehirn richten muß.

2. Evolution

2.1 Vor Millionen Jahren..., die Evolution unserer Motorik

„Der Mensch ist die riskierte Form des Affen, die Menschheit balanciert seit Jahrtausenden und noch heute zwischen Vernichtung und Paradies." *(Konrad Lorenz)*

Jeder Mensch durchlebt in seiner persönlichen Entwicklung im Zeitraffertempo die Stammesentwicklung der Lebewesen. In der wissenschaftlichen Sprache wird sie mit Evolution bezeichnet.

Schon im Jahre 1866 hat Haeckel sein biogenetisches Grundgesetz aufgestellt, nach welchem die menschliche Ontogenese die Phylogenese in verkürzter Form rekapituliert.

Blechschmidt hat in seinem Buch „Wie beginnt das menschliche Leben" dieses feststehende Grundgesetz hingegen einen schwerwiegenden Irrtum genannt. Er sieht die Ontogenese „nicht als Entwicklung von innen nach außen im Sinne einer Evolution, sondern eine von außen angeregte und außen beginnende Abwandlung des Erscheinungsbildes des Organismus aufgrund anfänglich schnellen, dann langsameren und schließlich versiegenden Wachstums bei Erhaltung der Wesensart, d.h. der Individualität".

Henatsch spricht in einem neurophysiologischen Lehrdisput über Haltung und Bewegung als Kontrahenten und Partner in der Motorik: „Natürlich müssen wir die Besonderheiten der menschlichen Motorik im Auge behalten. Aber auch wir sind Kinder der Evolution, sind Überlebende dieses langsamen Auswahlprozesses der Natur. Unter der Oberfläche unseres heutigen menschlichen Verhaltens rumort noch vieles vom Erbe früher durchlaufener, unvollkommener Stadien, die von später entwickelten höheren Kontrollen einigermaßen verdeckt wurden. Wenn diese im Krankheitsfalle versagen, können die uralten Mechanismen hervorbrechen und für die Motorik des Patienten bestimmend werden."

2.2 Die drei Epochen der Evolution

Wenn wir die Entwicklung und damit auch die Entwicklungsstörungen des Menschenkindes verstehen wollen, ist es daher unabdingbar, etwas über die Evolution zu wissen.

Dazu gehen wir 400 Millionen Jahre zurück, gewissermaßen in die *erste Epoche unserer Entwicklung,* als es die ersten Fische und Wirbeltiere gab, deren Name darauf zurückzuführen ist, daß ihre Bewegungen von der Wirbelsäule aus gesteuert wurden. Diese Vertebraten waren noch in ihrer Rückenmarksmotorik gefangen. Über Jahrmillionen lernte dann das Wirbeltier, äußere Reize über Rezeptoren aufzunehmen und sie mit Motoneuronen, den Nervenzellen des Bewegungsapparates, zu verknüpfen. Die dadurch ausgelösten Bewegungen laufen noch automatenhaft ab: Es sind die ersten Reflexe. Aus solchem ersten „Problemlösungsverhalten" aufgrund von Umweltreizen entstehen im Laufe von Jahrmillionen die Schutzreflexe.

Bei den Lurchen tauchen in der Evolution dann die Muskelspindeln auf, bei deren Dehnung Impulse an die Arbeitsmuskulatur gegeben werden. Die Muskelfasern ziehen sich zusammen, (kontrahieren sich), wodurch die Dehnung der Spindel nachläßt. Die erste effektive Arbeit gegen die Schwerkraft beginnt.

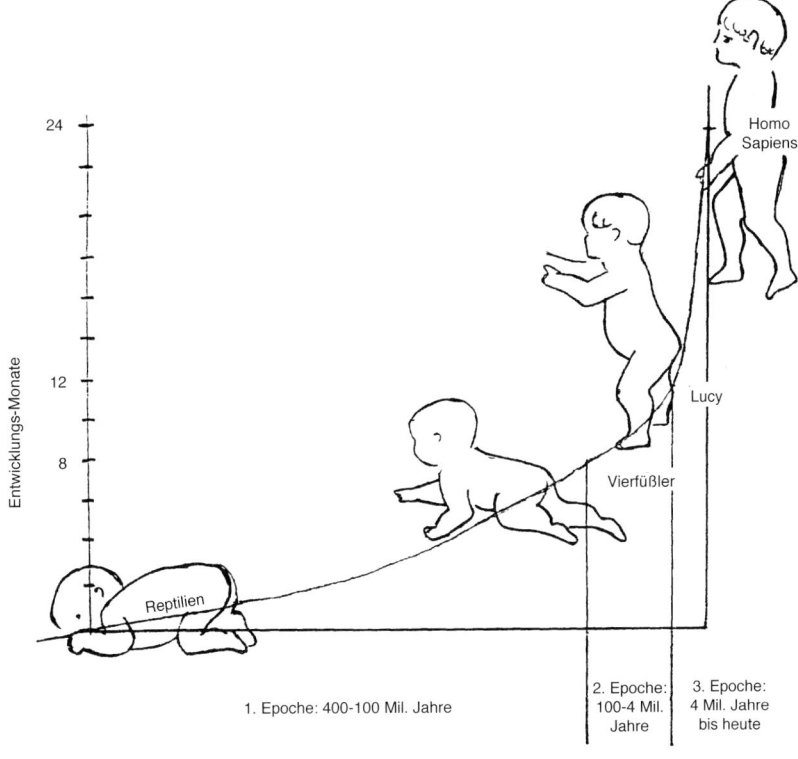

Abb. 1: Die statomotorische Aufrichtung eines Kindes von der Geburt bis zum 24. Monat in Relation zur Evolution von 400 Millionen Jahren. Die Skizze zeigt auch, wie schnell die Stammesentwicklung vom ersten Zweifüßler bis heute verlaufen ist – bezogen auf die gesamte Evolution

Die *zweite Epoche* in der Entwicklung der Motorik liegt in dem Zeitabschnitt vor 300 bis 3 Million Jahren. Über die Rückenmarksmotorik der Wirbeltiere entwickelt sich der Hirnstamm mit der formatio reticularis, dem Sitz unserer Überlebensfunktionen. Von nun an kontrollieren diese Hirnteile die Haltungsreflexe und die Stützmotorik. Bewegung ist demnach eine Kette von unzählig vielen Haltungsmustern.

Ist in einer solchen Kette eine einzige Haltung unzureichend, bricht die Bewegung ab und es kommt zum Sturz. Dieses Phänomen kennen wir selbst aus eigener Erfahrung nur zu gut.

Zunächst ist in dieser frühen Phase der Evolution Haltung zwar möglich, sie hemmt jedoch noch die Bewegung. Es ist also entweder Aufrichtung ohne Bewegung als starre Haltung gegeben oder Bewegung ohne Aufrichtung als bloßer Schutzreflex.

Wir kennen alle die Wachtposten, die in aufrechter und strammer Haltung vor Palästen stehen; auf Befehl absolut ohne Bewegung. Das Strammstehen aber macht den Posten Angreifern gegenüber völlig hilflos. Wollte er sich schnell fortbewegen, fliehen oder angreifen, müßte er sich zunächst aus der starren Haltung heraus in eine flexiblere Start- oder Schutzstellung begeben. Mit Haltung allein kann keiner überleben. Die Haltung selbst muß beweglich sein, um Bewegung in jedem Augenblick halten zu können.

Im Laufe der zweiten Epoche entwickelt sich dann die gesamte Motorik von der ausschließlichen Stützmotorik zur mehr zielmotorischen Funktion. Die Bewegungen verlaufen aber noch unwillkürlich, also ohne steuernde Bewußtheit. Sie sind vielmehr vom Limbischen System, dem Urverstand und Instinkthirn, geprägt.

Die Voraussetzungen für den Übergang zum Vierfüßler vor etwa 100 Millionen Jahren wurden dadurch geschaffen, daß die Aufrichtung gegen die Schwerkraft nicht mehr nur als isolierte Aktion funktioniert, sondern mit der Fortbewegung kombiniert wird, um ein Überleben zu gewährleisten, um fliehen, angreifen oder jagen zu können. Dieses ist die Phase der Vierfüßler und der späteren Säugetiere.

Beobachten wir beispielsweise eine Katze, wie sie mit ihren unwillkürlichen Bewegungen sicher und geschickt auf einen Baum springt. Ihre Sinne sind wach und gespannt, Geruchssinn, Gehör und Tastsinn sind in voller Aktion. Alle diese für das Tier lebenswichtigen Wahrnehmungen und Bewegungen geschehen ohne Verstandeskontrolle (subkortikal). Die Katze als nahezu vollkommene Gattung der zweiten Entwicklungsepoche, hat deshalb bis heute überlebt, weil sie aus der Evolution viel gelernt hat und sich hoch differenziert entwickelt hat.

Die dritte Epoche beginnt vor 4-3 Millionen Jahren mit der Aufrichtung in die Senkrechte zum Zweifüßler und reicht bis in unsere Zeit hinein. Es gibt aus dieser Zeit erste Skelettfunde von Zweifüßlern, einer davon ist der einer Frau, die unter dem Namen „Lucy" berühmt wurde.

Lucy hatte ein Hirnvolumen von 500 ml. Der Vergleich mit der heutigen Größe des Gehirns von ungefähr 1500 ml berechtigt uns zu dem Schluß, daß wir aus dieser, ursprünglich zufälligen Aufrichtung in die senkrechte Haltung vieles gelernt haben.

(1)   (2)   (3)   (4)

Abb. 2: Die Entwicklung der Aufrichtung (1) vor 18-10 Millionen Jahren (Halbaffe), (2) vor 4-3 Millionen Jahren (Lucy, Bipedie), (3) vor 1,8 Millionen Jahren (homo habilis, Werkzeuge), (4) vor 100.000 Jahren bis heute (homo sapiens, Wohnstätten)

Die Aufrichtung des Körpers von vier Füßen auf zwei hat natürlich auch die Haltung des Kopfes zum Körper radikal verändert. Im Vierfüßlerstand muß der Kopf weit in den Nacken gelegt werden, um den Blick nach vorn zu ermöglichen. Unsere Kopfhaltung in der Senkrechten prägt unsere Fernsinne und die Raumwahrnehmung, da die Augen jetzt weit in den Raum sehen können. Sie bedingt auch eine veränderte Kehlkopfstellung, der wir unsere Fähigkeit zu Sprechen verdanken. Wir können das leicht nachempfinden, wenn wir nur einmal mit weit zurückgebeugtem Kopf versuchen zu sprechen.

Nach der Aufrichtung hat es dann allerdings noch hunderttausende von Jahren gedauert, bis wir die Lautsprache erlernt haben.
Lorenz: „In der Evolution war zunächst ein Sprachanfang, der vom Gehirn gebildet wurde, dann hat die Sprache aber das Gehirn geprägt." Mit der Sprache wird eine neue Informationsstufe erreicht, abstrakte Begriffe wer-

den geschaffen und faßbar gemacht. Durch die Sprachfähigkeit hat sich sekundär das Hirnvolumen noch enorm weiter vergrößert.

Unsere Motorik hat sich im Laufe der letztem Jahrmillionen dann über die sensomotorische Gegenkontrolle immer weiter verfeinert, bis zu unseren heutigen Haltungs- und Bewegungsmustern. Dadurch, daß die Hände nicht mehr am Boden verhaftet waren, konnten sie lernen, immer geschickter zu greifen, zu hantieren und durch Gestik mit zu kommunizieren.

Damit ist der aktuelle Stand der Evolution erreicht. Es ist wahrscheinlich, daß sie keineswegs abgeschlossen ist. Die Veränderungen spielen sich jedoch in so großen Zeiträumen ab, daß wir sagen können, der Mensch hat sich in den letzten dreißig- bis fünfzigtausend Jahren in seiner Grundstruktur nicht mehr entscheidend verändert.

2.3 Drei Gehirne aus der Evolution

Der Aufbau unseres Gehirns entspricht dieser evolutionären Entwicklung. Es besteht nach Henatsch aus den drei Teilen, die den oben geschilderten Epochen zugeordnet werden können. Der heutige Mensch hat sozusagen drei Gehirne übereinander, die wir im Anatomiebuch auch tatsächlich erkennen können:

1. Das Reptilhirn, das entwicklungsgeschichtlich dem Stammhirn zuzuordnen ist und unsere Haltung oder posturale Kontrolle ermöglicht.

2. Das Gehirn des Ursäugers, dem heute unser limbisches System, unser „Emotionalhirn" entspricht. Es ist als „Urverstandeskontrolle" verantwortlich für die unwillkürliche Motorik und die unbewußte und instinktive Kontrolle.

3. Das Gehirn des Neusäugers, das Großhirn, von dem die Verstandeskontrolle, die willkürlichen Bewegung und unser bewußtes Erleben ausgehen, und das heute alle anderen Hirnteile überlappt. Dies bedeutet jedoch nicht, daß das Großhirn die Funktionen der anderen Hirnteile ganz ersetzen kann.

Die drei Gehirne arbeiten nicht streng hierarchisch übereinander, sondern wirken bei allen neurophysiologischen Aktionen immer zusammen.

Alle unsere Handlungen sind von der Gesamtheit des Nervensystems beeinflußt. Auch wenn wir versuchen, ausschließlich nach dem rationalen Denken unseres Großhirns zu handeln, werden unsere Urverstandeskontrolle und unser Instinkt, also die subkortikalen Zentren immer mitbestimmen, ja sogar in Gefahrensituation die Herrschaft übernehmen, um unsere Sicherheit zu garantieren.

3. Hirnaufbau

3.1 Ein Spaziergang durch unser Gehirn

Nach dem entwicklungsgeschichtlichen Überblick möchte ich Sie zu einem Spaziergang durch unser Gehirn einladen.

Es wäre sinnlos, die Hirnteile auswendig zu lernen, vielmehr möchte ich Ihnen das Gehirn analog zu seinem Aufbau beschreiben und dabei seine Funktionen erklären. So können Sie die Arbeitsweise des Gehirns verstehen und damit auch den Aufbau einer Therapie nachvollziehen.

Die Hirnforschung versuchte über viele Jahrzehnte, das Gehirn zu verstehen, indem sie Lokalisationen für Hirnfunktionen festlegte. Dies geschah weitgehend durch klinische Erkenntnisse, es wurden nach Hirnläsionen mit

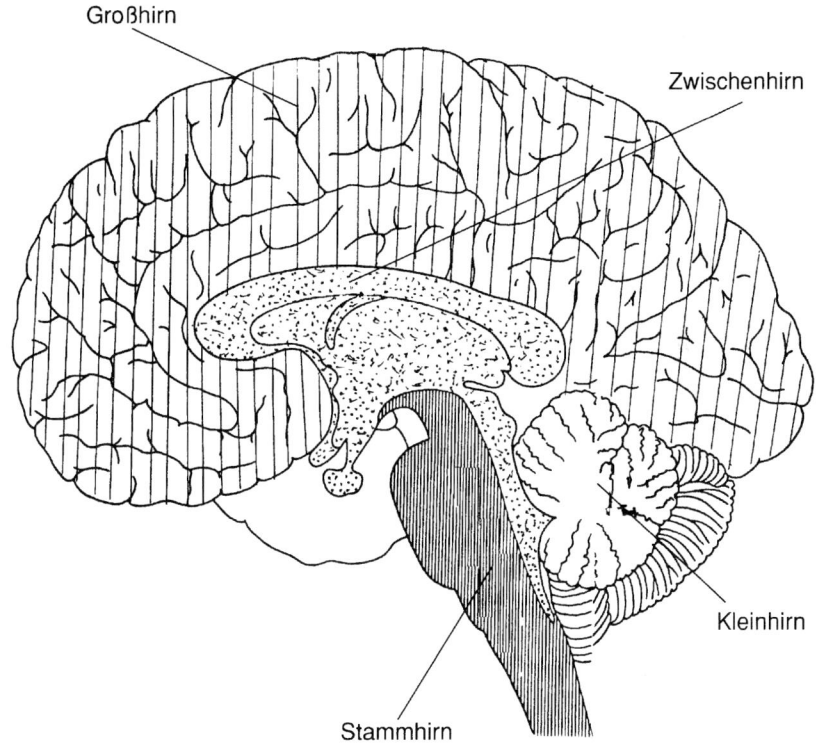

Abb. 3: Der seitliche Schnitt durch das Gehirn spiegelt seinen evolutionsmäßigen Aufbau wider (aus: Brüggebors, Einführung in die Holistische Sensorische Integration Teil 1, borgmann publishing, Dortmund 1992)

den entsprechenden Funktionsstörungen „Landkarten" des Hirns erstellt. Wir lernten einzelne Hirnteile mit ihren Zuständigkeiten und die daraus folgenden Störung bei einer Schädigung. Die Theorie erschien sehr einfach, jedoch funktionierte sie in der Realität nicht immer. Denn erstens gibt es noch viele blinde Flecken auf der Landkarte des Gehirns und zweitens ist das klinische Bild oft ganz anders, als nach der Lokalisation der Schädigung zu erwarten wäre.

Ein Beispiel: in der beim Rechtshänder dominanten linken Hirnhälfte liegen das sensorische und motorische Sprachzentrum. Beim linksseitigen Schlaganfall ist daher die rechte Körperseite (Hemiparese) und die Sprache gestört (Aphasie). Wie kann es dann passieren, daß Kinder mit einer rechtsseitigen kompletten Hemiparese keinerlei Sprachstörungen zeigen? Wir müssen erkennen, daß unsere Sprache sehr komplex angelegt ist und eben keinen „festen Wohnsitz" im Gehirn hat. Unser Nervensystem verfügt über vielfältige Kompensationsmöglichkeiten, wie wir immer wieder in der Praxis erleben.

Als weiteres Beispiel, das das ganzheitliche Zusammenwirken unseres Nervensystems deutlich macht, kann das Gleichgewicht genannt werden. Nach der Lokalisationstheorie ist das Kleinhirn für die Gleichgewichtsregulation zuständig. Tatsächlich aber ist das ganze Nervensystem in allen Entwicklungsschichten daran beteiligt, daß wir nicht aus dem Lot geraten.

- bereits die Muskelfasern reagieren auf Zug und Dehnung mit ausgleichender Spannung,
- das Stammhirn mit seinen Reflexen hält uns in der Aufrichtung,
- das Kleinhirn steuert das Gleichgewicht und die Bewegungskoordination und hält die Verbindung zu allen anderen Hirnteilen,
- durch die visuelle und auditive Ausrichtung im Raum wird das Gleichgewicht automatisch beeinflußt,
- dosierende und vegetative Anteile der Mittel- und Zwischenhirnkerne steuern unser Gleichgewicht,
- auch das Limbische System mit seinen emotionalen Anteilen hilft mit; denken wir an die doppelte Bedeutung des Ausdrucks „im Lot sein",
- die rechts-links Koordination unserer Großhirnbrückenfunktion gibt uns das Gefühl für die Mitte,
- und schließlich erlebt unser Großhirn das Gleichgewicht bewußt und kann kompetent reagieren.

Alle diese Impulse treffen sich als neuronale Zusammenkunft zur Gleichgewichtssicherung und damit sicheren Bewegungsmöglichkeit. *Wir sprechen von der Holistischen Theorie der Hirnfunktionen im Gegensatz zur*

Lokalisationstheorie. Handelte sich das nun um einen rein wissenschaftlichen Disput, so könnten wir das Thema beruhigt ruhen lassen. Für die Therapie bedeutet aber die neue holistische Sichtweise des Gehirns ein völlig neues Denken. Es ist nicht so sehr entscheidend, welche Zentren geschädigt sind, sondern welche Kompensationsmöglichkeiten gegeben sind und genutzt werden können. Auch hierzu kann ich ein Beispiel aus der Praxis geben:

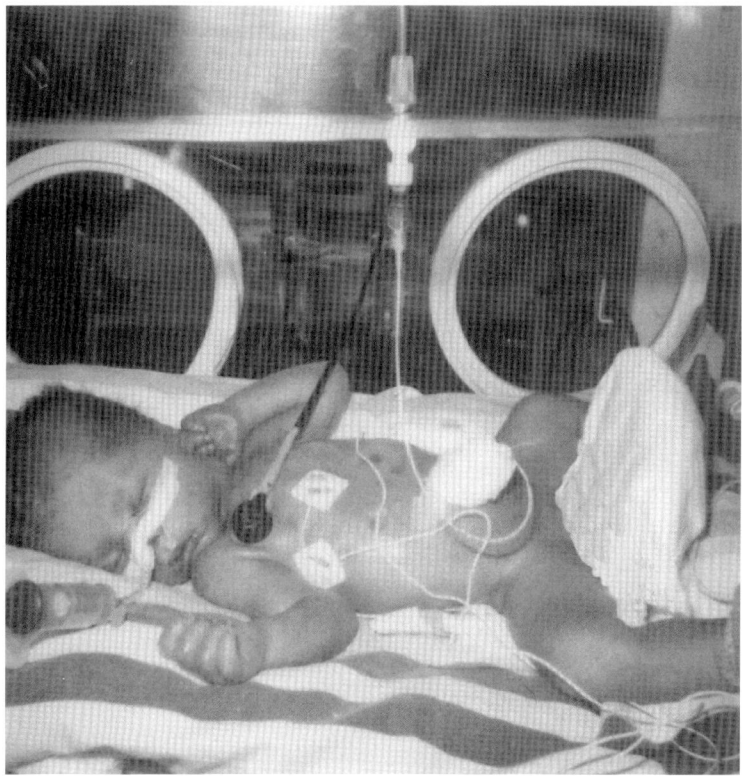

Abb. 4: Clemens, nach seiner Geburt im Inkubator

Clemens wird als Frühgeburt mit einem Gewicht unter 1800 g geboren. Als zusätzliche Komplikationen zeigten sich:
- Postpartale Anpassungsstörung,
- Neugeborenengelbsucht (Hyperbilirubinaemie),
- Netzhautschädigung
- Cerebrale Anfälle
- Auffälliges CT, Hypoplasie der Temporallappen beidseitig

Die kinderneurologische Untersuchung ergab
- Lagereaktionen pathologisch
- Primärreflexe schwach ausgeprägt

Keine Anamnese, die Mut macht, und doch hat sich Clemens mit therapeutischer Hilfe völlig normal entwickelt. Da unsere Entwicklungsfunktionen alle mehrfach angelegt sind und weil die Therapie früh begonnen hat, konnte sein Gehirn die vielen Kompensationsmöglichkeiten, die ihm gegeben sind, nutzen.

Abb. 5: Clemens, ein gesundes Kleinkind, erkundet die Welt

Obwohl wir das Gehirn als funktionale Einheit sehen, werden wir uns für unseren Spaziergang durch das Gehirn dennoch den einzelnen Hirnteilen zuwenden, denn ohne die Einzelteile wird das Ganze nicht verständlich.

3.2 Vom Rückenmark zum Stammhirn

Das Rückenmark kann man sich als Kabelbündel vorstellen, durch das sensorische Reize von der Peripherie zum Gehirn aufwärts geleitet werden („afferent"), wobei für die verschiedenen Reizqualitäten unterschiedliche Leitungen angelegt sind. Die taktilen Reize werden über die Vorderseitenstrangbahn geführt, während die tiefensensiblen Reize über die Hinterseitenstrangbahnen laufen. Vom Gehirn zur Peripherie werden die motorischen Impulse durch das Rückenmark zur Muskulatur geleitet („efferent").

In dem jeweiligen Segment der Wirbelsäule, in dem die Nervenbahnen austreten, werden die efferenten, motorischen Reize über Schaltstellen (Synapsen) auch auf benachbarte Leitungen übertragen. So beeinflussen sich Bewegungen untereinander und bleiben kein isolierter Vorgang. Für jedes Bewegungslernen ist dies von großer Bedeutung.

An das obere Rückenmark schließt sich das Stammhirn an, der entwicklungsgeschichtlich älteste Hirnteil, der die primären Überlebensfunktionen und die Haltung sichert und gleichzeitig die Verbindung zu den höheren Hirnteilen herstellt.

Eine Besonderheit der „Datenübermittlung" zwischen Gehirn und Rückenmark liegt darin, daß an einer verdichteten Stelle oberhalb des Rückenmarks, der sogenannten Medulla oblangata mit der Brücke (Pons) alle motorischen und sensorischen Bahnen kreuzen. Die rechte Körperseite wird von der linken Hirnhälfte gesteuert und umgekehrt. Da die Gesichtsnerven oberhalb der Brücke austreten, verlaufen deren Bahnungen ungekreuzt auf derselben Seite. Dies ist der Grund, weshalb beispielsweise ein Schlaganfall mit Blutung in der linken Hirnhälfte Lähmungserscheinungen in der rechten Körperhälfte aber in der linken Gesichtshälfte zeigt.

Die Pons, zu deutsch „Brücke", trägt ihren Namen auch zu Recht als der Stammhirnteil, der viele Verbindungsfunktionen übernommen hat. Sie verbindet die beiden Kleinhirnhälften, das Großhirn mit dem Kleinhirn, das Großhirn mit dem Rückenmark und schließlich die Pyramidenbahn mit dem Großhirn und den Hirnnervenkernen.

Im Stammhirn werden vegetativ Atmung und Kreislauf gesteuert, sowie die Bahnung der Fremdreflexe. Verletzungen des Stammhirns führen daher zu schwersten Ausfällen, die ein eigenständiges Leben unmöglich machen. Stammhirnverletzte, zum Beispiel nach Autounfällen, sind daher bewußtlos, ohne eigene Atemsteuerung und ohne Hilfe nicht lebensfähig.

Im Stammhirn beginnt ein netzartiges Gewebe von Nervenzellen, die Formatio reticularis. Sie verbindet Stammhirn, Kleinhirn und Mittelhirn. Sie koordiniert und integriert deren Kontrollfunktionen. Wir werden später sehen, daß es ein ähnliches Verbindungssystem auch für die höheren Hirnstrukturen gibt. Die Formatio reticularis gehört zu dem primären Kontrollsystem für die lebensnotwendigen Funktionen wie Kreislauf, Atmung, Herzrhythmus, Verdauung. Durch die Formatio reticularis geht ein ständiger Strom von Sinnesreizen aus der Peripherie zum Großhirn.

Man spricht auch von dem retikulären Aktivationssystem (RAS), das sensorische Reize nach Wichtigkeit „sortiert" und so gefiltert an die Bewußtheit weiterleitet. Dadurch werden der Bewußtheitszustand und der Schlaf-Wach-Rhythmus beeinflußt.

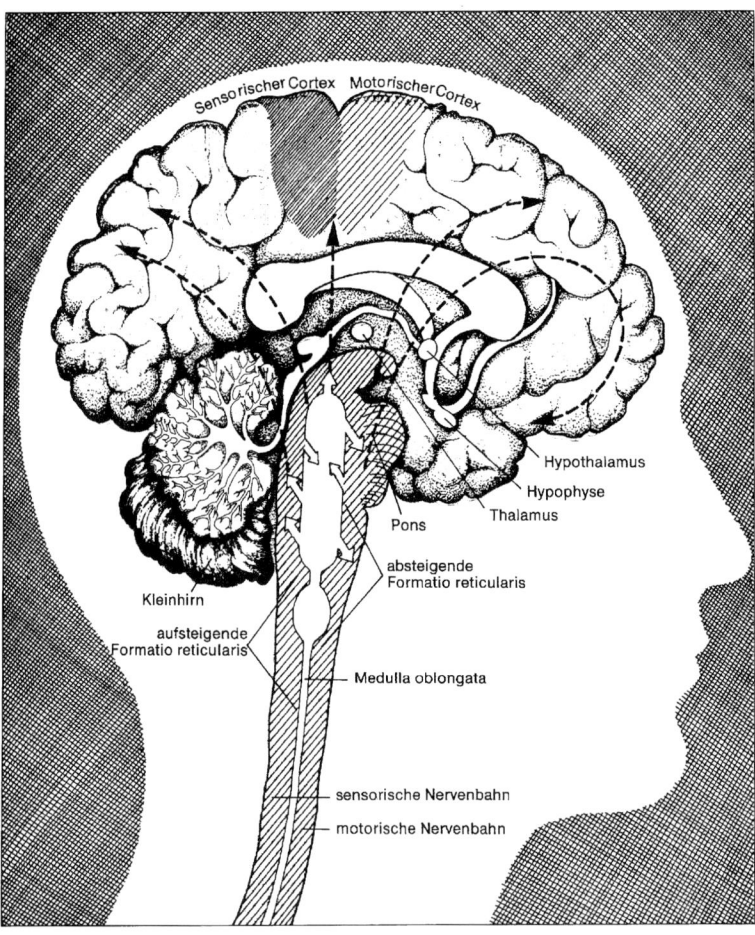

Abb. 6: Das retikuläre Aktivationssystem (RAS) (aus: Hampden-Turner, Modelle des Menschen, Beltz, Weinheim und Basel [2]1991)

30

Die bisherigen Beschreibungen machen bereits deutlich, wie der Aufbau des Gehirns durch seine Funktionen bestimmt ist. Das Gehirn ist eben gewachsen durch seine immer differenzierteren Möglichkeiten. Alle Hirnteile, die sich nacheinander entwickelt haben, stehen miteinander in Verbindung und arbeiten eng zusammen.

3.3 Das Kleinhirn, unser Gleichgewichts- und Verbindungshirn

Hinter dem Stammhirn liegt das Kleinhirn, das „Cerebellum". Es ist entwicklungsgeschichtlich als unser früheres Großhirn zu sehen; es ist diesem sogar in seinem anatomischen Aufbau ähnlich. So hat auch das Kleinhirn, wie das Großhirn alte und neue Anteile und besteht auch aus einer rechten und einer linken Hemisphäre.

Abgesehen von der Aufteilung des Kleinhirns in zwei Hemisphären unterscheiden wir noch das ältere Archicerebellum (Urkleinhirn) und das genetisch jüngere Neocerebellum. Das Ältere ist besonders für die das Lageempfinden und die Tiefensensibilität verantwortlich. In der Entwicklungsgeschichte war es einmal neben dem Stammhirn unser Haupthirn. Das Neocerebellum hingegen schafft die Verbindung von dem Kleinhirn zu allen übergeordneten Zentren bis hin zum Frontalhirn, dem in der Evolution zuletzt erworbenen Hirnteil, das auch für planendes Handeln zuständig ist.

Das Kleinhirn hat demnach folgende Aufgaben:
• es gibt uns das Lageempfinden für unseren Körper, also die Tiefensensibilität.
• Es koordiniert und harmonisiert unsere Bewegungsabläufe und kontrolliert alle motorischen Leistungen.
• Es hilft bei der Bewegungsplanung und bei der Erinnerung und Speicherung von Bewegungsreaktionen
• Es programmiert die zeitlichen Abläufe (timing) und damit die Bewegungssequenzen.
• Es ermöglicht uns dadurch besonders die schnellen rhythmischen Umschaltungen von Bewegungen (Diadochokinese).
• Es hält uns im Takt mit unseren Bewegungen, hilft aber auch bei der Messung von Zeitintervallen.
• Es kontrolliert das Gleichgewicht in Verbindung mit dem Labyrinth im Ohr.
• Es sichert unsere Orientierung im Raum.

All dies geschieht zunächst automatisch, ohne unsere Bewußtheit. Und doch werden alle diese Wahrnehmungen über das Neocerebellum an das

Großhirn gemeldet, so daß wir sie bewußt spüren und in unsere Handlungen mit einfließen lassen können. Die vielfältigen Möglichkeiten dieses Hirnteils werden besonders deutlich, wenn wir an typische Störungen denken, die bei einer Schädigung des Kleinhirns auftreten:

- Die *Ataxie* zeigt sich durch einen torkelnden Gang, durch ausfahrende Bewegungen und Gleichgewichtsstörungen, die besonders bei fehlender Augenkontrolle deutlich werden.
- Bei der *Adiadochokinese* fehlt die Fähigkeit der schnellen Richtungswechsel von Bewegungen wie zum Beispiel beim rhythmischen Klatschen nach Musik.
- Die *Dyssynergie* bezeichnet eine Störung des koordinierten Zusammenspiels der Muskelgruppen.
- Bei der *Dysmetrie* ist das gezielte Ausmaß von Bewegungen gestört, ein Patient hebt das Bein zu hoch und undosiert an, wenn er auch nur über einem Strohalm gehen soll.
- Die *Dyspraxie* zeichnet sich aus durch die mangelhaft Fähigkeit, Bewegungsplanung auszuführen und Bewegungsaufforderungen nachzukommen.

3.4 Die Integration im Mittel- und Zwischenhirn

3.4.1 Die Formatio reticularis und die Mittelhirnkerne

Das Mittelhirn (Mesencephalon) enthält hauptsächlich Kerne mit vegetativen Funktionen, also phylogenetisch frühe Fähigkeiten und wieder Verbindungsanteile:

Die Formatio reticularis, wir kennen sie schon vom Stammhirn. Sie zieht sich auch durch das Mittelhirn, wiederum als Verbindunsgitter verstreuter Ganglienzellen. Hier sind ihre Aufgaben:

- Das Schlaf- Wachzentrum, wobei interessant ist, daß bereits hier durchaus differenziert wird, welche Laute uns aus dem Schlaf aufschrecken lassen. So wird eine Mutter schon beim leisen Geräusch ihres Kindes wach, während andere, viel lautere Geräusche sie nicht wecken.
- Die vegetativen Funktionen, wie die Adrenalinausschüttung bei Alarmbereitschaft unseres Körpers
- Die Steuerung der Haltung und Stützmotorik des Gammamotoneuronensystems.
- Die Förderung der Impulse vom Großhirn, vom Mittelhirn und Kleinhirn.

Kerngebiete

Der Nucleus ruber (roter Kern, so genannt wegen der roten Färbung) gilt als Verbindungskern mit dosierender Funktion zwischen Großhirn, Kleinhirn und Rückenmark.

Die Substantia nigra („schwarze Substanz") stellt die Verbindung zu den Augenmuskelkernen und zum Vestibularapparat her mit einer Dosierfunktion ähnlich der des roten Kernes.

In dieser Etage des Gehirns beginnt also ganz deutlich die Dosierung der Sensorik und Motorik, die im nächst höheren Abschnitt noch weiter verfeinert wird.

3.4.2 Das Zwischenhirn

Das Zwischenhirn (Diencephalon) liegt über dem Mittelhirn, gehört jedoch noch dazu. Es enthält Kerngebiete, von denen einige in ihren Funktionen kurz beschrieben werden sollen:

Der Thalamus (graue Kernmasse des Zwischenhirns)
- verarbeitet alle sensorischen Impulse aus der Peripherie, so daß wir sinnvoll reagieren können,
- integriert Reize wie Schmerz, Angst, und ihre Zuleitung zur Hirnrinde,
- leitet Impulse an die dazugehörigen Seh- und Hörfelder der Großhirnrinde,
- koordiniert über die Sensorik die Großhirnmotorik, ist also ein wichtiges Umschaltzentrum für die Sensorische Integration,
- steht in Beziehung zur Geruchswahrehmung und damit zum Limbischen System, so daß hier schon die Willkürmotorik auch über das emotionale System gesteuert wird.

Störungen des Thalamus führen zu ungesteuerten Bewegungen, Athetose genannt, aber auch zu Integrationsstörungen sensorischer und emotionaler Art. Wegen der Verbindungen zu den Hörfeldern besteht auch die Gefahr einer zentralen Hörstörung.

Der Hypothalamus, (entwicklungsgeschichtlich älterer Kern, unterhalb des Thalamus)
- steuert die vegetativen Funktionen wie Wasser- und Stoffwechselhaushalt und die Atmung, Funktionen also, die über die bloßen Überlebensfunktionen hinausgehen.
- steuert zusammen mit der Hypophyse, der Hirnanhangsdrüse unseren Hormonhaushalt.
- koppelt das Großhirn mit dem Limbischen System und verbindet damit das Emotionale und das Bewußte.

Die Aufgaben des *Pallidum* (blasser Kern) liegen in der extrapyramidalen also der unbewußten Motorik. Störungen im Pallidum führen zum Parkinsonismus, der Erkrankung, bei der die unwillkürlichen Bewegungen beeinträchtigt sind.

Das Zwischenhirn ist die Stelle höchster Input-Konzentration. Bis zum Zwischenhirn werden alle eintreffenden Informationen nach Möglichkeit gebündelt und zusammengeführt. Erst im weiteren Verlauf zum Großhirn kommt es zu einer extremen Auffächerung der Reize und zur Spezialisierung in den verschiedenen Hirnarealen.

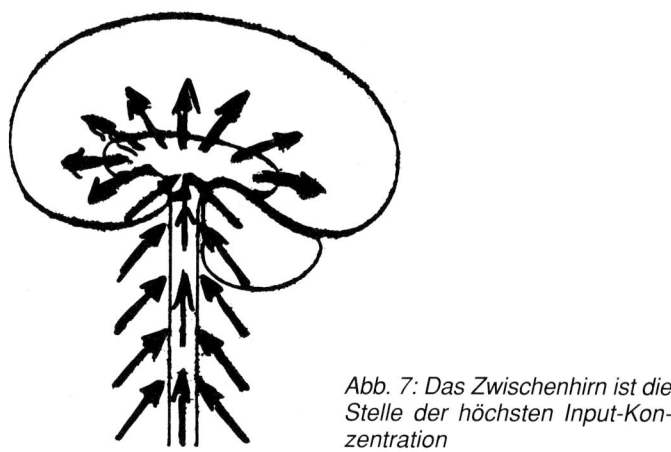

Abb. 7: Das Zwischenhirn ist die Stelle der höchsten Input-Konzentration

Alle Zwischenhirnkerne sind verbunden mit jeweils tieferen und höheren Hirnschichten, so daß alle Funktionen mehrfach gesichert sind:
Eine Chance für die Therapie, die mehrdimensional die verschiedenen Hirnfunktionen verknüpft!

3.4.3 Das Limbische System und unser Riechhirn

Die limbische Rinde bildet zusammen mit dem im Frontalhirn liegenden Riechhirn die Althirnrinde. Sie war in grauer Vorzeit einmal unsere frühere Großhirnrinde, ist aber beim heutigen Menschen weitgehend verkümmert. Je höher ein Säuger entwickelt ist, desto kleiner ist seine limbische Kortex und sein Riechhirn. In vorgeschichtlichen Zeiten jedoch waren sie lebenswichtig.

Kaninchen   *Katze*   *Affe*   *Mensch*

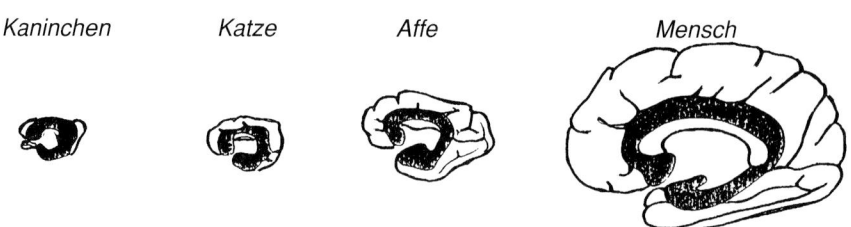

Abb. 8: Ausdehnung und Lage des Limbischen Systems im Verhältnis zum Großhirn

Die Limbische Rinde ist der älteste Großhirnteil und beherbergt die Urver-
standes- und Schutzkontrolle. Eine Ratte, ein Tier mit einem enorm großen Riechhirn im Verhältnis zu ihrem Großhirn gesehen, wird keine Nahrung akzeptieren, die nicht durch die Sicherheitskontrolle ihrer Geruchs-
empfindung gegangen ist. Wir dagegen müssen uns am Verfalldatum auf
der Packung orientieren, weil bei uns diese Fähigkeit unseres Riechhirns
nur noch rudimentär vorhanden ist. Sie ist jedoch nicht verloren, wir kennen Menschen die über außergewöhnlich feine Riechfunktion verfügen.
Sie arbeiten mit ihrem Geruchssinn, sie prüfen und beurteilen Düfte oder
Lebensmittel.
Die Ratte, die sich trotz heftiger Verfolgung als Spezies hält, ist durch ihr
gut funktionierendes Riechhirn in der Lage, sich zu schützen und sich mit
großer Flexibilität an vielerlei Gegebenheiten anzupassen.

Unser heutiges Limbisches System kann man sich als einen durch beide
Großhirnhemisphären reichenden Streifen vorstellen, der netzartig alle Funktionszentren durchzieht und mit dem darunterliegenden Zwischenhirn verbindet. Hier sind die ursprünglich im Riechhirn liegenden Funktionen, der
Urverstand wie der Geruchssinn in weiterentwickelter Form, als emotionale Empfindungen, wie Ablehnung, Zuwendung, Antipathie, Sympathie, auch
Intuition und Fortpflanzungstrieb angelegt.

Wie nahe der Geruchssinn mit dem Sympathie-Antipathie-Empfinden ver-
wandt ist, wird an der bekannten Redensart „den kann ich nicht riechen"
ganz deutlich. Es ist ein Gefühl, das nicht rational erklärbar ist, weil es
subkortikal, also unterhalb unserer rationalen Großhirnkontrolle liegt. Ein
spezieller Industriezweig, der um die Macht der Gefühle, um die Verbindung der Riechwahrnehmung mit unseren Emotionen weiß, beschäftigt
sich damit, Waren, vom Waschmittel bis zu Textilien, ja sogar Konferenz-
und Verkaufsräume aromatisch so auszustatten, daß die Benutzer positiv
gestimmt sind (und kaufen). Wir werden täglich in unseren Handlungen
mehr gelenkt, als wir es realisieren.

Im Limbischen System werden durch die Integration von sensorischen und
emotionalen Einflüssen alle motorischen Impulse so beeinflußt, daß sie zu
harmonischen, situativ sinnvollen Handlungen werden. Viel schneller, als
unsere Hirnrinde denken kann, reagiert das subkortikale System unserer
Motorik; eine lebenswichtige Notwendigkeit für unsere Vorfahren, als sie
noch jagen und fliehen mußten. Psychopharmaka, die hemmend auf das
limbische und emotionale System wirken, verlangsamen daher auch unsere
Bewegungen und Reaktionen. Sie werden plump, inflexibel und stereotyp.
Ein Tier in freier Wildbahn würde unter dem Einfluß von Psychopharmaka,
also mit blockiertem Limbischen System nicht überleben können.

Das Limbische System ist ein wichtiges Kontrollsystem für unsere Handlungen. Jede unserer Entscheidungen wird zwar von dem rationalen Großhirn bedacht, aber von dem Limbischen System beeinflußt. Im Zweifelsfall siegt dabei immer die Gefühlsebene. Wie oft treffen wir Entscheidungen, die nicht ganz logisch sind, aber eben unserem Gefühl entsprechen. Von Ditfurth beschreibt unseren jetzigen Zustand als eine Stufe der Evolution, auf der wir „nicht mehr Tier und noch nicht Engel" sind. Die gute Zusammenarbeit zwischen dem verbindenden, intuitiven Limbischen System und der Großhirnkontrolle würde uns unserer Idealvorstellung näher bringen.

3.5   Die gekonnte Großhirnmotorik

Das Großhirn überdeckt das Zwischen- und Kleinhirn wie eine Haube. Die rechte und linke Hälfte, durch eine tiefe Furche voneinander getrennt, sind an der Unterseite durch einen dicken Balken miteinander verbunden. Dieser Balken (Corpus callosum) ist für das sensomotorische Lernen wichtig, weil über ihn Gespürtes und Erlerntes von der einen Seite als Information zur anderen Seite weitergegeben wird. So können wir eine Bewegung, die wir mit der einen Körperhälfte gelernt haben, mit sehr viel geringerer Mühe auch auf der anderen Seite nachlernen.

Im Großhirnmark finden wir die motorischen Großhirnkerne, wie Nucleus caudatus, Putamen, Corpus striatum und Claustrum. Sie sind die obersten Stellen der Extrapyramidalmotorik, übernehmen die eingeschliffene Willkürmotorik und steuern den dafür sinnvollen Muskeltonus.

Die Großhirnrinde (Kortex) liegt als etwa 1 cm dicke Schicht über dem Großhirnmark. Sie zeichnet sich durch viele Falten, Furchen und Wülste aus, die ihr eine riesige Oberfläche verleihen. In der Rinde sind „Assoziationsfelder" angelegt, Felder, denen bestimmte Funktionen zugeordnet sind, die wir aber bei weitem noch nicht alle kennen. Sie konnten erst teilweise durch die bei Hirnschäden auftretenden Ausfallerscheinungen lokalisiert werden.

Man kann die Großhirnrinde grob in je vier Teile rechts und vier links aufteilen, die auf unterschiedliche Funktionen spezialisiert sind. Sie seien hier einmal aufgezeigt, obwohl wir ja heute wissen, daß eine Handlung, wie zum Beispiel das Sprechen, nicht nur an einem festen Platz passiert, sondern unterschiedliche Anteile je nach Situation angesprochen sind. Dennoch gibt es nach der höchsten Input-Konzentration des Zwischenhirns eine „Spezialisierung" des Großhirns.

- Im *Stirnlappen,* unserem in der Evolution zuletzt entwickelten Hirnteil werden Handlungen geplant, das Verhalten der jeweiligen Situation angepaßt, die Lernfähigkeit mit Variationsmöglichkeiten ermöglicht. Hier liegt auch das Broca-Zentrum mir seiner Sprachfähigkeit. Die Fähigkeiten des Stirnlappens sind eben die, die dem Menschen vorbehalten sind.

- Der *Schläfenlappen* hat mehr aufnehmende Funktionen wie das Hören, das Wernicke-Zentrum mit dem Wortverständnis, das Wortgedächtnis.
- Im *Hinterhauptlappen* ist die Sehregion mit ihren Verbindungen zu allen Handlungen angelegt. Hier treffen die visuellen Impulse ein und werden zu Wahrnehmungen integriert.
- Der *Scheitellappen* repräsentiert den Körper sensomotorisch mit seinen Assoziationsfeldern, die im sensomotorischen Homunculus dargestellt sind.

3.6 Der sensomotorische Homunculus

Vom Scheitel aus zieht sich eine Mittelfurche (Sulcus centralis) seitlich nach unten in Richtung zum Ohr.

Vor und hinter der Zentralfurche liegen zwei dicke Wülste (Gyrus praecentralis und Gyrus postcentralis), in denen die motorischen und sensorischen Funktionsfelder angeordnet sind. Im vorderen befinden sich die Bewegungsfelder, von denen aus die efferenten Bahnen bis zur Muskulatur ausgehen. Wie die Abbildung zeigt, ist die Körpermotorik hoch oben am Scheitel angelegt, weiter seitlich die Handmotorik und daran anliegend die mimischen Bewegungen.

Betrachten wir einmal die Größenverhältnisse der Funktionsfelder untereinander. Das nach unseren Körpermaßen disproportionierte Bild zeigt auf sehr anschauliche Weise, daß die zugeordneten Assoziationsfelder nicht unseren Körpermaßen entsprechen. Im Gehirn sind etwa 30% der motorischen Hirnrinde für Körperbewegungen, 30% für Handbewegung und 40% für Mimik und Mundbewegungen zuständig.

Die Körpermotorik, auch Grobmotorik genannt, verfügt über weniger und größere Muskeln und führt relativ einfache Bewegungen aus. Dazu werden natürlich weniger differenzierte Hirnareale benötigt als für die Feinmotorik. Eine Ausnahme bilden der Fuß und die Zehen, die im Gehirn ähnlich breit angelegt sind wie Hand und Finger. Bei unseren Vorfahren, den Affen können wir sehen, wie viele wichtige Funktionen auch die Füße übernehmen. Kinder mit Dysmelien (Gliedmaßenschädigungen) können ohne Hände große Geschicklichkeit bei entsprechendem Training mit den Füßen erlangen.

Die Handmotorik allein beansprucht ein Drittel der motorischen Hirnrinde. Dies ist einleuchtend, wenn man bedenkt, daß von hier aus die feinen

Fingerbewegungen gesteuert werden. Die Hand mit ihren vielen differenzierten Bewegungen kann Millimeterarbeit leisten! Man denke nur an einen Klavierspieler, der jeden seiner zehn Finger separat mit unterschiedlichem Druck und verschiedener Geschwindigkeit einsetzen kann.

Eine ebenso feine Differenzierung ist notwendig in den Hirnarealen für die mimische Motorik und für die Vokalisation sowie für die Mund- und Zungenbewegungen. Wie viele, fein gesteuerte Bewegungen – vom Stirnrunzeln bis zum Pfeifen – sind uns mit unserem Gesicht möglich? Spüren wir einmal, wie fein abgestuft sich Mund und Zunge beim Sprechen bewegen, wie dabei die gesamte Mimik lebt und „mitspricht"!

Die im hinteren zentralen Wulst (Gyrus postcentralis) gelegenen Areale für die Sensorik sind ähnlich strukturiert. Auch hier sind die größeren Areale für feinere sensorische Leistungen zuständig. Das Gefühlsvermögen über die Haut der Hand ist sehr fein, noch differenzierter ist es im Gesicht.

Will eine Mutter die Temperatur des Babyfläschchens prüfen, hält sie es an ihre Lippen, weil sie dort die Wärme am feinsten spüren kann. Jedermann weiß, daß die Empfindsamkeit an verschiedenen Körperstellen unterschiedlich stark ausgeprägt ist. So wissen wir sehr wohl, daß eine Spritze ins Bein, eine Blutabnahme am Finger oder eine Injektion beim Zahnarzt unterschiedlich unangenehm sind, obwohl es sich hier wie da um einen ganz ähnlichen Stich handelt.

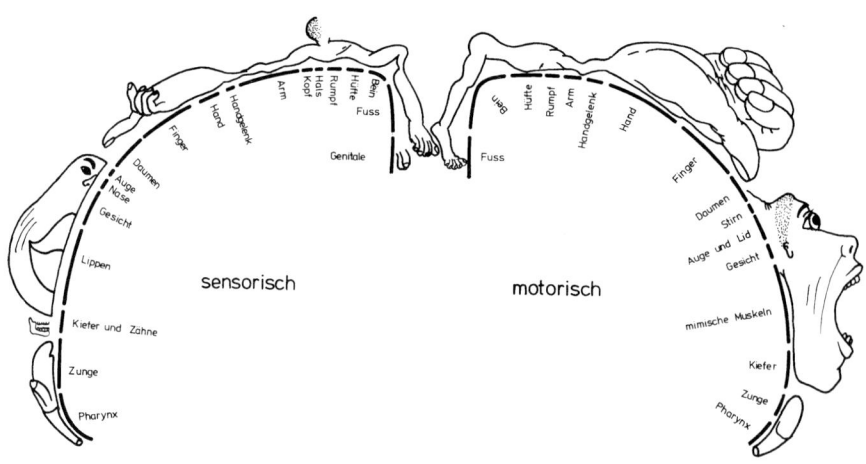

Abb. 9: Motorischer und sensorischer „Homunculus". Beachten Sie besonders die unterschiedliche Lage und Ausdehnung der Felder (nach Penfield/Rasmussen 1950, aus: Forssmann/Heym, Grundriß der Neuroanatomie, Springer, Berlin 1974)

In der Abbildung sind die beiden Wülste zur besseren Ansicht auseinander geklappt dargestellt. In Wirklichkeit liegen sie innig beieinander, so daß die motorischen und sensorischen Areale von Körper, Hand und Gesicht engen Kontakt zueinander haben. Die Verknüpfung wird noch enger dadurch, daß im motorischen Gyrus sensorische Anteile und im sensorischen Gyrus motorische Zellen eingelagert sind.

Motorik und Sensorik liegen so nahe beieinander, daß bei einer Stimulation eines Areals feine bioelektrische Ströme in die benachbarten Areale ausstrahlen, etwa wie bei einem entfernten Gewitter eine elektrische Aufladung der Luft spürbar sein kann. Ein zugegeben unwissenschaftlicher Vergleich, der aber eine plastische Vorstellung von den Verbindungsmöglichkeiten vermitteln soll. Sensomotorik kann so neurophysiologisch gesehen werden.

3.7 Kortikale Plastizität

Die Repräsentation im Homunculus ist aber nicht feststehend, sondern unterliegt von der Intrauterinzeit bis ins hohe Alter einer ständigen Veränderung. Wenn sensomotorische, feine „Handlungen" nicht mehr erfolgen, verkleinern sich Areale, die Geschicklichkeit nimmt ab. Diese Reduzierung von Fertigkeiten und letztlich von Handlungsqualität ist aber nicht natürlich. Nur durch eigene Beschränkung geraten wir in diese Beschränktheit. Die Veränderung in den Arealen kann aber auch reversibel sein. Handmotorische und sensorische Aktivitäten zum Beispiel vergrößern die kortikalen Areale, wir kennen das Beispiel vieler Pianisten, die bis ins hohe Alter mit hoch differenzierter Koordination Klavierkonzerte spielen. Das alte Sprichwort „Übung macht den Meister" erfährt hier eine neue Bedeutung.

3.8 Die Rindenfelder

Bisher war von den *primären Rindenfeldern* die Rede, von den scharf abgegrenzten Assoziationsfeldern, die Impulse einzelner Bewegungen oder Empfindungen erhalten und weitergeben und damit für das Lernen von Einzelleistungen zuständig sind.

Daneben liegen die *sekundären Rindenfelder*, deren Memoryzellen Erinnerungsbilder von Bewegungen und Körperwahrnehmung übernehmen. Hier liegt der Sinn der Übung und der Wiederholung, durch die Bewegungen in den sekundären Rindenfeldern verankert und wieder abrufbar werden.

Die *tertiären Rindenfelder* koppeln nun nach dem Lernen und Erinnern von Einzelleistungen die sinnvolle Integration von Bewegung und Wahrnehmung zur persönlichkeitseigenen Handlung. Diese Rindenfelder stehen in enger Verbindung zu den Kernen des Großhirnmarks, in dem jede gelernte Bewegung als Muster gespeichert wird. Diese Möglichkeit ist notwendig, weil bei der Vielzahl unserer täglichen Aktionen die Einzelbewegung nicht mehr in den Vordergrund treten darf.

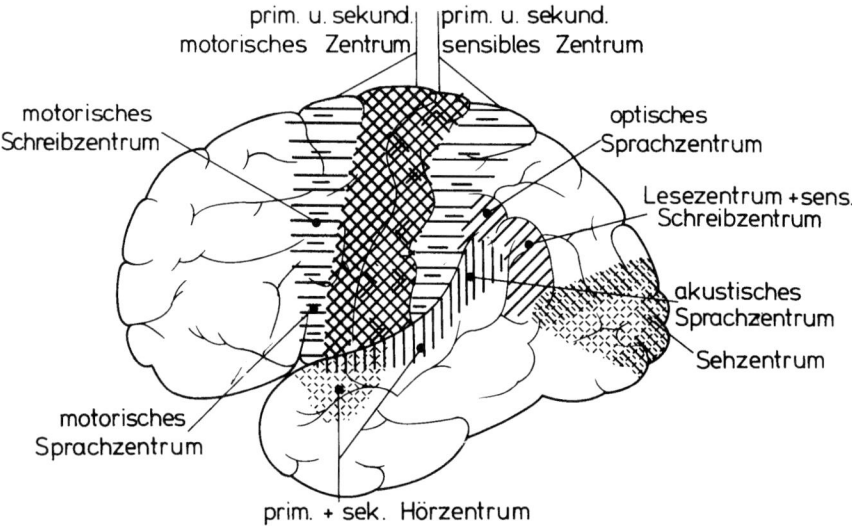

Abb. 10: Die wichtigsten Rindenfelder. Neben den sensorischen und motorischen Rindenfeldern liegen nah die darauf aufbauenden Funktionsfelder für das Hören, die Sprache, das Sehen, das Schreiben (aus: Forssmann/Heym, Grundriß der Neuroanatomie, Springer, Berlin 1974)

Dazu wiederum ein Beispiel: Ein Handballspieler nimmt die Gruppe der Spieler und die Entfernung und Richtung, woher der Ball kommt, wahr. Er fängt den Ball, entweicht seinen Spielgegnern und wirft blitzschnell einen Zielwurf ins Tor. Wie man sieht, hat der Spieler seine motorischen und perzeptiven Leistungen in eine sinnvolle und gezielte Aktion integriert. Er kann nicht mehr an die Einzelleistungen seiner Arm- oder Beinbewegungen denken.

Werfen wir nun noch einen Blick auf die Abbildung der Rindenfelder und die Lage einiger Funktionsknotenpunkte. Sie sind den jeweiligen motorischen und sensorischen Körperarealen zugeordnet. Neben dem oberen Teil des Gyrus praecentralis, liegt dicht bei der Handmotorik das motorische Schreibzentrum.

Neben dem motorischen Areal für Mimik, Vokalisation und Kaubewegung finden wir das motorische Sprachzentrum (Broca-Zentrum). Wird dies durch eine Hirnblutung gestört, haben wir das klinische Erscheinungsbild einer motorischen Aphasie (Sprechunfähigkeit) zu erwarten.

Hinter den sensiblen Arealen des Gyrus postcentralis finden wir in Höhe der Handsensorik das sensible Schreibzentrum und in Höhe der Kopf- und Gesichtssensorik das sensorische Sprachzentrum (Wernicke-Zentrum), bei dessen Störung eine sensorische Aphasie, eine Sprachverständnisstörung, auch Hörstummheit genannt, auftritt.

Mit den pathologischen Erscheinungen werden wir uns an späterer Stelle ausführlich beschäftigen. Hier sei jedoch des Zusammenhangs wegen bereits auf eine grundsätzliche Überlegung hingewiesen, auf die sich unsere therapeutischen Ansätze stützen. Wir gehen davon aus, daß an der Peripherie empfangene Reize das Gehirn stimulieren, jedoch nicht nur in dem einen Areal, das der Reizstelle zugeordnet ist, sondern der Reiz streut auch auf Nebenareale aus. Wir stimulieren in der Therapie Bewegungen und Körperwahrnehmungen, um von der Peripherie aus das Gehirn zu erreichen. Dabei können wir von gesunden Arealen auf gestörte Nachbarfelder wirken. Beispielsweise können wir durch die Stimulation der perioralen Sensorik und der Mundmotorik die Sprachzentren erreichen und so die Sprachtherapie vorbereiten. Wir können dazulernen, umlernen und Funktionen reaktivieren, weil die Areale miteinander verknüpft sind.

Auf Grund der vielfältigen Funktionsanlagen im Gehirn kann die Arbeit von irreparabel geschädigten Zellen auch von „Nachbarn" übernommen werden. Das Zusammenspiel von Sensorik und Motorik, von Afferenz und Efferenz, wird neu erfahren und in das Bewegungsverhalten übernommen.

Mit einem Wort...

- Das Stammhirn und seine Überlebensfunktion
- Der Beginn der Haltung
- Die reflexveranlagte Motorik als Schutzfunktion
- Der Aufbau des Gleichgewichts als Voraussetzung für die Vertikale
- Dosierung und Integration von Bewegungsmustern
- Limbisches System, Opfer der Verdrängung durch die Hirnrinde?
- Motorische Hirnrinde, nicht Initiator sondern Exekutivorgan der Zielmotorik.

4. Sensomotorische Regelkreise

4.1 Die fünf sensomotorischen Regelkreise

Die sensomotorischen Vorgänge, das Spüren und Bewegen werden über Bahnungssysteme gesteuert, die alle Teile des Nervensystems zusammenschalten. Diese Bahnungssysteme sind aus der evolutionären Entwicklung des Nervensystems zu verstehen, es sind die hierarchisch gegliederten fünf sensomotorischen Regelkreise. Jeder Regelkreis ist eine Art Funktionseinheit, der aus einer afferenten und einer efferenten Leitung besteht. Der hierarchische Aufbau der Regelkreise entspricht unserer Evolution, d.h. neue und differenziertere Strukturen bauen auf ältern, einfachen auf, wobei wir wissen, daß die älteren Strukturen die zuverlässigeren sind, die im Notfall einspringen und „die Situation retten".

Sensorik verstehen wir als die Aufnahme von Reizen über den afferenten Leitungsbogen von verschiedenen Fühlern oder Rezeptoren aus, je nachdem, welche Reizqualitäten vermittelt werden.

- Die *Exterozeptoren* übermitteln über die Haut, unser größtes Organ, Informationen von weichen, rauhen, glatten, harten, stechenden Berührungen und Empfindungen, wie kalt, warm und heiß. Dies sind Reize, die je nach Intensität als angenehm oder unangenehm, oder gar als schmerzhaftes Warnsignal empfunden werden.
- Die *Enterozeptoren*, als Innenfühler in unserem Organismus selbst, vermitteln uns das Gefühl für Gleichgewicht, Verlagerung, Bewegung und Beschleunigung, sind aber auch Fühler unserer inneren Organe.
- Die *Propriozeptoren* oder Eigenfühler sind in unseren Bewegungsapparat, in den Muskel- und Sehnenspindeln und Gelenkkapseln selbst eingelagert. Sie nehmen Druckempfindungen und Dehnungsreize auf und geben uns unter anderem das Gefühl für Haltung und Sicherheit durch Stabilität.
- Die *Telorezeptoren*, sind unsere Fernfühler, die uns über Ohren, Nase und Augen sensible Qualitäten wie hören, riechen und sehen mitgeben. Auch hier reichen die aufgenommenen Qualitäten von lustvoll über angenehm bis schmerzhaft.

Die Regelkreise stehen untereinander in Verbindung. Vielleicht kann man es sich vereinfacht so vorstellen: in der Evolution wurden immer differenziertere Fähigkeiten von uns verlangt, das Gehirn hat dementsprechend neue Regelkreise entwickelt, und diese mit den vorhandenen verknüpft. Je höher der Regelkreis in der hierarchischen Ordnung, desto mehr Verknüpfungen zu anderen Systemen finden wir. Reize werden nie einzeln aufge-

nommen und an einer Stelle verarbeitet, sondern immer in mehreren Modalitäten (intermodal), so daß unser Gehirn ein ganzes Bündel von Reizen
über mehrere Regelkreise verarbeiten und beantworten kann. Sensomotorik ist die Verbindung zwischen der Wahrnehmung über viele Rezeptoren
und ihrer motorischer Antwort.

Im System der sensomotorischen Regelkreise bauen komplizierte Aktionen auf einfachen auf, und jedes Kind lernt analog diesem Verlauf der
phylogenetischen Entwicklung. Ein Neugeborenes strampelt holokinetisch,
also ganzheitlich, was für uns ungesteuert aussieht, jedoch einer klaren
phylogenetischen Vorgabe folgt. Es ist von Reflexen gesteuert. Bald werden seine Bewegungen fein differenziert dosiert und später auch bewußt
gesteuert, wobei die neuronalen Verknüpfungen immer komplexer werden.
Dennoch bleibt das Prinzip der Regelkreise bestehen. Das Gehirn muß
vieles lernen bis beispielsweise ein fünfzehnjähriges Mädchen eine Welt-
meisterkür auf dem Schwebebalken turnt.

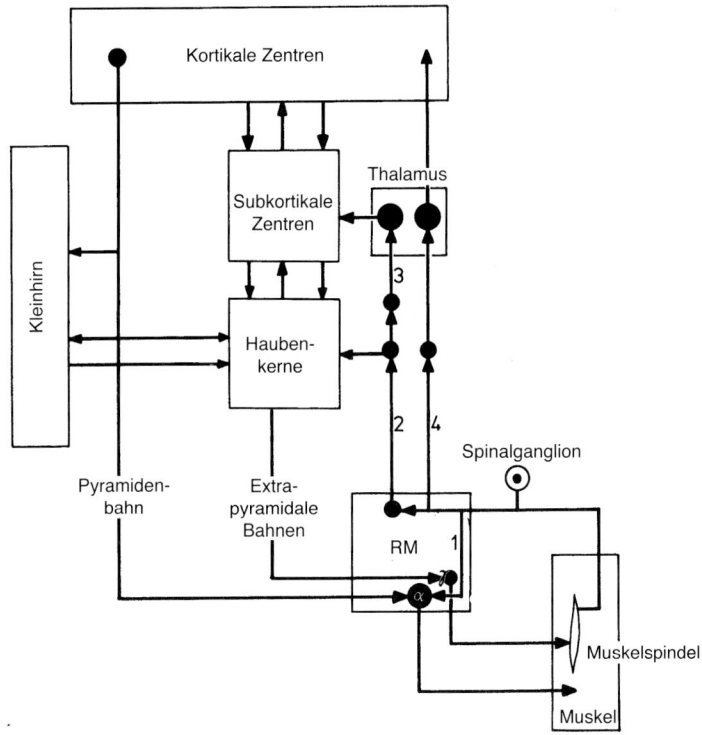

Abb. 11: Schema verschiedener Leitungsbögen, die alle zusammen unsere Sensomotorik ausmachen (modifiziert nach Schmidt, Neurophysiologie, nach: Forssmann/
Heym, Grundriß der Neuroanatomie, Springer, Berlin 1974)

Je höher aber ein System entwickelt ist, je mehr Funktionen es beinhaltet, desto störanfälliger ist es auch. Bei frühkindlichen Hirnschädigungen werden daher zunächst die höheren, entwicklungsgeschichtlich jüngeren Systeme beeinträchtigt. Sind jedoch schon die primären Funktionen geschädigt, muß man davon ausgehen, daß die Funktionen aller darüber liegenden Hirnstrukturen auch schwer beeinträchtigt sind. Die über die Regelkreise gesteuerte Motorik besteht aus zwei Komponenten.

Die Körperhaltung, gleichbedeutend mit der Stützmotorik (Gammamotoneuronen) ist eine Leistung aus der sehr frühen Entwicklung, der Zeit des Reptilhirns. Haltung wird gewährleistet durch das ständige Antworten des Körpers auf Dehnungsreize. Sie sind im nächsten Abschnitt als Eigenreflexe beschrieben.

Die Fortbewegung, oder die Zielmotorik wird von der Arbeitsmuskulatur (Alphamotoneuronen) ausgeführt. Die Fortbewegung ist vermutlich einmal aus den Schutzreflexen entstanden. Durch Verfeinerung der Kontrollfunktionen verschiedener Hirnabschnitte konnte dann die Fortbewegung immer differenzierter werden.

Kommen wir zu den fünf sensomotorischen Regelkreisen im Einzelnen: einfache, passende Beispiele werden uns auch hier wieder die Zusammenhänge verständlich machen.

4.2 Erster Regelkreis – Der Beginn der Haltung und Aufrichtung

Der erste sensomotorische Regelkreis ist der Eigenreflex. Ein Beispiel dafür ist der Kniesehnenreflex, den wohl jeder von ärztlichen Untersuchungen her kennt. Durch einen leichten Schlag unterhalb der Kniescheibe auf die Sehne des Kniestreckers, des M. Quadriceps, wird dieser Muskel leicht gedehnt. Die dehnungsempfindlichen Muskelspindeln werden gereizt und vermitteln diese Information zum Rückenmark. Hier läuft der Reiz durch das sensible Hinterhorn zu der motorischen Vorderhornzelle, immer im selben Segment und auf derselben Seite.

Durch eine einzige Umschaltung in der Vorderhornzelle des Rückenmarks wird der afferente Reiz umgebaut in einen efferenten, der zu dem Motoneuron des gedehnten Muskels zurückkommt. Da nur eine Schaltung stattfindet, erfolgt die Reaktion schnell und sicher, der Muskel spannt sich an, das Bein streckt sich schon bevor wir bewußt reagieren könnten.

Da durch die Anspannung die Dehnung der Spindel beendet wird, läßt der Reiz gleichzeitig nach, es erfolgt eine systembedingte Hemmung, der Körper ist damit geschützt vor einer Übererregung und vor einem Muskelkrampf.

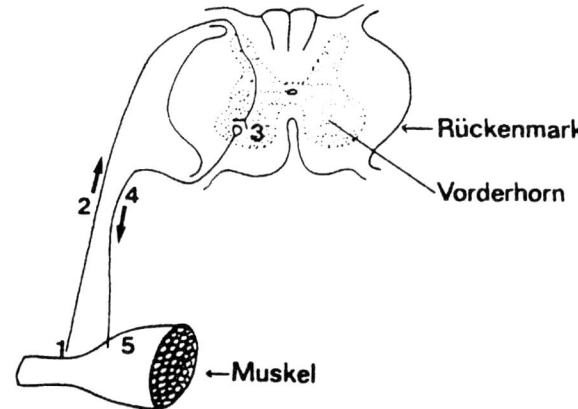

Abb. 12: Monosynaptischer Reflexbogen (Eigenreflexapparat): 1 = Rezeptor (Muskelspindel), 2 = afferente sensible Fasern, 3 = Synapse, 4 = efferente motorische Fasern, 5 = Erfolgsmuskel (aus: Ulbricht, Neurologie des Kindesalters, Marhold, Berlin 1977)

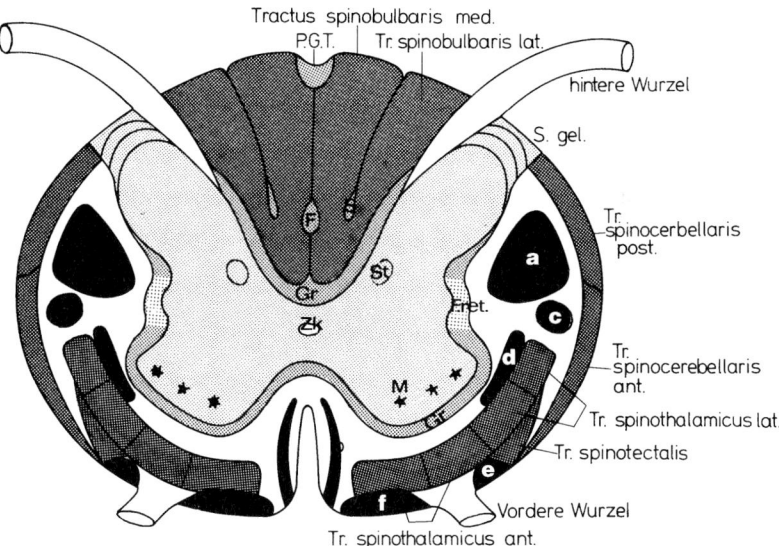

Abb. 13: Querschnitt durch das Rückenmark. Innerhalb der grauen Substanz mit M gekennzeichnet die motorischen Vorderhornzellen, innerhalb der weißen Substanz sind die motorischen und sensorischen Bahnen markiert. Deutlich zu sehen sind die sensible hintere und die motorische vordere Wurzel (aus: Forssmann/Heym, Grundriß der Neuroanatomie, Springer, Berlin 1974)

Der Eigenreflex wird über die Rezeptoren der Sehnen und Gelenke, über die Propriozeptoren ausgelöst und nur einmal geschaltet, weshalb wir auch vom *„monosynaptischen, propriozeptiven Reflex"* sprechen.

Wofür, außer in der ärztlichen Untersuchung sind diese Reflexe nützlich?

Zum Einen sichern die Eigenreflexe die aufrechte Haltung des Menschen. Der Körperschwerpunkt des Menschen ist im Stand sehr hoch, so daß jeder stehende Mensch wie ein Turm ständig leicht schwankt. Bewegt er sich aus der senkrechten Haltung heraus, beginnt durch den Dehnungsreiz sofort der oben geschilderte sensomotorische Ablauf, so daß der Körper seine Mittelstellung automatisch wiederfindet. Bewegt sich der Körper nach vorn, dehnen sich die Muskeln auf der Rückenseite, spannen sich reflektorisch an und bringen ihn in die Mittelstellung zurück. Bei diesem System arbeiten Agonisten und Antagonisten durch Kontraktion und gegenseitige Hemmung stets zusammen.

Neben der Sicherung der Haltung ist es auch diese Gegenspannung, die uns nach einem Sprung bei der Landung durch die reflektorische Anspannung der Waden vor einem Muskelriß oder einer Zerrung der Achillessehne schützt.

Unser Stellungssinn, Kraftsinn, Bewegungssinn, die sichere Reaktion auf Druck und Zug, alles unbewußte Fähigkeiten, die wir für jede Handlung brauchen, werden bereits hier gebahnt.

4.3   Zweiter Regelkreis – *Das taktile System – vom Schutzreflex zum bewußten Spüren*

Der zweite sensomotorische Funktionskreis läuft analog zu unserer phylogenetischen Entwicklung wie der Verlauf des Fremdreflexes. Er ist als Flucht- oder Schutzreflex zu sehen, Henatsch spricht auch von dem „ersten aus der Evolution erlernten Problemlösungsverhalten".

Auch hier wieder ein Beispiel: Ein Nadelstich in eine Zehe löst eine Reaktion aus. In einer schnellen Folge von mehreren Einzelbewegungen reagiert der Muskelapparat auf den Hautreiz mit einer Schutz- und Fluchtmaßnahme. Wie jede Schutzbewegung des Körpers geht auch diese in die Beugerichtung. Der Fuß und das ganze Bein werden ruckartig hochgezogen. Es würde nur mit größter Gegenspannung gelingen, dies völlig zu unterdrükken. Es wird auch niemandem gelingen, als Antwort auf den beschriebenen Nadelstich nur die betroffene Zehe zu bewegen. Warum nicht?

Bei diesem Beispiel des zweiten Regelkreises läuft folgendes ab: über die Rezeptoren in der Haut (Exterozeptoren) gelangt der Reiz zum Rückenmark, wo er diesmal jedoch nicht nur über eine sondern über drei Schaltungen weitergeleitet wird. Man spricht daher auch vom *polysynaptischen exterozeptiven Reflex.*

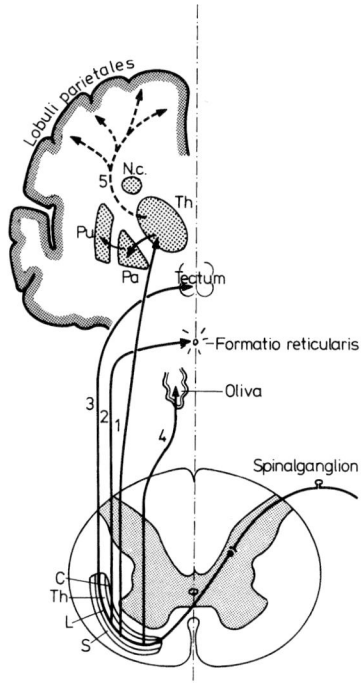

Abb. 14: Die Vorderseitenstrangbahn, Leitungsbahn für Oberflächensensibilität, Berührung, Schmerz und Temperatur. In jedem Hirnabschnitt kann der Leitungsbogen zur Peripherie direkt geschlossen werden, ein schneller und sicherer Schutz (aus: Forssmann/Heym, Grundriß der Neuroanatomie, Springer, Berlin 1974)

- Eine direkte Verbindung zum Vorderhorn derselben „Etage" sichert die schnellste Schutzreaktion.

- Eine Verbindung zu motorischen Vorderhornzellen benachbarter Segmente im Rückenmark bewirkt, daß eine größere Reflexantwort mehrerer Muskeln zustande kommt, wodurch wir einen breit angelegten, und damit sicheren Schutz haben (das ganze Bein wird weggezogen).

- Eine afferente Verbindung zieht über die Vorderseitenstrangbahn, über das Stammhirn, die Regelstellen im Zwischenhirn und Großhirnmark bis hin zur sensiblen Großhirnrinde, wo die Empfindung, als stechender Schmerz wahrgenommen wird. Der Schmerz wird jedoch erst bemerkt, nachdem das Bein schon lange aus dem Gefahrenbereich gezogen ist. Denn die zuletzt beschriebene „längere Leitung" läuft über viele Schaltungen und dauert daher länger als der „kurze Draht" der ersten beiden. Der taktile Reiz wird dann bewußt wahrgenommen, erinnert und kann dadurch später vermieden werden.

In jeder der drei beteiligten Etagen kann der motorische Leitungsbogen zur Aktion geschlossen werden, so daß die Schutzreaktion über außerordentlich vielseitige Bahnungen und damit über große Reserven verfügt. Während der Eigenreflex unermüdlich die Haltung sichert, ist der Fremdreflex aber ermüdbar und abhängig von der Reizintensität. Es kommt zur Gewöhnung an den Reiz bei ständiger Auslösung, die Antwort schwächt sich ab und kann schließlich sogar ausbleiben.

4.3.1 Das protopathische und das epikritische System

Im zweiten sensomotorischen Regelkreis, dem taktilen System, unterscheiden wir zwei wichtige Strukturen. Das frühe, *protopathische System* ist das Abwehr- und Schutzsystem, das über die älteren Leitungsbogen bis zur Stammhirnebene verläuft. Das *epikritische System* ist das phylogenetisch neue System, das unter Beteiligung aller Hirnstrukturen bis zur Großhirnrinde gelangt. Über dieses System werden taktile Reize bewußt wahrgenommen und beurteilt. Beim Säugling überwiegt zunächst das protopathische System, durch Erfahrung und Lernen entwickelt sich zunehmend das epikritische System.

Unsere Haut ist die Verbindung aber auch die Abgrenzung von uns zur Außenwelt, beide Systeme sind für unsere Handlungsreaktionen auf Reize aus der Umwelt notwendig. Das taktile System des zweiten Regelkreises ist eingebunden in das gesamte Hirn und hat Verbindungen zu anderen Systemen:

- zum ersten proprioceptiven Regelkreis; jede Hautwahrnehmung ist verbunden mit einer tiefensensiblen. Ein Baby, das am Daumen saugt, nimmt die Haut des Daumens und die Schleimhaut des Mundraums wahr aber auch die Form des Daumens, den Druck gegen den Gaumen, den Zug beim Saugen;
- zu den dosierenden Funktionen des Zwischenhirns; ein Blinder kann die Blindenschrift nur lesen, wenn er sehr behutsam und dosiert mit den Fingern über die Schrift gleitet;
- zum Limbischen System; das Fühlen ist nicht nur wortnah verbunden mit unserem emotionalen „Gefühl". Warum ekelt sich so mancher davor, eine Schlange anzufassen? Es stehen uns die Haare (Kopfhaut) zu Berge;
- zu den Geschmacks- und Geruchszentren, denn Geschmack und Geruch werden ja auch über die Haut (Schleimhaut) übertragen und damit auch zu den vegetativen Steuerungen. Das kann vom Appetit bis zu Übelkeit reichen.

Aus der Verbindung vom ersten und zweiten Regelkreis, aus den propriozeptiven Haltungsreflexen und exterozeptiven Schutzreflexen, also dem

Zusammenspiel von Aufrichtung und Bewegung, entsteht letztlich die Fortbewegung.

4.4 Dritter Regelkreis – Gleichgewicht, Planung, Rhythmus

Der dritte sensomotorische Regelkreis gibt uns das Gleichgewichts- und Lageempfinden.

Warum kann ich mit geöffneten Augen besser auf einem Bein stehen als mit geschlossenen?

Fällt die akustische Raumorientierung aus, stehe ich noch unsicherer, warum?

Warum werden wir von Schwindelgefühl erfaßt, wenn wir uns längere Zeit im Kreise drehen?

Nachdem unsere urzeitlichen Vorfahren sich aufrichten und bewegen konnten, galt es für sie, die Lage des Körpers zu erkennen und das Gleichgewicht zu halten. Der Gleichgewichtsapparat, der im Urkleinhirn (Archicerebellum) beheimatet ist, hält uns also im Lot. Er tut dies nicht isoliert, vielmehr helfen eigentlich der ganze Körper, das Gehirn und unsere Sinne mit.

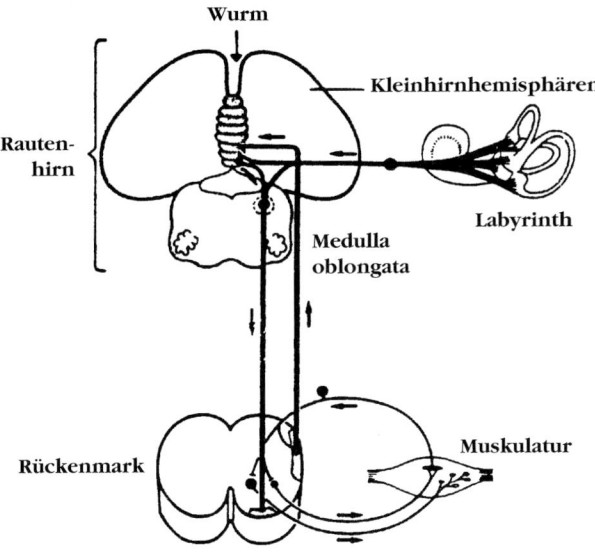

Abb. 15: Schema über den Aufbau des Leitungsbogens der Gleichgewichtsregulation. Die Pfeile deuten die Richtung der Erregungsleitung an (aus: Ulbricht, Neurologie des Kindesalters, Marhold, Berlin 1977)

Die Muskulatur

Eine afferente Meldung läuft von der Muskulatur über die Hinterseiten-strangbahn zum Kleinhirn. Diese Hinterseitenstrangbahnen leiten die Tiefensensorik und das Körperlageempfinden aus den Propriorezeptoren der Muskeln und Gelenke (erster Regelkreis). Das Kleinhirn selbst kontrolliert und dosiert und es sendet die Impulse zur Körperlagekorrektur über die motorischen Bahnen zur Muskulatur. Der Tonus wird so reguliert und die Haltungs- und Stellreflexe gesichert.

Das Labyrinth

Eine dauernde Kontrollmeldung liefert das Labyrinth. Die Otholiten, kleine Fühler in den flüssigkeitsgefüllten Bogengängen des Labyrinths unseres Innenohres, reagieren auf Lageveränderungen mit einer nervösen Reizung. Durch die Verbindung mit dem Kleinhirn kann so eine ständige Korrektur der Haltung erfolgen. Bei Irritation des Labyrinths, kommt es zum Drehschwindel wie beim schnellen Karussell fahren oder beim Walzer tanzen. Die enge Verbindung zwischen dem Innenohr und dem vestibulären System wird deutlich bei dem klinischen Bild einer vestibulären Integrationsstörung: Wir hören in der Anamnese der Kinder mit vestibulärer Integrationsstörung von häufig abgelaufenen Mittelohrentzündungen.

Die Willkürmotorik

Beim höheren Säuger mit phylogenetisch weit entwickeltem Hirn besteht eine zusätzliche Verbindung vom Neu- Kleinhirn (Neocerebellum) zum Großhirn. Auf diese Weise ist das Kleinhirn eingebunden in wichtige Bewegungskomponenten:
· Koordination
· Bewegungsplanung
· Programmierung
· Zeitliches und rhythmisches timing

Die Hirnnerven

Vom Neocerebellum besteht eine Verbindung zu den sogenannten Deiter'schen Kernen, die ein eigenes Koordinationssystem im Mittelhirn sind. Sie werden auch als Vestibularkerne bezeichnet und stehen in Verbindung mit den Hörnerven und den Augenmuskelkernen im Mittelhirn. Diese Verbindung erklärt, warum unsere Gleichgewichtskontrolle bei gleichzeitiger visueller und akustischer Raumorientierung besser funktioniert, wir besser auf einem Bein balancieren können, wenn wir die Augen geöffnet haben. Der achte Hirnnerv spielt hierbei eine wichtige Rolle, da er sensorisch den Innenohrapparat und das Labyrinth versorgt und so die Verbindung mit den Fernsinnen sichert.

Alle diese Funktionen helfen dem Menschen, „im rechten Lot" zu bleiben. Sie sind mehrfach angelegt und enthalten mehrfache Reserven.

4.5 Vierter Regelkreis – Das Extrapyramidale System (EPS) mit den gekonnten Bewegungsmustern

Der vierte sensomotorische Regelkreis ist die Extrapyramidalmotorik, der die unwillkürlichen Bewegungsabläufe zugeordnet sind.

Zur Erläuterung der Funktion wollen wir uns einmal an unsere erste Fahrstunde erinnern. Vor dem Fahrschüler ein Lenkrad, viele Hebel für die Hände, drei Pedale für die Füße. Kommando des Fahrlehrers: „Linker Fuß auf die Kupplung, mit rechts vorsichtig Gas geben und linken Fuß langsam kommen lassen." Nicht selten ist das Ergebnis ein Hüpfer des Autos und ein abgewürgter Motor, und helle Aufregung bei dem, der sich müht, die Tücken des Autofahrens zu beherrschen. Was anfangs als komplizierte Folge aufeinander abzustimmender Tätigkeiten erschien, wird wenig später mühelos ausgeführt. Der geübte Autofahrer lenkt sein Fahrzeug ohne Anstrengung durch den Verkehr, blinkt, bremst, hört gleichzeitig Verkehrsmeldungen im Radio, ohne an seine Hände und Füße auch nur einen Gedanken zu verschwenden. Wie schafft er das?

Der extrapyramidale Regelkreis ist ein weitverzweigtes Verbindungssystem, das die Funktionen aller Hirnsysteme einschließt. Das Beispiel des Autofahrers zeigt, welche Komplexität des Handelns wir schon für unseren täglichen Weg zur Arbeit brauchen. Um das Komplexe zu verstehen, sollen hier nun die einzelnen Funktionen des extrapyramidalen Systems (EPS) aufgezeigt werden.

• Es übernimmt unsere erlernte Willkürmotorik. Die Hirnrinde ist damit wieder frei für neue Lernprozesse, ein Grund, warum wir immer noch mehr lernen können, der Grund aber auch, warum wir nichts Neues mehr lernen können, wenn wir das Vorherige noch nicht sicher beherrschen, wenn also unser Großhirn „besetzt" ist. Das EPS ist also wichtiger Teil unseres ontogenetischen, individuellen Lernens, dem Lernen, das der Spezies Mensch weitgehend vorbehalten ist. (im Kapitel „Ideen zum Lernen" ausführlich beschrieben).
• Das EPS verbindet über viele kleine Neuronenketten das Großhirn mit den Kernen des Zwischenhirns (Thalamus) und dosiert damit sowohl die feine Motorik (efferent) als auch die sensorischen Empfindungen (afferent). Die sensorischen Reize kommen aus den Exterozeptoren

und werden zu den verschiedensten Kernen geleitet, um nach ihrer Dosierung erst zur sensorischen Großhirnrinde zu gelangen. In der Praxis heißt das, wir können einschätzen, ob wir eine Berührung als angenehm oder unangenehm empfinden, können also angemessen reagieren. Das gibt uns Sicherheit im Handeln. Die enge Verknüpfung mit den Dosierungskernen der Motorik läßt komplexe unwillkürliche Bewegungshandlungen wie das Steuern eines Autos präzise ablaufen.

- Das EPS ist zudem eng verbunden mit dem Corpus striatum, dem Streifenkern, der im Großhirnmark neben den motorischen Zentren liegt und den Tonus der Muskulatur nicht nur für die Haltung sondern für jede Feinbewegung steuert.
- Ebenso eng kommuniziert es mit den Kleinhirnbahnen und den Hör- und Augenkernen, um die Gleichgewichtskontrolle abzusichern und die Bewegungshandlungen mit der visuellen und auditiven Wahrnehmung zu koordinieren.
- Eine periphere extrapyramidale Bahnung läuft über die Motoneuronen als unwillkürlicher Reiz direkt zu den Fasern der Muskelspindeln. Dieser vegetative Teil des Systems bewirkt bei einem Kältereiz eine Tonuserhöhung bis zum Zittern, während Wärme das System hemmt und zur Tonusminderung, zum Erschlaffen der Muskulatur führt. Der Körper kann sich so automatisch auch auf verschiedenen Umwelteinflüsse einstellen.
- Nicht zuletzt ist das EPS eng verbunden mit dem Limbischen System. Alle unwillkürlichen Bewegungen sind von unseren Gefühlen deutlich geprägt. So können wir leicht am Gangbild eines Menschen sehen, ob er niedergeschlagener oder fröhlicher Stimmung ist.

All diese zahlreichen Querverbindungen und Schaltungen gewährleisten differenzierte und harmonische Handlungen, denn wir können auf der Ebene dieses Regelkreises nicht mehr von Einzelbewegungen sprechen.

Für die Entwicklungsförderung von Kindern liegt eine wichtige Chance in der Vielschichtigkeit der Systeme und ihrer Verknüpfungen. Ist die Integration in einem Glied der Kette des Systems gestört, ist immer eine Bahnung über Nachbarsysteme möglich.

4.6 Fünfter Regelkreis – *Die Pyramidenbahn – Willkürbewegung mit Bewußtheit*

Der fünfte sensomotorische Funktionskreis ist der der Willkürmotorik, auch kortikale Motorik genannt. Sie läuft über die Pyramidenbahn und induziert die gewollten Bewegungen. Das Zentrum liegt in der Hirnrinde (Kortex).

Die willkürlichen Signale für die Sprach-, Stamm- und Gliedmaßen-Muskulatur gehen vom gyrus praecentralis aus.

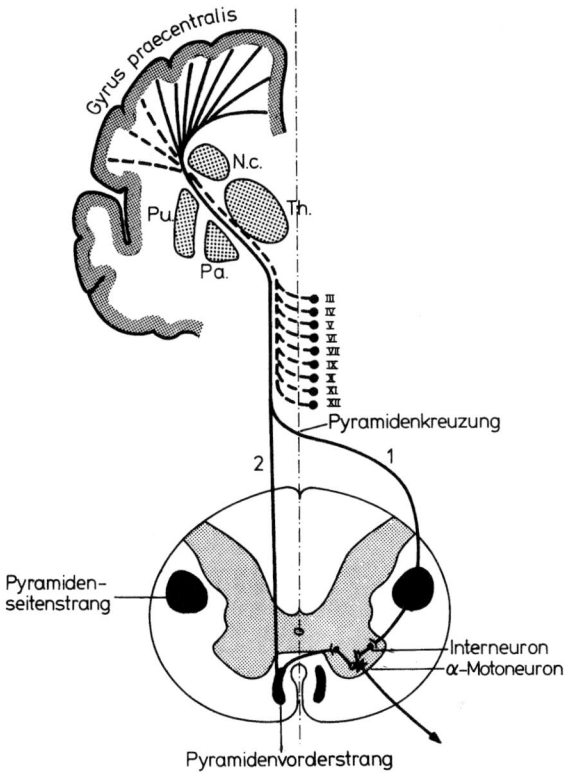

Abb. 16: Pyramidenbahn: Die Fasern entspringen im gyrus praecentralis, ziehen zwischen den subcorticalen Kerngruppen abwärts, kreuzen zum größten Teil im Stammhirn und enden an den Motoneuronen des Austrittssegments. Die motorischen Hirnnervenbahnen enden an den bezeichneten Hirnnervenkernen (aus: Forssmann/Heym, Grundriß der Neuroanatomie, Springer, Berlin 1974)

Für lange Zeit galt die Pyramidenbahn als oberste Stelle der Motorik. Heute weiß man, daß die Hirnrinde zwar das Exekutivorgan ist, daß die Handlungen aber bereits vorher in den Motivationszentren gedacht sind, im Limbischen System emotional eingeordnet und mit Hilfe von Kleinhirn und Zwischenhirn geplant und dosiert sind. Bereits bei dem Denken von Bewegungen zeigt das EEG Erregungswellen, die die motorischen Impulse der Kortex vorbereiten (siehe Kapitel „Motorische Bahnung").

Die Willkürmotorik ist stammesgeschichtlich noch sehr jung und muß von jedem Kind individuell gelernt werden. Die Kortex wächst beim Säugling in den ersten zwei Lebensjahren noch quantitativ, bis dann das weitere Lernen über viele Variationen der Synapsenschaltungen geschieht.

Es besteht eine enge Verbindung zwischen dem Regelkreis der Willkürbewegung und der Extrapyramidalmotorik, denn alle gelernten Bewegungen werden von der Hirnrinde „nach unten" abgespeichert. Genauso können aber gewohnte Bewegungsmuster aus der Extrapyramidalmotorik durch Bewußtmachen wieder in die Großhirnrinde zurückgeholt werden und dadurch verändert oder erneuert werden. Diese Möglichkeit des Lernens besteht für alle Menschen, die sich im Laufe ihres Lebens viele nicht sinnvolle und sogar schmerzhafte Muster, denn auch die können wir lernen, eingeprägt haben. Die Feldenkrais-Methode bedient sich dieser Möglichkeit in der Methode „Bewußtheit durch Bewegung". Man denke nur an Haltungsschmerzen und Rückenprobleme, die wir als bewegungsfreudige Säuglinge nicht hatten und vielleicht durch vieles Sitzen „gelernt" haben.

Um das Phänomen eines Bewegungsmusters klar zu machen, hier noch ein einfaches Beispiel: falten Sie einmal die Hände, jeder kann es, hat es als Kind einmal gelernt und tut es immer so. Es ist ein Muster, das Sie aber verändern können, wenn Sie die Hände einmal anders falten (also den anderen Daumen oben und alle Finger entsprechend versetzt). Wie fühlt es sich an? Ihre Hirnrinde erfährt eine neue taktile und propriozeptive Wahrnehmung, vielleicht kommt es Ihnen zunächst falsch vor, aber nach einigen Versuchen wird es bekannter und Sie können es auch mit geschlossenen Augen tun. Sie haben durch die Zusammenarbeit des extrapyramidalen Systems mit der kortikalen Motorik ein neues Muster gelernt.

Es kann aber nicht jede Bewegungshandlung extrapyramidal abgespeichert werden. Es gibt komplizierte Funktionen, für die wir immer unsere volle Konzentration brauchen, denken wir nur an das Einfädeln eines Fadens in eine dünne Nadel. Diese Hand-Augen-Koordination muß dabei immer bewußt eingesetzt werden.

Die Bahnung der Pyramidenbahn erfolgt über zwei Kreise, von der Hirnrinde über das Rückenmark zur Peripherie und von der Hirnrinde zu den Hirnnervenkernen.

Der Tractus corticospinalis, die Bahn von der Hirnrinde zum Rückenmark, wird auch als 1. Neuron bezeichnet. Sie besteht aus einer Nervenzelle, die ohne Unterbrechung von der Hirnrinde bis zur motorischen Vorderhornzelle im Rückenmark läuft. Reicht sie bis in die unteren Segmente der Wirbelsäule, kann sie fast 1 Meter lang sein. Bei Erregung des ersten Neurons werden die Dosierungskerne und die Gleichgewichtskontrolle mit einbezogen, so daß deren Impulse mit in die Bewegung hineinspielen.

54

In der motorischen Vorderhornzelle wird nun über eine Synapse zum peripheren 2. Neuron umgeschaltet, das bis zur motorischen Endplatte der Muskelzelle reicht. Schließlich gelangt der Reiz über die sogenannten Alphamotoneuronen zur Arbeitsmuskulatur.

Der Tractus cortico-nuclearis zieht von der Hirnrinde zu den Hirnnervenkernen der Kopfmuskulatur, eine kürzere Bahn, die natürlich nicht über das Rückenmark laufen muß. Sie beginnt in den entsprechenden Rindenfeldern des gyrus praecentralis und endet im motorischen Ursprungskern der Hirnnerven:

- Der Augenmuskelnerv oder Nervus oculomotorius (III) innerviert die inneren Augenmuskeln, das Außenschielen ist das deutliche Symptom bei seiner Schädigung.
- Der Nervus trochlearis (IV) versorgt den Augenrollmuskel. Bei einer Störung fällt ein Nystagmus, das Augenzittern auf.
- Der Nervus trigeminus (V) versorgt mit dem sensiblen Anteil die Gesichtshaut und die Schleimhaut, mit dem motorischen die Kau- und Schluckmuskulatur.
- Der äußere Augenmuskel wird von dem Nervus abducens (VI) versorgt, bei dessen Ausfall es zum Innenschielen kommt.
- Der Nervus facialis (VII) versorgt mit den größeren, motorischen Anteilen die Stirnmuskulatur, mit den kleineren, sensiblen, die Zunge und sensorisch die Geschmacksnerven.
- Der Nervus glossopharyngeus (IX) ist der motorische und sensible Zungenschlundnerv.
- Der Nervus assesorius (XI) ist als Abzweigung des Nervus vagus zu sehen, er versorgt motorisch den Kopfnickermuskel, den M. sternocleidomastoideus und den M. trapezius (trapezförmiger Nackenmuskel).
- Der Zungenmuskelnerv, der Nervus hypoglossus (XII) innerviert motorisch das Zungenbein und die Zunge.

Diese Hirnnerven versorgen und sichern unsere Mimik, unsere Mundmotorik und letztlich damit unsere Sprache.

Die fünf hierarchisch angeordneten Regelkreise mit einem Wort...

- Der Regelkreis der Haltung und Eigenwahrnehmung
- Die Schutzreflexe und das taktile System
- Gleichgewicht, Planung, Koordination
- Das extrapyramidale System mit den gelernten Bewegungsmustern
- Willkürliche, bewußte Bewegungen der Pyramidenbahn

4.7 Die Neuroplastizität, unsere Chance in der Therapie

Früher war das Gehirn in unserem Denken ausschließlich hierarchisch in Etagen aufgebaut, dann hat man viel darüber diskutiert, ob die Neuroplastizität nur ein Wunschtraum ist oder Realität. Wir TherapeutInnen mußten immer schon auf die Plastizität bauen, wenn wir optimistisch sein wollten in unserer Arbeit. Heute weiß man, daß die Neuronen des Gehirns eine große Anpassungsfähigkeit haben.

Neuroplastizität bedeutet:

*   Neuronen haben die adaptative Fähigkeit, gegen Schädigungen und Krankheiten zu kämpfen.
*   Sie haben die Fähigkeit, gegen chemische und strukturelle Änderungen zu kämpfen.
*   Die Neuronen sind nicht nur genetisch kodiert, sondern können durch Informationen ihre Aktivitäten verändern und an die jeweiligen Erfordernisse anpassen.
*   Sie haben immer, bis ins hohe Alter, die innere Fähigkeit, neue Verbindungen aufzubauen.
*   Sie können jederzeit alte Verbindungen (Vergessenes) wiederherstellen.

Für diese Fähigkeiten braucht das Nervensystem ständige Reize aus der Umgebung. Es ist festgestellt worden, daß die Repräsentationsfelder auf dem Homunculus der Hirnrinde in der Größenverteilung verändert sind bei Patienten mit Dysmelie, die beispielsweise mit den Füßen alle feinmotorischen „Handarbeiten" erledigen.

Bei der Geburt hat das Gehirn die unvorstellbare hohe Zahl von 100 Billionen Neuronen. Viele dieser Zellen sind bei der Geburt noch inaktiv und lernen erst durch sensorische Reize. Das heißt, Neuronen brauchen Nahrung aus der Peripherie, da sie sonst absterben würden. Schätzungsweise degenerieren beim Menschen ungefähr 60% aller produzierten Neuronen. Die Qualität der Umwelteinflüsse kann so die Entwicklung fördern oder behindern.

In jeder Therapie, wie auch in der gesunden Entwicklung sind Reize die Nahrung für das Neuronenwachstum, da alle Wahrnehmungen über unsere Sinnessysteme an das Zentralnervensystem weitergeleitet werden. Wenn es zunächst um das Wachsen der Neuronen geht, so lernen wir später durch vielfältige Synapsenschaltungen. Je früher die Diagnose gestellt und eine Frühtherapie eingeleitet wird, desto bessere Chancen hat das Nervensystem, seine Plastizität auszunutzen. Die neuen Forschungen besagen, daß aber auch das Neuronenwachstum nicht nur während der Entwicklung, sondern auch beim ausgewachsenen Organismus noch möglich ist. So sind unserem Lernen keine Grenzen gesetzt.

Sie haben es nun geschafft, sich durch die schwierigen, theoretischen Kapitel der Neuroanatomie und Neurophysiologie hindurch zu arbeiten. Sie wissen nun eine Menge vom Gehirn und seinen vernetzten Funktionen. Für unsere Arbeit soll das genügen. Wer dennoch tiefer einsteigen will, möge eines der vielen guten Bücher über dies Fachgebiet studieren. Es wird leichter und interessanter sein nach diesem Überblick. In den weiteren Kapiteln werden Sie alles verstehen und „verknüpfen" können. Sie brauchen nichts mehr auswendig zu lernen, weil Sie nun die Zusammenhänge kennen.

5. Die Entwicklung vor der Geburt

5.1 Pränatales Wachsen

Gehen wir an den Anfang der pränatalen Entwicklung, sehen wir in den ersten Wochen die Entwicklung des Embryos aus den drei Keimblättern.

- Aus dem *Ektoderm*, dem äußeren Keimblatt wächst ab der 3. Woche das Neuralrohr, das sich zu dem Nervensystem (Gehirn und Rückenmark) entwickelt. Wenn es zum Zeitpunkt dieser Röhrenbildung zu Störungen im unteren Bereich kommt, dann entstehen Mißbildungen am Rückenmark (Spina bifida). Am kranialen Ende des Neuralrohres entwickeln sich aus drei Schwellungen die drei Hauptabschnitte des Gehirns, das Vorderhirn, das Mittelhirn und das Hinterhirn mit dem Kleinhirn und der Brücke. Weiterhin entsteht aus dem Ektoderm die Haut, die Haare, der vordere Teil des Mundes und die Augen und Ohren als Organe der Fernsinne.
- Aus dem *Mesoderm*, dem mittleren Keimblatt entwickeln sich der Bewegungsapparat, die Muskulatur, das Skelett mit seinen Gelenken und Knorpeln. Außerdem das Blutgefäßsystem mit dem Herzen und einige Organe des Urogenitalsystems.
- Aus dem *Endoderm*, dem inneren Keimblatt entwickeln sich die inneren Organe, der Magen-Darm-Trakt, das Drüsensystem, das Leber-Galle-System, aber auch der hintere Mundraum mit Mandeln, Bronchien und Lunge.

In der pränatalen Entwicklung des Nervengewebes lernt das Gehirn in verschiedenen Stadien:

- nach der Bildung des Neuralrohres
- kommt es zunächst zu einer enormen Vermehrung von Nervenzellen, die dann an die Stellen des Gehirns wandern, an denen sie später gebraucht werden (Migration).
- Somit bilden sich die ersten anatomisch identifizierbaren Zellverbände, die sich immer weiter differenzieren.
- Durch die Verbindung von Nervenzellen (Synapsenbildung) ab dem 53. Foetaltag entwickelt sich das Gehirn weiterhin nicht nur linear sondern zirkulär, also mit vielen Möglichkeiten. Diese Fähigkeit zu lernen bleibt uns dann bis ins hohe Alter erhalten.
- Durch das Aufgeben anfänglich gebildeter neuronaler Verbindungen und das Stabilisieren der verbleibenden werden Hirnstrukturen gefestigt.

5.2 Wahrnehmung und Lernen

Dieses Buch heißt „Spüren – Bewegen – Lernen". Jeder Bewegung geht eine Wahrnehmung voraus. Ohne Wahrnehmung ist keine Bewegung, kein neuronales Wachsen und kein Lernen denkbar. Bevor der Mensch lernt, muß er spüren können. Das Ungeborene im Mutterleib erlebt und fühlt schon sehr viel und was es jetzt spürt, ist für sein späteres Leben von großer Bedeutung.

Motorik und Sensorik sind dabei in ständigem Wechselspiel, das schon sehr früh im Mutterleib beginnt. Die Entwicklung des Embryos verläuft dabei pränatal, wie auch postnatal von kranial nach caudal, also von oben nach unten.

5.2.1 Die taktile Wahrnehmung

der Tastsinn über die Haut, beginnt als erste Synapsenverschaltung perioral (um den Mundbereich herum) zwischen der 7. – 8. Woche, jetzt schon als Vorbereitung der Nahrungsaufnahme nach der Geburt. Erinnern wir uns, wie groß die Assoziationsfelder für die Sensomotorik des Mundbereichs auf dem Homunculus sind; sie konnten wachsen, weil schon früh viele taktile Reize erlebt wurden. Entsprechend früh bilden sich dann das Kiefergelenk und die Mundmuskulatur aus, so daß ab der 12. Woche die Saugreaktion beginnt. Geruchs – und Geschmackssinn entwickeln sich jetzt und werden mit dem Limbischen (emotionalen) System verbunden.

Ab der 8. Woche bildet sich die taktile Wahrnehmung über den ganzen Körper aus und wird vom Fetus als gleichbleibender, sanfter Reiz durch die Eigenbewegung im warmen Fruchtwasser erlebt.

Die taktilen Fluchtreflexe funktionieren bereits intrauterin. Bei einem Versuch hat man durch die Bauchdecke der Mutter an die Fußsohle ihres Kindes getippt; sofort wurde das Bein fluchtartig in die Beugung gezogen, entsprechend dem Fremdreflex, der als zweiter sensomotorischer Regelkreis vorher beschrieben ist.

In der 12.-16. Woche werden die Hände aktiv, sie erleben den Kontakt zum Mund und können sich selbst greifen. Hier wird bereits die spätere Feinmotorik gebahnt, die ausgedehnten Assoziationsfelder des Homunculus zeigen uns unsere großen Möglichkeiten auf. Nach der Geburt erlebt das Kind den taktilen Kontakt von Hand und Mund als bekannte Sicherheit, und es wird sich beruhigen, wenn es am Daumen lutschen kann oder wenn es die eigenen Hände fassen kann.

5.2.2 Die vestibuläre Wahrnehmung

In der 9.-10- Woche, der Embryo ist gerade 4 cm lang, ist bereits das Labyrinth entwickelt. Das Labyrinth als Organ des Gleichgewichts, aber auch des Hörens, beginnt zu funktionieren. Die Bewegungen der Mutter, die Vibrationen durch die Organfunktionen der Mutter, die Darmgeräusche und der Rhythmus des Herzschlags werden ständig wahrgenommen. Das Kind gewöhnt sich daran, Synapsenschaltungen stabilisieren sich und das Gewohnte vermittelt Sicherheit. Viele Mütter berichten aus der Zeit der Schwangerschaft, daß ihr Kind oft anfing zu strampeln, wenn sie sich zum Ruhen hinlegten und daß sich ihre Ruhe erst nach einer Weile auch auf das Kind übertrug. Es sucht die Sicherheit der gewohnten Wahrnehmung und will sich durch sein eigenes Strampeln die plötzlich fehlenden Bewegungen selbst verschaffen.

Kinder, deren Mütter in der Schwangerschaft wegen drohender Fehlgeburt über viele Monate liegen mußten, haben oft noch nach Jahren Angst vor schnellen Richtungsänderungen und Bewegungen, wie im Karussell oder auf der Schaukel, weil sie zu wenig der frühen vestibulären Reize erlebt hatten. Diese Erscheinung ist besonders dann zu erwarten, wenn keine Gelegenheit gegeben ist, solche Entwicklungsdefizite nachzuholen, wie bei Kindern, die nach der Geburt besonders „ruhig" in ihrem Bettchen liegen oder gar bei Frühgeburten, die längere Zeit in einem unbeweglichen Inkubator verbringen müssen.

Omas Wiege würde helfen, das verpaßte Bewegtwerden nachzuholen und die für die spätere Entwicklung nötigen Verknüpfungen der Nervenbahnen anzulegen. Die asiatische Sitte, Kinderbettchen wie ein Körbchen an der Decke aufzuhängen, gibt genau dieselbe stetige Bewegungswahrnehmung. Klinische Versuche haben gezeigt, daß Frühgeborene, deren Inkubatoren täglich mehrere Stunden in leichter Schaukelbewegung gehalten wurden, sich später schneller und besser entwickelten und deutlich wacher auf ihre Umwelt reagierten als Kinder, die in den üblichen feststehenden Inkubatoren lagen. In der modernen Neonatologie gibt es den Ausdruck des „Känguruhen´s": das Kind wird auf den Körper von Vater oder Mutter gelegt und erlebt wieder ihre Bewegungen. Es wird festgehalten, kann Vater und Mutter spüren, riechen und sehen. Frühgeborene zeigen dann deutlich bessere Werte der Herzfrequenz und des Atems, das heißt, sie fühlen sich wohl. Und wer sich wohl fühlt, kann sich der Welt öffnen und sich entwickeln.

5.2.3 Die proprioceptive Wahrnehmung

oder die Tiefensensibilität erfährt das Kind im Mutterleib durch den Druck der Uteruswand und der Bauchdecke. An diesen ständigen, gegen Ende der Schwangerschaft stärker werdenden Druck – es wird langsam eng – ist das Kind gewöhnt. Es spürt beim Strampeln den Widerstand gegen seine Arme und Beine und damit eine Begrenzung und gleichzeitig ein Gefühl des sicheren Umfangenseins.

Der Druck gegen den runden Rücken und vorgebeugten Kopf stimuliert intrauterin die Streckung des Nackens und des Rückens, die das Kind für die Austreibungsphase braucht. Der Druck gegen die Füße stimuliert schon jetzt die Strampelbewegung der Beine, die dem Kind helfen, sich für die Geburt richtig einzustellen. In der Haptonomie, einer Therapie, die auch schon mit dem ungeborenen Kind arbeitet, hält die Mutter in ihren Händen den kindlichen Kopf und Po durch die Bauchdecke und schaukelt so ihr Kind hin und her. Es erfährt dabei eine vestibuläre und propriozeptive Wahrnehmung. Man hat feststellen können, daß Kinder sich geradezu zu diesen haltenden Händen hin drehen. So können sogar Kinder, die in Querlage liegen, sich oftmals in die Hinterhaupslage einrichten, die dann einen normalen Geburtsaustritt ermöglicht.

In der Neonatologie werden Frühgeborene, die zu früh die sichere runde Körperhaltung verloren haben und in Rückenlage ohne Gleichgewicht in ständige Schreckreaktionen (Moro) fallen, zur sicheren Ausgangsstellung in ein „Nest" gelegt. Die Unterlage ist ein weiches, warmes Fell (taktile Wahrnehmung). Das Nest wird begrenzt durch Kontakt des Kindes am Kopf und an den Füßen. Frühgeborene werden motorisch ruhiger und können beginnen, die Umwelt wahrzunehmen.

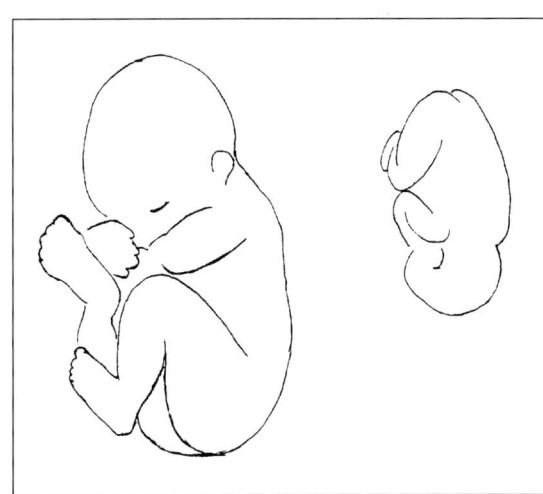

Abb. 17: Gebeugte Körperhaltung eines Kindes kurz vor seiner Geburt

Prekop berichtet von der Sicherheit durch Halt und Gehalten-werden, die Kinder so nötig brauchen und so oft vermissen. Die Frauen vieler Naturvölker tragen ihre Kinder in den ersten Jahren im Tragetuch, das Kind erfährt die Fortsetzung der Sicherheit des intrauterinen Gehalten- und Bewegtwerdens. Auch bei uns haben immer mehr Mütter diese Sitte mit viel Erfolg übernommen.

In der Praxis gehen wir bei der Untersuchung der Kinder so vor, daß die Mutter sich setzt und ihr Kind auf den Schoß legt. Das Kind liegt in einer runden Stellung an den Körper der Mutter geschmiegt, von ihren Armen umfangen. So lassen sich Kinder sehr gut untersuchen mit dem Vorteil, daß sie nicht schreien, weil das bekannte Gefühl des Umfangenwerdens ihnen Sicherheit vermittelt. Auch die Mütter, die sonst bei den notwendigen Untersuchungen ängstlich reagieren und diese Angst auf ihr Kind übertragen, werden ruhig und offen für ein Gespräch, weil sie ihr Kind nicht abgeben müssen.

5.2.4 Die auditive Wahrnehmung

Das Hören beginnt früh intrauterin zunächst mit Vibrationen, die das Gefühl für Rhythmus geben. Jeder Säugling liebt rhythmisches Wiegen und rhythmische Lieder, weil er dies als Bekanntes wieder erkennt. Vom sechsten Monat an nimmt das Ungeborene den Herzschlag seiner Mutter nicht mehr nur als Vibration wahr, er hört ihn jetzt auch als Ton. Das Kind wird sich daher später nach der Geburt schnell beruhigen, wenn es an der linken Brustseite der Mutter liegt und deren Herzschlag hört. Das Kind im Mutterleib hört aber nicht nur den Herzschlag, sondern auch die Stimme der Mutter und sogar Töne von außen. Ein Donnerschlag läßt es genauso zusammenschrecken wie seine Mutter.

Eine Mutter, die während ihrer Schwangerschaft viel ruhen mußte und oft Musik hörend auf dem Sofa lag – ihre Lieblingsmusik waren Klavierkonzerte – erzählte, daß ihr Kind später am besten einschlief, wenn sie eine Kassette mit dieser Musik abspielte. Vielleicht ist das auch ein Grund dafür, daß so viele Menschen im Konzert einschlafen!

5.2.5 Die visuelle Wahrnehmung

Im 5. Schwangerschaftsmonat differenziert sich das visuelle System so weit, daß bereits hell – dunkel wahrgenommen wird. In der gesunden Entwicklung lernt das visuelle System vornehmlich postnatal. Bleiben diese Reize zum Beispiel auf einem Auge wegen einer Sehstörung aus, kommt es zu einer Vorherrschaft eines Auges, die Funktion des anderen Auges bleibt immer weiter zurück (Amblyopie). Auch hier beginnt wieder das Lernen mit der Wahrnehmung, das visuelle System lernt durch Reize.

Bereits vor der Geburt werden also verschiedene Wahrnehmungsmodalitäten vom Ungeborenen gleichzeitig wahrgenommen. Ab dem 6. Schwangerschaftsmonat verknüpft das Kind die Wahrnehmung der Nahsinne: taktil, vestibulär und proprioceptiv; es fühlt Bewegung, Druck, Temperatur, Schmerz, es kann riechen und schmecken, es hört und sieht. Es ist vorbereitet auf die Welt „draußen". Die Aussage von Piaget, daß Kinder bis zum dritten Lebensmonat intramodal, also ohne Verknüpfung wahrnehmen, kann auf die intrauterine Entwicklung bezogen daher nicht vertreten werden.

5.3   Die große Veränderung durch die Geburt

Nach der Geburt kommen plötzlich sehr viele neue Wahrnehmungen auf das Kind zu. Schon nach wenigen Stunden erkennt der Säugling seine Mutter an ihrem persönlichkeitsspezifischen Geruch.

Denken wir an das Riechhirn als evolutionäre Urverstandeskontrolle, wird klar, daß das Riechen und das Schmecken schon sehr früh angelegt sind, auch wenn das Riechen erst nach der Geburt als veränderbare Wahrnehmung erkennbar wird. Denken wir an die Verbindung des Riechhirns mit dem Limbischen System, der Kontrollstation für unsere emotionalen Gefühle, verstehen wir sofort, wie entscheidend diese Wahrnehmung für die Mutter-Kind-Beziehung und die weitere Entwicklung des Kindes ist.

Kennen Sie die Wirkung eines „Riechläppchens"? Man legt ein Tuch oder ein Hemd, das die Mutter einige Zeit am Körper getragen hat, ins Bett des Säuglings. Das Kind wird merklich ruhiger werden, weil die bekannte Riechwahrnehmung ihm Sicherheit gibt. Es fühlt sich nicht mehr allein gelassen und umgeben von fremden und beängstigenden Gerüchen. Mütter könnten ihrem Kind nachts ein solches Stück Stoff mit ins Bettchen geben. Auf diese Weise wird es sich wohl und sicher fühlen und besser schlafen, von einer vertrauten Wahrnehmung begleitet.

Die geschmackliche, gustatorische Wahrnehmung, die ja von der Riechwahrnehmung nicht zu trennen ist, beginnt ebenfalls sehr früh, sogar schon vor der Geburt. Schon Frühgeborene verziehen das Gesicht, wenn ihnen etwas nicht schmeckt.

Schließlich setzt sich die visuelle Wahrnehmung fort, die ja bereits intrauterin mit dem Erkennen von hell und dunkel begann. Jedoch kann das Kind mit dieser neuen Erfahrung noch nicht viel anfangen, das helle Licht ist wohl zunächst einmal unangenehm. Erst später wird das Sehen als zusätzliche Informationsquelle eingesetzt.

Alle bis dahin bekannten Wahrnehmungen verändern sich schlagartig mit der Geburt:

- Das Bewegtwerden hört auf. Das Kind wird in ein festes Bett gelegt (weil es angeblich Ruhe braucht).
- Das „Rundum-gehalten-werden" hört auf. Das Kind erfährt Druck jetzt auf der Vorderseite seines Körpers durch die neue Erfahrung der eigenen Schwerkraft auf der Unterlage.
- Die warme, weiche Flüssigkeit rund um die ganze Haut wird abgelöst durch Luft, begleitet von einem abrupten heftigen Temperaturabfall von 10 Grad. Um Unterkühlung zu vermeiden, wird das Kind in Textilien gesteckt, die, so „schmuseweich" sie auch sein mögen, doch vom Neugeborenen als fremd und daher als beängstigend empfunden werden müssen im Vergleich zur bisherigen Umgebung. Da die Hirnrinde des Kindes erst mit 18-20 Monaten voll entwickelt ist, kann das Kind die taktile Wahrnehmung jetzt noch nicht genau lokalisieren und typisieren.
- Die akustische Wahrnehmung, bisher durch das Fruchtwasser gedämpft, dringt jetzt ungehemmt und oft schrill direkt an das Ohr. Mit dem Herzton der Mutter und der bekannten, rhythmischen Vibration des Herzens schwindet gleichzeitig die bekannte Umgebung und Sicherheit.

Eigentlich kann man die Wahrnehmungen der ersten Stunden und Tage im Leben eines Menschen nicht als erfreulich oder gar angenehm sondern eher als verwirrend und bedrohlich bezeichnen. Vertraute Wahrnehmungen verschwinden sehr plötzlich. Fremde und daher zunächst einmal unangenehme Eindrücke drängen sich dem jungen Leben auf. Da ist es ein Trost, daß das Neugeborene 20 Stunden des Tages schläft. Es schliefe besser, wenn es in einer sanft schaukelnden Wiege läge.

Das Wahrnehmungsdiagramm zeigt die Entwicklung der verschiedenen Modalitäten. Das Kind lernt intrauterin, für uns unbemerkt, schon eine Menge. Mit der Geburt fällt die Wahrnehmung durch die Unsicherheit in der veränderten Umgebung zunächst scheinbar zurück und erreicht etwa im sechsten Monat wieder den Stand der letzten Schwangerschaftswochen. Die Entwicklungspsychologie spricht von der ersten „Re-Organisationsphase", die durch neue und daher Unsicherheit einflößende Erfahrungen geprägt ist:

- die neue Erfahrung der Schwerkraft; die Organisation der Körperlage gelingt nun nur durch ständige Anpassung und Tonusregulierung
- Die Umwelt ist offen und doch wenig überschaubar, beängstigend; das Kind zieht sich daher zunächst zurück (Regression). Erst später entwickelt es seine Identität, das Erkennen des Fremden und den Umgang mit der Umwelt

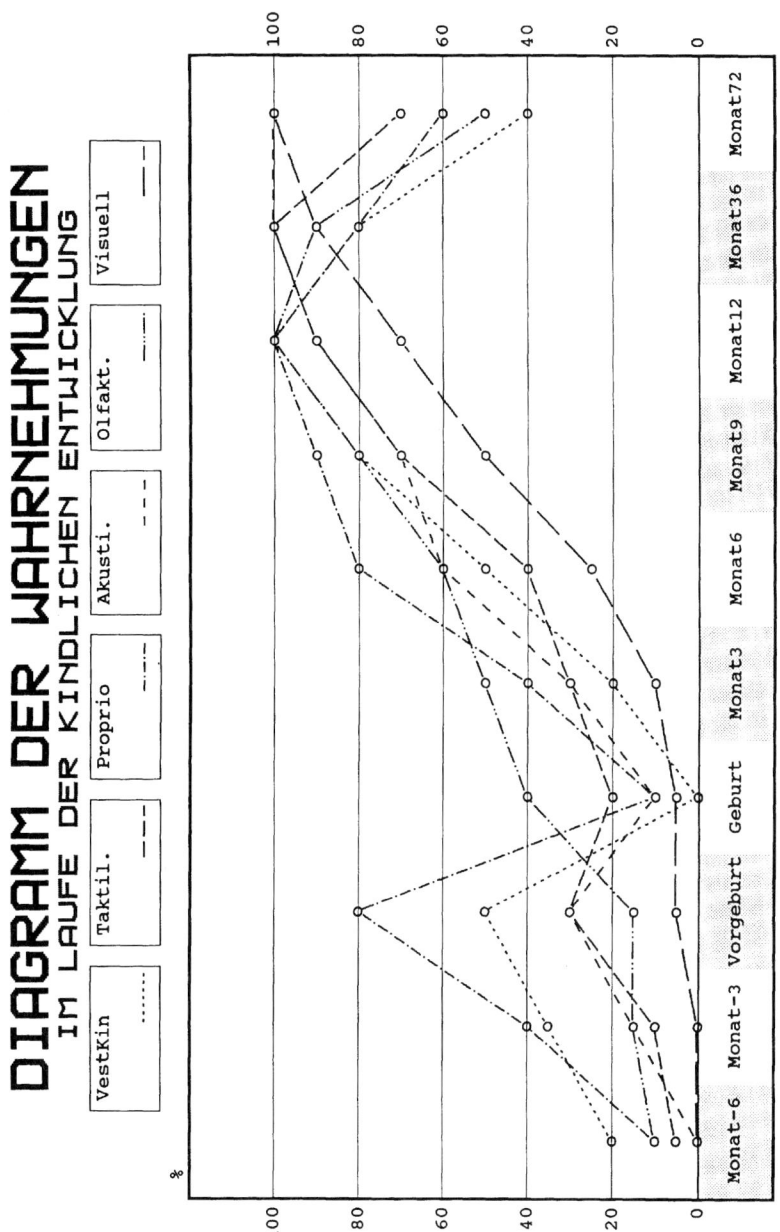

Abb. 18: Diagramm der Wahrnehmung im Verlauf der kindlichen Entwicklung. Deutlich sichtbar ist der Einbruch der Wahrnehmung mit der Geburt und ihr neuer Aufbau bis zum 12. Monat. Die Fernsinne, das Sehen und Hören bleiben in ihrer Wertigkeit bestehen und überlagern später in ihrer Wichtigkeit die Nahsinne

- Das Erlebnis der linearen Zeit, der es ausgeliefert ist. Es muß warten, bis seine Wünsche befriedigt werden, woraus sich die Notwendigkeit zur Kommunikation mit der Umwelt ergibt.

Das sensomotorische Lernen geschieht nach dieser Phase der Unsicherheit bis zum 18. Monat dann rasant schnell, ein einjähriges Kind nimmt mit allen wachen Sinnen seine Umwelt in sich auf.

Die Wahrnehmung wird scheinbar immer „unwichtiger", je älter ein Kind wird, je geringer die Reize sind und je mehr es über seinen Verstand abstrakt lernen muß. In unserer Kultur, oder besser Zivilisation, werden Kinder leider sehr früh wahrnehmungsentwöhnt.

Unsere Wahrnehmungsqualitäten werden in „Nahsinne" und „Fernsinne" eingeteilt, in der Reihenfolge in der sie sich ja auch ausbilden. Nahsinne sind Hautsensibilität, Körper- und Bewegungsgefühl, Gleichgewichtssinn und Geschmackssinn. Hier treffen sich Nahsinn und Fernsinn, denn der Geschmack wirkt mit dem „nahen" Fernsinn, dem Geruch zusammen. Das Sehen und das Hören sind die anderen beiden Fernsinne.

Wenn wir Erwachsenen von Wahrnehmung sprechen, denken wir meist nur noch an die Fernsinne des Sehens und Hörens, vielleicht gerade noch an das Tasten, aber dann nur mit den körperfernen Fingerspitzen. Es ist sicher wert, darüber nachzudenken, warum wir heute die Wahrnehmung so „distanziert" verstehen. Wie immer wir darüber denken, müssen wir bei der Förderung von Kindern jedenfalls beachten, daß Kinder viel direkter wahrnehmen als wir und deshalb zunächst lernen sollten, ihre so wichtigen Nahsinne zu gebrauchen.

6. Körpermotorik

6.1 Ein Kind lernt Bewegung

Je höher ein Lebewesen differenziert ist, desto unfertiger ist es bei seiner Geburt, desto mehr ist es aber in der Lage noch zu lernen.

Die Bewegungen eines Kindes beginnen, angeregt durch das Bewegtwerden durch die Mutter, schon in der 6. Schwangerschaftswoche. Das Ungeborene ist ein empfindendes, lernendes menschliches Wesen. Es kann sein Mißfallen oder sein Wohlbefinden deutlich zum Ausdruck bringen. Grimassen schneiden, saugen, greifen, sich festklammern und strampeln sind vorbereitende Übungen für das Leben nach der Geburt.

Besonders interessant ist die Entwicklung von Armen und Beinen. Die Hauptfunktion der Hand ist das Greifen und Loslassen, wobei der Arm als Verlängerung und Anpassung des Handlungsradius dient. Analoges gilt für den Fuß mit seiner federnden Stütz- und Abrollfunktion beim Laufen. Das Bein ermöglicht dabei abwechselnd ein federndes Nachgeben durch angemessene Verkürzung und ein kraftvolles Abstoßen durch Verlängerung.

Man geht heute davon aus, daß diese frühen Zug- und Druckkräfte die Ausgestaltung von Muskel- und Knochenzellen bewirken. Es ist anzunehmen, daß die Spezialisierung embryonaler Zellen zu Muskel- und Knochengewebe nicht primär durch genetische Codierung, sondern durch die eigene biophysikalische Gestaltung der vielseitig entwicklungsfähigen Zellen erfolgt.

Bei den Strampel- und Greifbewegungen ab der siebten Woche kommt es zu Zug- und Kompressionskräften, die die Struktur von Muskulatur, Knochen und Gelenken klären. Wir sprechen daher vom Wachstumsgreifen und Wachstumsstrampeln. Sie spiegeln das enorme Bewegungsrepertoire eines werdenden Menschen wider.

Durch diese erste Motorik bilden sich nicht nur die Körperstruktur sondern auch zentral immer neue Synapsen und Bahnungen bis zu der enormen Zahl von 100 Milliarden Nervenzellen. Die Entwicklung des Gehirns wird durch Spüren und Bewegen möglich. Es ist nicht so, wie oft gedacht, daß unser Gehirn wachsen muß, bevor wir lernen können, sondern jedes Lernen wird unser Gehirn weiter differenzieren. *Das Kind selbst erzeugt mit seinem Tun seine körperliche und neuronale Struktur.*

Nach der Geburt paßt sich der neue Erdenbürger den veränderten Umweltbedingungen an und setzt dann erst die Entwicklung der intrauterinen Phase fort.

In dieser Phase der Re-Organisation muß das Neugeborene sich mit einem neuen Phänomen der Schwerkraft auseinandersetzen. Schwebte der Embryo „schwerelos" im Fruchtwasser der Mutter um die eigene Achse, so ist das Neugeborene durch die neu auferlegte Schwerkraft gezwungen, motorische Eigenaktivität zu entwickeln, um sich bewegen und aufrichten zu können.

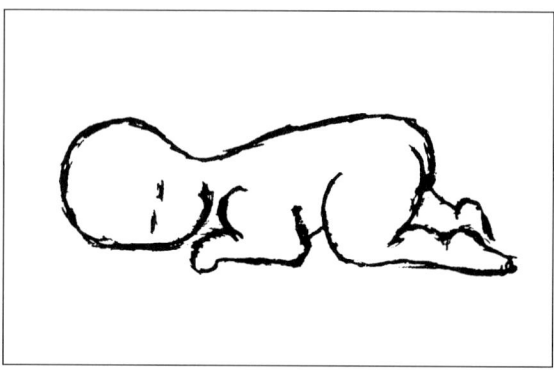

Abb. 19: Neugeborenes in Bauchlage, der Beugetonus herrscht vor und bestimmt die Körperhaltung

In Bauchlage sind beim Neugeborenen alle seine Gelenke noch in der Beugung der intrauterinen Zeit, der Druck der Schwerkraft liegt auf dem Brustbein und einer Gesichtsseite. Wir sprechen daher auch vom ersten Beugestadium, das bis zur 7. Lebenswoche andauert. Aus der gebeugten Bauchlage liegt der Kopf zur Seite gedreht, wodurch sich die Nackenmuskulatur auf der Hinterhauptseite verlängert. Wir können diese Dehnung an uns selbst spüren, wenn wir längere Zeit in der Bauchlage den Kopf auf eine Seite legen. Durch die Dehnung und damit Reizung der Muskelspindeln und ihrer Gammamotoneuronen wird eine Anspannung der Nackenmuskulatur und Drehung des Kopfes ausgelöst. Da die Wange in der Bauchlage einen innigen Kontakt mit der Unterlage hat, wird zusätzlich durch diesen Berührungsreiz und den dadurch ausgelösten Hinwendereflex die Rotation gebahnt.

Bei der Kopfdrehung beobachten wir jetzt schon für einen kleinen Moment eine symmetrische Kopfhaltung, die erste Nackenstreckung, begleitet von der beginnenden Aufrichtung und dem ersten Stütz auf der Schulter der Hinterhauptseite. Dieses Drehen wird immer wieder geübt, so daß die Kopfhaltung in Bauchlage in den darauffolgenden Wochen zunehmend sicherer wird.

6.2 Reflexe als erste Bewegungsform

Die Körperbewegungen des Neugeborenen sind beherrscht von Primärreflexen, die zum Teil Überreste aus der grauen Vorzeit unserer menschlichen Entwicklung sind. Sie beherrschen das Bewegungsverhalten in den ersten Wochen, bevor sie überlagert werden durch das Lernen von Variationen.

Der tonische Labyrinthreflex (TLR), zeigt sich beim Neugeborenen in der Bauchlage. Es liegt in totaler Beugung, der Tonus all seiner Beugemuskeln ist erhöht.

Feldenkrais sieht diese Primärreaktion in Zusammenhang mit der ursprünglichen „Fallangst", die Mensch und Tier angeboren ist, und die beim Fallen die Kontraktion sämtlicher Beuger bewirkt. Ein Tier, das fällt, bewahrt seine Beine durch die Beugehaltung vor einer Fraktur. Der Beugetonus des gesamten vorderen Rumpfes schützt außerdem Brust, Bauch und die lebenswichtigen inneren Organe vor Verletzungen.

Feldenkrais erklärt daraus ein „Haltungsverhalten", das er wie folgt beschreibt:

„Dieses Schema der Beugerkontraktion stellt sich jedesmal wieder ein, wenn ein Mensch auf den passiven Selbstschutz zurückgreift, sei's weil zum aktiven Schutz ihm die Mittel fehlen, sei's, weil er an seiner Kraft und Fähigkeit zweifelt. Die Streck- oder Aufrichtemuskulatur ist dann notwendigerweise partiell gehemmt. Meinen eigenen Beobachtungen zufolge haben Menschen, die als introvertiert gelten, einen gewohnheitsmäßig verringerten Streckertonus. Infolgedessen werden entweder die Hüftgelenke oder der Kopf abnormal vorgeneigt und Drehbewegungen des Körpers umständlich oder auf Umwegen ausgeführt, statt auf dem einfachsten, direktesten Weg. Extrovertierte Menschen hingegen sind im Stehen wie im Gehen mehr aufgerichtet."

Solche Deutungen sind entwicklungsgeschichtlich und verhaltenspsychologisch außerordentlich interessant, es sind aber auch mehrere Erklärungen denkbar. Ich sehe den TLR auch als Einleitung einer Abrollbewegung, als eine Art Purzelbaum, den eine Katze beim Fallen macht, den aber auch Fallschirmspringer als Abrollen üben, um die Wucht des Aufpralls in eine Bewegung umzusetzen.

Die Mororeaktion ist eine aus der Phylogenese übernommene Schutzreaktion. Plötzliche Anzeichen drohender Gefahr, wie Lageveränderung des Kopfes, Veränderung der Unterlage oder schon ein lauter Knall lösen diese Reaktion aus. Das Neugeborene schlägt die Arme weit auseinander –

mit einer Gesamtstreckung, die sich bis ins Gesicht ausweitet – und schlägt sie sofort anschließend in einer großen Umklammerungsbewegung wieder zusammen. Beim Affenkind hat diese Reaktion noch einen praktischen Sinn. Bei akuter Gefahr kann es sich dank dieses Reflexes an dem Körper der fliehenden Mutter festklammern, und sie kann ungehindert ihre Arme und Beine zur Flucht benutzen.

Reste der Mororeaktion können wir bei jedem erwachsenen Menschen noch beobachten. In Schrecksituationen werfen auch wir noch beide Arme mit gespreizten Händen hoch. In reduzierter Form zeigen auch wir noch die Schreckreaktion im Gesicht. Wir öffnen den Mund, reißen die Augen auf und ziehen die Augenbrauen hoch.

Schon der Volksmund kennt die Moro Reaktion, wenn er sagt: „uns bleibt vor Schreck der Mund offen stehen".

Der primäre Schreitreflex beim Neugeborenen löst bei Eltern in der Regel Freude aus: hält man das Kind am Rumpf in senkrechter Lage und läßt einen Fuß auf die Unterlage tippen, streckt sich das Bein und das andere beugt sich. Die Eltern sind begeistert, weil die Bewegungen so aussehen, als ob das Kind schon laufen will. Tatsächlich ist der Schreitreflex aber rein reflexbezogen. Er verläuft über das Gammamotoneuronensystem, wobei der gekreuzte Streckreflex bewirkt, daß das jeweils andere Bein sich reaktiv beugt.

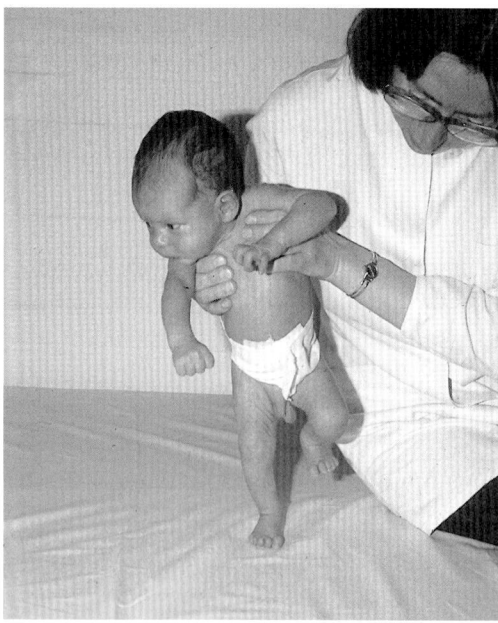

Abb. 20: Zehn Tage alter Säugling im Schreitreflex

Der asymmetrisch tonische Nackenreflex (ATNR) zeigt die Abhängigkeit der Körperbewegungen von der Kopfhaltung. Bei Drehung des Kopfes nach links streckt sich der linke Arm, der rechte Arm beugt sich. An den Beinen beobachten wir die gleichen „über Kreuz"- Bewegungen, obwohl die Antwort der Arme deutlicher ist als die der Beine: das linke Bein streckt sich, das rechte beugt sich.

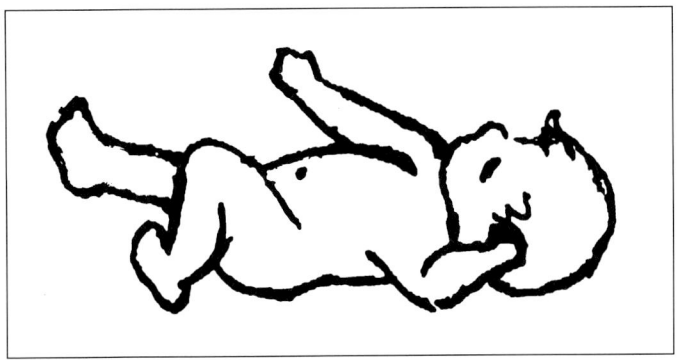

Abb. 21: Asymmetrisch tonischer Nackenreflex (ATNR) als typische Fechterstellung in der Rückenlage

Zur Gedächtnisstütze wird der ATNR auch als „Fechterstellung" bezeichnet. Am besten ist der Reflex gedanklich faßbar, wenn wir uns den ursprünglichen Sinn des Reflexes, der in einer rudimentären Kletterbewegung gesehen wird, klar machen.

Stellen Sie sich vor, Sie klettern auf einen Baum: Ihr Kopf dreht sich dahin, wo Ihr Arm sich mit geöffneter Hand nach oben streckt, um einen Ast zu ergreifen, denn Sie wollen ja sehen, wohin Sie greifen. Mit dem anderen gebeugten Arm werden Sie sich an einem niedriger gelegenen Ast festhalten, mit geschlossener Faust, um nicht zu fallen. Schon haben Sie die typische ATNR-Haltung! Wenn Sie jetzt die Beine mit in Ihre Bewegung einbeziehen, sehen Sie sofort, wie Beugung und Streckung überkreuz und alternierend arbeiten.

Beim symmetrisch tonischen Nackenreflex (STNR) aus der Rückenlage antworten die Extremitäten auf die Beugung und Streckung des in Mittelstellung liegenden Kopfes. Bei Beugung des Kopfes beugen sich die Arme, und strecken sich die Beine. Bei Streckung des Nackens strecken sich die Arme, und beugen sich die Beine. Die Reaktion des STNR hemmt die Bewegungsmöglichkeit des Kindes stark, wenn sie aufgrund einer Entwicklungsstörung über den 6. Lebensmonat hinaus noch vorhanden ist.

Das Kind fällt dann aus dem Vierfüßlerstand auf das Gesicht, sobald es nach unten schaut, weil seine Arme sich reflexartig beugen.

Abb. 22: Der symmetrisch tonische Nackenreflex (STNR) bewirkt bei Nackenstrek-kung durch die Streckung der Arme und Beugung der Beine eine Art Fersensitz

Trotzdem hat auch dieser Reflex seinen ursprünglichen Sinn. Er garantier-te dem Vierfüßler die Haltung beim Absprung und die sichere Landung, Verhaltensweisen, die wir beim Tier heute noch beobachten können: Es hebt beim Absprung den Kopf und streckt die Vorderbeine, senkt bei der Landung den Kopf, um auf den Boden zu schauen und beugt gleichzeitig die Vorderbeine, um beim Aufkommen abzufedern. Würde es mit gestreck-ten „Armen" landen, wäre es nicht flexibel genug, den Stoß abzufangen und würde sich wahrscheinlich die Knochen brechen.

6.3 Die Beuge- und Streckphasen im ersten Lebensjahr

Diese hier beschriebenen Reflexe und Bewegungsmuster beherrschen das Kind im ersten Beugestadium, das von der Geburt bis zur siebten Lebens-woche andauert, werden dann aber überlagert von den neuen Wahrneh-mungen der Umwelt:

- von der Erfahrung der Schwerkraft, der tiefensensiblen Wahrnehmung des Körpers auf der Unterlage
- von der Notwendigkeit, sich zu bewegen, um die vestibulären Bewe-gungsreize der Intrauterinzeit weiterhin zu erleben
- von den vielen neuen Reizen, die die Umwelt bringt, durch das Tasten, das Hören und Sehen.

Von der 7. Lebenswoche bis zum Ende des 3. Monats sprechen wir vom *ersten Streckstadium.* Mit 6-7 Wochen ist mit dem TLR der erste wichtige tonische Reflex überwunden. Das Kind liegt in Bauchlage nicht mehr in totaler Beugung, sondern kann den Kopf nun so weit heben, daß es den Nacken bereits gestreckt halten kann. Die Unterarme übernehmen die erste Stützfunktion, jedoch noch mit zurückgezogenen Ellbogen. Die Hüfthaltung bleibt noch in der Beugung der ersten Wochen.

Wir sprechen in der kindlichen Bewegungsentwicklung von der gesetzmäßigen cranio-caudalen Entwicklung, was übersetzt heißt „vom Kopf zum Schwanz". Sie besagt, daß jede Aufrichtungsphase sich zunächst im Nakken, dann im Schulter-Arm-Bereich und erst danach im Bereich des Bekkens und der Beine durchsetzt. Diese Entwicklungsfolge beobachten wir auch in allen späteren Aufrichtungsphasen.

Im ersten Streckstadium beginnt die Moro-Reaktion sich abzubauen. Die Umklammerungsbewegung verschwindet, der Reflexreiz löst jetzt nur noch das Auseinanderschlagen der Arme in die Streckung aus.

Auch der Schreitreflex ist nicht mehr auslösbar, denn der gekreuzte Streckreflex verschwindet allmählich. Hält man das Kind in dieser Phase am Rumpf aufrecht, „steht" es aber noch auf den Fußspitzen, die Beine dicht zusammen (adduziert). Diese „erste Stehreaktion" darf nicht verwechselt werden mit dem aktiven Stehen eines 10 Monate alten Kindes.

Mit 3 Monaten ist die Streckung cranio-caudal soweit fortgeschritten, daß das Kind sich in Bauchlage bis in die Brustwirbelsäule strecken kann. Die Ellbogen lösen sich aus der Retraktion und stützen nun seitlich neben den Schultern. Weil es die Kopfwendung und Aufrichtung immerfort geübt hat, kann das Kind nun die Schultern immer besser zum Stützen einsetzen.

Abb. 23: Ein vier Monate alter Säugling in sicherem Ellbogenstütz, die Schulter ist aufgerichtet

Die tonischen Nackenreflexe, der ATNR und STNR lassen nach, sie können schon durch Willkürbewegung kurzfristig überwunden werden.

Im zweiten Beugestadium, mit 4 Monaten ist die Schulter-Aufrichtung vollständig, die Ellbogen liegen jetzt in der Bauchlage vor dem Schulterniveau. Der Rücken streckt sich jetzt durch die ganze Brustwirbelsäule bis zum Lendenbereich. Durch das Abstützen auf die Ellbogen verlagert sich der Druck durch den Körper in Richtung zu den Füßen, also caudal. Der Kopf kann frei in der Senkrechten gehalten und aktiv bis zu 40 Grad nach rechts und links gedreht werden. Visuelle und akustische Wahrnehmungen im Raum werden verknüpft zur intermodalen Perzeption.

Die erste Stützfunktion beginnt im Becken mit dem Symphysenstütz: die Oberschenkel liegen auf, die Unterlage drückt gegen die Beine, später einmal wird dadurch die Krabbelbewegung provoziert.

Mit Beginn der zweiten Beugephase läßt der Strecktonus der Muskulatur nach; die erste Stehreaktion ist nicht mehr auslösbar: der Säugling sinkt in sich zusammen, wenn man versucht, ihn, am Rumpf gehalten, „aufzustellen". Die tonischen Reflexe lassen in zunehmendem Maße nach und werden immer mehr von den Stellreaktionen und den Eigenbewegungen überdeckt.

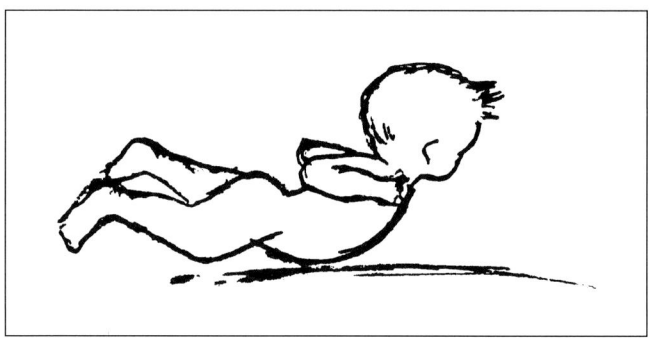

Abb. 24: „Fliegerstellung" als Übergangsphase im 5. Monat

Mit 5 bis 5 1/2 Monaten beginnt eine interessante *Übergangsphase*. Aufgrund der cranio-caudalen Entwicklung, und weil durch die visuelle und auditive Wahrnehmung die Umwelt so verlockend ist, will das Kind den Kopf schon hoch in der Senkrechten halten und sich aufrichten. Es möchte sich fortbewegen, ist jedoch noch nicht zur Aufrichtung fähig. Daraus entsteht die bekannte Fliegerhaltung, auch jet-position genannt: Aus der Bauchlage wird der Kopf weit in den Nacken gezogen, die Arme „flattern" seitlich, die Beine strampeln in symmetrischer Beuge-Streck- Bewegung in der

Luft. In den erstaunlich kurzen Pausen landet der kleine „Flieger" mit seit-lich abduzierten Armen auf den Innenkanten der Hände, um sich sofort wieder auf das Becken zurückzudrücken und erneut loszuflattern. Ganz offensichtlich gehen hier die Absichten des Kindes über sein Können hin-aus, wir haben es jedoch nicht etwa mit einer pathologischen Erscheinung zu tun sondern mit einer Übergangsphase!

Wird nun in der Bauchlage ein Arm angehoben und der Kopf zur selben Seite gewendet, „kippt" das Kind auf den Rücken, ohne sich jedoch auf den Bauch zurückrollen zu können. Dies ist übrigens das typische Alter, in dem Babys drohen, von der Wickelkommode zu fallen, weil noch niemand damit rechnet, daß sie schon rollen können, und das ist ja im Prinzip auch richtig. Glücklicherweise haben diese für die Eltern aufregenden „Unfälle" in den meisten Fällen keine ernsten Folgen, die Beugestellung des Kör-pers verhindert, daß der Hinterkopf aufschlägt.

Mit 6 Monaten ist nach dieser 5 1/2 Monatskonfusion eine völlig neue Stufe erreicht. Alle tonischen Reflexe sind abgebaut und stören nicht mehr die gewollten Bewegungen. Die Kopfrotation kann vom Rumpf separiert werden. Die neue vestibuläre Errungenschaft ist die kontrollierte Kopfhal-tung im Verhältnis zum Raum und zum Körper, seitlich, vorwärts, rück-wärts. Man bezeichnet das auch als positive Stellreaktionen. Mit ihr be-ginnt die Orientierung des Körpers im Raum.

Der Kopfstellreflex zum Körper:
bei Kopfwendung folgt der Körper, da er ja separiert werden kann, nicht mehr zwanghaft nach.

Der Kopfstellreflex zum Raum:
wird der Rumpf aus der Senkrechten in eine schräge Schwebelage ge-bracht, kann das Kind seinen Kopf im Raum in der Senkrechten ausrich-ten.

Der Körperstellreflex zum Körper:
dreht man das Kind von den Beinen aus langsam um die Körperachse, folgt sein Körper schraubenförmig der Bewegung und kippt nicht mehr „en bloc" wie in der Zeit der tonischen Reflexe.

Die freie Kopfrotation mit der Möglichkeit, sich aus der Seitenlage über den Ellbogenstütz aufzurichten, ermöglicht das Rollen, das schnell als ein wichtiges Mittel zur Fortbewegung erkannt wird. In der Rotation ist nun für den Ellbogenstütz die ganze Schulter- und Rumpfmuskulatur beteiligt. Das Drehen von der Seitenlage zur Bauchlage mit dem immer wiederkehren-den Ellbogenstütz ist daher eine wichtige Voraussetzung und „Vorübung" für die aufrechte Rumpf- Schulterhaltung. Hier prägen sich schon Grundlagen für die spätere Sitz- und Schreibhaltung. Durch das Übergreifen des freien Armes bewegt sich das Kind erstmals über seine Körpermitte hinweg. Es entdeckt die Diagonale, die für fast alle späteren Handbewegungen bis hin zu den L-Schlaufen beim Schreiben gebraucht werden.

Die aufrechte Kopfhaltung prägt die Raumorientierung, die Hör- und Sichtweite reicht jetzt über eine Entfernung von sechs bis zehn Metern. Das Kind kann also alle Dinge in einem Zimmer wahrnehmen. Es beginnt „Übersicht" zu gewinnen und will seine Umgebung erforschen.

Das schnelle Rollen ist möglich, weil der Vestibularapparat ausgereift ist und sich bei schnellen Bewegungen an die Raumorientierung anpassen kann. Durch die Stimulierung des Vestibularapparates wird schon die spätere Flexibilität auch des Denkens geschult. Der Volksmund kennt diesen Zusammenhang schon lange und sagt: „er ist sehr wendig" und meint, „er ist geistig flexibel und kann umdenken".

Im 7. Monat beginnt *das zweite Streckstadium*. Nach der Aufrichtung des Oberkörpers strecken sich jetzt auch die unteren Extremitäten. Reflexogen erkennen wir dies am Beginn der zweite Stehreaktion: das Kind, am Rumpf gefaßt und auf die gebeugten Beine gestellt, drückt sich von den Fersen aus zu Stand hoch, die Beine außenrotiert und leicht abduziert. Es „steht" auf den Beinen, aber die Hüft- Rumpfkontrolle ist für den freien Stand noch nicht ausreichend gesichert.

Das typische symmetrische „Hopsen" zeigt den Wunsch des Kindes, sich in der Senkrechten fortzubewegen. Wieder wird eine „Hilfsmotorik", das symmetrische Strecken benutzt, weil das Kind mehr tut, als es eigentlich kann. Eine neue Übergangsphase, in der die Reflexe oft eine auffallende aber nicht pathologische Strecktendenz zeigen, eine Phase, in der viele Bewegungsvariationen probiert werden:

• Aus der Bauchlage werden die Beine, häufig symmetrisch mit den Resten des STNR, zu einer Art Fersensitz unter den Bauch gezogen. Das Körpergewicht wird wechselweise auf Arme und Beine geschaukelt, um zu probieren, wieviel Gewicht die Arme und Hüften tragen können. Immer wieder fällt das Kind auf den Bauch, wenn es zu weit vor geschaukelt ist, und immer wieder stemmt es sich hoch. Viele Kinder entwickeln daraus sogar eine vorübergehende Form der Fortbewegung.
• Aus der Bauchlage ziehen beide Arme im Ellbogenstütz den Körper nach vorn; dies ist ein Robben mit symmetrischer Beinstreckung und darauf zurückzuführen, daß die Arme zum Robben bereit sind, die Beinmotorik aber noch nicht, auch eine Übergangsphase.
• Aus der Bauchlage wird mit der Körperrotation ein Knie nach vorn gezogen; beim Vorwärtsziehen beginnt das Knie mitzuhelfen und zu

stützen. Dies ist bereits der Beginn der nächsten Phase, der des alternierenden Robbens.

6.4 Vom Robben und Krabbeln zum Gehen

Im 8. bis 9. Monat ist die Übergangsphase am Anfang des 2.Streckstadiums überwunden. Das Kind beherrscht den Vierfüßlerstand, es robbt alternierend, die Knie helfen mit. Dadurch erfährt es neue Druckreize vom Knie durch die Hüfte bis zur Wirbelsäule, eine wichtige propriozeptive Körperwahrnehmung. Es lernt seinen Körper besser kennen. Es kann mit seinen Händen den gesamten Körper betasten und erforschen und entdeckt seine Füße. Häufig beginnt jetzt schon das Krabbeln, die alternierende Fortbewegung auf Händen und Knien.

Der Raum, der bisher durch das Herumgetragen werden, durch das Sehen und Hören bekannt ist, will jetzt durch die eigene Fortbewegung erforscht werden. In der Untersuchungssituation wird das indes oft gar nicht sichtbar, das Kind zeigt zum Kummer der Eltern überhaupt nicht, was es schon kann. In unbekannten Räumen wird sich ein acht Monate altes Kind nämlich passiv und eher ängstlich verhalten, es steckt ja jetzt mitten in der Achtmonatsangst, dem Fremdeln. Es ist die Phase, in der das Kind beginnt, eine bekannte und unbekannte Umgebung, aber auch bekannte und unbekannte Personen zu unterscheiden. Die Angst vor Fremdem wird groß, das Vertrauen zu den bekannten Personen dagegen wird fest und stark.

In diesem Alter lieben Babys es geradezu, vom Vater oder von der Mutter immer wieder in die Luft geworfen zu werden. Die schnelle Auf- und Abbewegung wird als sensationell empfunden und bereitet die senkrechte Stellung vor.

Jetzt beginnt die von Piaget beschriebene seriale Wahrnehmung. Verschiedene Wahrnehmungsreize können miteinander kombiniert werden als „Wenn – dann". So schaut das Kind zur Tür, wenn es die Klingel hört und erwartet, daß jemand hereinkommt. Einzelne Aktionen werden mit dieser serialen Wahrnehmung zu einem sinnvollen Handlungsverständnis verarbeitet und dadurch zu eigenen Handlungsaktionen verknüpft.

Im 10. Monat ist das Kind mit seinen motorischen Möglichkeiten wieder einmal nicht mehr zufrieden. Durch die vestibuläre Wahrnehmung des „Auf und ab" will es nach oben und beginnt, sich mit einer Art Klimmzug an Gegenständen hochzuziehen. Die Arme läßt es dabei seitlich, die Ellbogen sind zurückgezogen, genau wie früher bei der „Fliegerstellung". Es steht nicht auf den ganzen Füßen sondern auf den Zehenspitzen mit abduzierten Beinen. Genau wie im 5. Monat haben wir es wieder mit einem pseudopathologischen Komplex zu tun, einer Übergangserscheinung. Das Kind probiert etwas, was es noch nicht kann. Diese Phase geht in der Regel schnell vorüber, sie wird allerdings oft künstlich verlängert, wenn Eltern den Fehler machen, ihr Kind, an den Händen hochgezogen, zum „Laufen" zu bringen und damit diese „alte" Armhaltung unnötigerweise einüben.

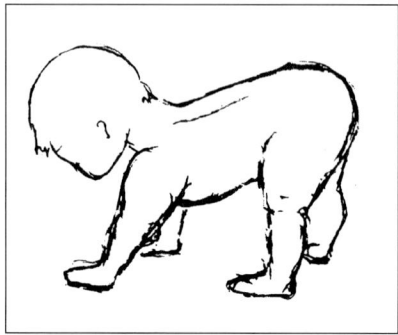

Abb. 25a-d: Vier Skizzen der verschiedenen Aufrichtungsphasen aus der Bauchlage zum Stand

Auch ohne das falsche Lauftraining lernt das Kind zwischen dem 10. und 12. Monat die Aufrichtung vom Vierfüßlerstand über den Bärenstand zum aufrechten Stehen und zum Gehen an Gegenständen, wobei das Gewicht bei jedem Positionswechsel von vorn nach hinten und umgekehrt verlagert wird. Das Gehen mit Abstützen und nach vorn gebeugter Hüfte ist gewissermaßen noch ein Krabbeln in der Senkrechten, die Hände werden noch als Stütze für den Rücken gebraucht, die Hüfte und Lendenwirbelsäule sind noch nicht aufgerichtet. Es entspricht dem Gehen der ersten Zweifüßlerfrau Lucy.

Durch seitliches Laufen an Gegenständen lernt das Kind die Gewichtsverlagerung auf den Füßen und die leichte Außenrotation der Beine, und das ist wichtig für das spätere Gangbild, weil wir ohne diese Fähigkeit ständig über unsere eigenen Füße fallen würden. Das seitliche Laufen bereitet aber auch durch die Hüftabspreizung die wichtige Hüftaufrichtung vor, die uns beim Laufen die gestreckte Hüfte und damit die endgültige aufrechte Haltung garantiert.

Die Fußgreifreflexe lassen in diesem Alter nach, sie verschwinden jedoch nicht völlig, denn die Reste des Zehenkrallens benutzen wir heute noch für das Abdrücken und das Abrollen vom Standbein in die Fortbewegung. Es ermöglicht uns schließlich einen federnden Gang und das schnelle Laufen.

Im Alter von 12 Monaten kann der Kopf nach allen Richtungen frei und unabhängig bewegt werden. Durch die separierten Nackenbewegungen werden auch die Augen frei, in alle Richtungen zu blicken. Wer den Zusammenhang von Nacken und Augen nicht kennt, der versuche einmal, die Bewegung beider getrennt auszuführen: Drehen Sie den Kopf langsam nach rechts und wenden Sie die Augen gleichzeitig, nicht nacheinander sondern wirklich gleichzeitig, nach links. Spüren Sie, wieviel schwerer die Bewegung ist, wenn Auge und Nacken in gegensätzlicher Richtung arbeiten, als wenn sie sich zur gleichen Seite wenden?

Die freie Kopfbewegung und das Bewußtsein der Senkrechten, bringt eine neue, dritte Dimension in die Raumwahrnehmung, das Oben und Unten wird, neben der Erforschung des Nah und Weit entdeckt. In dieser Entwicklungsstufe muß ein Kind zu seinem Schutz oft festgehalten werden, sein Eroberungsdrang ist noch nicht durch ausreichenden Sinn für Gefahren begrenzt. Eltern setzen daher ein 12 Monate altes Kind in einen Hochstuhl und geben ihm ein Spielzeug in die Hand, damit es ruhig ist.

Nun entwickelt sich ein bekanntes und wunderbares Spiel: das Kind wirft den Gegenstand auf den Boden, die Eltern heben ihn wieder auf, so lange, bis die Eltern müde werden, denn jedes Kind hat erwiesenermaßen die größere Ausdauer. Wenn nun die Eltern die Lust daran verlieren, für ihr Kind die Bewegung zu vollziehen, um ihm die Wahrnehmung von Raum und Entfernung, von hoch und tief, „vorzuturnen", wird sich das Kind, sobald die Eltern nicht mehr mitspielen, selbst auf den Weg machen, und aus dem Hochstuhl heraus klettern, wobei es natürlich den Höhenunterschied nicht als Gefahr erkennt. Das Beispiel zeigt, warum es so erfolglos ist, das Herausklettern durch Wiederhineinsetzen zu unterbrechen oder es gar zu verbieten, und seien die Argumente auch noch so vernünftig!

Ein Beispiel für kindliche Ausdauer gibt uns der Psychologe Spitz, der einmal testen wollte, wie oft ein Kind ein Spiel mit Wiederholungen mitspielt. Er legte einem Baby ein Tuch über das Gesicht, das es sofort wegzog. Eltern kennen das Spiel genau, Mutter und Vater sagen „Daaa", alle drei lächeln. Spitz wollte feststellen, wie oft ein Kind im Alter von 7 bis 8 Monaten dieses Spiel wiederholen mag. Beim hundertsten Mal soll er aufgegeben haben!

Erst mit 15 Monaten ist die Rumpfstabilität soweit gesichert, daß das Kind beim Stehen die Arme zum Stützen nicht mehr braucht und daher frei laufen kann, zunächst noch mit abduzierten Beinen, um durch den breitbasigen Gang eine größere Unterstützungsfläche und mehr Sicherheit zu haben.

Mit etwa 18-20 Monaten ist die Hüftaufrichtung vollständig, der Rumpf stabilisiert sich in der Senkrechten. Jetzt wird im Gehen die lange vorher durch Rollen geprobte Rumpfrotation in die Gangbewegung miteinbezogen. Es entsteht eine Interrotation zwischen Schulter und Hüfte, die unser ganzes Leben erhalten bleibt, vorausgesetzt, wir bleiben in Bewegung. Durch diese Rotation der Wirbelsäule in jeder Bewegung wird das Kind stabil, es kann auch im Lauf anhalten und die Richtung wechseln, es muß nicht mehr im Lauf hinter seinem Schwerpunkt her eilen. Es kann gehen.

Die Aufrichtung aus der Bauchlage bis zum Laufen ist nun abgeschlossen. In der darauffolgenden Zeit lernt das Kind weiter an Koordination und Geschicklichkeit, bis endlich mit dem 4. oder 5. Lebensjahr das Gleichgewicht in die Bewegungen mit eingebaut wird und das Kind hüpfen und auf einem Bein balancieren kann.

6.5 Vom Liegen zum Sitzen

Die Aufrichtung aus der Rückenlage verläuft parallel zu der aus der Bauchlage. Die Fähigkeiten und Variationen des Erlebten aus der Bauch- und Rückenlage helfen sich gegenseitig in der Entwicklung, zur besseren Beurteilung des motorischen Entwicklungsalters soll ihr Ablauf in diesem Buch jedoch separat geschildert werden.

Da der Säugling in der Rückenlage die Hände frei hat zum Greifen und alle Sinnesorgane freier liegen als in der Bauchlage, spielen hier die Wahrnehmung des Tastens, Sehens und das Erfühlen des eigenen Körpers eine besonders wichtige Rolle.

In der Neugeborenenzeit ist die Rückenlage noch geprägt von Instabilität und Unsicherheit, da die Kopfhaltung noch ohne Kontrolle ist und alle Bewegungen in den tonischen Reflexen münden. Ab der 3.bis 4. Lebenswoche beginnt das aktive Lächeln des Kindes, es kann kurz mit den Au-

gen fixieren, die Steuerungsfähigkeit des Axisorgans beginnt und die Rük-
kenlage gewinnt an Stabilität. Die Fähigkeit der Beobachtung im Raum
führt zu der Fechterstellung und damit zur ersten Separierung der rechten
und linken Seite. Der Säugling liegt in asymmetrischer Rückenlage mit
seitlicher Kopfhaltung im Muster des ATNR, durch die Beuge- und Streck-
stellung der Arme und Beine im ATNR werden die Bewegungen erstmals
separiert, das heißt, die rechte Seite macht nicht mehr dieselbe Bewegung
wie die linke. Nach der symmetrischen Lage im Uterus eine neue wichtige
Erfahrung, erstmals beginnt eine Bewegung über die Körpermitte hinweg,
die später das Bewußtsein für die Mitte klärt und damit die Mitte als Sicherheit erkennt.

Im 3. Monat kann der Kopf in der Rückenlage dann in der Mittelstellung
gehalten werden. Der Blickkontakt zu Mutter oder Vater kommt über einen
Abstand von bis zu einem Meter zustande. Das Kind ist aber noch in der
Split-brain Phase, beide Hemisphären arbeiten noch nicht zussammen, es
sieht mit beiden Augen noch nicht koordiniert. Die Hände versuchen bereits, Gegenstände zu greifen, können aber noch nicht wirklich zusammen-
arbeiten. Sie schlagen vielmehr gegen eine Rassel.

Bei jeder starken Kopfdrehung kann jedoch durch die tonischen Reflexe
die sichere Mittelstellung verloren gehen und dadurch der Blickkontakt
beendet werden. Bei Kopfwendung mit fixiertem Rumpf zeigt sich der ATNR
noch deutlich in dem gebeugten Arm der Hinterhauptseite. Wird der Kopf
ohne Rumpffixierung gedreht, folgt der ganze Körper mit einer en-bloc-
Rotation.

Im 4. Monat lassen die tonischen Reflexe langsam nach. Der Kopf kann
bis zu 40 Grad nach rechts und links gewendet werden, ohne daß die
Körperhaltung verloren wird, die visuell-akustische Raumwahrnehmung wird
in alle Richtungen erfahren.

Das zweite Beugestadium beginnt, das Baby liegt in Rückenlage in der
typischen „Babypuppenstellung": mit Beugung in Armen und Ellbogen, die
Ellbogen werden von der Unterlage abgehoben, die Hüften sind gebeugt
und abduziert, die Füße stehen häufig gegeneinander. Aus dieser Stellung
spielt es mit seinen Händen, kann seine Knie und später seine Füße
fassen und lernt sich kennen. Die Split-brain Phase ist noch vorhanden,
jede Hemisphäre spürt, und greift noch unabhängig voneinander. Ein Grund,
warum Babys in der Phase sich unlustig zeigen, einen Gegenstand, der
mittig vor sie gehalten wird, zu ergreifen. Beim Spiel mit dem eigenen
Körper erleben sie die taktilen und propriozeptiven Reize an Händen und
Füßen im Wechselspiel. Denken wir an die sensomotorischen Assoziationsfelder der Kortex und daran, daß sie sich nach der Geburt noch ent-

scheidend weiterentwicken, so wird die Wichtigkeit dieser scheinbar spielerischen Phase verständlich.

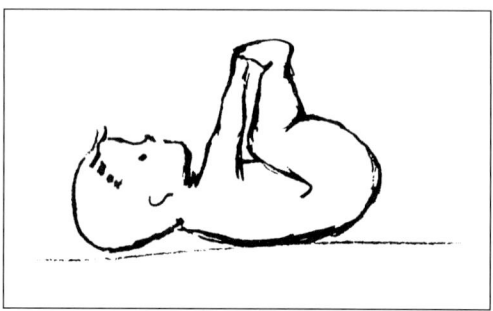

Abb. 26: Im zweiten Beugestadium liegt der Säugling in Rückenlage wie eine „Babypuppe", er kann seine Knie und später seine Füße fassen und erkunden.

Im 6. Monat können die Arme vor den Körper gestreckt werden. An den Händen hochgezogen, kann das Kind den Kopf aktiv mit heben. Es ist aber ein Irrtum, zu glauben, daß das Kind jetzt sitzt! Die Senkrechte im Rumpf ist noch lange nicht erreicht, auch wenn der Kopf senkrecht gehalten wird. Aus der Rückenlage kugelt das Kind, beginnend mit Kopfrotation in die Seitlage und durch den möglichen Ellbogenstütz kann es sich weiter auf den Bauch rollen. Und da die Bauchlage bekannt und vertraut ist und einen größeren Überblick durch den Raum ermöglicht, wird es in der folgenden Zeit die Rückenlage nur noch für jeweils kurze Zeit einnehmen.

Im 7. Monat, dem Beginn des zweiten Streckstadiums, verliert sich die Babypuppenhaltung. Das Kind stellt aus der Rückenlage die Füße auf, um sich mit den Fersen abzustützen. Dadurch kann es das Becken heben und wird Freude daran haben, auf diese Weise zu hopsen. An den Händen aus der Rückenlage hochgezogen, versucht es sofort, auf den Fersen aufzustehen.

Der Stütz auf einem Fuß wird benutzt, um sich vom Rücken auf den Bauch zu drehen. Es kommt dabei zu einer völligen Streckung des Körpers, die nicht mit einer pathologischen Überstreckung verwechselt werden darf.

Im 8.-10 Monat wird die Rückenlage gar nicht mehr akzeptiert. Mütter die ihr Baby in diesem Alter wickeln oder anziehen wollen, wissen, wie schnell es sich durch Wegrollen ihrem Griff entziehen kann.

Mit 10-12 Monaten richtet sich das Kind zum Sitz auf. Es tut das auf verschiedene Art und Weise. Entweder es rollt sich in die Bauchlage und kommt über den Vierfüßlerstand und Seitsitz in den freien Sitz. Oder es rollt sich zur Seite und bewegt sich über einen Ellbogen zum Handstütz hoch. Der Kopf zieht den Rumpf mit in die Senkrechte, und das Kind kommt mit gebeugten Beinen in den Sitz.

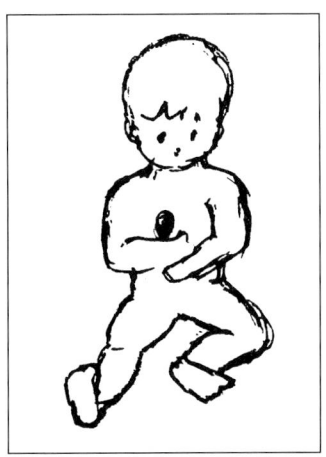

Abb. 27: Mit zehn Monaten kann ein Kind frei sitzen

Durch die Sitzposition erlebt das Kind erstmalig die propriozceptive Wahrnehmung, die vom Kopf über die Wirbelsäule zu den beiden Sitzbeinknochen geht. Durch diesen Druck lernt es, seine Wirbelsäule und seinen Rücken aufzurichten. Bei der Betrachtung des Entwicklungsablaufs wird klar, daß wir eine spätere Haltungsschwäche und eine fehlerhafte Sitzhaltung provozieren, wenn wir ein Kind hinsetzen, bevor der Rumpf so gut ausgebildet ist, daß es sich selbst aufrichten kann. Heute haben viele Menschen Rückenschmerzen, weil sie viel zu früh, mit sechs Monaten, in Kissen gestützt, gesetzt wurden.

Mancher Erwachsene muß deshalb später in vielen Therapiestunden lernen, sein Skelett wieder zu benutzen, auf den Sitzbeinknochen zu sitzen, auf den Füßen zu stehen und sein Gewicht an den Boden abzugeben, anstatt verkrampft und mit viel Muskelkraft an seiner Haltung festzuhalten.

Die zusammenfassende Tabelle zeigt in aller Kürze die Entwicklung der Körperbewegungen bis zum 2. Lebensjahr. Die Angaben zeigen den Durchschnitt an, Abweichungen von der Norm müssen nicht bedeuten, daß eine Störung vorliegt.

Monate	Körperbewegungen
Vor der Geburt	Strampelbewegungen aus gebeugter Haltung in die Streckung, Rotation um die horizontale Körperachse
1.	Drehung des Kopfes in Bauchlage, Bewegungen im Muster der Primärreflexe
2.	Kopfhaltung in Bauchlage mit Unterarmstütz
3.	Kopf in Rückenlage in Mittelstellung
4.	Kopf-Rumpf-Haltung in Bauchlage bei sicherem Ellbogenstütz
5.	Jet-position in Bauchlage, kurzer Stütz auf gestreckten Armen
6.	Rollen, Hochziehen an den Händen zum Sitz, Kopf im Raum ausgerichtet
7.	Beginnt auf den Füßen zu stehen mit zeitweise überstreckten Beinen, steckt seine Zehen in dem Mund
8.	Robbt in Bauchlage, zieht sich in den Vierfüßlerstand, wippt vor und zurück
9.	Bleibt kurze Zeit allein sitzen, krabbelt auf Händen und Knien
10.	Stellt sich auf an Gegenständen, Arme in Retraktion, kurzer Zehenspitzenstand
11.	Setzt sich selbst auf, Gleichgewicht im Sitzen
12.	Geht an Gegenständen entlang, Außenrotation der Beine
15.	Freies Laufen über mehrere Meter, Hüfte noch gebeugt
18.	Steht ohne Hilfe auf, kann im Gehen Richtung wechseln und stehen bleiben
24.	Hüpft gehalten auf beiden Beinen, kickt einen Ball, kurzer Einbeinstand

7. Handmotorik

7.1 Vom Greifreflex zum Begreifen

„Hand"-lungen beginnen schon vor der Geburt im Mutterleib. Sie sind verbunden mit der propriozeptiven und taktilen Wahrnehmung, durch die sich die Handmotorik im Laufe des Lebens zu immer feineren Fähigkeiten entwickelt. Auch der Erwachsene kann noch lernen und durch Wahrnehmungsschulung seine Feinmotorik verbessern, wir kennen die vielen Beispiele von Künstlern, die sich eine sehr differenzierte Handmotorik bis ins hohe Alter erhalten.

Vor der Geburt liegt der Fötus in dem engen Uterus in gebeugter Körperhaltung, seine Hände und Ellbogen vor dem Körper. Die Hände sind geöffnet und zeigen zur Körpermitte, wobei sie leicht nach „radial", also zur Daumenseite geneigt sind, eine Handstellung, in der auch wir einen Ball halten würden. Mit dieser Armhaltung kann der Fötus schon den Daumen in den Mund nehmen. Er lernt schon jetzt seine Finger kennen und spürt sie mit seinem Mund.

Nach der Geburt wird dem Kind die runde Körperhaltung zunächst einmal genommen. Meist liegt es jetzt in flacher Bauchlage, seine Hände seitlich vom Körper abgelegt. Die starke Beugestellung des tonischen Labyrinthreflexes in den Hüftgelenken drückt den Brustkorb flach auf die Unterlage, so daß die Unterarme und die gebeugten Hände nach ulnar, also dem Gesicht abgewendet liegen. Bei dem Versuch, seinen Daumen zu finden, gerät dem Neugeborenen daher oft der Handrücken in den Mund.

7.2 Vom Affen abgeschaut? – Das Reflexgreifen der ersten Monate

In der Rückenlage beherrschen die tonischen Reflexe weitgehend die Handmotorik und zwar besonders der asymmetrisch tonische Nackenreflex, bei dem die Hände entfernt vom Gesicht in der Fechterstellung liegen. Die intrauterin begonnene Hand-Mund Erfahrung bricht zunächst einmal ab.

Die „Hand"-lungen bestehen nun aus Sicherheitsreflexen, von denen der **Greifreflex** der wichtigste ist: berührt man die Handinnenfläche, schließt sich die Hand fest zu, der Daumen liegt seitlich an den Fingern, so wie Schimpansen beim Greifen den Daumen halten, daher auch die Bezeichnung „Affengriff".

In der Vorzeit der menschlichen Entwicklung konnte sich ein Tierkind mit Hilfe dieses Greifreflexes an der Mutter festhalten. Der Reflex ist so stark,

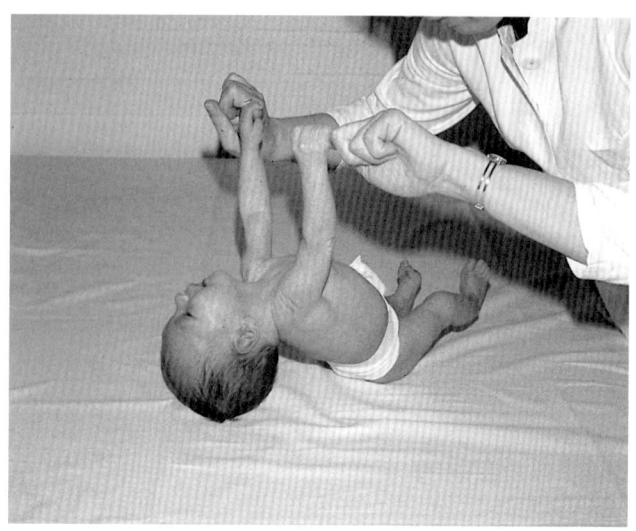

Abb. 28: Das Neugeborene hält sich mit sicherem Greifreflex fest

daß sich ein Neugeborenes an seinen Händen hängend festhalten kann; es wird nicht fallen. Der Greifreflex war einmal sehr sinnvoll und gehört noch heute untrennbar zur Entwicklung der ersten Lebensmonate. Dies sei erwähnt, weil viele Therapeuten oft zu eifrig und zu früh daran denken, den Greifreflex als lästige Störung abzubauen.

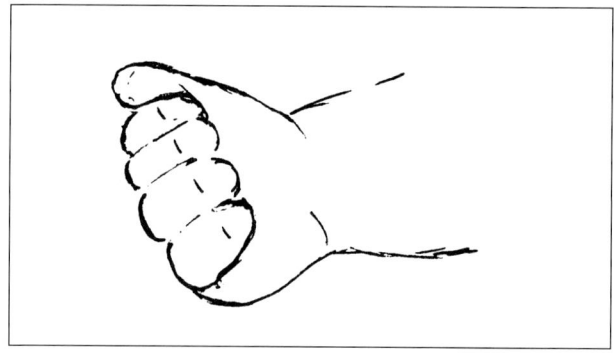

Abb. 29: Der Affengriff aus dem Greifreflex zeigt noch keine Daumenbeteiligung

Die *Moro-Reaktion* kennen die wir bereits aus dem Kapitel der Körpermotorik. Sie ist die evolutionsmäßig vorgegebene Antwort auf eine Schrecksituation: Das Auseinanderschlagen der Arme mit unmittelbar darauf folgender Umklammerungsbewegung ist ebenfalls beim Tierkind zunächst ein

Sicherheitsreflex, beim Säugling beginnen durch ihn sehr früh die ersten Armbewegungen.

Ab dem vierten Lebensmonat, wenn die Primärreaktionen nachlassen, beginnen die ersten Willkürbewegungen der Hände. Gegenstände, gegen die das Baby zunächst nur schlägt, können festgehalten und losgelassen werden, allerdings immer noch ohne Beteiligung des Daumens und mit ulnarer Handstellung.

Im Ellbogenstütz in der Bauchlage geraten dem Kind nun seine Arme und Hände ins Gesichtsfeld, und da sich der asymmetrische Nackenreflex auf der Gesichtsseite abgeschwächt hat, verschwindet die Hand auch nicht mehr in die Streckung, wenn das Kind den Blick auf sie richtet. Das Bewußtsein für die Hand wird klarer, wobei jede Hand in ihrer Funktion noch für sich erlebt wird, da beide Hirnhälften noch nicht zusammenwirken (Splitbrain-Phase).

7.3 Der Ganze-Hand-Griff – Voraussetzung für spätere Feinmotorik

Im sechsten Monat erlebt das Kind eine sensationelle Veränderung: Die Arme strecken sich in Rückenlage nach vorn bis zur Mittellinie. Jetzt können zum erstenmal beide Hände einen Gegenstand ertasten und die Augen ihn gleichzeitig ansehen. Der *radiale Handgriff*, der vor der Geburt schon möglich war, wird wieder entdeckt; die Hände sind zur Körpermitte gerichtet. Sie sind in der Lage, eine Rassel zu fassen, wobei die Daumen nicht mehr anliegen sondern den Fingern gegenüber greifen. Man nennt das die *Daumenopposition*, durch die eine Form mit der runden Hand „umfaßt und erfaßt" werden kann. Erinnern wir uns an die Größe des sensomotorischen Areals für den Daumen auf der Hirnrinde, so wird die Bedeutung der Daumenopposition für die Wahrnehmung und Feinmotorik deutlich.

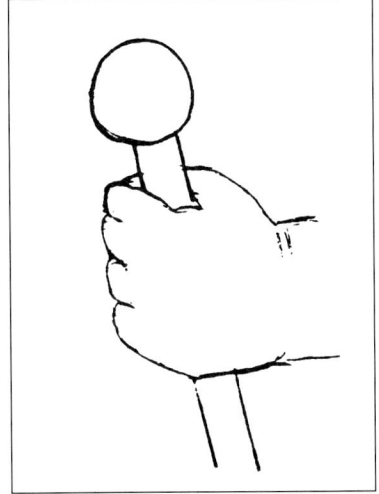

Abb. 30: Beim radialen Handgriff stellt sich der Daumen in Opposition zu den Fingern ein, die Hand kann umfassen und Formen begreifen

Der Greifreflex ist nun völlig erloschen, das Kind kann willentlich beidhändig greifen und loslassen. Was können zwei Hände alles wahrnehmen?

- *taktil* mit der Handinnenfläche die Oberflächenstruktur der Rassel (warm/kalt, rauh/glatt)
- *propriozeptiv* mit geschlossenen Händen die Form (Größe, eckig, spitz, rund)

Ein Beispiel vom Lernen der Formwahrnehmung:
Von dem Maler Joan Miró wird berichtet, daß er auf der Kunstakademie nicht in der Lage war, Formen richtig darzustellen. Sein Professor ließ ihn daher Formen mit verbundenen Augen fühlen und „blind" zeichnen. Spüren, um zu lernen schon im Jahre 1910. Miró hat seine Freude an klaren Formen in seinen Bildern behalten und immer die Auffassung vertreten, daß besonders die gespürte Wahrnehmung unseren Geist schult.

Abb. 31: Die Bilder von Joan Miró zeigen gespürte Formwahrnehmung

Im Alter von sechs Monaten kann das Kind den Handraum mit dem Sehraum verbinden, es kann die visuelle Wahrnehmung (hell, dunkel, Farbe, Größe) mit der Handerfahrung intermodal verknüpfen und zunächst zufällig und unbewußt, später auch bewußt „begreifen". Wenn diese Wahrnehmungen wiederholt werden, können schließlich nur durch das entfernte Sehen die Form und Oberfläche erkannt werden. Durch das Hantieren mit Gegenständen können zudem Geräusche erzeugt werden. Das Kind lernt, daß es „handeln", Laute erzeugen und Dinge in Bewegung setzen kann.

Voraussetzung für jede koordinierte Handmotorik ist die Schulter-Arm- Aufrichtung.

- Sie wird jedesmal gebahnt, wenn das Kind rollt und sich dabei von der Seitlage (Schulterstütz) zum Ellbogen aufrichtet,
- es stützt auf den Ellbogen mit der radialen Handstellung, wobei die Hand zur Faust geschlossen ist,
- es greift mit dem freien Arm über den Körper und damit über die Diagonale,
- die Hand ist dabei geöffnet und wieder dem Körper zugewandt, wie auch wir sie halten würden, um etwas vor dem Kopf zu greifen.

Sitzen Sie an einem Tisch? Dann legen Sie bitte einmal beide Unterarme bis zu den Ellbogen auf die Platte. Nun versuchen Sie, Ihren Körper auf den Ellbogen hochzustemmen, ohne mit den Füßen nachzuhelfen. Sie werden feststellen, daß sich Ihre Hände beim Hochstemmen leicht anheben und schließen. Wenn Sie die Spannung lösen, liegen die Hände auf der Kleinfingerseite auf mit entlastetem Daumenballen. Warum ist dieser Vorgang so wichtig? Weil sich hier der Unterschied zwischen der Reflexkletterbewegung unserer Vorahnen (ATNR) und der Handmotorik von uns aufgerichteten Menschen bemerkbar macht.

Der erste Stütz aus der flachen Bauchlage zeigt noch die nach ulnar geneigte Hand bei vorgezogener, innenrotierter Schulter. Bei aufgerichtetem Ellbogenstütz mit außenrotierter Schulter dagegen beginnt eine neue Phase:

- die Ellbogen stützen *vor* dem Rumpf mit außenrotierten Schultern
- die Handstellung ist radial und im Handgelenk leicht supiniert,
- das Handgelenk in leichter Dorsalstellung und Beugung,
- die Finger sind leicht gebeugt.

Durch diese Handstellung ist die Hand zu einer runden „Mulde" geformt, die Dinge aufnehmen, umgreifen, erkennen und „begreifen" kann.

Oft stößt man immer noch auf die irrige Annahme, die gestreckte Handstellung sei die funktionelle. An vielen Beispielen wird indes deutlich, daß das keineswegs der Fall ist. Halten Sie Ihre Hand in Ruhestellung gestreckt? Oder beim Gehen? Oder vielleicht jetzt beim Lesen? Halten Sie beim Schreiben die freie Hand gestreckt? Wenn Sie es einmal versuchen, werden Sie feststellen, wie unbequem die Streckung der Hand schon nach kürzester Zeit ist. Nicht eine Seite würden Sie lesen können, ohne ständig an die künstliche Streckung Ihrer Hand denken zu müssen.

7.4 Die Diagonale – Bewegung über die Körpermitte

Bei dem Rollen lernt das Kind eine weitere wichtige handmotorische Fähigkeit. Es „entdeckt" die Diagonale, wenn sich beim Drehen der freie Arm diagonal über die Körpermitte bewegt. Die Diagonalrichtung wird so zunächst am eigenen Körper geübt, später beim Laufen quer durch den Raum und noch später beim Schreiben bei den L-Schlaufen, die ja ebenfalls Diagonalbewegungen sind und Kindern nur schwer gelingen, wenn diese Richtung nicht früh am eigenen Körper erfahren wurde.

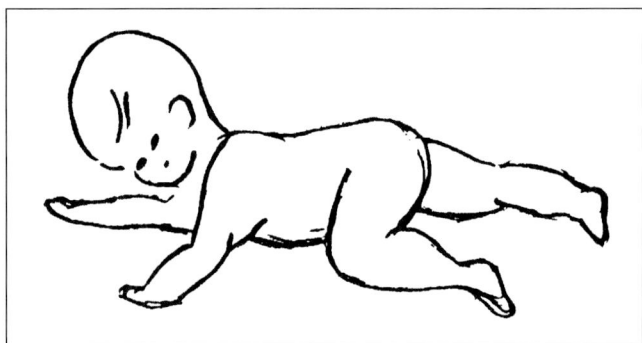

Abb. 32: Beim Rollen wird die Diagonale entdeckt

Durch das häufige Überkreuzen der Achse wird die Körpermitte gespürt und bewußt. Die Mittelstellung wird als Sicherheit erkannt. Und wer in der Mitte sicher ist, der kann sich aus ihr heraus bewegen, da er sie ja immer wiederfinden kann.

Deshalb sollte ein Kind ab dem sechsten Monat rollen, rollen und nochmals rollen, die hierbei erarbeiteten Funktionen sind Meilensteine auf dem Weg zu allen weiteren Handlungen:

- der Wechsel zwischen Beugen und Strecken, Öffnen und Schließen der Hände,
- das Übergreifen über die Körpermitte in der Diagonalen und
- die intermodale Wahrnehmung von Sehen und Greifen

Die Bedeutung dieser „Meilensteine" für die Entwicklung des Kindes können Sie ermessen, wenn Sie das Verhalten von Kindern in einem Raum beobachten. Wie viele Kinder stehen in der Ecke, gehen nur am Rand entlang? Welche Kinder laufen unbeschwert, kreuz und quer, auch diagonal durch den Raum? „Die Selbstbewußten, die Flexiblen", werden Sie sagen. Richtig, und sie sind nicht zuletzt so raum- und selbstbewußt, weil sie die Bewegung in der Diagonale als rollende Babys erlernt haben und sich sicher in ihrer Mitte fühlen.

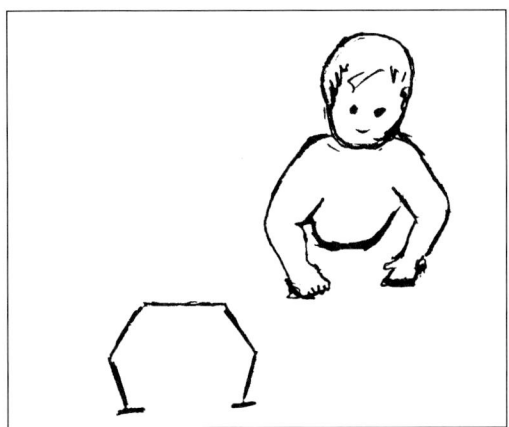

Abb. 33: Im Handstütz mit aufgerichteter Schulter bilden beide Arme und die Schultern eine stabile Brücke

Im achten bis zehnten Monat beginnt das Krabbeln. Die funktionellen Schulter – Arm – Handbewegungen werden ständig geübt und damit stabilisiert. Wichtige Elemente aus der Rollbewegung bleiben dabei bestehen: die Hand des gestützten Armes wird weiter radial gehalten, das Gewicht liegt auf der Kleinfingerseite, und die Hand bleibt leicht gebeugt. Selbst beim Handstütz ist die Hand also zwar geöffnet aber nicht völlig gestreckt, auch wenn es für den Betrachter so aussehen mag.

Legen Sie noch einmal die Hände auf den Tisch, so als wollten Sie sich zum Aufstehen hoch stützen: Spüren Sie wie Ihre Hände aufliegen. Wo liegen sie fest auf und wo bleibt ein kleiner Raum zwischen der Hand und der Unterlage? Wie würde der Abdruck aussehen, wenn Sie Ihre Handinnenflächen mit Farbe anmalen würden?

7.5 Der Pinzettengriff als Übergangsphase

Im zehnten bis zwölften Monat, etwa gleichzeitig mit dem „Klimmzug" in die Senkrechte, sehen wir auch in der Handmotorik eine Übergangsphase. Erinnern wir uns, beim Hochziehen an Gegenständen werden die Hände wieder ulnar gehalten, die Ellbogen zurückgezogen und die Schultern innenrotiert.

In der Senkrechten sehen wir also jetzt wieder die Armhaltung, die uns an den Unterarmstütz der ersten Monate erinnert. Sie erscheint wieder, weil das Kind seine Arm- und Handmotorik in der neuen Senkrechten noch nicht integriert hat.

Das Baby spielt jetzt viel mit seinen Händen, es ahmt die Bewegungsspiele der Mutter nach (winke-winke, wie das Fähnchen auf dem Turm, wie groß bist Du?)

Da es gleichzeitig jetzt großes Interesse an Details und kleinen Gegenständen entwickelt, zeigt es mit dem Zeigefinger auf winzige Krümel und will sie aufnehmen. Man nennt diese Zeit daher auch die „Krümelphase".

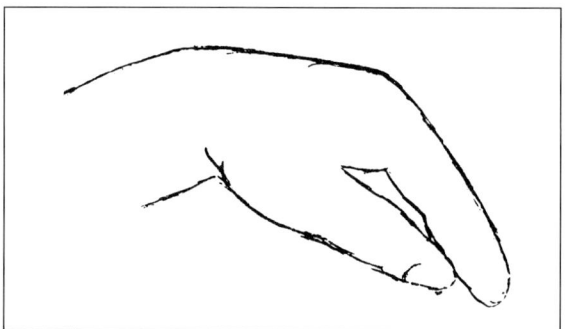

Abb. 34: Der Pinzettengriff mit gestreckten Fingern als Übergangsphase

Das Anfassen geschieht mit dem *Pinzettengriff*, bei dem mit gestrecktem Daumen und Zeigefinger gegriffen wird. Der Daumen berührt den Zeigefinger seitlich, also noch nicht an der Fingerbeere wie wir es tun. Dabei wird Hand zum Greifen nach innen gedreht, die Kleinfingerseite, das Handgelenk und der Ellbogen werden leicht hochgezogen. Die Hand greift also nicht in der vorher beschriebenen funktionellen Greifstellung, sondern

· leicht nach innen gedreht (protrahiert),
· das Handgelenk nach oben gewölbt (palmar),
· zur Kleinfingerseite geneigt (ulnar).

Ist der Pinzettengriff nun ein Rückfall in die vor dem vierten Monat übliche Handstellung? Sicher nicht! Es liegt keine Pathologie vor, sondern nur ein scheinbarer Rückschritt, wie wir ihn oft in Übergangsphasen sehen, wenn Kinder neue Fertigkeiten versuchen, aber noch nicht ganz beherrschen.

92

Diese Erscheinung wird jeweils nach einiger Zeit abgelöst von der neuen Funktion, die nächste Entwicklungsstufe ist erreicht.

Bliebe das Kind jedoch in dieser Übergangsphase stecken, würde die Wahrnehmung der Handinnenfläche reduziert und durch die ulnare Handstellung käme es später unweigerlich zu Schwierigkeiten in der Feinmotorik und Graphomotorik. Im Schulalter mühen sich diese Kinder beim Schreiben, im Diktat, sie bekommen schlechte Noten, was gravierende Folgen für den Spaß am Lernen und das Selbstwertgefühl haben kann.

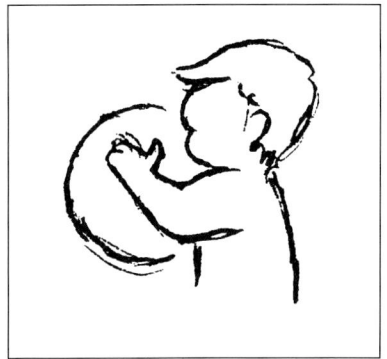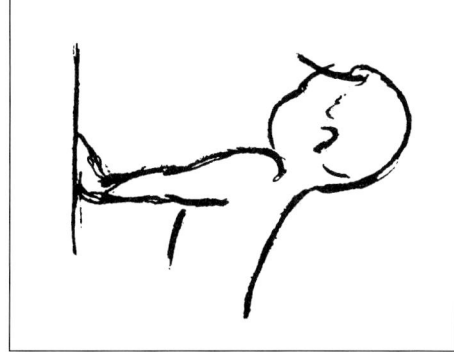

Abb. 35 a/b: Hände können umarmen und umfassen (a), aber auch abwehren und wegstoßen (b)

Die oben geschilderte Übergangsphase hat aber ihren Sinn für die weitere Entwicklung des Kindes. Im Gegensatz zu der positiven Stellung des Greifens, Umfangens und Umarmens, in der die Hände zueinander stehen (supiniert), ist die pronierte und ulnare Handstellung (Hände auseinander) die Stellung des Schutzes, der Abwehr, des Wegdrückens und Stemmens. Auch die typische „wegwerfende Handbewegung" gehört dazu. Nicht alles in der Welt ist zum Umarmen geeignet, der Mensch muß auch gewappnet sein, sich zu wehren und Bedrohliches wegzuschieben und daher auch diese Form der Handbewegung beherrschen.

7.6 Der Spitzgriff mit Fingerspitzengefühl

Wenn das Kind frei laufen kann, meist vom 15. bis 18. Lebensmonat an, wird der Pinzettengriff vom Spitzgriff abgelöst, der auch Zangengriff genannt wird. Die Schultern sind jetzt vollends aufgerichtet – also nach hinten genommen und leicht außenrotiert. Dadurch kann sich die funktionelle Handstellung des sechsten Monats (und der Intrauterinzeit) wieder einstel-

len. Daumen und Finger treffen beim Greifen aber nun auf den Fingerbeeren aufeinander, so wie wir eine Nadel aufheben würden.

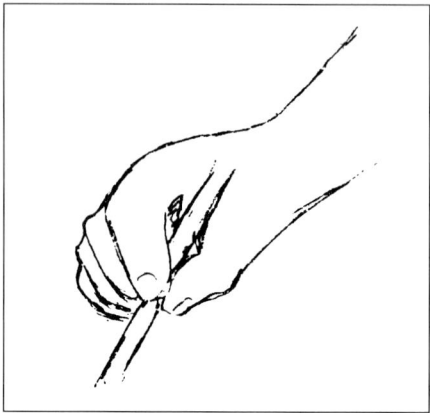

*Abb. 36: Der Spitzgriff mit Fingerspitzengefühl, die Finger sind gebeugt, die Hand
bildet eine Mulde*

In der gebeugten Hand bleibt über die Propriozeptoren die Formwahrnehmung erhalten; die taktile Wahrnehmung für Oberflächenbeschaffenheiten
wie rauh und glatt wird über die Exteroceptoren in den Fingerbeeren übernommen.

Das „Fingerspitzengefühl" ist aber, wie im Sprachgebrauch bekannt, nicht
nur das Gefühl in den Fingerspitzen. Durch das sensorische Lernen wird
letztlich auch unser Feingefühl im erweiterten Sinne entwickelt.

Nach dem Erwerb des Spitzgriffs gewinnt die Hand immer mehr an Geschicklichkeit, bis sie zu vielen feinen Leistungen befähigt ist. Das Schreiben, das in der Schule gefordert wird, ist nur eine von ihnen.

Die Hand ist aber nicht nur Greifwerkzeug, sondern ist auch ein wichtiges
Kommunikationsmittel. Die Gestik begleitet jede unserer Äußerungen. Selbst
beim Telefonieren, wenn der Gesprächspartner uns ja nicht sehen kann,
benutzen wir unsere Hände, um die Sprache zu unterstützen. Gestik wird
allerdings vor allem in nördlicheren Ländern durch die Erziehung stark
eingeschränkt. Doch ändert das nichts an der Tatsache, daß alle Kinder
der Welt ihre Sprache durch Gestikulieren lebhaft unterstützen, ja sogar
die Sprache teilweise dadurch ersetzen.

Ein Beispiel: ein Kind mit einer Entwicklungsaphasie (Sprachunfähigkeit
auf Grund einer Störung im motorischen Sprachzentrum) entwickelte eine
so lebhafte gestische „Sprache", daß es von den Untersuchern zunächst

für taubstumm gehalten wurde und tatsächlich erinnerten die Gesten an die Gebärdensprache der Gehörlosen. Montessori sagt hierzu, daß Kinder zunächst mit den Händen sprechen lernen und erst später mit dem Gehirn.

Hände sind außerdem, wie auch der Mund, wichtige Informationsträger, durch die das Kleinkind seine Umwelt erlebt und seine visuellen Eindrücke durch die Wahrnehmung absichert. Eltern, die ihrem Kind verbieten, alles anzufassen, haben selbst nicht „erfaßt", daß sie ihm die Möglichkeit versperren, sich seine Umgebung mehrdimensional zu erschließen. „Ihr habt wohl Eure Augen in den Fingern!" Dieser Ausruf einer Erzieherin angesichts ihrer an allem herumfingernden Zöglinge zeigt das ganze Ausmaß des noch durchaus üblichen Unverständnisses.

Wie erklärt sich aber diese Sinnesfeindlichkeit?

Es liegt wohl daran, daß viele Erwachsene Informationen nur noch über das Sehen und Hören aufnehmen und ihre anderen Sinne sträflich vernachlässigen. Sicherlich wäre es eine Bereicherung für unser Leben, würden wir noch spüren wie die Kinder. Unser Gehirn ist dafür eingerichtet, die Körperfühlsphäre unseres Großhirns bleibt nämlich bis ins hohe Alter aktiv wenn sie nur benutzt wird, wenn wir also unsere Haut, unser größtes Sinnesorgan spüren lassen.

Wir sollten Kindern jede Chance geben, sich in die Welt „einzufühlen", damit sie Fingerspitzengefühl für sich, ihre Mitmenschen und ihre Umwelt erfahren und erlernen.

7.7   Logik contra Gefühl? Dominanz und Präferenz in der Handmotorik

Über den Ursprung der Seitendominanz gibt es viele Meinungen aber noch wenige gesicherte Erkenntnisse. Fest steht, daß der Großteil der Weltbevölkerung die rechte Seite bevorzugt und zwar unabhängig davon, ob in dem jeweiligen Kulturkreis von rechts nach links, von links nach rechts oder von oben nach unten geschrieben wird. Fest steht auch, daß bereits Schimpansen, wenn sie mit einem Stein eine Nuß knacken, bevorzugt die rechte Hand benutzen.

Irische Psychologen haben mit Hilfe von Ultraschalluntersuchungen festgestellt, daß rund 95% der Ungeborenen lieber am rechten Daumen lutschen. Das Verhältnis entspricht der Verteilung der Links- und Rechtshänder in der Bevölkerung. Nach Ansicht der Forscher unterstützt diese Beobachtung die These, daß die Händigkeit (Dominanz) genetisch reguliert wird. Nach ihrer Ansicht könnte das vorgeburtliche Lutschen am rechten

Daumen sogar die beiden Hirnhälften unterschiedlich anregen und so die Gehirnasymmetrie verstärken.

Wir unterscheiden also die angelegte Dominanz und die spätere Bevorzugung einer Seite (Präferenz), die im Idealfall gleichseitig sind, jedoch nicht immer sein müssen.

Beim Neugeborenen kann man eine bevorzugte Kopfhaltung beobachten, meist zur rechten Seite. Man vermutet, daß dadurch die Hand der Gesichtsseite die „bewußtere" wird, schon weil sie zuerst wahrgenommen wird.

Schäfer schreibt dazu: „Die jeweilige Kopflage soll im Übrigen bis zu einem gewissen Grade ein Vorhersagen der späteren Handpräferenz erlauben; allerdings würden auch Neugeborene ohne klare Rechtswendungstendenz später meist Rechtshänder."

Da die tonischen Reflexe, die die Motorik des Säuglings in seinem ersten Lebensabschnitt beherrschen, alle beidseitig angelegt sind, kann eine Präferenz der Handmotorik auf jeden Fall frühestens mit dem Einsetzen der willkürlichen Feinbewegungen relevant werden. Wenn also Eltern erzählen, ihr Kind sei schon immer ein Linkshänder gewesen und habe schon als Säugling nur mit links gegriffen, muß man vermuten, daß es sich hier nicht um eine echte Dominanz sondern um eine zwanghaft erworbene Präferenz handelt, wie sie etwa durch eine Koordinationsstörung auftreten kann.

Nach Treves steigt die Rechtshandbevorzugung vom 18.Monat bis ins dritte Lebensjahr auf über 90% an. Die Festlegung der Händigkeit baut sich dann endgültig bis zum 8. – 10. Lebensjahr aus, so daß es uns nicht erschrecken muß, wenn Schulanfänger noch mit beiden Händen malen.

Wir achten schon in der Frühtherapie darauf, daß die Handmotorik vor dem Auftreten der Seitenpräferenz beidseitig gefördert wird, damit das Kind später seine Händigkeit unter unverfälschten Bedingungen finden kann und nicht nur die vermeintlich bessere Hand benutzen muß.

Die Zeit zwischen dem 18. Monat und dem dritten Jahr, in der sich die Händigkeit entwickelt, ist zugleich die Zeit der sprachlichen Entwicklung. Ein enger Zusammenhang zwischen der Sprache und der Entwicklung der Hirndominanz steht außer Zweifel, wie Beispiele aus der neurophysiologischen Behandlungspraxis immer wieder gezeigt haben.

Beide Sprachzentren, das motorische (Broca) und das sensorische (Wernicke), sind auf der dominanten Hirnseite, bei Rechtshändern also links angelegt.

Zudem besteht eine sensomotorische Rückkopplung oder Reafferenz mit folgenden Beziehungen:

- durch die Bevorzugung der rechten Hand wird die linke Hirnhälfte verstärkt stimuliert, mit einer sensorischen wie motorischen Ausstrahlung auf die naheliegenden Sprachzentren,
- die Funktion der Sprachzentren aktiviert die linke Hirnhälfte, bereitet sie vor für differenzierte feinmotorische Aufgaben und prägt dadurch die Dominanz.

7.7.1 Die Spezialisierung der Hirnhälften

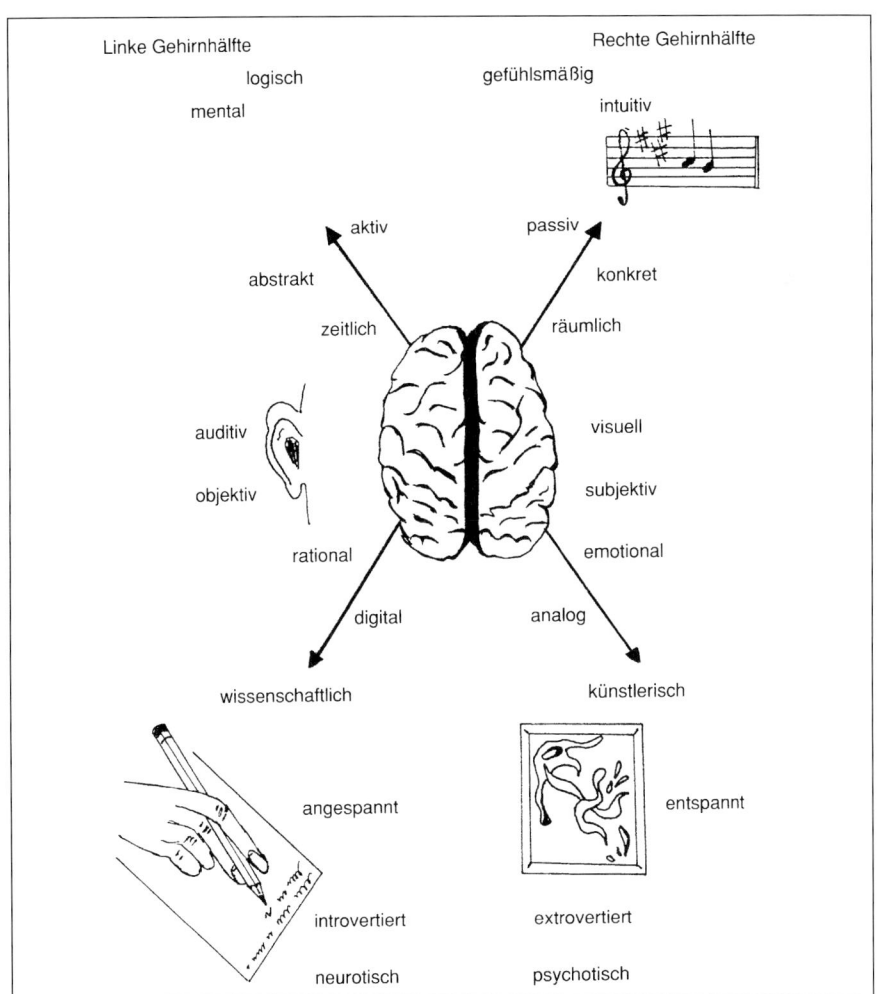

Abb. 37: Die Spezialisierung der linken und rechten Gehirnhälfte (aus: Brüggebors, Einführung in die Holistische Sensorische Integration Teil 1, borgmann publishing, Dortmund 1992)

Beide Hirnhälften nehmen verschiedene Aufgaben und Begabungen wahr und zwar unabhängig davon, ob man Rechts- oder Linkshänder ist. Bei 96% der Menschen ist die rechte Hirnhälfte zuständig für das ganzheitliche, wahrnehmungsorientierte Denken, während die linke Hirnhälfte spezialisiert ist auf das analytische Denken. Im Idealfall bewegen wir uns täglich über die Diagonale (Interrotation beim Gehen, Drehen) und arbeiten mit beiden Händen, der nicht dominanten Krafthand und der dominanten Hand für die Feinmotorik, koordiniert zusammen. Wir benutzen also die Brückenfunktion in unserem Großhirn und damit beide Hirnseiten. So kann das analytischen Denken unterstützt und ergänzt werden durch unsere ganzheitliche Wahrnehmung. Im Falle einer Entwicklungsstörung oder wenn wir in starke Erregung geraten, ist diese Zusammenarbeit aber gefährdet, das Lernen wird erschwert. Ein Junge hat mir das sehr deutlich geschildert: „wenn ich zu Hause übe und aufpasse, schreibe ich alle Worte richtig (linke Hirnhälfte). Wenn ich mir in der Schule im Aufsatz eine tolle Geschichte ausdenke (rechte Hirnhälfte), schreibe ich alles falsch."

Wir wissen heute, daß in Erregungssituationen eine Hirnhälfte sozusagen „abgeschaltet" wird. Aus der Evolution ist das durchaus als sinnvoll anzusehen, denn in der Wildnis konnten wir in Gefahrensituationen nicht lange abwägen (rechtes Hirn – linkes Hirn), was zu tun ist, sondern mußten schnell fliehen oder angreifen. Gerät ein Kind aber in der Schule in eine „Gefahrensituation" der Angst, macht das Abschalten einer Hirnhälfte die Gesamtkoordination und damit das Lernen unmöglich.

Das folgendes Grobschema soll die Spezialisierung der Hirnseiten in einigen Punkten verdeutlichen:

Linke Hirnhälfte / rechte Hand	rechte Hirnhälfte / linke Hand
Analytisches Denken	Ganzheitliches Denken
Programmieren serienmäßiger Abläufe , timing	Handlungsintellekt, kreativ-intuitives Handeln
Lineares Lernen von Sprechen, Schreiben, Lesen	Inhaltliches Erfassen von Sprache und Schrift, Singen
Theoretischer und sprachlicher Intellekt	Wahrnehmung und Raumorientierung

Den Wald vor lauter Bäumen nicht sehen

Britische Neurologen haben per Experiment herausgefunden, daß beide Gehirnhälften auch Bilder unterschiedlich aufnehmen. Der Wald, aus mittlerer Entfernung betrachtet, wird von der rechten Hirnhälfte erkannt und verarbeitet. Die linke „sieht" dagegen nur die einzelnen Bäume. Beides zusammen ergibt das Bild des Waldes, aber auch das Erkennen der Einzelheiten. Fällt nun durch eine Verletzung ein Teil der rechte Hirnhälfte aus, sieht der Mensch tatsächlich nur noch die Bäume, nicht aber mehr den ganzen Wald.

Die Spezialisierung der beiden Hirnhälften ist also offensichtlich sehr bedeutsam für den Menschen. Eine exakte Diagnostik und Förderung der angelegten Handdominanz sind daher wichtige Aspekte in der Therapie, die die Gesamtentwicklung des Kindes, und damit auch die Entwicklung der Persönlichkeit und ihrer Begabungen berücksichtigt.

Die Diagnostik der Händigkeit unterscheidet zwischen Seitendominanz und Seitenpräferenz, die nicht immer identisch sein müssen. Es leuchtet jedem ein, daß ein Kind mit rechtsseitiger Bewegungsstörung seine Präferenz auf der linken Seite suchen wird, wenn die geschädigte Seite nicht in der Lage ist, feinmotorische Aufgaben zu bewältigen. Dies sagt aber noch nichts über eine ursprünglich angelegte Dominanz aus.

Bei einer diskreten feinmotorischen Störung finden wir solche „unechten Linkshänder" recht häufig. Wenn irgend möglich, sollte in solchen Fällen die Entwicklung der Handmotorik über Beidseitigkeit soweit verbessert werden, daß das Kind ohne die Einschränkung einer Bewegungsstörung „seine Seite" und damit seine ihm eigene Dominanz findet. Wenn dies auf Grund der Bewegungsstörung nicht möglich ist, sollte dennoch darauf geachtet werden, daß auch diese Seite viele Wahrnehmungsangebote bekommt, also spüren lernt, damit die entsprechende Hirnhälfte genügend stimuliert wird.

Wohlgemerkt: es geht nicht darum, echte Linkshänder umzupolen auf die rechte Seite, wie es früher üblich war, aber wir wollen jedem Kind ermöglichen, sein eigenes Hirnpotential optimal zu nutzen und damit Freude am Lernen zu haben!

Die zusammenfassende Übersichtstabelle zeigt die Meilensteine in der Entwicklung der Handmotorik bis zum 2. Lebensjahr. Die Angaben variieren etwas bei jedem Kind, ohne daß eine Entwicklungsstörung vorliegen muß.

Monate	Handgeschick
Vor der Geburt	nimmt Daumen in den Mund, greift mit der ganzen Hand
1.	Greifreflex ohne Daumenbeteiligung, Armbewegungen im Muster der Primärreflexe
2.	Hände öffnen und schließen, Arme wechselnd gebeugt und gestreckt
3.	Hände greifen gebeugt vor dem Körper, in Bauchlage erster Auge-Hand-Kontakt
4.	Noch Split-brain-Phase, schlägt nach Rassel, einhändiges Festhalten und Loslassen, noch ulnar
5.	Hand-Augen-Bewußtsein, steckt Gegenstände in den Mund, Formwahrnehmung über Hand-Hand-Mund
6.	Greifen radial mit der ganzen Hand und Daumenbeteiligung vor dem Gesicht (Körpermitte), Stützen auf den geöffneten Händen
7.	Beginn der Bilateralintegration, gibt Gegenstände von einer Hand in die andere, gibt ab, nimmt Gegenstände gezielt auf
8.	Ahmt Handmotorik nach, winke-winke
9.	Befühlt Dinge mit Hand, Mund, erinnert Gegenstände, erkennt die Finger
10.	Pinzettengriff mit gestreckten Fingern, zeigt mit dem „Zeigefinger"
12.	Zielbewegungen, räumt Dosen aus, schlägt Gegenstände aneinander
15. –18.	Spitzgriff mit gebeugten Fingern, Hand radial
24. – 36.	Beginn der Präferenz, Ausprägung bis ins 8. Lebensjahr

8. Mundmotorik

8.1 Vom Saugreflex zur mimischen Kommunikation,

Auch hier gehen wir wieder zurück zum Ursprung der Entwicklung:
Der Mundraum ist verbunden mit verschiedenen vitalen Funktionen
- er ist Verbindung zwischen dem Körperäußeren und unserem Inneren
- er hat regulative Funktionen der Nahrungsaufnahme (Schmecken, Kauen, Speicheln, Verdauung)
- er ist verbunden mit dem alten System des Riechens
- er hat durch die feine Sensorik eine sichere taktile- und Formwahrnehmung
- er ermöglicht Kommunikation durch Sprache und Mimik

8.2 Die vorgeburtliche Entwicklung der Mundfunktionen

Der Mundraum wird stammesgeschichtlich als der Urraum des Erlebens und Überlebens gesehen. Seine Entwicklung beginnt sich daher sehr früh zu differenzieren. Bereits in der 8. Schwangerschaftswoche werden die taktilen und tiefensensorischen Rezeptoren, ausgehend vom Mundraum und weitergehend über das Gesicht, aktiv. Die Mundmotorik beginnt mit der Hinwendung auf periorale Reize und der zunächst noch schnappenden Mundbewegung. Die Mundbewegungen sind so früh möglich, weil das Kiefergelenk bereits im Alter von 12 Wochen funktionell arbeitet. Aus der Kieferbewegung entwickelt sich in den folgenden Schwangerschaftswochen die Mundöffnung, das Schlucken und schließlich das Saugen.

Die Zungenentwicklung hat in der Zeit eine besondere Bedeutung, sie hat nicht nur motorische Funktionen sondern nimmt über die Hirnnervenversorgung die vier Geschmacksqualitäten, bitter, süß, salzig, sauer auf. Das gustatorische System (Geschmack) ist bereits im vierten Monat ausgereift. Die Geschmackswahrnehmung erfolgt immer polysensorisch, alle vier Geschmacksrichtungen werden gleichzeitig aufgenommen und verarbeitet.

Im achten Monat zeigt der Fötus deutlich durch seine Mimik, ob ihm diese Wahrnehmung „schmeckt". Er kann lange vor seiner Geburt das Gesicht verziehen, den Daumen in den Mund nehmen und lutschen.

Er reagiert also auf äußere Reize (Fruchtwasser) und erfährt einen innigen Kontakt zu sich durch das Greifen beider Hände und durch die Erfahrung des Daumens im Mundraum. Der Fötus bereitet nicht nur seine Überlebensfunktionen schon jetzt vor, er lernt bereits jetzt über das Spüren und Bewegen.

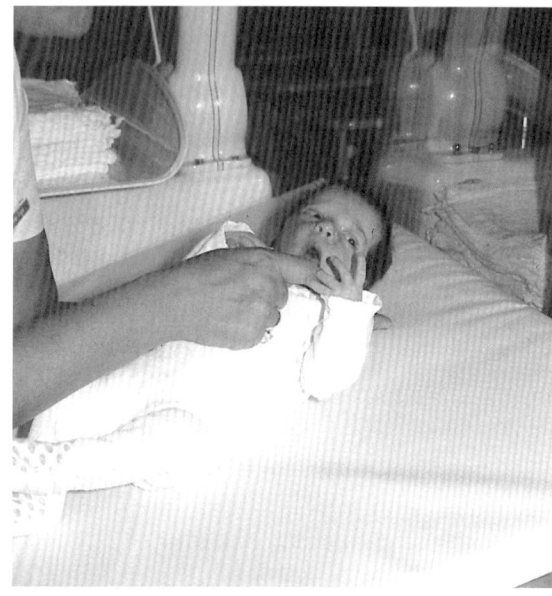

Abb. 38: Bei Berührung der Wange zeigt das Neugeborene mit dem Hinwendereflex den Beginn einer Reflexkette zur Nahrungsaufnahme

8.3 Die Mundreflexe als Überlebensnotwendigkeit

Nach der Geburt wird der Mundbereich durch die Notwendigkeit der Nahrungsaufnahme plötzlich zu einem lebenswichtigen Instrument. Das Trinken wird durch eine komplexe Kette von primären Mundreflexen ermöglicht.

- *Der Hinwendereflex* wird ausgelöst durch Berührung der Wange mit der mütterlichen Brust. Das Kind dreht den Kopf zur Seite der Berührung, wendet die Augen und zieht auch den Mundwinkel zu der gleichen Seite. Es wendet seinen Kopf zu der Nahrungsquelle hin.
- Die Berührung der Lippen durch die Brustwarze löst den *Mundöffnungsreflex* aus, die Lippen öffnen sich und können die Brustwarze oder den Schnuller umschließen.
- Bei dem *Saugreflex* bewegt sich die Zunge rhythmisch im Mund nach vorn oben und zurück. Der Zungenrücken drückt dabei die Brustwarze gegen den Gaumen, und zieht die Milch in den Mund hinein.
- Durch den *Schluckreflex* wird schließlich die Flüssigkeit, die auf den hinteren Teil der Zunge gelangt, in die Speiseröhre befördert.
- Als Schutzreflex sorgt die *Würgereaktion* dafür, daß zu grobe Nahrung oder versehentlich in den Mund geratene Gegenstände aus dem Mund herausgestoßen werden, so zeigt zum Beispiel ein spitzer Berührungsreiz an Zunge und Gaumen Gefahr an und löst den Würgereflex aus.

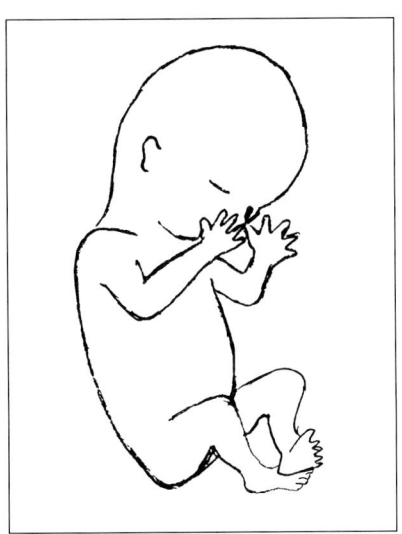

Abb. 39: Der Saugreflex ist
schon intrauterin auslösbar

Die primären Mundreflexe sichern dem Kind zunächst das bloße Überleben, sie sind aber auch der Beginn einer Entwicklung, die über Mundmotorik, Sensorik und Mimik vom reinen Überleben schließlich zum Zusammenleben führt.

Das Kind reagiert auf Geräusche mit Zufriedenheit oder Schreien, mit einer globalen Mimik. Es beobachtet aber schon aufmerksam das Gesicht, das sich ihm nähert. Mit sechs Wochen erwidert es den Kontakt und beginnt, reaktiv zu lächeln. Beugt man sich dann über das Kind und zieht den Mund zum Lächeln breit, wird es diese Mundbewegung nachahmen. Auch wenn Eltern darin schon ein Erkennen ihrer Person sehen, so haben doch Versuche gezeigt, daß dieselbe Reaktion auch durch eine mit Mund und Augen bemalte ovale Pappscheibe auslösbar ist.

Ab dem dritten bis vierten Monat lassen die Primärreflexe nach. Der Kopf kann in Mittelstellung selbständig gehalten und willentlich gedreht werden. Der Hinwendereflex verschwindet durch die aktive Kopfrotation immer mehr, die Hinwendung erfolgt aktiv.

Damit befreit sich die Zunge von den bloßen Reflexreaktionen und beginnt, zu lallen, ein weiterer Schritt in der Sprachentwicklung ist gemacht.

Durch die Kopfrotation mit der Aktivität der diagonalen Zungengrundmuskulatur wird der Saugreflex kontinuierlich abgebaut und ist schließlich soweit zurückgebildet, daß das Füttern mit dem Löffel gelingt. Ist der Saugreflex aber noch deutlich positiv, drückt die Zunge die Nahrung immer wieder nach oben und vorn gegen den Gaumen und aus dem Mund heraus. Alle ehrgeizigen Mütter, die ihr Kind schon im Alter von zwei Monaten an den Löffel gewöhnen wollen, kennen das.

Die Würgereaktion ist nun zum Teil zurückgebildet, das heißt, er ist nur noch auf der hinteren Hälfte der Zunge wirksam. Das Kind kann also breiige Nahrung schlucken, ohne zu würgen.

8.4 Die aktive Mundmotorik

Im sechsten Monat werden die primären Mundreflexe vollends durch die willkürlichen Mundbewegungen abgelöst. Voraussetzung dafür ist, daß das Kind jetzt seinen Kopf aktiv und kontrolliert nach vorn, nach hinten und zur Seite bewegen kann und sich über seine Körpermitte drehen kann.

Am Daumen, am Schnuller oder am Nuckeltuch wird jedoch zur Beruhigung weiter gesaugt, manchmal bis ins Schulalter hinein. Dies ist aber ein aktives und lustvolles Saugen, das nicht mit dem Primärreflex verwechselt werden sollte.

Das aktive Kauen

Der ursprüngliche Saugreflex wird mit der Differenzierung der Kopfbewegung durch die Kaureaktion abgelöst, durch die sich völlig neue Möglichkeiten erschließen. Auch wenn das Kind noch keine Zähne hat, kaut es doch schon auf der Zahnleiste. Es wird auch schon Brei kauen und durch die Seitbewegung des Kiefers und der Zunge die Nahrung einspeicheln. Die Kaureaktion ist eine alternierende Bewegung des Unterkiefers. Sie darf nicht mit dem Beißreflex verwechselt werden, der ein symmetrisches „Zubeißen" ähnlich dem „Zuschnappen" eines Hundes ist. Während die Kaureaktion uns erhalten bleibt, wäre ein persistierender Beißreflex im Alter von sechs Monaten ein sicheres Zeichen einer mundmotorischen Entwicklungsstörung.

Die alternierende Kaubewegung bewirkt den Abbau des Saugreflexes auf folgende Weise: bei der Seitbewegung des Kiefers dehnt sich die diagonale Zungengrundmuskulatur, die Dehnung löst die schon bekannte Gammamotoneuronen-Aktion und damit die reflektorische Anspannung der Zungengrundmuskulatur aus. Die Zunge zieht sich auf den Zungenboden zurück, der Druck gegen den Gaumen läßt nach und befreit so die Zunge von dem Saugreflex.

Jeder kann selbst spüren, daß die Zunge unten auf dem Mundboden liegt, wenn er seitlich kaut, es ist uns nicht möglich, zu kauen und gleichzeitig die Zunge gegen den Gaumen zu drücken.

Der Schluckreflex und die Würgereaktion sind indes Primärreflexe, die uns erhalten bleiben, sie werden ja gebraucht, zum einen, um den Speichelfluß zu bewältigen, zum andern, um die Speiseröhre vor Verletzungen zu schützen.

Damit die Nahrung nun im Mundraum zerkleinert werden kann, ohne daß die Würgereaktion sie wieder ausstößt, verlagert sie sich auf das hintere Drittel von Zunge und Gaumen. Auf ziemlich unangenehme Weise werden wir an unseren Würgereflex erinnert, wenn bei einer Untersuchung des Rachenraumes der Spatel weit hinten auf die Zunge drückt.

Parallel zur Entwicklung des radialen Handgriffes beginnt das Kind – es kann mit seinen Händen ja schon gezielt greifen – alles in den Mund zu stecken und darauf zu kauen. Durch die Zungenstellung im Mundboden ist die taktile und Formwahrnehmung mit dem Mund möglich, alle Gegenstände werden zur Wahrnehmung in den Mund gesteckt. Diese Wahrnehmung führt schließlich zur Begriffsklarheit. Analog entwickelt sich die Wahrnehmung der Hände vom „Alles Anfassen müssen" zum „Erfassen". Erst, wenn diese Reifung erfolgt ist, kann auf das Vergewissern des Nachfühlens der mit den Augen gesehenen und mit den Händen gefaßten Dinge verzichtet werden.

Jedes Kind trainiert so seine neu erworbene Kaureaktion und seine aktiven Mund- und Zungenbewegungen. Gleichzeitig baut es seine Würgereaktion langsam immer weiter ab.

Jedes Baby liebt daher auch Rasseln, die es sich weit in den Mund hineinstecken kann. Wenn wir ihm aus lauter Vorsicht solches Spielzeug verwehren, wird es übrigens seine Finger benutzen.

Es beginnt die Sensibilisierung der vielschichtigen Wahrnehmung von Formerkennung, von Temperatur, Oberflächenbeschaffenheit, und Geschmack. Diese Informationsaufnahme über visuell-gustatorische, propriozeptiv-taktile Modalitäten, Piagets „intermodale Perzeption" also, bewirkt eine mehrdimensional verknüpfte Information, deren Speicherung und Integration; mit einem Wort: Lernen.

Im siebten Monat, dem Beginn des zweiten Streckstadiums, nimmt das Kind seine Füße, schaut sie an und steckt sie in den Mund. Es benutzt die Wahrnehmungsmöglichkeit seines Mundes, um seine Füße kennenzulernen, nachdem es sie zunächst mit Augen und Händen „erfaßt" hat.

8.5   Mimischer Ausdruck und Lautbildung

Die Mimik, besonders im Bereich der Augen, wird jetzt lebhaft und stark ausgeprägt. Durch die Fähigkeit, sich über die Körpermitte zu bewegen, können die Augenbewegungen von der Kopfhaltung differenziert werden, die Augen „lachen" und „strahlen". Noch deutlicher wird die mimische Kommunikation im achten Monat, wenn auch die Lippenbewegungen separiert werden können zu dem ersten Ba-ba-ba. Dann können ein zur „Schnute" gezogener Mund, ein breites Lächeln, ein erstauntes Gesicht mit weit geöffneten Augen oder ein fast ärgerlich verschlossener Mund uns auch ohne Sprache sagen, was das Kind denkt.

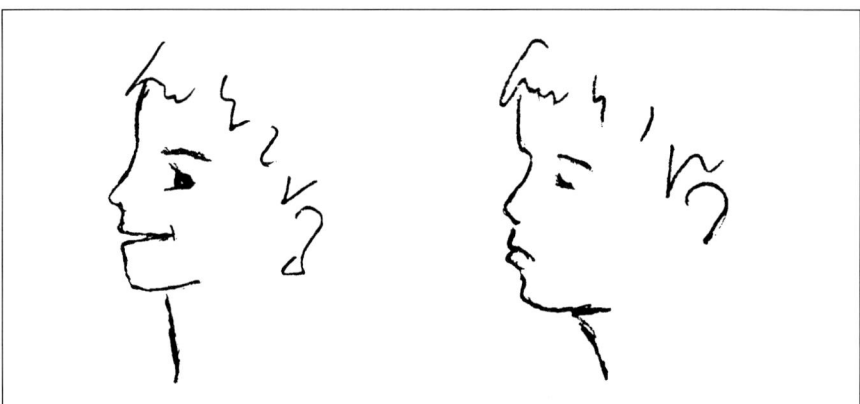

Abb. 40a/b: Durch die Differenzierung der Mundmotorik kann die Mimik „sprechen lernen"

Jedes Kind in diesem Alter zieht durch seine Mimik die Aufmerksamkeit seiner Umwelt auf sich. Erwachsene erwidern automatisch das Lächeln eines Babys. Wenn wir wissen, daß die Kommunikation auch der sprechenden Erwachsenen nur zu etwa 10% aus dem gesprochenen Wort besteht und zu 90 % über die Körpersprache, die Gestik, die Mimik und die Sprachmelodie erfolgt, wird uns klar, wie gut Babys mit ihrer lebhaften Gestik, Mimik und Melodie sich verständigen können.

Die Entwicklung der Mundmotorik ist jetzt weitgehend abgeschlossen. In der Folge verbessert das Kind die Geschicklichkeit von Lippen- und Zungenbewegung aber weiter, so daß nach den Lippenlauten später auch die Zähne, die Zunge und der Gaumen mit in die Lautbildung einbezogen werden. Mit Hilfe seiner Nachahmungslust lernt das Kind allmählich immer mehr Laute und Wörter. Je weiter sich die Sprache entwickelt, desto weniger bedeutsam wird scheinbar im Laufe der Jahre die Mimik für die Verständigung. Sie reduziert sich schließlich oft bis zum „Pokerface" eines Menschen, der beim Sprechen seine Gefühle nicht preisgeben will. Fernsehinterviews von Politikern geben uns manchmal ein anschauliches Beispiel dafür.

106

8.6 Facial Feedback

Unsere Mimik macht aber nicht nur Eindruck auf die Menschen in unserer Umgebung, sondern sie hat auch großen Einfluß auf uns selbst. Die aus diesem Gedanken entwickelte „Facial Feedback"-Hypothese geht davon aus, daß eine Rückmeldung von der Gesichtsmuskulatur die eigenen Emotionen beeinflußt. Die Verbindung zwischen der Gesichtsmuskulatur und dem Limbischen System ist jedoch keine Einbahnstraße. Denn genauso, wie Gefühle unseren Gesichtsausdruck prägen, wirkt die eigene Mimik auf unser limbisches System. Samy Molcho hat das so beschrieben:

„...Beißen Sie einmal die Zähne fest zusammen und versuchen Sie, in dieser Haltung positiv über das Leben nachzudenken. Sie werden feststellen, wie schwer Ihnen das fällt, denn indem Sie die Zähne aufeinander pressen, entsteht in Ihrem Körper jener Gefühlspanzer, der durch Muskelanspannung verursacht wird."

Auf der anderen Seite kann eine entspannte Mimik uns genauso positiv beeinflussen, wie erfreulichen Gedanken unsere Mimik entspannen können. Die Grundeinstellung des Menschen prägt schließlich seine Mimik und seinen Gesichtsausdruck zu seiner persönlichkeitseigenen Physiognomie.

Der Volksmund sagt uns viel über die Zusammenhänge zwischen der Mimik und dem Gefühl:

„Sich auf die Lippen beißen", bedeutet Ärger, Verschließen vor neuen Ideen,–

„große Augen machen", bedeutet Erstaunen, Erwarten neuer Information, Offenheit, Aufmerksamkeit,

„die Zähne zusammenbeißen" bedeutet, sich mit Druck durchsetzten wollen,

„ein strahlendes Gesicht" zeigt die Wirkung positiver Gefühle auf die Umgebung.

Leider gibt es nur wenige „geflügelte Worte" für einen erfreulichen und positiven Gesichtsausdruck, vielleicht ist das symptomatisch für uns, denn vielen Menschen fällt es schwer, positive Gefühle in ihrem Gesicht zu zeigen. Cool sein ist in und zeigt vermeintliche Überlegenheit.

Die Förderung der Mundfunktionen ist nicht nur wichtig für die korrekte Nahrungsaufnahme und zum Erlernen der Sprechmotorik, vielmehr lernt das Kind durch sie, das Instrument seiner Mimik und seiner Mundmotorik in der Kommunikation erfolgreich zu spielen. Die folgenden zusammenfassenden Übersichtstabellen zeigen die Entwicklung der Mundfunktionen, des Sprachverständnisses und des Sprachausdrucks der ersten zwei Jahre. Dabei handelt es sich um Durchschnittsangaben, die von Fall zu Fall abweichen können, auch ohne daß eine Entwicklungsstörung damit verbunden sein muß.

Monate	Entwicklung der Mundfunktionen
Vor der Geburt	Hände vor dem Gesicht, periorale Wahrnehmung, saugt am Daumen, lutscht, schmeckt, schluckt
1.	Nahrungsaufnahme über primäre Mundreflexkette, globale Mimik, beobachtet Gesicht von Mutter / Vater
2.	Erwidert Lächeln noch mit Streckspannung der Gesichtsmuskulatur
3.	Aktive Kopfwendung, Zunge im Mund beweglich, lallt
4.	Ißt Brei vom Löffel, Würgereaktion läßt nach
5.	Mundschluß, schluckt Speichel
6.	Rotation über Körpermitte, primäre Mundreflexe werden überlagert von der Kaureaktion, aktives Kauen auf den Zahnleisten
7.	Steckt Dinge in den Mund, Oberflächen- und Formwahrnehmung
8.	Separierung der Gesichtsmuskulatur, lebhafte Mimik / Gestik
9.	Integriert die Mundfunktionen in die Sprache, Silbenecholalie

Entwicklung von Sprachverständnis u. Sprachausdruck

Monate	Sprachverständnis	Sprachausdruck
1.	Reagiert auf Geräusche	Schreit bei Unwohlsein
2.	Hört auf sprechende Stimme	Kehllaute, lächelt bei Ansprache
3.	Nimmt Töne aus der Umgebung wahr, versucht den Kopf zu wenden	Lallt, gurrt
4.	Hinwendereflex läßt nach, wendet den Kopf gezielt zur Geräuschquelle bis 45 Grad	Lallen in mehreren Arten, verschiedene Mundstellungen, Laute je nach Kopf - stellung
5.	Erkennt Mutter/Vater an der Stimme	Lautieren durch Mund öffnen und schließen, sieht seine Hände, die Finger erforschen Mundraum
6.	Hört der eigenen Stimme zu	Lautiert mit Lippenlauten
8.	Erkennt Signalworte, Ammensprache, unterscheidet deutlich Personen, Angst vor Fremden	Lautbildung Ba-Ba, Dialog möglich, wenn die Mutter lautiert und plötzlich aufhört
9.	Versteht seinen Namen, freut sich über bekannte Melodien	Echolalie, ahmt Sprache nach mit Mimik und Armbewegung. Aus Ba-Ba wird Papa und schließlich Mama
10.	Versteht Aufforderungen, winke-winke	Spricht Redewendungen nach, „chinesisch", schüttelt Kopf für nein
12.	Versteht Sätze „wie groß bist Du, wo ist Papa?"	Durchschnittliches Alter für das erste gesprochene Wort
18.	Kennt Namen vieler Gegenstände, Personen, Tätigkeiten, reagiert auf Signalwörter „heiß"	Durchschnittlich 10 Wörter
24.	Versteht ganze Sätze, je nach zur Verfügung stehenden Vokabeln, deren Anzahl erheblich schwankt	Erkennt das Ich, spricht in einfachen Sätzen, 2-Wort, später 3-Wort

In der Phase zwischen 12 – 18 Monaten ist das Kind hauptsächlich mit seiner Motorik, Aufrichtung, Laufen, Erschließen der Umwelt, beschäftigt. Die Entwicklung der aktiven Sprache ist daher langsam. Immer wieder zeigt sich, daß die aktive Sprache explosionsartig zunimmt, wenn das Kind frei und sicher laufen kann.

9. Entwicklungsstörungen

9.1 Entwicklungsstörungen und ihre Ursachen

Entwicklungsstörungen entstehen aus Störungen des Zusammenspiels der sensomotorischen Funktionen, also von Wahrnehmung und Bewegung und damit der gesamten Lernentwicklung des Kindes. Die Störungen der Bewegung von Körper, Hand und Mund führen letztlich zu Beeinträchtigungen in der Fähigkeit „zu spüren um zu lernen".

Wenn wir die Störungen in der Entwicklung, die sich durch sehr unterschiedliche Bilder äußern können, nicht nur symptomatisch sondern grundsätzlich behandeln wollen, müssen wir die Entwicklung kennen. Sie wurde in den vorherigen Kapiteln beschrieben. Wir sollten aber auch die Störungsursachen kennen, von denen einige, entsprechend ihrem zeitlichen Auftreten eingeteilt, aufgezeigt sind:

- Genetische Ursachen, z.B. Morbus Down
- Vorgeburtliche Ursachen, z.B. Dysmelien, Virusinfektionen
- Ursachen unter der Geburt, z.B. verzögerte Geburt
- Postpartale Ursachen, z.B. Hirnverletzungen, Krämpfe, Stoffwechselstörungen

Die Faktoren nach denen ein Kind als Risikokind bezeichnet wird, sind in Fallgruppen aufgelistet worden.

Risikofallgruppe 1:
Frühgeburt, Mangelgeburt, small for date, Gestose, Fruchtwasserkomplikation, Placentainsuffizienz, Blutungsneigung, Nikotin- Alkoholabusus.

Risikofallgruppe 2:
Asphyxie, Acidose, Hypoxie, Atemnotsyndrom, Aspiration, 5'Apgar unter 7.

Risikofallgruppe 3:
Beckenendlage, Mehrlingsgeburt, Sectio caesarea, Vakuum-Extraktion, Forceps, Nabelschnurknoten, Nabelschnurumschlingung.

Risikofallgruppe 4:
Hyperbilirubinaemie, RH- oder ABO-Inkompatibilität, Kell-Inkompatibilität, Leberstoffwechselstörungen.

Risikofallgruppe 5:
Infektionen, Meningitis, Encephalitis, Intoxikationen.

Risikofallgruppe 6:
Phenylketonurie, Galaktosämie, Hypoglykämie, Hypocalcämie, Krämpfe.

Woher kommt es aber, daß eine Geburt bei uns Menschen oft so kompliziert ist? Auch das ist ein Erbe aus der Evolution. Beim Schimpansen paßt der Kopf des Fötus noch problemlos durch den Geburtskanal. Schon bei Lucy, der ersten „Zweifüßlerfrau", machte sich der Umbau des Beckens, der für den aufrechten Gang notwendig war, erschwerend für die Geburt bemerkbar. Der Schädel des Kindes konnte sich nur durch das Becken schieben, wenn er sich vorher seitwärts drehte. Das viel größerer Hirnvolumen beim menschlichen Säugling verlangt heute sogar eine zweifache Drehung des Schädels im Geburtskanal. Im Normalfall hilft ein gesundes Kind bei seiner Geburt kräftig mit, indem es sich durch den Geburtskanal hindurcharbeitet. Trotzdem bleibt die menschliche Geburt ein schwieriger Prozeß, der dadurch die oben beschriebenen Risiken in sich birgt.

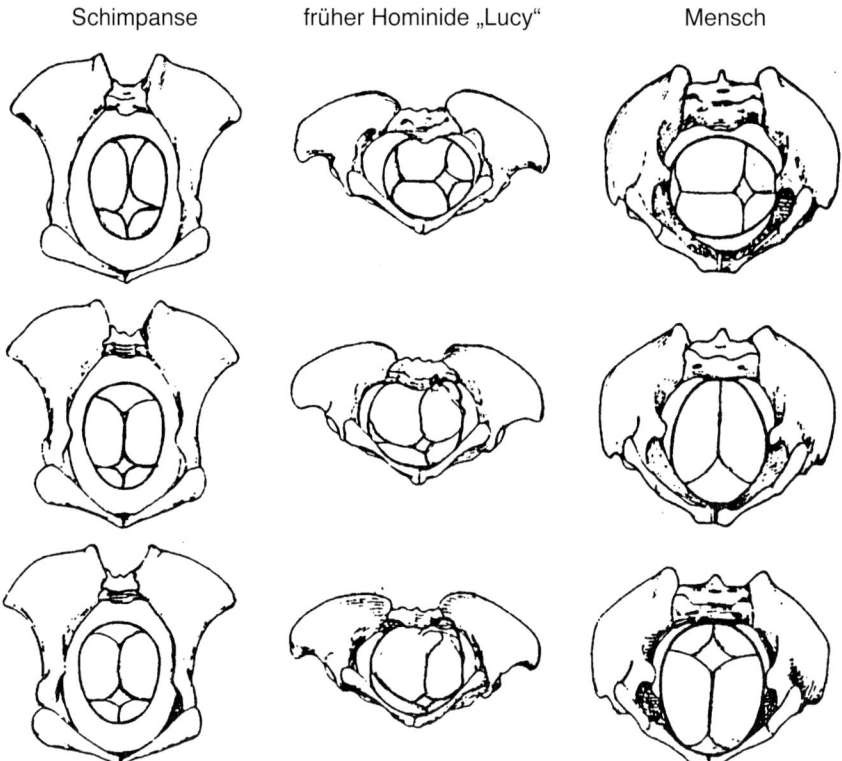

Abb. 41: Der Geburtsvorgang ist mit der Zweifüßigkeit und der damit verbundenen veränderten Beckenstellung schwieriger geworden. Paßte der Kopf des Schimpansenkindes noch problemlos durch das Becken, so mußte sich das Kind von „Lucy" bereits im Geburtskanal drehen. Das viel größere Gehirn beim Menschen verlangt in der Geburt sogar eine zweifache Drehung

Viele Kinder überstehen diese Belastung ohne Schädigung, da das Gehirn des Säuglings noch eine besondere Plastizität aufweist. Aber in einigen Fällen ist doch mit Entwicklungsstörungen zu rechnen, die sich in den Bewegungen, der Wahrnehmung der Sprache und in Entwicklungsverzögerungen ausdrücken können. Die Auswirkungen sind dabei nach Art und Schwere sehr unterschiedlich.

Jedes System ist um so störanfälliger, je komplizierter und differenzierter es ist, und diese Aussage trifft insbesondere für unser Gehirn zu. So werden beispielsweise bei einer Versorgungslücke des Gehirns zuerst die höher entwickelten, phylogenetisch jüngeren Teile der Großhirnrinde betroffen, während die tiefer liegenden Schichten oft noch ausreichend versorgt bleiben. Dies gilt insbesondere für kurzfristige Versorgungsausfälle um den Geburtszeitraum herum. Die so verursachten Schädigungen sind überwiegend in den sensomotorischen Arealen der Großhirnrinde und ihren Nebenregionen zu finden.

Anders verhält es sich bei einer langfristigen Mangelversorgung während der ganzen Schwangerschaft, wie wir sie beispielsweise oft bei Kindern starker Raucherinnen feststellen müssen. Da das Nikotin alle Gefäße verengt, wird die Versorgung des Ungeborenen über die Nabelschnur während der ganzen Schwangerschaft gedrosselt. Die Kinder sind, obwohl lange genug ausgetragen, oft untergewichtig, sogenannte „small for date – Kinder". Wenn solche langzeitliche „Unterernährung" auch oft keine ausgesprochene lokal fixierte Bewegungsstörung verursacht, müssen wir doch feststellen, daß nicht nur die körperliche Entwicklung sondern alle Hirnfunktionen in ihrer Entfaltung gehemmt werden. „Chancengleichheit" hört manchmal schon im Mutterleib auf, Wirklichkeit zu sein.

In vielen Fällen ist aber bei einer Entwicklungsstörung kein Anhalt in der Anamnese zu finden. Schädigungen sind nicht lokal zu sehen, sondern man muß immer davon ausgehen, daß in dem komplexen System der Regelkreise des Gehirns „Verschaltungen" nicht oder unzureichend koordiniert sind. So können Wahrnehmungen zwar von Rezeptoren aufgenommen, aber nicht in die Gesamtheit integriert werden. Die Bewegungshandlungen – und jede Handlung ist mit Bewegung verbunden – können dann nicht sinnvoll ablaufen.

9.2   Die Entwicklungshemmung

Als Entwicklungshemmung bezeichnen wir eine Verzögerung der sensomotorischen Entwicklung. Muß ein Kind wegen einer orthopädischen Erkrankung mehrere Monate in einer Gipsschiene liegen, kann es durch die Ruhestellung seine sensomotorische Entwicklung nicht frei entfalten. Es entwickelt Kompensationsmuster in seinem Bewegungsverhalten, die auch nach der ursprünglichen Einschränkung bestehen bleiben, oft sogar lebenslang. Ein auf diese Weise hervorgerufener Entwicklungsrückstand ist nicht als neuro-pathologisch anzusehen. Er kann aufgeholt werden. Das Kind kann die fehlende sensomotorische Organisation nachholen durch das Nacherleben der fehlenden, versäumten Entwicklungsphasen, sei es mit oder auch ohne Therapie. Unsere Aufgabe ist es, die Entwicklung des Kindes gut zu beobachten, um zu sehen, ob es die versäumte Phase selbst nachholt. Verhängnisvoll ist nämlich, wenn eine Lernphase übersprungen wird. Vom Kind werden dann später Entwicklungsschritte verlangt, die es aufgrund fehlender Voraussetzungen nicht vollziehen kann. Aus einer Hemmung kann so eine echte Störung entstehen.

Einen allgemeinen Entwicklungsrückstand kennen wir auch bei Kindern nach langen Erkrankungen oder bei sozial vernachlässigten Kindern, die zu wenige Anreize durch ihre Umwelt erfahren haben.

Vor einigen Jahren kam in unser Institut eine Mutter, selbst Krankenschwester von Beruf, die ein einjähriges Kind adoptiert hatte, bei dem sie selbst sofort einen erheblichen Entwicklungsrückstand feststellte. Eine Nachfrage beim zuständigen Jugendamt ergab, daß das Kind in seinem ersten Lebensjahr kaum Ansprache erfahren hatte, es hatte die meiste Zeit in seinem Bett in einem dunklen Flur verbracht. Seine leibliche Mutter, selbst krank und drogenabhängig, war nicht in der Lage, sich um ihr Kind zu kümmern und es zu versorgen.

Es zeigte im Alter von zwölf Monaten deutliche motorische Rückstände – es konnte nur sitzen, nicht krabbeln – und wies Defizite in der Entwicklung der Wahrnehmungsleistungen auf. Es hatte Angst vor allen möglichen Dingen und Tönen, ja selbst vor Spielsachen, es wollte nichts anfassen. Ein typischer Fall einer sozialen Vernachlässigung.

Die Zuwendung der neuen Mutter und die Therapie mit Wahrnehmungsförderung und Koordinationsschulung brachten rasche Erfolge. Das Kind bekam Freude an Bewegung und Wahrnehmung, begann zu spüren, um zu lernen und konnte so den Entwicklungsrückstand innerhalb eines halben Jahres aufholen.

9.3 Die Störung der Entwicklung

Im Falle der echten Entwicklungsstörung kommt es zum Überspringen nicht erlebter Entwicklungsphasen. Die Entwicklungsstörung ist also nicht etwas, das ein Kind von außen wie eine „Krankheit" befällt, sondern sie ist ein Teil seiner Entwicklung.

Es klingt paradox, aber durch das Überspringen einer Phase verharrt die Gesamtentwicklung auf einer niedrigen Stufe, während das Kalenderalter fortschreitet. Der Entwicklungsstand klafft in einzelnen Bereichen auseinander. Die Fähigkeiten entsprechen nicht mehr dem Entwicklungsalter.

Dies führt letztlich zur Koordinationsstörung, zum dauerhaften „mehr tun als können" in bestimmten Bereichen und damit zu eingefahrenen Fehlbewegungen. Sie können sich so sehr zum fixierten Muster entwickeln, daß das Kind schließlich keine Möglichkeit mehr hat, den Fehler zu vermeiden: Ein falsches Bewegungsmuster ohne Ausweg schleift sich ein. Das Gefangen sein im fixierten Muster kommt aber einem Entzug von Bewegungsfreiheit gleich, der zu immer weiteren Bewegungshemmungen führt.

Feldenkrais schreibt dazu: „Wenn uns keine Wahl als die einer einzigen Handlungs- oder Bewegungsweise bleibt, kann die Angst so groß werden, daß wir nicht einmal diese eine mögliche Bewegung ausführen können."

Dazu ein Beispiel, das Ihnen diese Hemmung verständlich macht:
Stellen Sie sich vor, Sie sollen auf einem 10cm breiten Schwebebalken balancieren, der auf dem Boden liegt. Sie werden diese Aufgabe wahrscheinlich ohne Schwierigkeiten bewältigen. Ist derselbe Schwebebalken jedoch in einer Höhe von zwei Metern befestigt, bekommen Sie Angst, darüber zu gehen, weil Ihnen die „Wahl" genommen ist, ohne Gefahr einen Fehltritt zu machen. Auf die Probe gestellt, würden Sie wahrscheinlich aus dem Gleichgewicht geraten und hinunterfallen.

Wenn schon der gesunde Erwachsene angesichts einer Einschränkung seiner Bewegungsfreiheit von Ängsten bedrängt ist, wieviel mehr muß dies für ein Kind mit fixiert pathologischen Bewegungsmustern gelten.

Es besteht kein Zweifel daran, daß sich Bewegungshemmungen auch auf die Entwicklung der Persönlichkeit auswirken. In unserem Sprachgebrauch verstehen wir unter der „eingeschränkten Bewegungsfreiheit" auch die Beschränkung unserer Freiheit im Denken, Planen und Handeln.

9.4   Die Behinderung

Ingo, ein Junge mit einer spastischen Diparese, lernte im Alter von vier Jahren das freie Laufen. Er ging noch recht unsicher in seinem typischen diparetischen Muster. Einige Wochen später, als er das unglaubliche Erlebnis, laufen zu können, ein wenig verkraftet hatte, fragte er mich während einer Stunde ziemlich unvermittelt: „Bin ich eigentlich jetzt noch behindert?" Was sollte ich antworten? „Du bist nicht mehr behindert, weil Deine Spastik Dich nicht mehr am Laufen hindert"? Oder: „Du kannst trotz Deiner Behinderung laufen"?

Was heißt eigentlich Behinderung und was versteht Ingo darunter? Ich wußte keine Antwort, und stellte ihm deshalb die Gegenfrage, ob er sich selbst denn behindert fühlt. Seine Antwort war klar: Auch wenn er nicht so schnell laufen könne wie die anderen, sei er jetzt kein behindertes Kind mehr.

Dies Beispiel läßt erkennen, daß es ein subjektives Empfinden für Behinderung gibt, genau wie die Begriffe krank und gesund, Unwohlsein und Wohlbefinden subjektiv empfunden werden.

Eine objektive Definition des Begriffes „Behinderung" versucht Bach zu geben, indem er folgende Klassifizierungen der Beeinträchtigungen, die eine Behinderung ausmachen, anführt. Die Beeinträchtigung ist

- umfänglich: mehrere Lernbereiche betreffend
- schwer: mehr als 1/5 unter dem Regelbereich liegend
- langfristig: der Regelbereich kann voraussichtlich nicht innerhalb von zwei Jahren erreicht werden.

Aber was genau heißt „Regelbereich"? Wieviel bedeutet „umfänglich"?

Wir sehen, daß auch hier, bei dem Versuch, objektive Beurteilungskriterien zu erstellen, von subjektiven Begriffen ausgegangen wird.

Wir TherapeutInnen gehen daher sehr vorsichtig mit solchen Begriffen um, die nie frei von persönlichen Vorstellungen und Vorurteilen sind. Subjektiv angelegte Begriffe und Klassifizierungen helfen uns nicht, sondern können uns sogar darin behindern, immer weiter zu beobachten und unser eigenes Urteil auch einmal in Frage zu stellen.

Oft werden in Diagnosen so verallgemeinernde Beurteilungen abgegeben wie: „Kinder mit dem X-Y-Syndrom haben in der Regel einen IQ zwischen 40 und 80". Das aber grenzt fast an eine Vorverurteilung! In seiner Beurteilung des Kindes dürfen wir uns nicht durch solche, möglicherweise statistisch richtigen Aussagen beeinflussen lassen. Nur zu leicht werden sonst Therapien im Sinne starrer Kategorisierungen ausgerichtet.

Der oft subjektiv gebrauchte Begriff der Behinderung ist objektiv nur sehr schwer zu fassen. Deshalb sprechen wir von „Entwicklungsstörungen". Diese Störungen bedürfen der Therapie, sei es, um sie zu beseitigen, sie zu mindern, oder zumindest eine Ausweitung der Beeinträchtigung zu verhindern. Selbst wenn das Grundbild der Behinderung nicht beeinflußbar sein sollte, so können doch die daraus resultierenden Folgeerscheinungen vermieden oder gemindert werden. Die Handlungskompetenz des Kindes kann erweitert werden.

Ein Beispiel dafür bietet die Förderung von Kindern mit Morbus Down. Am Grundbild der Behinderung, das ja genetisch verursacht ist, können wir nichts ändern; was wir aber in erheblichem Maße verbessern können, sind die Störungen der Wahrnehmung und der Körper- Hand- und Mundmotorik, die durch die typische Hypotonie bedingt sind. Wir können beispielsweise, um nur einen Teil der Therapie herauszugreifen, den Mundschluß erreichen, die Zungenbewegung schulen und die Verformung des Kiefers vermeiden. Damit kann das Kind die Fähigkeit erlangen, besser zu essen, besser zu artikulieren und zu sprechen und damit schließlich besser mit seiner Umwelt umzugehen, genauso, wie die Umwelt unbefangener auf das Kind zugehen kann. All das ist nicht nur für das Kind selbst sondern auch für seine Eltern von großer Bedeutung. Und das ist nur ein Teil der möglichen Förderung.

9.5 Die zentrale Koordinationsstörung

Die häufigste Entwicklungsstörung ist die zentrale Koordinationsstörung, die auch bezeichnet wird als

* statomotorische Koordinationsstörung,
* Cerebralparese,
* cerebrale Entwicklungsstörung,
* cerebrale Dysfunktion,

Begriffe, die alle im Wesentlichen das Gleiche meinen. Die Bezeichnung „zentrale Koordinationsstörung" spricht sowohl die Ursache als auch die Auswirkung an: Die Ursache der Störung liegt zentral in dem Gehirn; die Auswirkung ist die Störung des Zusammenspiels von Bewegungen, von Bewegungen und Wahrnehmungen und damit von integriertem Lernen und Handeln. Die intellektuellen Fähigkeiten sind dabei primär nicht notwendigerweise beeinträchtigt. Von einer zentralen Koordinationsstörung sprechen wir,

* wenn die funktionellen Verluste auf Beeinträchtigung des Zentralen Nervensystems zurückzuführen sind,
* wenn die Bewegungen dadurch verzögert, auffällig oder gestört sind,
* wenn die Varianz der Bewegungen und damit die Handlungssicherheit fehlen,
* wenn alte Kompensationsmuster zur Handlungsmotorik benutzt werden müssen,
* wenn ein sichtbarer Reflexbefund, also ein neurologischer Befund vorliegt.

Die Bewegungsauffälligkeit allein, ohne den neurologischen Befund, ist keine Koordinationsstörung sondern eine Auffälligkeit, die unter die Bezeichnung „Hemmung" oder „Entwicklungsverzögerung" fällt.

Wichtig für die Eltern ist die Klarstellung, daß die Koordinationsstörung nicht erblich ist und nicht notwendigerweise mit Intelligenzverlust verbunden ist. Der die Störung verursachende Versorgungsmangel wirkt sich in der Regel auf die Teile der Hirnrinde aus, die für die Motorik und Sensorik verantwortlich sind, bevor andere Hirnregionen betroffen werden. Klarzustellen ist auch, daß bei einer Hirnschädigung fast nie die betroffene Hirnregion in ihrer Gesamtheit zerstört wird. Fast immer sind noch verbliebene restliche Zellstrukturen und Verknüpfungen intakt, über die unsere Therapie angebahnt werden kann.

Statistisch gesehen sind mehr Jungen als Mädchen von solchen Störungen betroffen, und zwar im Verhältnis von etwa 3 : 1. Die Ursachen dafür sind umstritten. Eine mögliche Erklärung scheint darin zu liegen, daß der Organismus und damit auch das Gehirn der Jungen langsamer reift und daher bei der Geburt vergleichsweise unreifer ist, wodurch es auch anfälliger für Schädigungen sein könnte

9.5.1 Die Schweregrade der zentralen Koordinationsstörung

Es wurde bereits darauf hingewiesen, daß jede Klassifizierung der Störungen subjektiver Beurteilung unterliegt, da die auftretenden Symptome nicht exakt meßbar sind. Die Einteilung der Koordinationsstörungen in verschiedene Schweregrade erweist sich aber dann als nützlich, wenn die Verständigung und Informationsweitergabe erleichtert werden soll.

Die leichte zentrale Koordinationsstörung ist diagnostisch abzugrenzen vom Rückstand, der Entwicklungshemmung. Die Koordinationsstörung zeigt neben den Verzögerungen und Bewegungsauffälligkeiten reflexogene Abweichungen, die auf die zentrale Störung hinweisen. Die Unterscheidung ist durchaus nicht einfach, da die Reflexauffälligkeiten bei der leichten Störung sehr gering sind. Die Übergänge zwischen krankhaft und normal sind auch hier fließend, so daß der Therapeut oder Arzt am Ende immer abwägen muß, ob, wann und welche Förderung sinnvoll ist.

Zeigt ein Kind zum Beispiel die Abstützreaktion, diese jedoch mit Armen und Händen in der Innenrotation mit dem Stütz auf der Daumenseite, so stellt sich die Frage, ob diese Abstützreaktion als positiv zu werten ist oder nicht.

Kinder mit leichter Koordinationsstörung sind Grenzfälle, bei denen die Reflexantworten sämtlich vorhanden, jedoch nicht sicher oder nicht ausreichend koordiniert sind. Die Kinder lernen die Reflexe, Reaktionen und

Bewegungsabläufe meist gerade noch zur rechten Zeit, oft genau dann, wenn die Eltern und der Arzt anfangen, sich Sorgen zu machen. Leider führt dies dazu, daß Kinder mit leichter zentraler Koordinationsstörung oft keine therapeutische Hilfe bekommen. Schade, denn gerade in diesen leichten Fällen kann mit geringem Therapieaufwand im Sinne eines kleinen „Entwicklungsschubes" dem Kind so manche spätere Schwierigkeit erspart werden.

Bleibt die Behandlung aus, entwickelt sich die leichte Koordinationsstörung oft zu einer minimalen Störung von Feinmotorik, Wahrnehmung und Integration. Sie ist für den Laien nicht auffällig, die Kinder erfahren daher keine Rücksicht und kein Verständnis von der Umwelt. Im späteren Schulalter führt die Koordinations- oder Wahrnehmungsstörung oft zur Teilleistungsstörung und sekundär zu einer Minderung des Selbstwertgefühls. Das Kind vergleicht sich mit den Schulkameraden, vermag seine verminderten Fähigkeiten sehr wohl einzuschätzen, auch wenn es sich selbst nicht versteht. Insofern ist das Wort „minimal" in der Bezeichnung irreführend. TherapeutInnen, die mit diesen Kindern und ihren Eltern zu tun haben, wissen um die Problematik der Familien, denn tatsächlich ist die ganze Familie mitbetroffen und in ihrem Umgang mit dem Kind unsicher und irritiert.

Wenn wir diesen Kindern aber schon in der Säuglingszeit durch geeignete therapeutische Hilfen die Wahrnehmung und Feinmotorik, mit anderen Worten „das Fingerspitzengefühl für sich und ihre Umwelt" vermitteln, dann können viele spätere Defizite früh vermieden werden. Kinder mit leichter zentraler Koordinationsstörung werden durch die Frühbehandlung zu normalem Bewegungsverhalten und zu normaler Handlungsintegration gebracht.

Die mittelschwere zentrale Koordinationsstörung
Auch sie ist in der Neugeborenenzeit noch nicht sichtbar, weil die Primärreflexe in ihren Reaktionen unauffällig sind. Die Bewegungsstörung wird erst mit Beginn der Aufrichtung also ab dem 7. Monat offenbar. Reflexogen ist sie aber bereits im zweiten Beugestadium, also zwischen dem vierten und sechsten Monat, exakt diagnostisch erfaßbar. Bei der Untersuchung sind das Persistieren von tonischen Reflexen und die asymmetrische Antwort bei den Lagereaktionen deutlich erkennbar.

Die Behandlung sollte bereits vor der Aufrichtung beginnen, also zu dem Zeitpunkt, da die Reflexantworten die später zu erwartende Bewegungsstörung anzeigen. Daher ist die Vorsorgeuntersuchung im Alter von vier bis sechs Monaten so wichtig. Beginnt die Therapie erst spät, nachdem sich durch die Vertikalisierung die falschen Bewegungsmuster täglich tausendfach wiederholen und einprägen, dann ist therapeutisch nur noch eine

Minderung der Störung, nicht aber eine Normalisierung der Bewegungen zu erwarten. Setzt die Frühförderung dagegen vor der Aufrichtung ein, ist in den meisten Fällen ein unauffälliges Bewegungsverhalten zu erreichen.

Je nach Ausmaß der ursprünglichen Schädigung können als Reststörung feine Koordinationsauffälligkeiten oder Wahrnehmungsstörungen bestehen bleiben, die zwischen dem vierten und fünften Lebensjahr, also vor der Einschulung, erneut behandelt werden.

Die Prognose bei der mittelschweren zentralen Koordinationsstörung ist weitgehend abhängig von den folgenden Faktoren:

• dem Ausmaß und Grad der Schädigung
• dem Zeitpunkt des Therapiebeginns
• den möglichen Zusatzerkrankungen wie z.B. Epilepsie

Die schwere zentrale Koordinationsstörung
Die schwere zentrale Koordinationsstörung ist oft schon in der Neugeborenenzeit offenkundig sichtbar. Durch die gravierende Schädigung großer Hirnareale ist die Motorik häufig so stark beeinträchtigt, daß die Primärreflexe schon jetzt pathologisch ausfallen. Die Moro-Reaktion und der Greifreflex sind schwach ausgeprägt oder fehlen ganz. Die Nahrung kann durch die fehlenden primären Mundreflexe nicht aktiv aufgenommen werden. Oft muß das Kind längere Zeit mit Hilfe von Sonden ernährt werden. Bei der schweren Koordinationsstörung ist also die Reflexauffälligkeit eher sichtbar als die Bewegungsstörung, die erst mit dem Fehlen der Kopf-Schulter-Aufrichtung relevant wird.

Ohne Behandlung erreichen die Kinder die Vertikalisierung nicht, sie bleiben in ihrer motorischen Entwicklung im ersten Trimenon stehen und erlernen praktisch keine gesteuerte Willkürmotorik und nicht deren Einbau in die aktiven Handlungen. Die Wahrnehmung bleibt auf dem Stand des Neugeborenen und reduziert sich immer mehr durch die fehlenden Bewegungsmöglichkeiten.

Die Behandlung dieser Kinder beginnt meist sehr früh, da sich die Reflexauffälligkeiten, insbesondere die der Mundmotorik, sehr gravierend bemerkbar machen. Die Prognose hängt auch hier von dem Grad der Hirnstörung ab, so wie von möglichen Zusatzbelastungen.

Auch Kinder mit schwerer zentraler Koordinationsstörung können zur Körperaufrichtung und sogar zu freiem Gehen kommen. In meiner langen Berufzeit bin ich immer wieder überrascht worden von Kindern, deren Störungen als schwer anzusehen waren und bei denen ich selbst zunächst nicht an die Möglichkeit einer Vertikalisierung geglaubt habe. Viele dieser

Kinder sind heute „normale" Schulkinder, die „nur" noch mit der feinen Körperkoordination, der Schrift und ähnlichen „Kleinigkeiten" zu kämpfen haben. Aufgrund dieser Erfahrungen betrachte ich auch Prognosen wie: „die Chancen für Ihr Kind, zum freiem Laufen zu kommen, sind 10%", wie sie immer noch häufig gestellt werden, mit großem Vorbehalt.

Alle Kinder mit einer Koordinationsstörung sollten schon deshalb eine frühe Therapie bekommen, weil nicht immer schon in der Säuglingszeit einschätzbar ist, wie ausgeprägt die zu erwartenden späteren Ausfälle sind. Dies gilt im positiven wie im negativen Sinne. Es kann vorkommen, daß Kinder mit leichter Koordinationsstörung nach wenigen Wochen Therapie plötzlich keine Auffälligkeiten mehr zeigen, hier lag wahrscheinlich in Wirklichkeit nur eine Entwicklungshemmung vor. Wir erleben aber auch, daß Säuglinge, deren Befund zunächst als „leicht" eingestuft wurde, unter der beginnenden Therapie mit der Aufrichtung zunächst immer deutlicher werdende Ausfälle zeigten bis hin zur mittelschweren Koordinationsstörung.

Dies ist aus der Entwicklung des Gehirns erklärbar: die motorischen und sensorischen Hirnzentren sind bei der Geburt noch nicht voll ausgereift, sondern entwickeln sich bis zum 18.Monat. So kann sich auch eine Störung bis zum 18.Lebensmonat verändern, leider auch verschlechtern. Hierin liegt die wichtige Begründung, warum Kinder mit Entwicklungsstörung bis zum 18.Monat kontrolliert und therapeutisch begleitet werden sollten, auch wenn keine Therapie mehr notwendig ist, weil sich die Bewegungsabläufe schon mit zehn Monaten so gebessert haben, daß sie regelgerecht geworden sind.

9.5.2 Die verschiedenen „Bilder" der zentralen Koordinationsstörung

Jeder Laie kennt heute den Begriff „Spastiker" und meint damit einen Menschen, der sich irgendwie nicht richtig bewegt. Die Bezeichnung wird oft nicht nur mit einer Bewegungsstörung sondern auch mit mangelnder Intelligenz in Verbindung gebracht. Wir TherapeutInnen können nicht oft genug darauf hinweisen, daß die klinische Bezeichnung „Spastik" mit intellektuellen Fähigkeiten nichts zu tun hat, sondern zunächst einen überhöhten muskulären Spannungszustand beschreibt. Bei der allgemein bekannten Krankheitsbezeichnung „Spastische Bronchitis" würde ja auch niemand auf die Idee kommen, eine Verbindung zum Intellekt herzustellen.

Um dieses Mißverständnis, daß betroffene Kinder und Eltern sehr belastet, aus dem Weg zu räumen, ist die Spastik hier an den Anfang gestellt. Sie ist aber nicht das einzige Bild einer zentralen Koordinationsstörung. Neben dem Bild der *Spastik*, gekennzeichnet durch die zu hohe

Muskelspannung, die Hypertonie, kennen wir die *Athetose*, die einen wechselnden Tonus mit undosierten Bewegungen zeigt und die *Ataxie*, die an unkoordinierten Zielbewegungen erkennbar ist, die Bewegungen laufen also am Ziel vorbei. Eine weitere Störung, die *Hypotonie* führt auf Grund des niedrigen Muskeltonus zu einer erheblichen Verzögerung der Aufrichtungsentwicklung.

Auf diese vier Haupttypen der zentralen Koordinationsstörung werde ich nun im Folgenden näher eingehen.

9.5.3 Die Spastik, oder die muskuläre Hypertonie

Die Ursache ist in einer Schädigung der Pyramidenbahn zu sehen. Meist um den Geburtszeitpunkt herum wurde das empfindliche kindliche Gehirn mangelhaft mit Sauerstoff versorgt. Erinnern wir uns: die Pyramidenbahn ist der höchst differenzierte Funktionskreis, der alle Hirnteile durchläuft und koordiniert. Er entstammt der phylogenetisch späten Entwicklung und ist besonders differenziert und daher sehr störanfällig.

Bei einer Schädigung der Pyramidenbahn im Bereich der motorischen Areale der Großhirnrinde können diese hoch differenzierten Hirnteile ihre Kontrollfunktion über die tieferen Hirnfunktionen nicht mehr erfüllen. Die „alten" Stammhirnleistungen treten ungebremst in Aktion und bewirken die folgenden Hauptsymptome der Spastik:

- Die Eigenreflexe sind gesteigert, auf jede Muskelspindeldehnung erfolgt eine überstarke Kontraktion des Muskels.
- Der Muskeltonus ist dauerhaft erhöht. Dadurch werden alle Bewegungen gehemmt, verlangsamt, möglicherweise bis zur „Rigidität", der völligen Muskelstarre und Bewegungslosigkeit.
- Die Aufrichtung bleibt auf der Stammhirnebene also in der Phase des erstem Trimenon stehen.
- Die Bewegungen folgen den frühen Stammhirnmustern und verlaufen in immer gleichen Schablonen der primären Körperreflexe, zum Beispiel der tonischen Nackenreflexe.
- Es fehlt daher die Möglichkeit der Bewegungsvarianz. Durch die eingeschränkte Wahl der Bewegungen verkümmert die Beweglichkeit sekundär noch mehr. Sie reduziert sich weiter als auf Grund der zentralen Schädigung zwangsläufig zu erwarten wäre. Unbehandelt verschlimmert sich daher bei spastischen Kindern die Bewegungsstörung im Laufe ihrer Entwicklung.

Der Grad der Hypertonie und damit der Bewegungsstörung geht von leicht bis schwer; ist auch abhängig von der Bewegungsmotivation. Kinder, die interessiert und damit motiviert sind sich zu bewegen, zeigen eine ungleich höhere Muskelspannung als weniger aktive Kinder, da sich ja bei jeder Initiative der Tonus erhöht.

Da die Spastik Ausdruck einer Schädigung der Großhirnareale ist, finden wir je nach Lokalisation der Schädigung verschiedene Bilder:

- die Hemiparese (hemi=halb, Parese= Teillähmung), ist eine halbseitige Bewegungsbeeinträchtigung,
- bei der Diparese (di=zwei), einer Störung hauptsächlich der Beinmotorik, sind die Arme weniger betroffen.
- die Tetraparese (tetra=vier), eine Störung aller vier Extremitäten zeigt außerdem die Beeinträchtigung der Rumpf- und Kopfmotorik,
- mit der Monoparese (mono=eins), wird die Störung eines Armes oder eines Beines bezeichnet.

9.5.4 Die pathologische Entwicklung im ersten Trimenon

Die einzelnen Krankheitsbilder werden alle erst nach einer bestimmten Entwicklungszeit deutlich. Koordinationsstörungen sind in der Neugeborenenuntersuchung in der Geburtsklinik meist noch nicht zu erkennen. Die Vorsorgeuntersuchungen sind deshalb so wichtig, weil im Alter von 4-6 Monaten mit Sicherheit eine Koordinationsstörung diagnostiziert oder ausgeschlossen werden kann.

Trotz bestimmter Anzeichen kann man in den ersten drei Monaten das endgültige Bild der Koordinationsstörung noch nicht festlegen, sondern lediglich eine bestimmte Richtung erkennen, und zum Beispiel von einer „möglichen hypertonen Entwicklung" sprechen. Es gibt aber deutliche Zeichen, die schon jetzt verdächtig und beobachtungsbedürftig sind:

- wenn bei der Untersuchung die Eigenreflexe gesteigert sind, ohne daß das Kind schreit,
- wenn die Greifreflexe geschwächt oder nicht vorhanden sind,
- wenn die Spontanbeweglichkeit zu gering ist,
- wenn die Lagereaktionen pathologisch verlaufen, oder
- wenn die Lagereaktionen eine dauernde Lateralisation mit einseitigen Reaktionen zeigen,
- wenn die Spontanbewegungen einseitig verlaufen, besonders in der oberen Extremität; durch die schon beschriebene cranio- caudale Entwicklung zeigt sich die Bewegung der Arme zeitlich vor der Beinmotorik.

Der Arzt wird hier abwägen und entscheiden, ob und wann jetzt eine Behandlung einsetzen sollte oder ob mit dem Behandlungsbeginn bis zum vierten Monat gewartet werden kann. In jedem Fall sollte die Behandlung aber beginnen, bevor sich das Kind aufrichtet, also bevor es beginnt, seine falschen Bewegungsmuster zu fixieren. Jeder weiß aus der eigenen Sporterfahrung, daß es ungleich schwerer ist, etwas zu lernen, wenn man sich bereits Fehler angewöhnt hat, als etwas Neues unbelastet von falschen Erfahrungen zu lernen.

In bezug auf die genannten Erscheinungsbilder ergeben sich nun folgende Fragen:

- wann wird das Bild pathologisch, verläßt also die Norm?
- auf welchem motorischen Entwicklungsstand bleibt das Kind stehen?
- welche Reflexe sind auffällig?
- wann wird die Störung deutlich sichtbar?
- wie sind die Auswirkungen auf die einzelnen Bewegungsbereiche?
- wie wirkt die Störung auf die Wahrnehmung und die Persönlichkeitsentfaltung?
- welche „Nebenerscheinungen" zeigen sich in der Entwicklung?
- wie sieht der jeweilige Therapieansatz aus?
- was kann man über die Prognose sagen?

Ich weiß, daß es nicht möglich ist, z.B. „die Hemiparese" darzustellen, weil jedes Kind einzigartig ist und nicht jedes der betroffenen Kinder alle geschilderten Symptome zeigt. Trotzdem werde ich die Entwicklung der einzelnen Bilder von Entwicklungsstörungen beschreiben und zur Erleichterung der Vorstellung das komplette Bild der Erkrankung aufzeichnen.

10. Hemiparese

10.1 Die Entwicklung der Hemiparese

Die Ursache der Hemiparese liegt in einer lokalisierten Schädigung, in einer Mangelversorgung der seitlichen Rindenareale. Dies kann durch den Verschluß einer Hirnarterie kommen, eine Komplikation der letzten Schwangerschaftswochen, oder durch eine Hirnblutung im Verlauf der Austreibungsphase der Geburt bei Kindern mit großem Kopfumfang im Vergleich zum mütterlichen Becken.

In der Abbildung vom Gehirn sehen wir, daß die großen seitlichen Areale der Sensorik und Motorik von Kopf und Hand zugeordnet sind. Wir müssen also bei der Hemiparese eine Störung hauptsächlich im Bereich der oberen Extremität und des Kopfes erwarten, nicht so sehr die Bewegungsbeeinträchtigung des Beines. Und das genau zeichnet die Hemiparese aus. Da die Bewegungsentwicklung vom Kopf aus nach unten verläuft (cranio-caudal), zeigt sich schon im 3. Monat der Unterschied in der Spontanbewegung der Arme, aber noch nicht so sehr der Beine.

Die Hand, und besonders die Hand der Hinterhauptseite, ist zur Faust geballt, der Daumen eingeschlagen. Diese Vorzugshaltung (Praedilektionshaltung), das Gesicht konstant zur gesunden Seite gedreht, ist das Muster des asymmetrisch tonischen Nackenreflexes (ATNR). Schon jetzt bahnt sich eine fatale Entwicklung an: das Kind schaut stets zu seiner gesunden Körperseite, die koordinationsgestörte Seite bleibt außerhalb seines Gesichtsfeldes. So gerät sie zunehmend in Vergessenheit, wird kaum benutzt und verliert schon jetzt weitgehend die Möglichkeit, sich selbst durch Spüren und Bewegen zu verbessern. Denken wir an die Neuronenplastizität, so werden sich die kortikalen Areale durch Mangel an Aktivität verkleinern und damit eine zusätzliche Beeinträchtigung bewirken.

Durch die einseitige Kopfhaltung entwickelt sich folgendes Bild:

- Der Kopf ist zur gesunden Seite gedreht und zur Hinterhauptseite geneigt.
- Durch die ständig einseitige Haltung des Kopfes öffnet sich auch der Mund asymmetrisch zur gedrehten Seite, die Zunge wie auch die Blickwendung bewegen sich zur selben Seite. Der Hinwendereflex bleibt zur gesunden Seite hin häufig bestehen und wird teilweise allein durch die Kopfhaltung spontan ausgelöst.
- Die Fausthaltung der Hinterhauptseite fixiert sich schnell durch die Herrschaft des ATNR.

- Die Wirbelsäule folgt der Biegung des Nackens zur Gesichtsseite hin in eine C-förmige skoliotische Haltung mit der Konvexität zur gesunden Seite hin.

Ab dem 5. Entwicklungsmonat versucht das Kind, sich vom Rücken in die Bauchlage zu drehen und zwar über die paretische Seite, um mit dem gesunden Arm den Schwung und die Führung zu übernehmen. Der andere Arm bleibt wieder inaktiv in Beugehaltung zurück. In der Drehung fehlt daher die Aufrichtung auf dem Ellbogen, so daß der Arm unter den Bauch geklemmt bleibt.

Man kann sich leicht vorstellen, daß das Kind schon jetzt seinen Arm aus dem Bewußtsein „verliert", weil er nicht in seine Handlungen integriert wird und eher stört als hilft.

In der Bauchlage angekommen, stützt das Kind mehr auf der besseren Seite und bleibt auf der paretischen Seite im Unterarmstütz mit zurückgezogenem Ellbogen, der für das Alter von 2 Monaten entsprechend ist. Durch diesen Pseudostütz mit innenrotierter und vorgezogener Schulter kommt es zur dauerhaften Überdehnung und Funktionsstörung der Schulterblattadduktoren, die das Schulterblatt sicher an die Rippen halten. Es entwickeln sich schon früh die späteren „Flügelschultern".

Mit den ersten Aufrichtungsversuchen beginnt für das Kind die fatale Differenz zwischen dem was es kann und dem was es möchte. Die gesunde Seite zwingt der paretischen Seite Bewegungen und Aufrichtungen auf, die sie eigentlich nicht ausführen kann und demzufolge „falsch", in Kompensationsmustern des ersten Trimenons machen muß. Ab jetzt hinkt die paretische Seite immer hinter der gesunden zurück, zunächst nur um einige Enwicklungswochen. Später wird die Differenz jedoch immer größer, da die paretische Seite in ihrer Entwicklung blockiert ist und weitere Entwicklungsstufen ohne therapeutische Hilfe nicht erreichen kann. Im zweiten Beugestadium ist es daher „fünf vor zwölf" für einen Behandlungsbeginn. Durch die unaufhaltsame Aufrichtungstendenz und die damit verbundene Überforderung der paretischen Seite schleift sich immer mehr „Falsches", also Pathologisches ein, was später kaum noch korrigiert werden kann.

Mit 6 Monaten gelingt das Greifen aus der Rückenlage mit dem gestreckten Arm nur auf der gesunden Seite, da der Beugetonus des hemiparetischen Armes die Streckung gegen die Schwerkraft verhindert. Das Kind greift einseitig, was oft völlig falsch als frühe Rechts- oder Linkshändigkeit ausgelegt wird.

Wir haben bereits an anderer Stelle gesehen, daß die Anlage zur Handdominanz schon früh vorhanden ist und die Disposition erblich angelegt ist.

Die Präferenz, das heißt die Bevorzugung einer Hand ist jedoch im Säuglingsalter noch nicht manifest, ein Säugling greift normalerweise mit beiden Händen.

„Unser Kind war schon als kleines Baby ein Linkshänder und benutzt immer nur die linke Hand." Wenn wir diesen Satz von Eltern hören, werden wir sehr achtsam sein und eine hemiparetische Entwicklung in Betracht ziehen müssen. Denn die ausgeprägte Präferenz und damit die Ausbildung der Händigkeit beginnt erst mit dem Spracherwerb ab dem 2. Lebensjahr und ist erst mit dem 8. Lebensjahr vollendet.

In der weiteren Entwicklung beeindruckt die Hemiparese durch vielerlei Auffälligkeiten.

Beim Robben bewegt sich das Kind asymmetrisch. Der gesunde Arm wird vorgestreckt, das gleichseitige Bein macht die Kriechbewegung, während der andere Arm gebeugt unter den Rumpf gezogen wird. Das Bein bleibt häufig gestreckt, jedoch nicht zwingend, da das Bild der Hemiparese, wie wir ja schon wissen, betont in der oberen Extremität, also im Arm sichtbar ist. Wenn allerdings beim Robben das Bein gestreckt bleibt, beginnt schon jetzt die starke Plantarflektion des Fußes durch die Hypertonie der Wadenmuskulatur. Dies ist der Beginn der künftigen Spitzfußhaltung.

Der Kopf wird auch beim Robben wieder zur gesunden Seite gedreht, die den großen Armschwung macht. Wieder liegt die Aktivität und damit die Bewußtheit und Körperwahrnehmung nur in der gesunden Seite.

Jetzt im 7. bis 8. Monat fällt die Lateralisation den Eltern auf, sie wird bei den einseitigen Aufrichtungsversuchen offensichtlich.

Das Krabbeln oder Vierfüßlergehen ist ein für die Vorbereitung zum aufrechten Gang wichtiger Bewegungskomplex. Es fällt bei Kindern mit Hemiparese oft völlig aus, da die Hand zum Stützen nicht gebraucht werden kann. Statt dessen stützen sich die Kinder über den gesunden Arm zum Sitzen hoch und bewegen sich mit Hilfe des Armes rutschend im Sitz vorwärts. Durch die für die paretische Seite verfrühte Aufrichtung kommt es nur allzu häufig zur Bildung von Rückenfehlhaltungen wie der Kyphose oder der Skoliose.

Mit 12 bis 18 Monaten versuchen sich die Kinder auf Grund ihrer optischen Ausrichtung und Raumwahrnehmung hochzuziehen und aufzustellen. Und wieder wird der paretischen Seite eine Aufgabe aufgezwungen, die sie nicht leisten kann. Die Koordinationsstörung verfestigt sich dadurch weiter bis zum Zeitpunkt des freien Laufens, das je nach Schweregrad der Störung zwischen dem 18. Monat und 3. Jahr liegt.

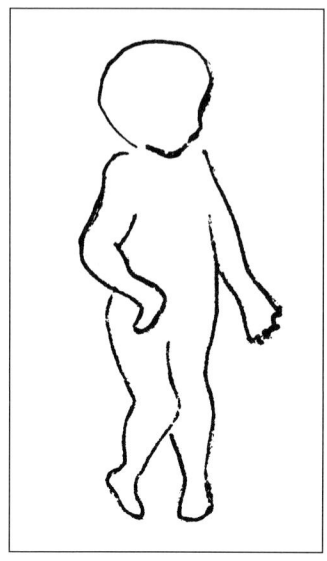

Abb. 42: Die Haltung eines Kindes mit Hemiparese. Der Kopf ist zur gesunden Seite gedreht, der paretische Arm und die Hand sind gebeugt, das Bein ist auf dem Vorfuß aufgestellt in Spitzfußstellung

Erst dann zeigt sich das komplette Bild der Hemiparese:

- Der Kopf bleibt zur gesunden Seite gedreht und zur kranken Seite geneigt.
- Der paretische Hinterhauptsarm ist im Ellbogen zurückgezogen und gebeugt, der Oberarm wird innenrotiert, die Schulter vorgeschoben. Diese Schulterhaltung führt im Rücken zu einem „Abwandern" des Schulterblattes in die Flügelschulter, die dauerhafte Überdehnung schwächt die Schulterblattmuskeln mehr und mehr.
- Die Hand ist gefaustet und nach unten/außen gekippt (palmar und ulnar), der Unterarm nach innen rotiert. Die aktive Supination und damit der radiale Handgriff (zur Daumenseite) sind nicht möglich, wodurch die Hand schließlich zur „Hilfshand" degradiert. Die Entwicklung der Handmotorik bleibt neuronal im Stadium der ersten 3 Monate stehen, feinmotorische Fertigkeiten werden kompensativ mit dem Pinzettengriff versucht. Durch die handmotorischen Defizite bleibt die Wahrnehmung über die Handinnenfläche stumm, sowohl für die Oberflächensensibilität als auch für das Formerkennen. Es fehlt das „Begreifen durch Greifen".
- Das Bein steht in Streckung, später auch in Innenrotation, das Kind belastet das vordere Segment des Fußes auf der Innenseite, also den Innenballen und steht damit in der Spitzfußstellung, die sich im weiteren Verlauf durch die Verkürzung der Wadenmuskulatur als sehr gra-

vierend auswirken wird. Aus der Spitzfußstellung resultiert eine Gangasymmetrie und letztendlich eine Wachstumsstörung des Beines. Die Hemiparese ist daher wegen ihrer Progredienz (Fortschreitung) ein tückisches Bild der zentralen Koordinationsstörung. Das Erscheinungsbild mit seiner Asymmetrie verschlimmert sich im Laufe der Zeit mit dem Wachstum zunehmend.

10.2 Die Reflexauffälligkeiten

Wenn die Hemiparese bei der Beobachtung der Motorik dem ungeübten Betrachter entgehen kann, weil die Aufrichtung noch irgendwie im normalen Zeitablauf erreicht wird und weil er sich vielleicht durch die Pseudohändigkeit täuschen läßt, so wird das Bild bei der Reflexauslösung doch sehr deutlich. Die unterschiedlichen Reaktionen beider Körperseiten fallen deutlich ins Auge. Da der Befund im ersten Trimenon eine differenzierte Diagnostik nur schwer zuläßt, möchte ich ein typisches Bild eines Reflexbefundes im Alter von vier bis sechs Monaten aufzeigen, dem Alter, in dem die Therapie dringend beginnen sollte. Folgende Reflexe zeigen typische Auffälligkeiten:

- *ATNR:* Die Vorzugslage ist im asymmetrisch tonischen Nackenreflex zur gesunden Seite gedreht, der Hinterhauptsarm ist im starken Beugetonus mit ulnarer Fausthaltung.
- *STNR:* Bei passiver Beugung des Kopfes in Rückenlage ist die Beugeantwort des hemiparetischen Armes noch stark ausgeprägt, im anderen Arm schon erloschen. Gleichzeitig bleibt oft die Streckantwort des Beines erhalten.
- *Moro-Reaktion:* Die Handöffnung fehlt einseitig.
- *Handgreifreflex:* Er zeigt die palmare, ulnare Handstellung des ersten Beugestadiums.
- *Fußgreifreflex:* Er erlischt vorzeitig, ohne daß es zum aktiven Greifen der Zehen kommt.
- *Mundreflexe:* Sie sind nahezu altersgemäß entwickelt. Der *Hinwendereflex* kann jedoch wegen der einseitigen Kopfhaltung bestehen bleiben. Die *Kaureaktion* ist oft bis in den sechsten Monat negativ, weil die seitliche Kieferbewegung auf Grund der einseitigen Kopfhaltung nicht möglich ist. Das Kauen geschieht später asymmetrisch, wodurch die Zungenbewegung nur zur gesunden Seite erfolgt. Diese einseitigen Mundaktivitäten führen zu einer Gesichtsasymmetrie und dadurch letztlich zu einer einseitigen Kopf-Rumpf-Haltung.
- *Stellreaktionen:* Sie sind nicht auslösbar auf der betroffenen Seite. Bei der Drehung verbleibt der Kopf in der ATNR-Haltung, so daß keine

schraubenförmige Körperrotation erscheint. Bei Seitneigung des Rumpfes kann der Kopf nicht in der Senkrechten ausgerichtet werden.

- *Abstützreaktion:* Es fällt der Beugetonus mit retrahiertem Arm und fester Fausthaltung auf der paretischen Seite bei gleichzeitiger Stützfunktion der gesunden Hand sehr deutlich auf.

Bei den *Lagereaktionen* ist die betroffene Seite in der Aufrichtung verzögert und hyperton gebeugt.

- Im *Traktionsversuch* zieht sich der betroffene Arm schwächer an den Händen hoch, das Bein bleibt teilweise in Streckung und Adduktion.
- Die *Landau-Reaktion* zeigt einen asymmetrischen Beugetonus mit retrahiertem Ellbogen und Fausthaltung. Die asymmetrische Kopfhaltung führt häufig zu einer C-förmigen Einbeugung der Wirbelsäule zur gesunden Seite hin.
- Die *Axillare Hängereaktion* imponiert durch die einseitige Beinstreckung, die jedoch noch mit der Adduktion des Beines die Haltung der primären Stehreaktion des 1. Trimenons darstellt.
- Bei der *Seitkipp-Reaktion* nach Vojta kommt es zur steifen Beugehaltung der betroffenen, oberen Seite.
- Auch im *Horizontalabhang nach Collis* bleibt der Arm in starkem Beugetonus mit Faust ohne Tendenz zur Stützfunktion.
- Im *Peiper Kopfabhang* zieht sich der Körper zur pathologischen Seite ein, wieder mit gebeugtem Arm und geschlossener Faust, ohne Abstütztendenz.
- Schließlich finden wir im *Vertikalabhang nach Collis* manchmal, jedoch nur bei stark erhöhtem Beintonus, eine verzögerte oder fehlende Beugung des Beines.

Tabellarische Übersicht der physiologischen und der hemiparetischen Reflexantworten vom 4. bis 6. Monat

Reflex	Physiologische Entwicklung	Hemiparetische Entwicklung
ATNR	erloschen	Vorzugshaltung zur gesunden Seite, Beugetonus im Hinterhauptsarm mit ulnarer Faust
STNR	erloschen	Bei Beugung des Kopfes starke Beugeantwort des hemiparetischen Armes, Streckantwort im Bein
Moro-Reaktion	Abgeschwächt, leichte Handöffnung	Einseitig fehlende Handöffnung
Handgreifreflex	Erloschen, abgelöst vom aktiven Greifen	Persistiert einseitig mit palmarer/ulnarer Handstellung
Fußgreifreflex	Positiv bis zum 10. Monat	Vorzeitig abgeschwächt, kein aktives Zehengreifen
Hinwendereflex	erloschen	Persistiert zur Gesichtsseite hin
Kaureaktion	Positiv, alternierendes Kauen	Fehlende seitliche Kieferbewegung
Stellreaktionen	Positiv, Kopf-Rumpf-Haltung sicher, Interrotation, Ausrichtung im Raum	Negativ, einseitig verzögert, fehlende Rumpf-Interrotation
Abstützreaktion	Sicher auf gestreckten Armen	Fehlt einseitig durch den Beugetonus
Traktions-Reaktion	Kopf in Mittelstellung, Beine gebeugt, Arme gestreckt	Kopf einseitig geneigt, Arm in Beugetonus, Bein in Streckung
Landau-Reaktion	Kopfausrichtung im Raum, Beine in Beugung	Einseitige Retraktion des Armes, C-förmige Beugung der WS
Axillare Hängereaktion	Kopf-Rumpf-Haltung stabil, Beine in Beugung	Kopf-Rumpf im ATNR, einseitige Beinstreckung mit Adduktion
Seitkipp-Reaktion	Arme in lockerer Beugung, Füße gegeneinander	Steife Beugehaltung des hemiparetischen, oberen Armes
Horizontale Hängelage	Untere Hand beginnt zu stützen	Betroffener Arm bleibt in Beugetonus ohne Stützbereitschaft
Vertikale Hängereaktion Peiper/Isbert	Rumpfstreckung bis in die BWS, Arme 145 Grad gestreckt	Seitneigung des Rumpfes zur betroffenen Seite, Arm gebeugt mit Faust
Vertikale Hängereaktion Collis	Lockere Beugung des freien Beines	Verzögerte oder fehlende Beinbeugung einseitig

10.3 Die fixierte Hemiparese

Wenn ich im Vorhergehenden gesagt habe, daß das Bild der Halbseiten-störung mit dem Zeitpunkt des freien Laufens komplett ist, dann stimmt das nur zum Teil. Denn auch bei der fixierten Hemiparese verstärkt sich ihr Erscheinungsbild weiter, unabhängig davon, ob der Befund leicht oder schwer ist. Das liegt zum einen an der beschriebenen Neuronenplastizität, durch die Areale der Hirnrinde durch mangelnde sensomotorische Aktivität sekundär verkümmern. Zum andern wird die Hemiparese verstärkt durch das Wachstum und die Aktivität der Kinder, beides Einflüsse, die ja eigent-lich erfreulich sind und die wir nicht verhindern wollen.

Bei jeder Erregung, sei sie positiv oder negativ, also bei Erwartungsfreude, bei Spannung, auch bei Angst erhöht sich unser Muskeltonus. Für jedes Kind ist seine Welt voller „spannender" Dinge und Erlebnisse. Die kühle Distanz, mit der wir Erwachsenen versuchen, Eindrücke und Erlebnisse aufzunehmen, hat sich noch nicht eingeschliffen. Weil Kinder noch nicht „cool" sind, reagiert ihre Muskelspannung sofort, leider im Fall einer Hemi-parese eben auch mit einer überproportionalen Tonuserhöhung in der par-etischen Seite.

Eine angebrachte Tonuserhöhung ist für uns alle normal und aus der Entwicklungsgeschichte her auch sehr nützlich. Bei Gefahr = Erregung gerät die Muskulatur, die zur Fortbewegung gebraucht wird, in eine sehr sinnvolle Vorspannung, so daß der Start zum Angriff oder zur Flucht blitz-schnell erfolgen kann. Bei der spastischen Muskulatur tritt aber diese Vor-spannung ungebremst und abnorm hoch auf. Besonders die schnellen Bewegungen werden dadurch eher erschwert oder sogar unmöglich ge-macht.

10.4 Die assoziierten Reaktionen

Das oben beschriebene Phänomen gilt nicht nur für Angriff oder Flucht sondern tritt schon auf, wenn das Kind eine feinmotorisch besonders an-spruchsvolle Aufgabe vorhat, wenn es zum Beispiel eine Schraube einzu-drehen versucht. Nicht nur die Hände erhöhen sich im Tonus, nein der ganze Körper arbeitet mit, und macht sich mit erhöhter Muskelspannung oder Mitbewegungen selbständig.

Wir kennen die assoziierten Bewegungen selbst: wenn wir etwas so Kniffli-ges tun wie einen Faden in eine Nadel zu fädeln, dann stecken wir plötz-lich die Zungenspitze aus dem Mund, ohne es zu wissen. Sie macht sich mit einer assoziierten Bewegung selbständig. Seien Sie unbesorgt, diese Mitbewegungen bei schwierigen motorischen Aufgaben sind normal. Sie zeigen lediglich, daß eine Bewegung, wenn sie ein bißchen zu schwer ist, nicht mehr von der Gesamtmotorik getrennt (separiert) werden kann.

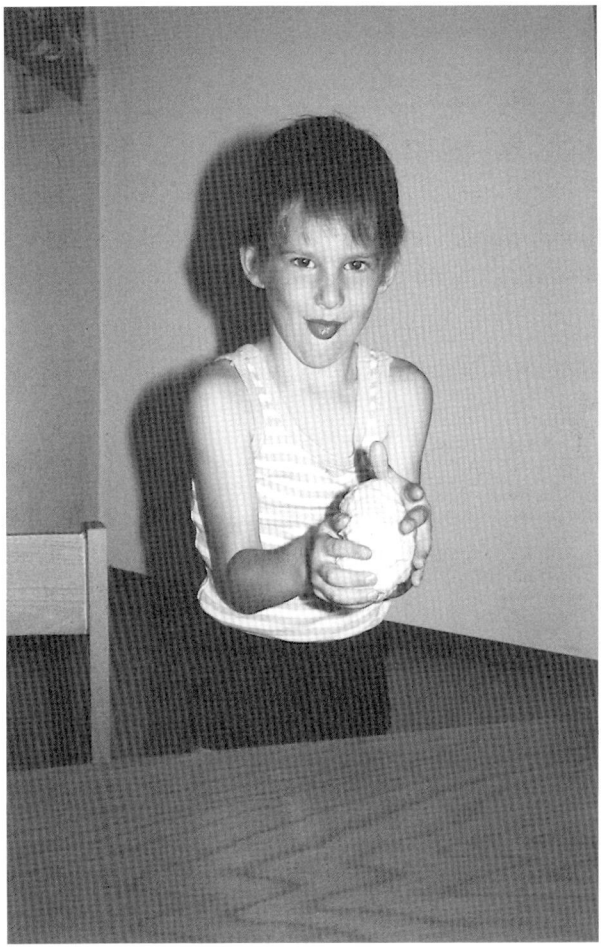

Abb. 43: Bei schwierigen handmotorischen Aufgaben zeigt Markus deutliche asso-ziierte Mitbewegungen mit seiner Mimik

Übersteigerte assoziierte Reaktionen bei der Hemiparese stören und hem-men die Feinmotorik. Sobald die gesunde Hand beansprucht wird, antwor-tet der paretische Arm mit Beugespannung und Fausthaltung, so daß er auch als Hilfshand, zum Beispiel beim Blatt festhalten nur bedingt mithel-fen kann. Da durch die mangelhafte Benutzung der Hand die sensomotori-schen Verknüpfungen fehlen, wird die Sensibilität immer geringer, das

Feingefühl verkümmert und damit mehr und mehr die Voraussetzung für differenzierte Bewegungen.

10.5 Dominanzstörungen der Handmotorik

Die Dominanzstörung bei der Hemiparese ist ein zusätzliches Handicap bei Kindern deren Parese auf der dominanten Seite liegt. In diesem Fall, also bei Schädigung der dominanten Hand und das ist in den meisten Fällen ja die rechte, wird das Kind für die Feinmotorik die nicht dominante aber doch besser funktionierende Hand bevorzugen. Die Präferenz im Fall einer Hemiparese rechts wird also links liegen, wobei dort eine erhebliche Geschicklichkeit erreicht werden kann. Dies ist durch die Brückenfunktion des Corpus callosum möglich, der die Großhirnhälften verbindet und Informationen von einer Hirnhälfte zur anderen weitergibt. Da nicht alle Nervenfasern die Seiten kreuzen, sondern einige gleichseitig von der Hirnrinde zur Peripherie verlaufen, ist über diese Fasern eine gleichseitige Innervation möglich.

Und doch haben die meisten Kinder mit einer Störung in der dominanten Seite auch mit ihrer gesunden Seite feinmotorische Schwierigkeiten, weil es eben nicht „ihre Schokoladenseite" ist. Sie haben „zwei linke Hände".

10.6 Hemisphärenasymmetrie und Sprache

Bei Schädigung der dominanten Hirnseite müssen wir mit Störungen im Bereich des Broca'schen also des motorischen Sprachzentrums rechnen, wenn nicht die kontralaterale Seite die Funktion mit ihren „Ausweichzentren" übernimmt. Im Gegensatz zum Schlaganfall mit Rechtslähmung, bei dem es fast immer zur „motorischen Aphasie" kommt, kann bei der Schädigung des motorischen Sprachzentrums *vor* dem Spracherwerb die Übernahme der Funktion durch die andere Seite gelingen. Die Sprache wird in diesem Fall exakt erlernt. Das erwarten wir insbesondere, wenn wir durch Stimulation der sensomotorischen Areale beider Seiten auch das Ausweichsprachzentrum der kontralateralen Seite aktivieren können.

Erfolgt die Übernahme der Sprachfunktion nicht oder nur teilweise, zeigen die Kinder das Erscheinungsbild einer *Aphasie*. Sie wird als *Entwicklungsdysphasie* oder *Entwicklungsaphasie* bezeichnet, um klarzustellen, daß es sich hier um eine Störung vor dem Spracherwerb handelt. Die typischen möglichen Symptome einer motorischen Entwicklungsdysphasie sind:

• das altersgemäß ausgebildete Sprachverständnis
• das Lautieren meist ohne Konsonanten

- eine sehr einfallsreiche Gebärdensprache
- einzelne Worte werden gesprochen aber scheinbar wieder vergessen.

Werden hingegen die sensorischen Areale und damit das „Wernicke'sche Sprachzentrum" direkt geschädigt, kann es zu einer sensorischen Entwicklungsdysphasie kommen, ein schwerwiegender Ausfall, der als Hörstummheit bezeichnet wird. Hierbei ist bei intaktem Hörvermögen das Sprachverständnis stark beeinträchtigt. Ohne dieses ist aber das Erlernen einer Sprache nicht möglich.

Beide Formen der Entwicklungsdysphasie bzw. -aphasie, haben primär nichts mit einer intellektuellen Störung zu tun. Allerdings wird das Lern- und Denkverhalten später beeinträchtigt, wenn abstrakte Begriffe nicht durch Sprache ausgedrückt werden können. Norbert Barth sagt zu dem Thema Denken und Sprache: „Erst mit ihrer Hilfe gelingt es dem Menschen, präzise zu formulieren, komplizierte Strukturen zu gliedern, zu hohen Abstraktionen zu gelangen und schließlich das formale Denken zu produzieren."

Die Sprache bei Kindern mit Hemiparese kann aber auch durch die gestörte, einseitige Mund- und Zungenmotorik beeinträchtigt sein, genauso wie die nonverbale Kommunikation, also der Gesichtsausdruck durch die mimische Störung verändert werden kann. Die mundmotorischen und mimischen Störungen möchte ich ausführlicher bei dem Krankheitsbild der Athetose und der Tetraparese beschreiben, da sie dort eine noch gravierendere Rolle spielen.

Gerade bei Kindern mit der dauerhaften Kopfschiefstellung wie sie bei der Hemiparese typisch ist, entsteht im Laufe der Zeit eine Vergrößerung der oben liegenden Gesichtshälfte, eine Gesichtsskoliose.

Die Mimik und auch die visuelle Wahrnehmung kann zusätzlich beeinträchtigt sein durch die häufige Schielstellung des kontralateralen Auges. Da die Nervenbahnen ja unterhalb des Augennerves kreuzen, wird bei einer rechtsseitigen Hemiparese das linke Auge die Schielstellung zeigen und umgekehrt.

10.7 Haltung und Gangbild

Die Haltung und das Gangbild, werden selbst beim leichten Befund entscheidend beeinflußt durch die Wachstumsstörungen in dem betroffenen Bein und Arm. Wie kommt es dazu?

Durch den Wechsel von Belastung und Entlastung der Ferse beim Gehen entsteht ein Druck, der sich durch die Gelenke von den Füßen bis in die Hüftgelenke fortpflanzt. Die Wachstumsfugen an den distalen Enden der

Ober- und Unterschenkel werden stimuliert. Die Knochen können wachsen.

Beim Kind mit Hemiparese wird das gesunde Bein belastet, das paretische Bein wird auf dem Vorfuß bei gleichzeitiger Innenrotation aufgesetzt. Der Fersendruck mit dem achsengeraden Druck-Entlastungsphänomen für die Wachstumszonen fehlt.

Das Bein bleibt im Längenwachstum zurück, und es beginnt ein wirklicher Teufelskreis, der im *Spitzfuß* endet:

- durch das zwar anfangs nur gering verkürzte Bein kann der Fuß nur wenig auf die Ferse aufgesetzt werden.
- Es kommt zur Spitzfußstellung mit Dauertonisierung und Verspannung der Wadenmuskulatur.
- Ein ständig kontrahierter Muskel kann sich aber weder verlängern noch kann er sich weiter anspannen.
- Die Funktion der Wadenmuskulatur wird eingeschränkt und läßt nach, was an einer vergleichenden Umfangmessung leicht zu erkennen ist.
- Durch die Dauerspannung der Wadenmuskulatur verstärkt sich die Spitzfußstellung, der Fuß kann noch weniger aufgesetzt werden, das Wachstum wird noch mehr eingeschränkt.
- Auf die Dauer wird die Spitzfußstellung manifest, wodurch das Auftreten auf der Ferse völlig unmöglich wird. Die Wachstumsdifferenz vergrößert sich bis zu vier bis fünf Zentimeter, der Spitzfuß wird fixiert und kontrakt.

Diesen Kreislauf gilt es, therapeutisch zu unterbrechen (beschrieben im Kapitel „Therapieansatz"). Sicherlich ist es völlig sinnlos, ein Kind ständig zu ermahnen, die Ferse aufzusetzen. Denn das würde bedeuten, es müßte tun und üben, was es nicht kann und das mit einem Bein, das ihm nicht einmal wirklich bewußt ist. Es würde auch bedeuten, daß bei jedem Schritt die Gedanken bei dem Bein sein müßten, was letztlich dazu führt, daß das Bein abgelehnt wird als störendes Ärgernis im täglichen Leben.

Neben dem Spitzfuß muß aber noch an eine weitere orthopädische Veränderung gedacht werden, an die seitliche Verbiegung der Wirbelsäule, die *Skoliose*. In der Säuglingszeit wird sich die Wirbelsäule konkav von der betroffenen Seite mit einem großen C-förmigen Bogen wegbiegen. Durch die einseitige Dauertonisierung und Verkürzung des schrägen Halsmuskels, des m. sternocleidomastoideus, neigt sich der Kopf zur betroffenen Seite und dreht sich zur gesunden Seite. Nach der Aufrichtung und der damit verbundenen oben beschriebenen Beinverkürzung wird die asymmetrische Haltung der Wirbelsäule S-förmig und manifestiert sich schließlich zur Skoliose.

Diese sekundären orthopädischen Behinderungen sind durch eine kontinuierlich durchgeführte Therapie sicher vermeidbar, wenn die Flexibilität der Muskulatur und die Bewegungsfreiheit der Gelenke erhalten bleibt.

10.8 Die „halbierte" Wahrnehmung

Kinder mit hemiparetischer Störung bewegen sich nicht nur einseitig, sie fühlen sich auch so. Läßt man sie sich selbst oder ein Männchen malen, so sehen wir oft eine einarmige Figur, oder ein Arm und das gleichseitige Bein werden sehr verkleinert gemalt, wie es der Vorstellung ihres Körpers entspricht. Und dieses Körperbild prägt sich ja schon in den ersten Lebensmonaten.

Abb. 44: Das halbierte Körpergefühl zeigt sich in dem Selbstbild eines sieben Jahre alten Jungen

Trotzdem meinen die Eltern, leider oft auch noch TherapeutInnen, die Fehlhaltung durch Ermahnungen dauerhaft kontrollieren zu können. Sie korrigieren auch oft einfach, weil die Fehlhaltung ihre Symmetrie als Betrachter stört. Durch das ständige Ansprechen gerät nun die kranke Seite zwar ins Bewußtsein, jedoch in ein negatives. Es entsteht Wut auf die Seite, die nichts kann und immer wieder verbessert wird.

Wolfgang, ein dreijähriger Junge mit schwerer Hemiparese schlug und biß ständig seine Hand, als er zum ersten Mal zu uns in die Behandlung kam. Den Eltern war in der vorherigen Therapie geraten worden, den gesunden Arm täglich einige Stunden festzubinden, um den paretische Arm zu aktivieren. Wolfgang wurde ständig angehalten, auch das „kranke Ärmchen" zu benutzen. Nachdem wir dafür sorgen konnten, daß die gutgemeinten Ermahnungen aufhörten und wir statt dessen die Sensorik der Hand und des Armes geschult haben, konnte ein positives Körperbild aufgebaut werden. Wolfgang begann eines Tages zur Verwunderung der Eltern, sich immer wieder vorsichtig über den Arm und die Hand zu streichen, sich also selbst taktil zu stimulieren. Er konnte sich mit seinem Arm anfreunden, nachdem er ihn kennengelernt hatte.

Das Kind mit asymmetrischem Bewegungsverhalten hat ein verschobenes Seitenbild seiner Körperwahrnehmung. Auch das Bild der Körpermitte, einer sonst konstanten Wahrnehmung, die jedem Menschen gegeben ist und ihm Sicherheit gibt, ist seitlich verlagert.

Wir können uns aus der Sicherheit der Körpermitte heraus frei bewegen, drehen und neigen, „ohne aus dem Lot zu geraten". Fehlt uns diese Sicherheit, werden wir unsicher, wir werden Drehungen und diagonale Bewegungen über die Körpermitte vermeiden. Wir werden sogar vermeiden, uns diagonal durch die Raummitte zu bewegen, werden eher Eckensteher bleiben.

Letztlich wirkt sich das fehlende Bewußtsein für die sichere Mitte auch bis hin zu graphomotorischen Störungen aus, zum Beispiel bei den diagonalen Schlaufen, die in vielen Buchstaben unserer Schreibschrift enthalten sind. Wir lernen zunächst mit dem Körper, was wir später in die Handfunktion, die Arbeit auf dem Papier und schließlich in die Abstraktion übernehmen. Durch das Seitenungleichgefühl ist die spätere visuelle Perzeption gestört, zum Beispiel die Wahrnehmung der Lage im Raum über das Sehen, wie wir sie im *Frostig Entwicklungstest der visuellen Wahrnehmung (FEW)* erkennen. Solche Wahrnehmungsstörungen führen beim Schreiben zu den bekannten Rechts- Linksschwierigkeiten und Verdrehungen bei Buchstaben wie b und d.

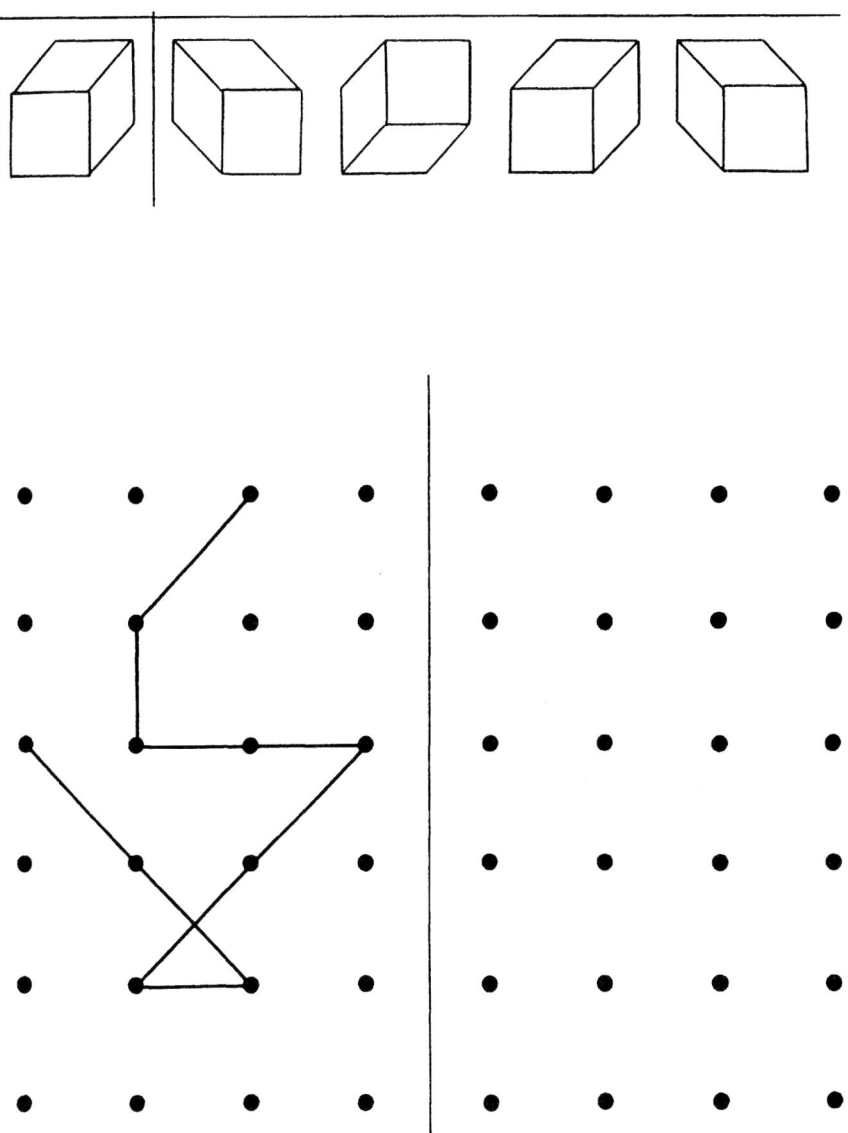

Abb. 45: Visuelle Wahrnehmung der Raum-Lage (aus: Frostigs Entwicklungstest der visuellen Wahrnehmung FEW. Deutsche Form des „Developmental Test of Visual Perception" von Marianne Frostig. © 1963 Consulting Psychologists Press, Palo Alto, Deutsche Bearbeitung von Oskar Lockowandt, © 1972 Beltz Test Gesellschaft)

10.9 Störungsbewußtsein und Persönlichkeitsentfaltung

Sehr früh muß ein Kind mit einer Hemiparese erkennen, daß es aus einer „guten" und einer „schlechten" Seite besteht und eigentlich nur einseitig funktioniert. Es wird sich seiner Andersartigkeit in der folgenden Zeit in wachsendem Maße bewußt und versucht manchmal, die Auffälligkeit zu vertuschen und sogar die Hand zu verstecken. Von der Umwelt wird auf die Erkrankung meist wenig Rücksicht genommen, da die Kinder ja die Funktionen wie Laufen und Sprechen irgendwie bewerkstelligen und nicht offensichtlich hilfsbedürftig sind. Sie werden im Gegenteil wegen ihrer Asymmetrie und ihres „Humpelns" gehänselt, jeder schaut auf ihren gebeugten, untätigen Arm, was ihr Störungsbewußtsein erheblich verstärkt.

Inwieweit die einseitige Beanspruchung des Gehirns die ursprünglich mögliche Persönlichkeitsentfaltung beeinträchtigt, kann nicht gemessen und nachgewiesen werden. Wenn wir aber die unterschiedlichen „Begabungen" der rechten und linken Hirnseite kennen, müssen wir bei Kindern mit Hemiparese auch mit einer Einseitigkeit ihrer Begabungen rechnen.

Nehmen wir einmal das Beispiel einer linksseitigen Hemiparese an: die rechte Hirnseite bekommt wegen der mangelnden Aktivität wenig Reize. Die rechte Seite des Gehirn ist aber unter anderem die der Wahrnehmung und Raumorientierung, des intuitiven Handelns, der musischen und kreativen Fähigkeiten. Die ursprünglichen Begabungen des Kindes könnten sich nicht wirklich ausprägen. Das Kind bleibt in der Entfaltung seiner intuitiven und kreativen Persönlichkeitsseite eingeschränkt. Für mich eine schlimme Vorstellung, die die Notwendigkeit der Therapie auch bei den „leichten Fällen" in ein vielleicht völlig neues Licht stellt, denn durch eine sensomotorische Aktivierung kann diese Einschränkung verhindert werden.

10.10 Therapieansatz

Es ist unmöglich, Übungen für *die typische Hemiparese* aufzuzeigen. Es widerspricht meiner Überzeugung von der Einzigartigkeit eines jeden Kindes, ein striktes Behandlungsrezept vorzuschreiben. Aber aus der Erfahrung heraus können Ratschläge Hinweise geben, worauf bei der Therapie von Kindern mit Hemiparese besonders zu achten ist. Solche Hilfen sind hier in zeitlicher Folge nacheinander aufgezeigt:

- Bei einer Seitenbevorzugung kann schon im frühen Säuglingsalter eine Beidseitigkeit durch Lagerung gebahnt werden, die Lagerung zum Licht hin, zu den Familiengeräuschen hin, hier wäre auch das *Riechläppchen* angebracht, das wir aus dem Kapitel „Wahrnehmung" kennen.

- Sehr früh kann auch die erste Kopf-Rumpf-Haltung in Mittelstellung durch die Drehung des Kopfes stimuliert werden, noch ohne Aufrichtung, aber die symmetrische Kopfhaltung gibt schon das Gefühl für die Mitte und damit für Sicherheit.
- Der Schulter-Ellbogenstütz wird beidseitig aus der Rotation erarbeitet, wobei die Bewegung über die Körpermitte erlernt wird. Im Ellbogenstütz bahnen wir die Fausthaltung als beginnende Greiffunktion, dadurch kann die Hand sich jetzt schon in die radiale Stellung einstellen. (Rotation aus Seitlage)
- Die aktive Handöffnung lernt das Kind durch die taktile Stimulation über den Handrücken. Es beginnt eine Handöffnung ohne Fingerüberstreckung!
- Nach dem Erreichen der aktiven Handöffnung und der Greiffunktion läßt die Überempfindlichkeit der Hand nach, jetzt kann auch in der Handinnenfläche taktil stimuliert werden.
- Nicht desensibilisieren sondern sensibilisieren schafft eine ausgewogene sensorische Integration und damit die Voraussetzung für feine Handfunktionen.
- Wenn der Ellbogenstütz gesichert ist, kann die Öffnung der freien Hand von proximal nach distal also von dem Armkreisen her angebahnt werden. Wir üben keine Fingerstreckung, da sie unfunktionell ist und die Hand eher unsensibel macht für das Greifen und die Wahrnehmung von Oberflächenbeschaffenheit und Formen.
- Die symmetrische Kopf-Schulter-Haltung mit der Kopfdrehung zu beiden Seiten aus der gestützten Bauchlage ist wichtig für das oben schon beschriebene Körpergefühl, für Mundmotorik und die mimische Beweglichkeit. (Rotation aus Bauchlage)
- Die sensorische Stimulation im Gesicht und besonders im Mundbereich wird von den seitlichen Partien aus zum Mund hin gegeben, wobei wir gerade im perioralen Bereich sehr gut darauf achten müssen, daß wir nicht Irritationen auslösen und damit den Reiz eher wieder löschen würden.
- Die mundmotorische Förderung richtet sich auf die seitliche Kiefer- und Zungenbewegung, um das seitliche Abweichen des Kiefers und damit die Gesichtsskoliose zu verhindern.
- Die Aufrichtung zum Stand wird nicht gefördert, weil sich mit einer verfrühten Aufrichtung die pathologischen Muster verstärken. Statt dessen bahnen wir die Aufrichtung auf den proximalen großen Gelenken, den Schultern und den Hüften, um die notwendige Stabilisation für das Aufstehen vorzubereiten.
- Durch propriozeptiven Fersendruck, der sich dann bis in die Hüfte fortpflanzt, wird die Wahrnehmung des Standbeines und des Körperge-

wichtes geschult, außerdem wird die für das Wachstum notwendige Druck-Entlastungssituation an den gelenknahen Knochenzonen geschaffen.

- Die sensomotorische Stimulierung der Sprachzentren über afferente Reize der kontralateralen Hand und der gleichseitigen Gesichtsseite ist besonders relevant bei dem Bild der rechtsseitigen Hemiparese, bei dem eine Entwicklungsdysphasie mit in Betracht gezogen werden muß.

Immer ist darauf zu achten, daß die Ausgangsstellung tief gewählt wird, also dem Entwicklungsstand der paretischen Seite entspricht, so daß diese Seite nicht überfordert ist. Nur so kann das Kind Bewegung, die wir bahnen, ohne die überstarke, spastische Tonuserhöhung ausführen. Nur so kann es die Bewegungen auch spüren, so daß das sensomotorische Feedback die weiteren Bewegungen positiv beeinflußt.

10.11 Wie gut sind unsere Erfolgschancen?

Die Tatsache, daß das Kind mit der hemiparetischen Bewegungsstörung noch eine gesunde Seite hat, wirkt sich negativ und positiv aus. Problematisch ist, daß sich das Kind mit seiner gesunden Seite hilft und dadurch für die betroffene Seite zu früh aufrichtet. Es werden dieser Seite Bewegungen aufgezwungen, für die sie noch keine Reife hat. Folglich muß sie sich alter Stammhirnmuster und Reflexe aus dem ersten Trimenon bedienen, die von der senkrechten Haltung noch weit entfernt sind. Die Pathologie wird provoziert und verstärkt.

Es ist daher gerade bei jeder einseitigen Entwicklungsstörung besonders wichtig, vor der Aufrichtung also spätestens ab dem 4. bis 5. Monat die für die spätere Aufrichtung erforderlichen Bewegungsmuster anzubahnen. Wir behandeln sonst eben immer hinter der Störung her. Bei frühzeitig eingeleiteter Therapie ist die Angleichung der Bewegungsmuster beider Seiten und damit eine symmetrische sensomotorische Entwicklung vor der Aufrichtung möglich.

Die Beinverkürzung und damit das asymmetrische Gangbild kann weitgehend vermieden werden, so daß die sonst typische operative Achillessehenverlängerung nicht nötig wird. Im Bereich der Handmotorik kann bei früher Therapie die wirkliche Präferenz der Hand entsprechend der angelegten Dominanz ausgebaut werden. Zumindest aber kann durch die beidseitigen Stimulationen die Brückenfunktion im Gehirn und damit die Aktivität auch der betroffenen Hirnseite verbessert werden.

Die gesunde Seite des Kindes bringt uns TherapeutInnen zwar unter großen Zeitdruck. Bei der fixierten Hemiparese hilft aber die gesunde Seite, indem sie Funktionen der anderen Seite mit übernimmt. so daß die Handlungskompetenz der Kinder weitgehend erhalten bleibt. Sie können sich selbständig und unabhängig bewegen selbst bei einer erheblichen spastischen Tonuserhöhung.

Bei der Behandlung der Hemiparese ist unbedingt die mögliche Krampfneigung zu bedenken, die in über 50 % der Fälle vorliegt. Da sich durch Krampfanfälle die Prognose verschlechtern kann, sind regelmäßige EEG-Kontrollen bei allen Kindern mit hemiparetischer Entwicklung notwendig.

Die Behandlung der Hemiparese ist wegen der Einseitigkeit und der damit verbundenen Wachstumseinschränkung dauerhaft, zumindest bis zur Beendigung des Wachstums, erforderlich. Besser ist natürlich, wenn die hemiparetische Entwicklung so früh erkannt wird, daß die Einseitigkeit durch die Frühtherapie noch unterbrochen werden kann und gleichseitige Funktionen bereits im Säuglingsalter erlernt werden können.

11. Diparese

11.1 Die diparetische Entwicklung

Bei der Diparese liegt ursächlich eine Schädigung der Hirnareale der Scheitelregion vor, wie sie häufig im 3. Trimenon der Schwangerschaft passiert. Sie kann aber auch perinatal verursacht sein durch die starke Drucksituation bei der Austreibung des Kopfes durch den Geburtskanal. Dies geschieht häufig bei Frühgeburten, die für die „Schwerarbeit" der Geburt eben noch nicht reif sind. Eine diparetische Störung kann aber auch durch eine Blutung unter der Schädeldecke entstehen, oder durch eine kurze Unterbrechung der Sauerstoffversorgung, wie sie bei der Komplikation der festen Nabelschnurumschlingung oder des Nabelschnurknotens vorkommen kann. Mit Sicherheit kann man allerdings nicht immer feststellen, wodurch eine Schädigung verursacht wurde, sondern nur Vermutungen anstellen anhand der medizinischen Anamnese.

Die mögliche Auswirkung solcher Belastungen über der Scheitelregion wird verständlich, wenn wir uns an den „sensomotorischen Homunculus" erinnern. Sie wird zunächst die Sensomotorik der unteren Extremitäten betreffen. Je größer aber die geschädigte Region ist, je weiter sie also vom Scheitel seitlich herunter reicht, desto größer ist die Ausbreitung der Diparese von den Füßen, Beinen, Hüften, möglicherweise bis zum Rumpf, den Armen und Händen, manchmal sogar bis in den Bereich des Kopfes, wobei die obere Extremität aber immer weniger stark betroffen ist als die untere. Man spricht dann auch von der beinbetonten Tetraparese. Häufig ist die Schädigung im Scheitelgebiet nicht ganz „mittig", so daß die sensomotorischen Ausfälle an einer Seite stärker hervortreten. Wir sprechen dann vom Bild einer Diparese mit Rechts- oder Linksbetonung.

Unser aller Bewegungsentwicklung verläuft cranio-caudal, also von oben nach unten. Wir lernen den Ellbogenstütz mit 3 – 4 Monaten, den Kniestütz aber erst mit 6 – 8 Monaten. In diesem Alter sind die Arme schon wieder weiter in der Entwicklung fortgeschritten, nämlich bis zum Handstütz.

Beim Kind mit diparetischer Entwicklung fällt daher in den ersten Monaten außer einer Bewegungsarmut („es strampelt so wenig") kaum etwas auf, weil die Bewegung von Kopf (Kopfwendung) und Armen (Greifen) ja weniger verzögert und oft sogar altersentsprechend verlaufen.

Hinzu kommt, daß immer noch viele Laien und auch manche Fachleute der Meinung sind, man solle gerade einem Kind nach einer Frühgeburt viel

Zeit lassen. „Es kommt schon alles, man braucht eben nur etwas mehr Geduld", sind für diese Ansicht typische Äußerungen.

Richtig, jedes Frühgeborene Kind ist in seiner physiologischen Entwicklung verzögert. Es muß aber unbedingt abgeklärt werden, ob es sich um einen harmonischen Entwicklungsrückstand handelt, also die *gesamte* Bewegungsentwicklung z.B. zwei Monate hinter dem Kalenderalter zurückliegt, oder ob die Verzögerung verstärkt im Bereich der unteren Extremität liegt, und mit einer Diparese gerechnet werden muß.

Dann nämlich liegt eine Entwicklungsstörung vor, die sich ohne die notwendige Behandlung zu einer Koordinations- und Bewegungsstörung entwickelt, sobald sich das Kind aufrichtet. Den Beinen werden Bewegungsmuster aufgezwungen, die ihnen noch nicht zur Verfügung stehen. So bewegt sich das Kind dann fehlerhaft, da es nur die Bewegungsmuster (Pattern) des ersten Streckstadiums erlernt hat. Die Diparese bleibt in den Beinen neurologisch in der Entwicklungsphase vor dem 4. Lebensmonat stehen.

Im Alter von sechs Monaten versucht das Kind zu rollen, und leitet dies von den Armen aus, weil die Beine nicht in den Bewegungskomplex koordiniert werden können. Die Rotation erfolgt über ein starkes Zurückstrecken des Kopfes. Man nennt diese Drehung „en bloc", weil der Körper dem Kopf und den Schultern in einem „Block" folgt und nicht schraubenförmig, wie es normalerweise der Fall wäre. Meist ist der Block so fest, daß sogar das obere Bein gestreckt bleibt.

Das Robben geschieht durch ein Vorziehen über die Ellbogen ähnlich einem Klimmzug. Die Beine geraten mit jeder Anspannung der Arme in eine tonische Streckhaltung mit starker Adduktion und Spitzfußstellung. So wird das spätere pathologische Muster erlernt und eingeschliffen. Die starke Adduktion der Beine und die sehr dürftige Bewegungsmöglichkeit bringen die Gefahr einer Hüftluxation mit sich, die nach Vojta bei mehr als 1O% der unbehandelten Kinder auftritt.

Mit ca. 12 Monaten ziehen sich die Kinder hoch zum Sitzen, meist mit zurückgezogenem Kopf und dorsaler Kyphose, der ganze Rücken ist gebeugt. Diese Rumpfhaltung bleibt im Sitz oft jahrelang bestehen, die Kinder sitzen nicht auf ihren Sitzbeinhöckern sondern auf dem Kreuzbein. Das Beugemuster im Rumpf wird von den Kindern später dazu benutzt, die Beine in einer Totalbeugung aktiv anzuwinkeln.

Da das diparetische Muster der Beine im Stadium der symmetrischen Streck- und Beugebewegung bleibt, kann die alternierende Kriechbewegung für das Krabbeln nicht erlernt werden. Kinder mit diparetischem Muster versuchen statt dessen die sogenannten „Hasenhüpfer": die Arme machen die alternierenden Schrittbewegungen, beide Beine werden jeweils in einem Zug nachgezogen im Muster des STNR.

Wenn der Drang zur Aufrichtung durch die visuelle Ausrichtung im Raum immer stärker wird, ziehen sich die Kinder an Gegenständen zum Stehen hoch. Die Beine sind dabei adduziert und innenrotiert in Spitzfußstellung, später drückt das Gewicht die Füße in eine Knickfußstellung herunter mit Hauptbelastung auf dem Innenballen des Vorfußes. Die Aufrichtung der Hüfte fehlt, weil der Entwicklungsstand der unteren Extremität ja vor dem Stadium der Hüftaufrichtung liegt.

Kommen die Kinder so zum freien Laufen, müssen sie die mangelnde Hüftaufrichtung durch Zurückziehen der gebeugten Arme und des Kopfes ausgleichen um sich trotz der gebeugten Hüfte in senkrechter Stellung zu halten. Die Beine machen kleine Schritte, weil die alternierenden Beinbewegungen und die abrollenden Fußbewegungen fehlen.

Die Arme können nicht alternierend pendeln, da sie für die Erhaltung der aufrechten Position in der Retraktion gehalten werden müssen. Es fehlt die für die Gangsicherheit nötige Flexibilität und Interrotation zwischen Schulter und Hüfte, die ja normalerweise in der Wirbelsäule geschieht. Insgesamt bleibt die Körpermotorik dürftig und auf wenige Einzelbewegungen beschränkt.

11.2 Die Reflexe im Alter von sechs Monaten

Wie kann die Diparese rechtzeitig erkannt werden?

Bei der genauen Bewegungsanalyse fragen wir uns nicht: „kann das Kind rollen?" sondern: „*wie* rollt das Kind?" Es kommt also mehr auf die qualitative als auf die quantitative Beurteilung der Motorik an. Die Reflexantworten zeigen diese qualitativen Auffälligkeiten der diparetischen Entwicklung im 4.- 6.Monat (zweites Beugestadium) schon sehr deutlich.

Trotz der Tatsache, daß die typische Diparese genauso wenig existiert wie die typische Hemiparese, werde ich die Reflexologie des 6. Lebensmonats beschreiben, um durch das Beispiel Anhaltspunkte für den Befund zu geben. Nicht jede Diparese zeigt alle hier aufgezeigten Symptome und doch sind manche, wie die Streckantwort der Beine bei den Lagereaktionen, eben typisch für dieses Krankheitsbild.

- Bei den tonischen Reflexen fällt der symmetrisch tonische Nackenreflex STNR auf durch die persistierende starke Streckung und Adduktion der Beine bis zum Überkreuzen (Cross).

146

- Die primäre Stehreaktion und der Schreitreflex sind noch lange positiv.
- Die Moro-Reaktion bleibt verlängert bestehen, falls die Arme mitbetroffen sind.
- Die Stellreaktionen bleiben aus oder sind verlangsamt, da die dafür notwendige Körperrotation fehlt.
- Der Abstützversuch kann bei ausschließlicher „Beindiparese" positiv sein, jedoch fallen dann die gestreckten, adduzierten Beine auf.

Die Lagereaktionen zeigen im Alter von 6 Monaten ebenfalls die mangelnde Koordination und Beugeantwort der Beine.

- In der *Traktions-Reaktion* wechseln die Beine zwischen symmetrischer Beugung und Streckung, die Füße sind gegeneinander gestellt.
- Die *Landau-Reaktion* zeigt einen kyphosierten Rücken, die Hüften sind gebeugt, die Beine aber gestreckt mit gegeneinander gestellten Füßen. Bei starkem Hypertonus kann es zum „Pseudolandau" kommen: der Rücken wird überstreckt, ebenso die Hüften und die Beine.
- In der *Axillaren Hängereaktion* strecken sich die Beine, jedoch wieder in Adduktion und mit gegeneinander gestellten Füßen, teilweise in Cross. Es ist dies nicht etwa schon die Streckung des zweiten Streckstadiums, die zum Stand vorbereitet.

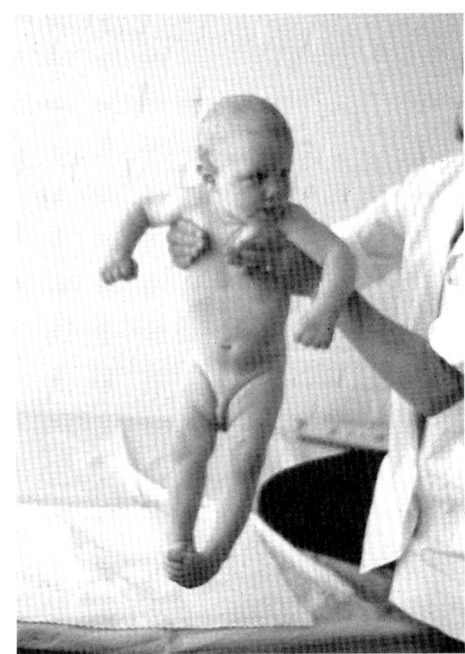

Abb. 46: Die typische Reaktion eines sechs Monate alten Säuglings in der axillaren Hängereaktion

- In der *Seitkipp-Reaktion* bleiben die Beine wieder in Streckung und Adduktion. Ist die Bewegung der Arme auch gestört, kann hier gleichzeitig die Moro-Reaktion ausgelöst werden.
- In der *Horizontalen Hängereaktion* kann die $_{Handstützreaktion}$ altersentsprechend sein. Das freie Bein jedoch bleibt in konstanter Streckung und Adduktion oder wechselt abrupt vom Beuge- ins Streckmuster, ähnlich wie bei der automatischen Schrittbewegung.
- Die *Vertikale Hängereaktion nach Peiper* zeigt normale bis verzögerte Reaktionen der Arme, je nachdem, wie weit die Diparese in die obere Extremität reicht. Es kann jetzt schon zum Streckmuster mit Lordosierung des Rückens und tonisch nach hinten gezogenem Kopf kommen.
- *In der Vertikalen Hängereaktion nach Collis* finden wir eine sehr deutliche und auffallende Reaktion: Das freie Bein fällt nicht locker in die Beugung sondern „steht" in der Luft oder es wechselt zwischen kurzer Beugung und tonischer Streckung.

Ein exakter Befund grenzt den harmonischen Entwicklungsrückstand schon im 2. Beugestadium, also im Alter von vier bis sechs Monaten, deutlich von der diparetischen Entwicklung ab. *Im günstigen Fall beginnt die Therapie also vor der pathologischen Aufrichtung; mit einer dann sehr guten Prognose.* Physiologische Muster werden angebahnt und eingeschliffen. Sie werden mit Rotationen und vielen verschiedenen motorischen Abläufen verknüpft und können so vom Kind in die aktiven Bewegungsformen übernommen werden.

Beginnt die Therapie, was leider noch vorkommt, erst mit 9 – 12 Monaten, kann noch eine Verschlechterung des Befundes verhindert werden. Durch die Aufrichtungstendenz des Kindes wird das Bild der Diparese ohne Therapie leider auch progredient. Diese harte Wahrheit müssen wir akzeptieren, wenn wir uns klarmachen, daß wir mit einer Stunde intensiver täglicher Therapie kaum tausende von „falschen" Bewegungsabläufen ausgleichen können, in die das Kind während des ganzen Tages immer wieder verfällt.

11.3 Die fixierte Diparese

Die Haltung und das Gangbild einer fixierten Diparese entsprechen dem bereits bei der Entwicklung der Störung beschriebenen Bild. Hier muß aber erwähnt werden, daß nicht alle Kinder mit Diparese das freie Laufen erlernen können, da die Hypertonie sie in manchen Fällen zu stark in die Hüftbeugung, Beinadduktion und Innenrotation zieht. Dies ist besonders der Fall, wenn erschwerend zu dem Scherenphänomen der Beine eine Hüftluxation hinzukommt. Bei einer frühen und kontinuierlichen Förderung sollte das jedoch zu vermeiden sein.

Tabellarische Übersicht der physiologischen und der diparetischen Reflexantworten vom 6. Monat

Reflex	Physiologische Entwicklung	Diparetische Entwicklung
ATNR/STNR	Erloschen	Überschießende Streckreaktion der Beine bis zum Überkreuzen
Moro-Reaktion	Abgeschwächt, leichte Handöffnung	Persistiert, wenn die Arme mitbetroffen sind.
Schreitreflex	Erloschen	Persistiert
Stehreaktion I	Erloschen	Persistiert
Stehreaktion II	Positiv, Hüftaufrichtung beginnt	Negativ
Fußgreifreflex	Positiv	Negativ
Stellreaktionen	Positiv, Kopf-Rumpf-Haltung sicher, Interrotation, Ausrichtung im Raum	Negativ, fehlende Rumpf-Interrotation, keine Gleichgewichtsreaktion der Beine
Abstützreaktion	Sicher auf gestreckten Armen	Nach Grad der Störung normal bis negativ
Traktions-Reaktion	Kopf zum sternum, Beine gebeugt, Arme gestreckt	Beine in Streckung und Adduktion, evt. Cross
Landau-Reaktion	Nacken-Rumpf-Streckung, Beine in Beugung	Pseudolandau, Überstreckung von Rücken und Beinen
Axillare Hängereaktion	Kopf-Rumpf-Haltung stabil, Beine in Beugung	Streckung mit Adduktion der Beine, evt. Cross
Seitkipp-Reaktion	Rumpf gestreckt, Arme und Beine in Beugung	Steife Streckung der Beine oder Wechsel von symmetrischer Beugung/ Streckung
Horizontale Hängelage	Beinbeugung, untere Hand beginnt zu stützen	Bein gestreckt in Adduktion, Arm evt. ohne Stützantwort
Vertikale Hängereaktion Peiper/Isbert	Rumpfstreckung bis in die BWS, Arme 145 Grad gestreckt	Rumpfstreckung verzögert oder fehlend
Vertikale Hängereaktion Collis	Lockere Beugung des freien Beines	Verzögerte oder fehlende Beinbeugung

Ohne Therapie bleiben die Ausfälle der Diparese bestehen, ja sie werden sich sogar vergrößern. Die Hüftbeugung mit der Innenrotation und Adduktion kann kontrakt werden, so daß die Muskulatur sich verkürzt. Die muskuläre Einschränkung besteht, wenn das Kind viel sitzt, und das ist ja mit dem Schulbeginn nicht mehr zu vermeiden. Das aufrechte Stehen und Gehen wird mit der Zeit immer beschwerlicher und daher nach Möglichkeit vermieden. Es kann vorkommen, daß Kinder, die schon gelaufen haben, später wieder auf den Rollstuhl angewiesen sind, insbesondere wenn nach dem Erreichen des freien Gehens die Therapie abgebrochen wird.

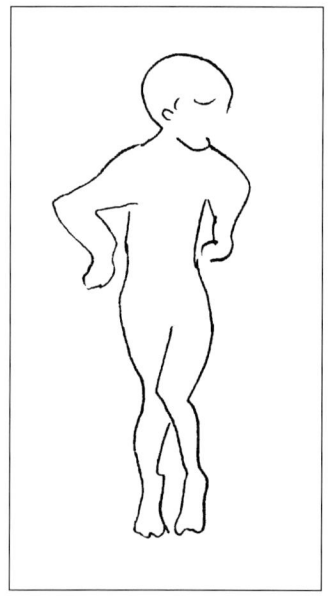

Abb. 47: Bild einer fixierten Diparese mit Beugemuster der Arme bei retrahierten Ellbogen und Streckung der Beine im Muster des ersten Streckstadiums

Dieser „Rückschritt" kann aber vermieden werden, wenn alle Fuß- und Beingelenke, die Hüften und die Wirbelsäule flexibel gehalten werden, und das Stehen auf dem Fuß unter Belastung der ganzen Sohle – und dadurch mit dem durch den ganzen Körper reichenden Druck – erarbeitet und erhalten wird.

Der aus der Eutonie bekannte Begriff des „Transports" bezeichnet genau dieses physikalische Phänomen: Druck in eine Richtung bewirkt Bewegung oder Druck in die entgegengesetzte Richtung. Wenn das Kind die Füße fest gegen den Boden drückt, kann sich sein ganzer Körper besser aufrichten, er wird „leichter". Uns selbst wird dies auch in der Sitzposition deutlich. Wenn wir die Füße gegen den Boden stemmen, richtet sich die

Wirbelsäule auf, und wir sitzen „gerade". Diesen Transport machen wir uns zunutze, um Aufrichtung zu ermöglichen oder zu erleichtern.

Die Handmotorik ist durch die retrahierte Armstellung innenrotiert, die Handstellung in der Graphomotorik häufig palmar gehalten. Möglicherweise tritt ein Störung der Handdominanz auf, mit den bei der Hemiparese beschriebenen Folgen, wenn die Arme mitbetroffen sind, und beim Rechtshänder die rechte Seite stärker befallen ist. Von Ärzten und Therapeuten werden die handmotorischen Störungen oft nicht genügend beachtet, weil sie neben den gravierenden Ausfällen der Beine vergleichsweise weniger ins Auge fallen. Da das Kind mit einer Diparese seine Fähigkeiten wenig in Körperbewegungen ausleben kann, müssen wir gerade der Therapie der Handmotorik eine ganz besondere Bedeutung beimessen.

Dasselbe gilt für die Mundmotorik, die in seltenen Fällen mitbetroffen sein kann. Wir sehen dann mimische und motorische Störungen wie bei der Tetraparese; sie sind, ebenso wie die therapeutischen Aspekte, dort beschrieben.

Das Körperbewußtsein ist bei Kindern mit Diparese partiell eingeschränkt. Die Eltern klagen schon sehr früh darüber, daß ihr Kind immer kalte Füße hat und versuchen, diesen Mangel durch dicke Socken zu beheben. Die Kälte kommt jedoch nicht von außen sondern ist durch Inaktivität verursacht. Durch die mangelnde Bewegung und Wahrnehmung in den unteren Extremitäten sind Beine und Füße nicht bewußt. Sie werden immer inaktiver, weil sie nicht bewußt sind; ein fataler Kreislauf, den es durch die Therapie zu unterbrechen gilt.

11.4. Therapieansatz und Chancen

Zunächst zur Prognose: Bei frühem Therapiebeginn zwischen dem 4. und 6. Monat ist eine Behandlung der Bewegungsstörung vor ihrem sichtbaren Auftreten meist sehr erfolgreich. Die Kinder erlernen je nach Befund zeitgemäß oder mit Verzögerung die statomotorischen Aufrichtungsphasen und können in der Folgezeit unauffällig werden. Prognostisch wichtig ist hier die Aussage von Dr. Vojta: „Wenn die Kinder das alternierende Krabbeln erlernen, werden sie den bipedalen Gang erreichen." Das alternierende Krabbeln ist als ein Laufen in der Waagerechten ein Meilenstein in der Therapie.

Therapieansatz

Auch wenn Therapie nicht vorgeschrieben werden kann, sollen einige Richtlinien, die für die Förderung von Kindern mit diparetischer Entwicklung wichtig sind, aufgezeigt werden:

- Beginn unbedingt *vor* der Aufrichtung
- Interrotation Schulter – Hüfte, um die Drehung „en bloc" zu erweitern durch die schraubenförmige Drehung.
- Alternierende Bewegung der Beine bahnen in Abduktion und Außenrotation zur Verhinderung der Dysplasie oder der Luxation der Hüfte.
- Mobilisation und Stabilisation von Rumpf und Hüften zur Aufrichtung und gegen die Kyphose. Auch wenn es vielleicht paradox klingt, so gilt doch: ein Rumpf kann nur stabil sein, wenn er beweglich ist.
- Taktile und tiefensensible Wahrnehmungsschulung von Füßen und Beinen mit Betonung des Gelenkdrucks. Ein Säugling von 6-7 Monaten schafft ihn sich selbst indem er in Rückenlage seine Fersen aufstellt und „hoppst", d.h. das Becken von den Fersen aus hochdrückt, wieder bewirkt Druck nach unten Bewegung nach oben!
- Wenn sich das Kind aus eigenem Willen aufrichtet, wird dies nicht verhindert, sondern wir zeigen dem Kind Möglichkeiten, sich ohne symmetrisches Streckmuster aufzurichten.
- *Keine Aufrichtung üben oder trainieren!* Wir würden uns damit unfreiwillig unter Zeitdruck und nur zu leicht in den Bereich der Pathologie begeben. Schaffen wir dem Kind besser die Voraussetzungen für eine physiologische Aufrichtung.

12. Tetraparese

12.1 Die tetraparetische Bewegungsstörung

Die Tetraparese ist die Folge einer globalen Schädigung von weiten Teilen der sensomotorischen Hirnrinde. Erinnern wir uns an die Größenverteilung der kortikalen Areale, verstehen wir, daß die Sensomotorik des gesamten Körpers, besonders auch im Bereich der Kopf-Rumpf-Aufrichtung gestört ist.

Die Ursachen können vielfältig sein und wieder können wir sie an Hand der Anamnese nur vermuten. Wir finden Tetraparesen zum Beispiel bei Frühgeburten mit Anpassungsstörungen und einem dadurch bedingten längerem Atemstillstand in den ersten Lebenstagen oder -stunden.

Leider können bei diesen schweren Hirnschädigungen andere, auch subkortikale Funktionszentren mit beteiligt sein, so daß zusätzliche Behinderungen der Sprache, der Sinneswahrnehmung und auch Mischformen der zentralen Koordinationsstörung zu erwarten sind, wie z.B. die Kombination der Tetraparese mit der Athetose.

Die Tetraparese ist häufig mit einer Epilepsie verbunden. Hier sind besonders die BNS-Krämpfe gefürchtet, die im Alter von vier bis sieben Monaten beginnen und die intellektuelle Entwicklung erheblich beeinträchtigen, wenn sie nicht schnell erkannt und medikamentös unterbunden werden. Wir müssen aber feststellen, daß es leider immer wieder therapieresistente Epilepsien gibt. Wenn die Krämpfe nicht durch Medikamente beeinflußbar sind, ist die Prognose natürlich zusätzlich beeinträchtigt.

12.2 Die Tetraplegie als schwerste Form der tetraparetischen Entwicklung

Diese Kinder sind bereits in der Neugeborenenphase auffällig durch das Fehlen der primären Nahrungsaufnahmereflexe, dem Hinwendereflex, dem Mundöffnungsreflex, dem Saugreflex und der Schluckreaktion. Solange der fehlende Saugreflex das Trinken unmöglich macht, ist eine Sondenernährung manchmal unumgänglich.

Bei den schweren Tetraplegien fallen schon in den ersten Lebenswochen der Strecktonus der Beine, der Beugetonus der Arme und die konstant opisthotone Kopfhaltung auf. Die Spontanbeweglichkeit wird schon jetzt durch die bleierne Hypertonie verhindert. Sie läßt auch später nur einige langsame Bewegungen im Muster der tonischen Nackenreflexe zu.

Wenn bei diesem schweren Bild zusätzlich Hirnmißbildungen vorliegen, kommt es häufig zu den oben beschriebenen therapieresistenten epileptischen Anfällen.

12.3 Die Entwicklung der mittelschweren Tetraparese

Auch hierbei weicht bereits mit drei Monaten der Befund von der Normalentwicklung ab. Aus der Bauchlage kann der Kopf nicht gehoben werden. Die Kopfhaltung bleibt asymmetrisch, die Arme sind zurückgezogen und an den Körper gepreßt, die Beine und Hüfte sind in Beugehaltung. Die Aufrichtung bleibt auf dem Stand eines Neugeborenen, also im ersten Beugestadium stehen. Da im 3. bis 4. Monat der Ellbogenstütz mit der gesicherten Kopfhaltung fehlt, wird die Tetraparese jetzt offensichtlich.

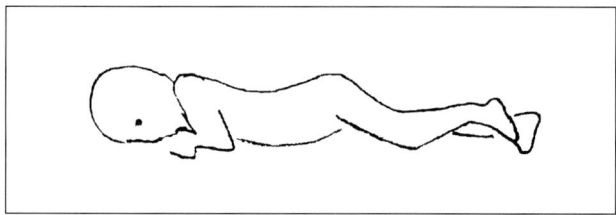

Abb. 48: Bild einer fixierten Tetraparese in Bauchlage ohne Aufrichtungstendenz

In den Schablonen des ersten Beugestadiums – andere Muster stehen dem Kind nicht zur Verfügung – versucht es nun, sich zu bewegen und aufzurichten. *Je größer der Bewegungsdrang und die Initiative, desto früher fixiert sich das pathologische Muster.*

Der Versuch der Aufrichtung aus der Bauchlage gelingt nur in der Schablone des Opisthotonus, also mit der Überspannung der geraden Rückenstrecker. Die Rückenlage wird beherrscht von den tonischen Nackenreflexen, wobei besonders der asymmetrische Nackenreflex den Kopf in eine dauerhafte opisthotone Drehung zwingt, insbesondere wenn die Hypertonie einseitig stärker ausgeprägt ist. Der Kopf dreht sich dann von der „schlechteren" Seite weg in eine fixierte ATNR-Haltung. Die Folge sind eine skoliotische Haltung der Wirbelsäule, eine Kopf- und Gesichtsasymmetrie, und die Gefahr einer Hüftluxation auf der Hinterhauptseite.

Wird das Kind passiv in eine Sitzposition aufgerichtet, wie es im Alter von 12 Monaten ja gemacht wird, kann es den Kopf nicht aktiv halten. Bei jedem Außenreiz wirft die starke Moro-Reaktion den ganzen Körper nach hinten über. Diese Moro-Reaktion kann noch jahrelang die freie Sitzpositi-

154

on und Rumpfkontrolle und damit jede weitere Aufrichtung unmöglich machen.

Eine Fortbewegung ist mit 12 Monaten noch nicht möglich. Der Versuch zu Rollen endet in einer ATNR-Haltung. Die für die weitere Drehung nötige Beugung des Kopfes oder der Hüfte kann nicht aktiviert werden. Typisch für die Hypertonie der Muskulatur ist, daß alle Diagonalbewegungen und Drehungen erschwert sind. Das gilt für die großen Körperbewegungen genauso wie für die des Kopfes.

12.4 Die typischen Reflexantworten im Alter von 6 Monaten

In diesem Alter, im zweiten Beugestadium hat sich die „Schere" zwischen dem Kalenderalter und dem Entwicklungsalter schon weit geöffnet. Das heißt, es besteht jetzt bereits eine Entwicklungsdifferenz von mehreren Monaten.

- Die tonischen Reflexe sind alle vorherrschend.
- Die primäre Stehreaktion und der gekreuzte Streckreflex sind noch positiv.
- Die Handgreifreflexe, die beim tetraparetischen Säugling in der Neugeborenenphase fehlen, bleiben jetzt positiv und sind noch bis in den Vierfüßlerstand an den gefausteten Händen zu sehen.
- Die Fußgreifreflexe, die ja jetzt ausgeprägt sein sollten, um das Abfedern des Fußes beim späteren Gehen vorzubereiten, fehlen oft völlig oder sind abgeschwächt.
- Die primären Mundreflexe sind noch vorhanden, der Saugreflex drückt den Zungenrücken gegen den Gaumen und verhindert dadurch die seitliche Kieferbewegung, die für das Kauen notwendige Voraussetzung.
- Die Stellreaktionen können sich nicht entfalten, da die Kopfkontrolle und die Rumpfrotationen fehlen.
- Beim Abstützversuch bleiben die Arme unter dem Körper, mit gefausteten Händen. Das Kind würde ungeschützt auf das Gesicht fallen, wenn es nicht gehalten wäre.
- Die Lagereaktionen zeigen insgesamt die Antworten des ersten Beugestadiums. Alle Lagereaktionen sind durch folgende Faktoren gezeichnet:
  - mangelnde Kopf- und Rumpfkontrolle
  - starke Moro-Reaktion
  - Beugetonus der Arme
  - Strecktonus der Beine.

Tabellarische Übersicht der physiologischen und der tetraparetischen Reflexantworten bei einem Kind von sechs Monaten

Reflex	Physiologische Entwicklung	Tetraparetische Entwicklung
TLR	Erloschen	Persistiert, keine physiologische Kopfaufrichtung in Bauchlage
ATNR	Erloschen	Persistiert, verhindert die Augen-Hand-Koordination
STNR	Erloschen	Übersteigert, verhindert Handstütz aus Bauchlage
Moro-Reaktion	Abgeschwächt, leichte Handöffnung	Persistiert, große Ängstlichkeit, keine sichere Kopfhaltung.
Schreitreflex Stehreaktion I	Erloschen	Persistiert mit Streckung und Cross
Stehreaktion II	Positiv, Hüftaufrichtung beginnt	Negativ, keine Kopf-Rumpf-Kontrolle
Handgreifreflex	Erloschen	Persistiert, kein aktives Greifen
Fußgreifreflex	Positiv	Negativ
Stellreaktionen	Positiv, Kopf-Rumpf-Haltung sicher, Interrotation, Ausrichtung im Raum	Negativ, fehlende Kopf-Rumpf-Kontrolle, keine Gleichgewichtsreaktion
Abstützreaktion	Sicher auf gestreckten Armen	Negativ
Hinwendereflex	Erloschen, aktives Hinwenden	Persistiert, verlangsamt wegen der Hypertonie
Saugreflex	Erloschen, aktives Saugen und Lutschen	Persistiert, Zunge drückt gegen den Gaumen
Schluckreaktion	Positiv	Verlangsamt oder negativ
Würgereaktion	Positiv nur auf dem hinteren Zungendrittel	Persistiert, verhindert Nahrungsaufnahme
Kaureaktion	Positiv	Negativ, tonische Mundöffnung
Traktions-Reaktion	Kopf zum sternum, Beine gebeugt, Arme gestreckt	Keine aktive Kopfhaltung, Beine in Streckung und Adduktion, Arme in Beugetonus
Landau-Reaktion	Nacken-Rumpf-Streckung, Beine in Beugung	Keine Streckreaktion des Rumpfes

156

Reflex	Physiologische Entwicklung	Tetraparetische Entwicklung
Axillare Hängereaktion	Kopf-Rumpf-Haltung stabil, Beine in Beugung	Keine Kopf-Rumpf-Haltung, Beine in Streckung mit Adduktion, Arme in Beugetonus
Seitkipp-Reaktion	Rumpf gestreckt, Arme und Beine in Beugung	Keine Rumpfkontrolle. Steife Streckung der Beine, evt starke Moro-Reaktion
Horizontale Hängelage	Beinbeugung, untere Hand beginnt zu stützen	Strecktonus der Beine, Beugetonus der Arme mit Faust
Vertikale Hängereaktion Peiper/Isbert	Rumpfstreckung bis in die BWS, Arme 145 Grad gestreckt	Keine Rumpfstreckung , je nach Hypertonie evt. starke Moro-Reaktion
Vertikale Hängereaktion Collis	Lockere Beugung des freien Beines	Fehlende Beinbeugung, evt. Moro-Reaktion

12.5 Die fixierte Tetraparese

Das Bild der Tetraparese fixiert sich sehr früh, die Möglichkeit zur Bewegung, und sei es auch nur über pathologische Schablonen, bleibt sehr gering. Bleibt die Kopf-Rumpf-Kontrolle aber aus, ist auch die freie Aufrichtung unerreichbar. In diesem Fall muß eine gesicherte Sitzposition erarbeitet werden, aus der heraus freie Kopf- und Armbewegungen und damit doch eine Handlungskompetenz möglich wird.

Jede phasische Bewegung kann koordiniert nur dann erfolgen, wenn zuerst die Ausgangsstellung gesichert ist.

Solange ein Kind sich nur mühsam im Sitz halten kann, wird seine Handmotorik gestört sein. Durch den vorherrschenden Beugetonus der Arme, durch die geduckte Haltung, die wir alle bei Unsicherheit oder Angst einnehmen und die Gefahr der symmetrischen Beinstreckung, die jedes Sitzen unmöglich macht, können Arme und Hände nicht frei agieren.

Die Handmotorik ist also stark geprägt durch den Beugetonus der Arme, die Ellbogen sind zurückgezogen, die Hände können nur mühsam vor den Körper gestreckt werden. Dadurch hantieren die Kinder dicht vor dem Brustkorb und können ihre Handlungen schlecht oder gar nicht mit den Augen verfolgen. Sie schauen nicht auf ihre Hände sondern nur auf das Spielzeug. Dadurch fehlt ihren „Handlungen" das wichtige Feedback, das die Koordination verbessert. Es fehlt die von Piaget beschriebene intermodale Wahrnehmung über mehrere Einangskanäle, die Voraussetzung für verknüpftes Lernen ist.

Obwohl der Greifreflex irgendwann um das erste Lebensjahr herum nicht mehr vorherrschend ist, wird der Ganze-Hand-Griff nicht erreicht. Statt dessen probiert das Kind über eine „Pfötchenstellung" – die Hand ist im Handgelenk nach unten und außen gebeugt – eine Art Pinzettengriff, um greifen zu können. Der Fingergriff wird also ohne die radiale Handstellung versucht. Die Hand beteiligt sich nicht an dem Griff, er bleibt kraftlos, ein festes „Zupacken" mit tiefensensibler Erfahrung in der Hand ist nicht möglich. Das Begreifen durch die Erfahrung des Greifens bleibt eingeschränkt.

Die Mundmotorik ist ebenso wie die Handmotorik durch die mangelnde Kopf-Schulter-Rumpf-Haltung beeinträchtigt. Die nach hinten gezogene, opisthotone Kopfhaltung und die hohe Spannung der Gesichtsmuskulatur bewirken eine mimische Inaktivität, und häufig eine tonische Mundöffnung. Der Unterkiefer wird nach unten gezogen und der Mundschluß gelingt nur mit erheblicher Anstrengung. Da auch das Schlucken erschwert ist, kommt es zur Salivation, der Speichel fließt ständig ab.

Die Nahrungsaufnahme ist zum einen durch das verlangsamte Schlucken erschwert, zum anderen ist aber auch das Kauen beeinträchtigt, da die seitliche Kieferverschiebung als Voraussetzung für das Kauen spontan nicht möglich ist. Es fehlt auch die seitliche Zungenbewegung, die normalerweise das Essen im Mund bewegt. Statt dessen muß das Essen mit der Zunge am Gaumen zerdrückt werden, wozu der primäre Saugreflex benutzt wird, oder das Kauen erfolgt mit dem symmetrischen Beißreflex. Das Essen kann dabei nicht seitlich im Mund bewegt werden, es wird nur mangelhaft zerkleinert. Die Nahrung muß teilweise unzerkaut heruntergewürgt werden.

Die Sprachentwicklung ist erheblich behindert:

· der fehlende Mundschluß erschwert alle Lippenlaute
· die unbewegliche Zunge beeinträchtigt die gesamte Vokalisation
· durch die zurückgezogene Kopfhaltung ist der für die Sprache erforderliche Atemfluß unterbrochen
· Mimik und Gestik sind verarmt und können die verbale Kommunikation nicht unterstützen.

12.6 Die eingeschränkte Wahrnehmungserfahrung

Die Wahrnehmung erfahren wir durch Bewegung. Sie bleibt beim Kind mit Tetraparese unbehandelt genau wie die Motorik sehr gering differenziert.

- Wegen der verarmten Spontanbewegung fehlt es an ausreichender vestibulärer Stimulation schon von der Säuglingszeit an. Eine immer stärker werdende Angst vor dem Bewegtwerden ist die Folge. Die Raumwahrnehmung und Orientierung bleibt spärlich.
- Das Körperbewußtsein und Körpergefühl, die propriozeptive Wahrnehmung der Körperbewegungen beschränkt sich weitgehend auf den Bereich von Kopf und Händen. Der Rest des Körpers liegt „im Dunkeln" und wird dementsprechend immer weniger benutzt.
- Die Formwahrnehmung über Hände und Mund wird nicht erprobt und erfahren, da weder die Hand noch der Mund genügend spüren können.
- Auch die Oberflächensensibilität, die uns Erfahrungen wie kalt, warm, rauh und glatt geben soll, beschränkt sich auf das Wenige, das dem Kind von außen, also von Eltern und Therapeuten herangebracht wird.

Für das Lernen des Kindes ist aber wichtig, Gegenstände mit den Händen, mit dem Mund, mit allen Sinnesorganen zu erforschen:

wie ist die Form?
wie fühlt sich die Oberfläche an?
wie klingt es?
wie sieht es aus?
wie riecht es?
wie schmeckt es?

Wenn sich das Erfahren reduziert auf die Fernsinne wie das Hören und Sehen, wie es bei Kindern mit Tetraparese oft der Fall ist, muß nach diesen spärlichen Informationen der Rest dem Glauben überlassen bleiben. Vom wirklichen Erforschen und Erkennen, vom Begreifen durch Greifen bleibt dies weit entfernt.

12.7 Der eingeengte Aktionsradius in der Entwicklung

Aus Wahrnehmungen lernen wir. „Erfahrungen" prägen die Persönlichkeit ganz entscheidend. So finden wir bei Kindern mit Tetraparese auch bei normaler intellektueller Grundbegabung einige typische stigmatisierenden Merkmale, die eng mit der gestörten Wahrnehmungsentwicklung zusammenhängen.

Ohne Förderung und Stimulierung fehlt die Wendigkeit nicht nur in den Bewegungen, sondern auch die Flexibilität in Denkprozessen. Das Kind besteht auf Handlungsabläufen, die immer gleich sein müssen. „Das haben wir aber immer so gemacht" ist ein häufiger Einwand und es wird wenig Bereitschaft oder gar Freude gezeigt, Bekanntes zu ändern oder zu variieren. Das Kind liebt sichere Wiederholungen, zeigt ein persistierendes Spielverhalten und wirkt dadurch leicht stur und starrköpfig. Es verschließt sich dadurch neuen Erfahrungen und scheint wenig wißbegierig und neugierig.

Kinder mit Tetraparese verblüffen ihre Umgebung aber oft durch ihr phänomenal gutes Gedächtnis für Gehörtes oder Gesehenes „für das Kleid, das die Oma zu Weihnachten anhatte". Es handelt sich dabei meist um Einzeleindrücke, die aus Mangel an Handlungskompetenz nicht oder nur wenig verknüpft werden. Aus dem Erfahrenen werden wenig Schlüsse gezogen, da die Wahrnehmung ausschließlich über die Fernsinne geschieht. Das Lernen bleibt dabei gering.

Wenn sich das tetraparetische Kind mit einer starken Hypertonie bewegen will, erhöht sich seine Muskelspannung noch mehr. Je größer der Wille und Antrieb zu einer Aktion wird, desto schwerer werden alle Bewegungen. Es entsteht eine Diskrepanz zwischen der Anstrengung und dem gewünschten Effekt, die schon bald zur Resignation führt. Der Weg zum Ziel ist zu mühsam. So wird auch das aktivste Kind ohne Therapie mit der Zeit scheinbar antriebsarm.

In Testergebnissen fällt auf, daß die verbale Intelligenzleistung meist deutlich höher ausfällt als der „Handlungs-IQ". Das Kind tut zwar, was wir ihm sagen, zeigt aber wenig Eigeninitiative, zu experimentieren und sich selbst zu überzeugen. Es ist ja auch gewöhnt, uns zu glauben anstatt selbst zu probieren.

12.8 Therapieansatz und Chancen

Gerade bei der Förderung eines Kindes mit Tetraparese ist es wichtig, einen realistischen Therapieplan aufzustellen und ein erreichbares Ziel ins Auge zu fassen. Übereifrige TherapeutInnen, die immer nur das große Ziel des freien Laufens vor sich haben, vergessen darüber die vielen anderen wichtigen Lernschritte, die die Entfaltung der Persönlichkeit ermöglichen. Sie vermitteln ihr „Ziel" den Eltern, die dann genauso resignieren wie das Kind, wenn sie realisieren müssen, daß das Ziel vielleicht nicht erreicht werden kann. Denn nicht jedes Kind kann laufen lernen. Therapeuten neigen dann dazu, die Förderung ganz einzustellen und aufzugeben, „weil ja alles nichts hilft" und lassen hilflose Eltern zurück.

Bei dem komplexen Bild der Tetraparese müssen wir uns in unserem Förderplan erreichbare „Etappenziele" setzen. Wenn wir bewußt in kleinen Entwicklungsschritten denken, werden wir die kleinen Ziele erreichen und durch den Erfolg ermutigt werden, uns zu neuen Zielen aufzumachen. Ich spreche von „wir" und meine das Kind, die Eltern und uns TherapeutInnen. Wir sitzen in einem Boot.

Für die Therapieschritte sind einige wichtige Punkte zu bedenken:

- Die Sensorik ist Voraussetzung für die Bewegung, also beginnen wir mit der sensorischen Stimulation besonders der Nahsinne.
- Wir geben vestibuläre Stimulationen unterhalb der Reizschwelle, damit wir die Bewegungsfreude wecken und nicht Schreckreaktion und Angst auslösen. Die vestibuläre Stimulation fördert Flexibilität und Wendigkeit nicht nur der Bewegungen sondern auch der Denkprozesse.
- Tiefensensible Wahrnehmung über leichten Druck über den ganzen Körper, an Füßen und Händen läßt das Kind Bekanntschaft machen mit seinem Körper.
- Die Handsensorik bahnt die Greifreflexe, die oft sehr verzögert sind. Greifreflexe müssen erst gründlich ausgelebt werden bevor sie von bewußter Handmotorik abgelöst werden.
- Genauso müssen zunächst die primären Mundreflexe angebahnt werden, wir dürfen also nicht zu früh an deren Abbau denken.
- Durch eine gesicherte Ausgangsstellung, oft zunächst die Bauchlage oder die „intrauterine" Gesamtbeugung entlasten wir das Kind und schaffen die Basis für eine Bewegungsmöglichkeit und eine Bewegungsfreude.
- Die Bewegungserfahrung und ihre Wahrnehmung vermitteln wir durch weiches passives Bewegen besonders in den Rotationen.
- Diese Rotationsbewegungen aus sicherer Ausgangsstellung senken den Tonus insbesondere der geraden Rückenstrecker und geben dem Rumpf so Beweglichkeit und Flexibilität.
- Die Kopf-Rumpf-Kontrolle und der Ellbogenstütz werden stabilisiert, erst später die Hüftaufrichtung, da wir die cranio-caudale Entwicklung nicht überspringen dürfen.
- Die Aufrichtung wird nicht provoziert, aber wir unterstützen, wenn das Kind sich aufrichten will und fördern seine Initiative, selbst etwas zu tun und zu schaffen.
- Die Gelenkbeweglichkeit wird erarbeitet und erhalten durch passives, langsames Bewegen im leichten Bereich. Keine Dehnungen gegen die Spastik, sie würde die Gammamotoneuronenaktivität und damit die Spannung erhöhen.
- Wir bahnen die Sensorik und dadurch das Greifen mit den ganzen gebeugten Händen an, wir provozieren keine Fingerstreckung, sie würde die Hand eher unsensibel machen und damit inaktiv.
- Bei dem durch die Abducensparese bedingten Innenschielen stimulieren wir die Augenbewegungen zur Kopf- und Blickwendung hin.
- Die Mundtherapie mit der seitlichen Kopf- und Kieferbewegung ermöglicht die Kaureaktion, wodurch der Saugreflex abgelöst wird. Die Zunge

klebt nicht mehr am Gaumen, kann sich frei im Mund bewegen und ist damit bereit zu sprechen.

- Bei der Sitzposition wie bei allen Ausgangsstellungen achten wir besonders auf die großen Rumpfgelenke. Sind die Hüften und Schultern gesichert, kann im Sitzen schon ein erster Fußstütz erfahren werden.
- Bei allen therapeutischen Bemühungen steht nicht im Vordergrund, den Befund zu normalisieren, sondern es ist wichtig, im Auge zu behalten:
  - Wie kann ich dem Kind eine sichere Ausgangsposition geben?
  - wie kann das Kind Spaß am Spüren und Bewegen erfahren?
  - was hilft dem Kind, seine Handlungskompetenz zu erweitern?

Die Prognose richtet sich in erster Linie nach dem Schweregrad der Hirnschädigung, sie ist aber auch abhängig von zusätzlichen Behinderungen wie Krampfanfällen oder sekundär orthopädischen Behinderungen wie Skoliose und Hüftluxation.

Einige Kinder mit Tetraparese erlernen das freie Laufen, viele jedoch nicht. Aber auch wenn das Laufen und die damit gewonnene Selbständigkeit nicht erreicht wird, soll doch durch unsere Therapie eine maximale Entfaltungsmöglichkeit gegeben werden.

Zum Abschluß dieses Kapitels erzähle ich Ihnen eine kleine aber „bewegende" Begebenheit:

Eines Tages wurde ich bei der Arbeit von lautem Geschrei auf der Straße aufgeschreckt. Ein Praktikant fuhr mit Corinna, einem sechsjährigen Mädchen mit schwerer Tetraparese vor sich, auf seinem Motorrad die Straße auf und ab. Es ist eine ruhige Sackgasse, aber immerhin –. Nach meinem ersten Schreck konnte ich hören, daß Corinna überhaupt nicht ängstlich, sondern vor Vergnügen so laut schrie. Sie, die sonst fast nur flüstern konnte, weil ihr jede Bewegung, auch die Atmung und die Sprache schwerfiel! Ich habe mir das Spektakel eine Weile heimlich angesehen, offiziell mußte ich ja nicht nur eines sondern beide Augen zudrücken, um so etwas „Riskantes" nicht zu verbieten. Die Motorradfahrt ging geradeaus, in Kurven und Kreisen, mal ganz langsam, mal schneller, mit Anfahren und Bremsen.

Später erzählte mir ein atemloses aber glückliches Mädchen: „ ich war so schnell, daß ich den Wind im Gesicht gespürt habe." Welch ein Erlebnis, wenn man sich doch selbst fast nicht bewegen kann!

13. Monoparese

13.1 Die Monoparese – gibt es sie wirklich?

Mit der Monoparese wird eine Hypertonie einer einzelnen Extremität, also eines Armes oder eines Beines bezeichnet. Sie ist als letzte der hypertonen Erkrankungen erwähnt, weil sie äußerst selten ist, weil die Auswirkungen wie bei jeder hypertonen Störung sind, und weil Fachleute sich nicht einmal einig sind, ob es die Monoparese als zentrale Koordinationsstörung überhaupt gibt. Auch ich habe sie in der Praxis noch nicht gesehen. Aber ich habe gesehen, daß sich hinter der Diagnose einer Monoparese oft eine ganz andere Störung versteckt:

Die *Monoparese der oberen Extremität*, also eines Armes, ist meistens eine versteckte leichte Hemiparese, bei der ja der Arm stärker betroffen ist als das Bein. Die vergleichsweise leichten Auffälligkeiten im Bein sind daher nicht aufgefallen in der Untersuchung. Bei dem Befund ist daher auf die Feinzeichen einer Hemiparese zu achten:

- Ist die Kopfhaltung einseitig?
- Ist die Mund- und Zungenmotorik asymmetrisch?
- Besteht eine Differenz zwischen der Dominanz und der Präferenz der Hand?
- Fällt eine Beinlängendifferenz auf?
- Ergeben sich Hinweise aus der Anamnese? z.B. eine Abspreizhemmung der gleichseitigen Hüfte oder der Verdacht auf eine Dysplasie?

Bei der *Monoparese der unteren Extremität* handelt es sich in den meisten Fällen um eine versteckte Diparese mit starker Verschiebung zu einer Seite hin. Das „bessere" Bein wird für gesund gehalten, weil es eben im Vergleich so viel geschickter ist und dadurch alle Funktionen, der Gangbelastung, des Standbeins und des Sprungbeins übernimmt und entsprechend besser trainiert ist. Assoziierte Reaktionen in dem vermeintlich gesunden Bein können einen Hinweis geben auf die diskrete diparetische Störung, ebenso die starke Tonuserhöhung bei Erregung, und die gesteigerten Eigenreflexe.

In diesem Fall sollte nicht nur einseitig sondern beidseitig trainiert werden.

Die Therapieansätze der scheinbaren Monoparese sind also identisch mit denen der Hemiparese und der Diparese.

14. Athetose

14.1 Die athetoide Entwicklung

Ursache ist meist eine Schädigung der dosierenden und integrierenden extrapyramidalen Kerngebiete. Sie kann durch eine Anhäufung des Gelbfarbstoffs Bilirubin in Kombination mit Sauerstoffmangel geschehen. Für diese Hyperbilirubinaemie ist die Blutunverträglichkeit verantwortlich, von der die Rhesus- Unverträglichkeit die wohl bekannteste ist. Es liegt also keine kortikale Schädigung vor wie bei den vorher beschriebenen Hypertonie-Formen.

Die Bezeichnung „Athetose" kommt aus dem Griechischen und heißt übersetzt: ohne feste Stellung, und damit ist das Bild sehr treffend beschrieben. Das Hauptmerkmal ist die mangelnde Steuerung der sensorischen wie auch motorischen Bahnung, sowohl im Bereich des Körpers, der Hand als auch des Mundes. Das Bild ist immer beidseitig, da es ja nicht von einer Hemisphäre der Hirnrinde, sondern von den für beide Körperseiten zuständigen Kerngebieten ausgeht.

Die Athetose zeigt typische Spannungsschwankungen der Muskulatur von verspannt bis schlaff, sie kann sich dabei primär aus einer wechselnden Hypertonie oder Hypotonie entwickeln. Kinder mit Athetose, gleich aus welchem Grundtonus, sind in der Neugeborenenphase äußerst schreckhaft, neigen zu Trinkschwierigkeiten und Erbrechen. Die Moro-Reaktion ist ausfahrend und unkoordiniert.

Die Athetose mit hypertonem Grundmuster zeigt gesteigerte bis teilweise normale Eigenreflexe. Im zweiten Trimenon fällt die opisthotone Kopfhaltung auf, wenn das Kind den Kopf heben will, um in den Raum zu schauen. Das Kind muß sich kompensatorisch in einer Mischung der tonischen Nackenreflexe bewegen. Der Versuch von phasischen Bewegungen bleibt meist in dystonischen Attacken, den ungesteuerten und ausfahrenden Bewegungsschablonen stecken. Beim Versuch der Aufrichtung aus der Bauchlage kommt es zur steifen Streckhaltung des Oberkörpers und gestreckten Armen mit Fausthaltung.

Die Athetose aus der Hypotonie ist in diesem frühen Alter noch schwer zu diagnostizieren. Die Eigenreflexe erscheinen normal, die Bewegungen dürftig aber nicht anormal, – eine stumme Phase bis zum Ende des zweiten Trimenons. Erst mit etwa sieben Monaten wird die Athetose deutlich sichtbar. Jetzt beginnen die ausfahrenden Bewegungen, (Hyperkinesen), zunächst in den körperfernen, kleinen Gelenken. Sie verbreitern sich aber mit zunehmender Aktivität und Bewegungsintention weiter nach proximal bis in den Rumpf.

Je stärker die Athetose ausgeprägt ist, desto proximaler sind die Hyperkinesen zu finden.

Bei der schweren Athetose bleiben alle Bewegungen in der Schablone der tonischen Reflexologie stecken. Die Entwicklung der Aufrichtung ist lange verzögert. Wegen der Hyperkinesen findet das Kind keine sichere Ausgangsstellung, aus der heraus es sich aufrichten und bewegen könnte. Bei jedem Bewegungsversuch verliert es seine Haltung, so daß es immer wieder zu „Einbrüchen" aus einer gerade gewonnenen Haltung kommt. Die Bewegungsversuche sind vielfältig und je nach Grundtonus von Schleuderbewegungen oder Drehbewegungen gezeichnet. Die primären Reflexe wie die Greifreflexe und die primären Mundreflexe bleiben lange bestehen.

14.2 Die Reflexantworten im Alter von acht Monaten

Da, wie oben erwähnt, die Athetose erst am Anfang des dritten Trimenons deutlich sichtbar wird, werde ich die Reflexauffälligkeiten dieses Alters beschreiben:

- Die tonischen Reflexe sind noch deutlich positiv. In Rückenlage ist der ATNR vorherrschend und führt zu einer asymmetrischen Haltung von Kopf, Rumpf und Becken. Es besteht die Gefahr der Hüftluxation bei den dystonischen Attacken.
- Die Moro-Reaktion ist noch stark positiv in der Streckphase.
- Die primäre Stehreaktion und der Schreitreflex bleiben positiv.
- Der Greifreflex der Hände ist stark positiv, wechselt mit Überstreckung der Finger.
- Der Greifreflex der Füße bleibt lange positiv, bis in die Phase des Laufens, sie verhindern die Standsicherheit.
- Die primären Mundreflexe sind stark positiv und auf den geringsten Reiz hin auslösbar, besonders der Hinwendereflex, der Saugreflex und der Würgereflex, der noch vorn auf der Zunge bleibt.
- Die Stellreaktionen sind negativ, da die stabile Kopfrumpf- Haltung fehlt.
- Bei der Abstützreaktion klappt der Körper zusammen im sogenannten Taschenmesserphänomen bei gleichzeitigem Zurückreißen der Arme (Moro).

Die Lagereaktionen zeigen insgesamt die überschießende Reaktionen auf Lageveränderung aus der Phase des ersten Trimenons:

- mangelnde Kopf- Rumpf- Kontrolle,
- starke Moro-Reaktion,
- bei Athetose aus Hypotonie, Bewegungsantworten in Drehbewegungen,
- bei Athetose aus Hypertonie Bewegungsantworten mit wechselnden Beuge- Streck- Attacken.

Tabellarische Übersicht der physiologischen und der athetoiden Reflexreaktionen im Alter von acht Monaten

Reflex	Physiologische Entwicklung	Athetoide Entwicklung
TLR ATNR STNR	erloschen	Noch stark positiv, sie verhindern eine symmetrische, sichere Haltungskontrolle
Moro-Reaktion	Abgeschwächt, leichte Handöffnung	Stark positiv in der Streckphase, große Ängstlichkeit, keine sichere Kopfhaltung.
Schreitreflex	Erloschen	Positiv mit überschießender Reaktion
Stehreaktion I	erloschen	Positiv mit wechselndem Einbrechen
Stehreaktion II	Positiv, Hüftaufrichtung	Negativ
Galantreflex	negativ	Positiv mit starker Seitneigung
Handgreifreflex	erloschen	Überschießend wegen großer sensorischer Empfindlichkeit
Fußgreifreflex	Positiv	Überschießendes Zehenkrallen
Stellreaktionen	Positiv, Kopf-Rumpf-Haltung sicher, Interrotation, Ausrichtung im Raum	Negativ, fehlende Kopf-Rumpf-Kontrolle, keine Gleichgewichtsreaktion
Abstützreaktion	Sicher auf gestreckten Armen	Negativ, Arme werden nach hinten gerissen (Moro)
Hinwendereflex	Erloschen, aktives Hinwenden	Überschießend, führt zum Grimassieren
Saugreflex	Erloschen, aktives Saugen und Lutschen	überschießend, Zunge drückt gegen den Gaumen nach vorn

Reflex	Physiologische Entwicklung	Athetoide Entwicklung
Würgereaktion	Positiv nur auf dem hinteren Zungendrittel	Überschießend, verhindert Nahrungsaufnahme
Kaureaktion	positiv	Negativ, der Beißreflex herrscht vor
Traktions-Reaktion	Kopf zum sternum, Beine locker gestreckt in Abduktion, Arme gestreckt	Taschenmesserphänomen, keine sichere Kopfhaltung, Hüften stark gebeugt
Landau-Reaktion	Nacken-Rumpf-Streckung, Beine in Beugung	Keine Streckreaktion des Rumpfes
Axillare Hängereaktion	Kopf-Rumpf-Haltung stabil, Beine in Stehreaktion II.	Keine Kopf-Rumpf-Haltung, Beine in Streckung mit Adduktion, überschießende Pendelreaktion
Seitkipp-Reaktion	Arme in Sprungbereitschaft, Beine leicht gestreckt.	Keine Rumpfkontrolle, Kopf nicht gehalten, starke Moro-Reaktion
Horizontale Hängelage	Sicherer Hand- und Fußstütz	Kein Handstütz, wechselnde Beuge- und Streckantwort der Beine, Moro-Reaktion
Vertikale Hängelage Peiper/Isbert	Rumpfstreckung bis in die LWS, Arme zur Unterlage gestreckt, Hände geöffnet	Keine Ausrichtung des Kopfes im Raum, Arme in Moro-Reaktion seitlich gestreckt
Vertikale Hängereaktion Collis	Bein locker nach vorn gestreckt	Wechselnde Beuge-Streckantwort, Arme in Moro-Reaktion

14.3 Michael, ein Junge mit Athetose

Bei der Athetose kann man nicht von einem fixierten Bild sprechen, da jeder Athetose ja gerade Fixierung und Halt fehlt.

Sie ist gekennzeichnet durch die sensomotorische Dosierungsstörung, durch die mangelhafte Haltungsstabilität (posturale Reaktibilität) und durch das Verhaftetsein in den Primärreflexen. Nehmen Sie das Beispiel des 6-jährigen Jungen Michael, an dem ich das Bild einer Athetose aufzeigen werde.

Michael kam im Alter von 14 Monaten in die Therapie, zu einem Zeitpunkt, an dem man noch annahm, daß die mangelnde Aufrichtung etwas mit der Frühgeburt zu tun haben könnte. Da er ein interessierter und aufgeweckter, aktiver Junge ist, hat er schon Monate früher versucht, sich aufzurichten indem er den Kopf nach hinten warf. Er bewegte sich bereits in den typischen Bewegungsschablonen der Athetose.

Die beschriebene Kopfbewegung an sich ist völlig normal – wir alle werfen den Kopf in den Nacken, zum Beispiel wenn wir laut und herzlich lachen – jedoch können wir die Kopfbewegung durch unsere Rumpfstabilisation separieren, also trennen von der Gesamtbewegung; Michael konnte es lange Zeit nicht.

Im Gangbild sind noch heute seine Beine stets in Adduktion. Daraus ergibt sich eine X- Beinstellung mit starken Knickfüßen. Die noch bestehenden Zehengreifreflexe ziehen die Füße immer wieder in die Hohlfußstellung.

Auch in der Handmotorik muß Michael gegen ständig ausfahrende Bewegungen kämpfen, besonders wenn er ohne gesicherten Schulter- Ellbogenstütz sitzt. Ist der Stütz aber proximal vom Rumpf aus gesichert, kann Michael mit den Händen greifen. Er benutzt dazu den „Affengriff" ohne Daumenbeteiligung oder versucht einen Pinzettengriff mit überstreckten Fingergelenken. Der Handstütz ist nicht möglich, er bricht immer wieder ein, Michael hat nie koordiniert gekrabbelt.

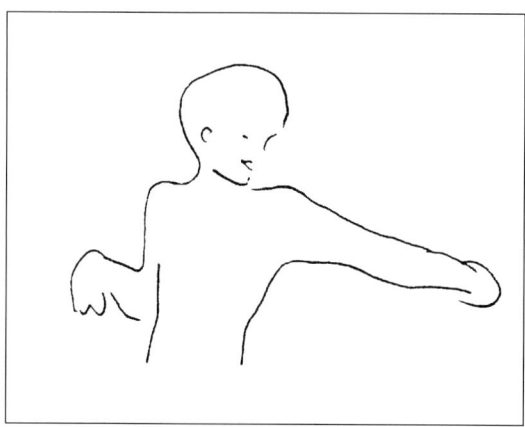

Abb. 49: Ein Kind mit Athetose bei einem Greifversuch in der Schablone des asymmetrisch tonischen Nackenreflexes

Im Sitz herrscht noch bei jeder Bewegung der ATNR vor. So wird sich schon bei einer bloßen Kopfwendung der gleichseitige Arm vorstrecken und der Hinterhauptarm beugen. Gleichzeitig öffnet sich die Gesichtshand. Michael benutzt diesen ATNR bereits, um etwas wegzuschleudern. Er hat auch eine Strategie entwickelt, seine Arme und Schultern zu fixieren, um seinem Rumpf halten zu können. Wenn er sich wirklich auf eine Sache, eine Geschichte oder ein Gespräch konzentrieren will, klemmt er seine Hände zwischen die Knie; hält sie durch die Adduktion der Beine fest und kann sich so im Sitz selbst fixieren.

Einen Stift kann Michael nur halten, wenn er ihn wie einen Klotz von oben hält, die Hand also im Handgelenk palmar beugt. Es ist die Handstellung, die ihm aus der Neugeborenenzeit geblieben ist. Um sich einmal in Michaels schwierige Lage zu versetzen, muß man sich vorstellen, daß er die graphomotorischen Handlungen eines 6- jährigen mit den neuromotorischen Gegebenheiten eines Neugeborenen schaffen soll.

In der Mundmotorik, Mimik und Sprache ist Michael wie in der Handmotorik neurophysiologisch auf dem Stand der ersten drei Monate, geprägt von der instabilen Kopfhaltung. Der Saugreflex, immer noch aktiv, drückt den Zungenrücken beim Schlucken nach vorn und oben, gegen den harten Gaumen. Er wird als „Ersatzkauen" zum Zerdrücken der Nahrung gebraucht, wobei die Nahrung natürlich immer wieder nach vorn geschoben wird, und sich die Zungenspitze nach vorn aus dem Mund schiebt. Die Kaubewegung als seitliche Kieferverschiebung löst oft spontan eine seitliche Kopfdrehung mit dem Verziehen des Gesichts zur Rotationsseite aus. Sie kann daher nicht benutzt werden.

In Ruhestellung ruht die Zunge normalerweise im Mund mit ihrer Spitze am harten Gaumen hinter den Vorderzähnen. Bei Michael drückt die Zungenspitze gegen die oberen Schneidezähne. Eine falsche Ruhestellung der Zunge bewirkt durch den zwar leichten aber kontinuierlichen Druck auf die Dauer eine schwere Kieferanomalie. Bei Michael hat die Zunge mit der Zeit die obere Zahnleiste vorgeschoben. Die Folge sind ein „offener Biß" und eine ständige Mundöffnung. Wie viele Kinder mit athetoider Störung seibert er daher auch manchmal noch und muß „daran denken", den Speichel bewußt zu schlucken.

Bei der Mimik fällt auf, daß Michael besonders stark mit den Augen „spricht". Beim Sprechen reißt er oft die Augen auf und zieht die Augenbrauen stark hoch. Die restliche Mimik, besonders die der unteren Gesichtshälfte, ist gefangen in den primären Mundreflexen. Ein Beispiel: Wenn Michael den Kopf dreht, löst sich auf der Seite der Hinwendereflex aus. Erinnern wir uns: Die Antwort ist das seitliche Kopfdrehen, das Öffnen des Mundes schräg zu der Seite hin und die Blickwendung, ausgelöst durch einen sensiblen Reiz an der Wange. Bei Michael bewirkt derselbe Reflex das seitliche Grimassieren des Gesichts während der Kopfbewegung. Dies vermittelt den Mitmenschen den falschen Eindruck, Michael sei dumm und nicht ansprechbar. Deshalb vermeiden es viele Menschen, mit ihm in Kontakt zu treten.

Da Michael den Luftstrom beim Atmen nicht langsam führen kann, ist seine Sprache gestoßen oder zerhackt. Die letzte Silbe wird oft „verschluckt". Bei guter Konzentration, wenn wir Michael Zeit lassen zu sprechen, drückt er sich in ganzen Sätzen und in durchaus altersentsprechender Weise aus. Aber oft muß er erleben, daß Erwachsene ihm in gutgemeinter Absicht seine angefangenen Sätze vorschnell zu Ende führen.

Michael zeigt eine negative Nahrungsbilanz. Er braucht wegen seiner gestörten Kaufähigkeit viel Zeit zum Essen, hat dann keine Lust mehr, weil das Essen eben zu anstrengend ist und ißt daher wenig, schon um gleichzeitig mit den anderen fertig zu sein.

Durch die ständige Muskelaktivität bei den immer wieder auftretenden Hyperkinesen und Attacken hat er aber einen hohen Kalorienverbrauch. Michael ist daher auffallend dünn und bekommt zusätzlich Multivitamine und Sportler-Aufbaunahrung.

14.4 Wie beeinflußt die Wahrnehmungsstörung sein Lernen?

Durch die gestörten „Dosierungskerne" laufen nicht nur die efferenten motorischen sondern auch die afferenten sensorischen Bahnen. So ist erklärlich, daß bei der Athetose auch die gesamte Reizaufnahme und Integration betroffen ist.

In der taktilen Wahrnehmung der Hautreize wechseln sich Über- und Unterempfindlichkeit ab. Einmal wird eine Berührung als angenehm empfunden, ein anderes Mal als unangenehm kitzelnd. Daraus resultiert große Unsicherheit im Kontakt mit der Umwelt. Besonders im Bereich der Handsensorik kommt es immer wieder zu Fluchtreaktionen, zu plötzlichem Zurückziehen der Hand und zum Abbruch der „Handlung". Die gleichen sensorischen Irritationen ereignen sich im mimischen Bereich, wo sie die Primärreflexe und damit das „Grimassieren" auslösen. Im Mundinnern treten plötzliche Würgereaktionen auf.

Das Körperbewußtsein ist geprägt durch die Hypermotorik und die mangelnde Haltungsentwicklung. Michael kennt seine Mitte nicht, hat keine gesicherte Rumpfstellung, aus der heraus er frei agieren kann. Das ständige „Einbrechen" der Haltung stört die Kontinuität jeglicher Aktion.

Dies drückt sich auch in seinem Spielverhalten aus. Er zeigt wenig Konstanz beim Spiel. Er verfolgt sein Ziel nicht ausdauernd genug und ist extrem leicht ablenkbar. Hier machen sich seine visumotorische Wahrnehmungsstörung und seine Figur- Grund- Wahrnehmungsstörung bemerkbar: bei Schwierigkeiten will er gleich etwas Neues anfangen und der Weg zum Ziel wird aus dem Auge verloren und zu schnell aufgegeben. Eigentlich hat Michael eine gute Konzentrationsfähigkeit, sie wird nur dauernd durch seine motorischen und sensorischen Irritationen unterbrochen.

Die Hypermotorik und die ständige Spannungsschwankung von hyperton nach hypoton stören jedoch nicht nur seine „sensomotorische Mitte" sondern lassen Michael auch emotional „zwischen hoch und tief" schwanken. Er erscheint affektlabil, „himmelhoch jauchzend, zu Tode betrübt". Das hat zur Folge, daß er oft als lustiger Kasper falsch eingeschätzt wird. Man muß aufpassen, daß er sich nicht selbst in diese Rolle flüchtet.

Inwieweit die Steuerungsprobleme mit der Störung des „Emotionalhirns" im Limbischen System, das ja eng mit den extrapyramidalen Kerngebieten verknüpft ist, begründet sind, wissen wir nicht. Es ist jedoch wahrscheinlich, daß die affektiven Schwierigkeiten nicht nur sekundär sondern auch primär neurologisch bedingt sind.

Etwas Positives hat die Hypermotorik Michael gegeben:

durch die vielen Kopfbewegungen in alle Drehrichtungen und nach oben und unten schon von frühester Säuglingszeit an, ist Michaels Vestibularsystem ungewollt hervorragend stimuliert, was sicher dazu beiträgt, daß er ein geistig „wendiger" Junge ist, immer aktiv, immer bereit zu neuen Späßen, aber auch zu neuem Lernen. Er ist viel intelligenter als die Umwelt ihn einschätzt. Das führt verständlicherweise zu Wutanfällen, die dann wiederum undosiert explodieren.

14.5 Therapieansatz und Chancen

Der Therapieansatz richtet sich nach den Kernmerkmalen der Störung,

- der sensomotorischen Dosierungsstörung
- der mangelnden Stabilität (posture)
- den Hyperkinesen

und zwar in der Reihenfolge wie sie hier genannt sind, wenn die Faktoren auch nicht voneinander trennbar sind, sondern sich sogar gegenseitig beeinflussen und verstärken. Da die Störung bei der Athetose in den integrierenden Extrapyramidalkernen liegt und nicht in der Hirnrinde, werden therapeutisch zunächst die kortikalen Einzelleistungen ausgenutzt, die ja primär nicht gestört sind. Alle integrierten Gesamtbewegungsabläufe werden in der Therapie bewußt zurückgestellt.

Hier einige wichtige Aspekte der Förderung bei Kindern mit athetoiden Bewegungsstörungen:

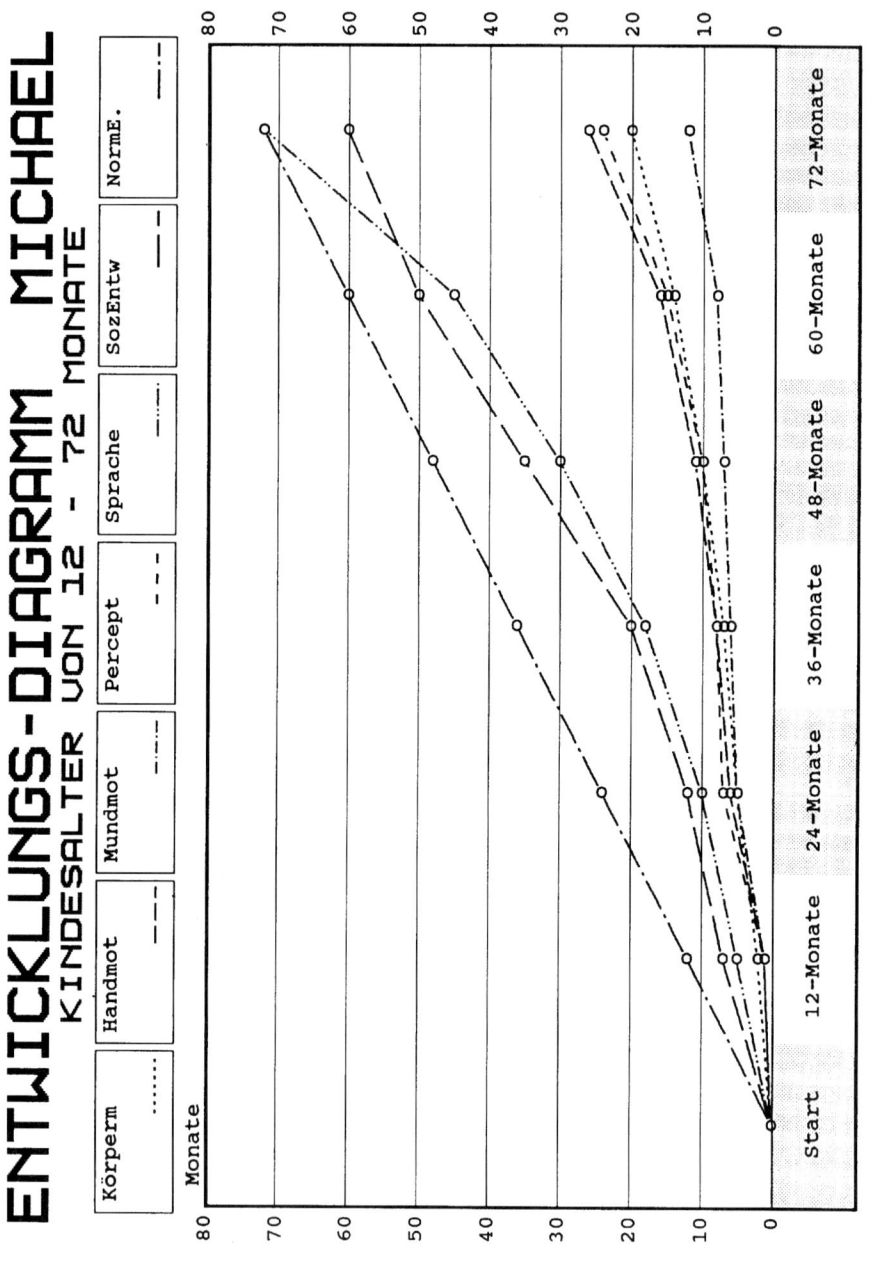

Abb. 50: Entwicklungsdiagramm Michael vom 12. Monat bis zum 6. Lebensjahr in Relation zum Kalenderalter

- Sensorische Einzelreize werden über die Exteroceptoren in der Haut, unserem größten Organ, immer *unter* der Reizreaktionsschwelle gegeben, damit es nicht zu Fluchtreaktionen – und damit zur Desensibilisierung – kommt.
- Über Propriozeptoren durch Gelenkdruck wird die tiefensensible Wahrnehmung für Stabilität und „Transport" und damit für eine mögliche Aufrichtung vermittelt. Dieser Druck wird zunächst über ein, später über mehrere Gelenke gegeben, wieder *unter* der Reizreaktionsschwelle, da sonst ein Einbruch der Haltung die Folge wäre.
- Wir geben keine zusätzlichen Vestibularreize, vielmehr erarbeiten wir das Gefühl für die Mitte und die Statomotorik.
- Die Kopf-Rumpf-Haltung wird neuromotorisch stabilisiert über Stammhirnaktivitäten. Ist der Rumpf stabil aufgerichtet, kann eine phasische Bewegung der Extremitäten „ungestört" und ohne Hyperkinesen ablaufen.
- Wir bahnen keine Rotationen und zunächst keine fließenden Bewegungsübergänge, da sie immer wieder Primärreflexe auslösen. Dadurch, daß beispielsweise eine Kopfdrehung den ATNR spontan auslösen würde, wäre die gesteuerte Drehung verhindert und statt dessen wieder durch die alten Bewegungsschablonen ersetzt.
- *Für die Handmotorik erarbeiten wir zunächst den symmetrischen Schulter- Ellbogenstütz mit Fausthaltung.*
- wir geben feste, verläßliche Hautreize in der Hand,
- die Handöffnung wird zunächst nur im Ablauf der großen Armbewegung gebahnt,
- Die Formwahrnehmung beginnt durch die gesteuerte Greiffunktion der ganzen Hand.
- *Die Förderung der Mundmotorik beginnt in der frühen Säuglingszeit:*
- Die Kopf- Rumpfhaltung wird stabilisiert,
- Die Kauanbahnung bei kontrollierter Kopfhaltung läßt die Zunge nach unten kommen.
- Mimische Übung bei kontrollierter Kopfhaltung ermöglichen die Separierung von Sprachmotorik und Kopfbewegung.
- Die taktile, auditive, visuelle, olfaktorische Figur-Grundwahrnehmung bahnt die Differenzierung und Integration verschiedener Reize.
- Funktionsübungen und Hilfen geben Unterstützung für die täglichen Handlungen.

Bewegung ist die Summe einzelner Haltungen!

- Die Bewegungsabläufe werden „aufgeteilt", bewußt gemacht und strukturiert in die Einzelsegmente, die kortikal neuromotorisch gebahnt werden.

- Erst später werden die einzelnen Segmente verbunden. Diese Verbindung geschieht zunächst rhythmisch, denn Rhythmus gibt Halt. Der fließende Einbau in die Handlungsmotorik bleibt für viele Kinder mit Athetose unerreichbar.

Bei dem Aufstehen und Laufen konnten wir so bei Michael erreichen, daß er trotz seiner erheblichen Athetose immer mehr „Mitte" fand und daraus immer mehr Sicherheit entwickeln konnte. Das Gerüst der Einzelbewegungen bewirkt zunächst eine Art „Robotergang „ der solange gebraucht wird, bis die nötige Sicherheit erworben ist, um nach und nach davon abzulassen und Bewegungskombinationen und Varianten zu suchen und zu finden.

15. Ataxie

15.1 Die cerebellare Ataxie

Aus der Bezeichnung geht hervor, daß die Ursache im Cerebellum, im Kleinhirn liegt. Ataxie heißt aus dem griechischen übersetzt: ohne Ordnung, und ataktische Bewegungen sind tatsächlich ungeordnet. Es ist eine sehr seltene Störung, die meist auf einer Mißbildung des Kleinhirns beruht.

Der Grundtonus ist hypoton mit einem Intentionstremor, das heißt, der Tremor ist in Ruhestellung nicht sichtbar. Jede Bewegung aber wie Kopfdrehung, Greifen, Laufen wird von dem feinschlägigen Zittern begleitet.

Da auch die tiefensensible Wahrnehmung und das Lageempfinden des Kleinhirns beeinträchtigt ist, ist gleichzeitig die automatische Koordination in allen Bewegungsbereichen, besonders bei den Zielbewegungen und der Steuerung des Bewegungsmaßes gestört. Steigt ein ataktisches Kind eine Treppe hoch, wird es das Bein unnötig hoch anheben, da ihm das Gefühl für das Bewegungsmaß fehlt. Auch mit Augenkontrolle kann es seine Bewegungen nicht abmessen und angemessen ausführen, ja selbst nach einigen gleich hohen Stufen kann es nicht abschätzen wie hoch es seine Füße heben muß. Es wird dadurch sehr verunsichert sein, was seinen Tremor natürlich erhöht.

Die cerebellare Ataxie geht häufig einher mit einer geistigen Retardierung unterschiedlich schweren Ausmaßes. Wir finden in der Praxis die Ataxie meist als Kombinationsform mit anderen zentralen Koordinationsstörungen, zum Beispiel als Mischform der Ataxie und der Athetose.

15.2 Die Ataxie in der Aufrichtung

In der Neugeborenenphase fällt zunächst die allgemeine muskuläre Hypotonie auf. Die Primärreflexe, so auch die Nahrungsaufnahmereflexe sind teilweise noch negativ, die Kinder müssen dann sondiert werden.

Im zweiten bis dritten Monat zeigen sie noch keine aktive Eigenbewegung. Bei Blickwendung, die noch nicht zielgerichtet ist, zeigt sich jetzt erstmals ein Nystagmus und das Augenzittern, das in der Fachsprache mit „flatterlike movements" bezeichnet wird.

Mit sechs Monaten beginnt die geistige Retardierung offensichtlich zu werden. Die Kinder nehmen wenig oder gar keinen Kontakt zur Umwelt auf, das Lächeln der Eltern wird nicht erwidert.

Mit acht Monaten beginnen deutlich verspätet erste Greifversuche mit dem typischen Tremor in den Zielbewegungen. Das Kind versucht nun auch, sich aus der Rückenlage umzudrehen, was natürlich abhängig bleibt von dem Grad der muskulären Hypotonie und der Möglichkeit der Schulteraufrichtung.

Mit einem Jahr können die Kinder meist noch nicht frei sitzen, durch den Tremor im Rumpf kann die senkrechte Sitzposition nicht gehalten werden. Wegen der geistigen Retardierung fehlt zudem häufig der Wille zur Aufrichtung und Fortbewegung.

Wenn Kinder mit einer Ataxie früh gefördert werden, können sie mit 18 Monaten beginnen, sich aufzusetzen und zu krabbeln, wobei in der aufgerichteten Position die Diskoordination der Bewegungen sehr sichtbar wird.

Erst mit drei bis sieben Jahren, abhängig vom Schweregrad der Behinderung kommt es zum freien Laufen in langsamen, abgehackten Schritten. Erst dann, meist nach dem Erlernen des Laufens beginnt eine seltsam abgesetzte Sprache, eine Art „Zahnradsprache", bei der nach jeder Silbe eine Art Absatz gesprochen wird. Man nennt das die skandierende Sprache. Häufig bestehen auch andere Sprachschwierigkeiten wie die Artikulationsstörung einzelner Buchstaben (Dyslalie) und die Rhinolalie, das Näseln.

15.3 Die Reflexauffälligkeiten

Im Alter von sieben Monaten, also zu Beginn des 3. Trimenons zeigen alle Reflexe die Reaktionen ähnlich wie bei der hypotonen Bewegungsstörung:

- die Eigenreflexe sind verzögert,
- die tonischen Reflexe zeigen insgesamt verlangsamte Reaktionen,
- die Greifreflexe von Hand und Fuß sind schwach ausgeprägt,
- die primären Mundreflexe sind verspätet, das Saugen ist nur träge,
- die Stellreaktionen sind negativ, die Ausrichtung im Raum fehlt,
- der Abstützversuch bleibt lange ohne jegliche Reaktion,
- die Lagereaktionen zeigen den Entwicklungsstand des ersten Streckstadiums, wobei immer der Tremor im Rumpf zu sehen ist bei gleichzeitig überschießender Reaktion von Armen und Beinen.

Tabellarische Übersicht der physiologischen und ataktischen Reflexantworten im Alter von 7 Monaten

Reflex	Physiologische Entwicklung	Ataktische Entwicklung
ATNR/STNR	Erloschen	Verlangsamt auslösbar
Moro-Reaktion	Erloschen, noch leichte Handöffnung	Häufig jetzt erst positiv
Stehreaktion I	Erloschen	Häufig jetzt erst positiv
Stehreaktion II	Positiv, Hüfte aufgerichtet	Negativ
Handgreifreflex	Erloschen, aktives Greifen	Nicht auslösbar, kein aktives Greifen
Fußgreifreflex	Positiv	Nicht auslösbar
Primäre Mundreflexe	Erloschen	Schwach auslösbar
Kaureaktion	Positiv	Verzögert oder negativ
Stellreaktionen	Positiv, Kopf-Rumpf-Haltung sicher, Interrotation, Ausrichtung im Raum	Verzögert oder negativ
Abstützreaktion	Sicher auf gestreckten Armen	Negativ
Traktions-Reaktion	Kopf zum sternum, Beine locker gestreckt in Abduktion, Arme gestreckt	Instabile Kopf-Rumpf-Haltung, Beine gebeugt
Landau-Reaktion	Nacken-Rumpf-Streckung, Beine in Beugung	Keine Streckreaktion des Rumpfes
Axillare Hängereaktion	Kopf-Rumpf-Haltung stabil, Beine in Stehbereitschaft	Instabile Kopf-Rumpf-Haltung, Beine ohne Stehbereitschaft
Seitkipp-Reaktion	Arme in Sprungbereitschaft, Beine leicht gestreckt.	Instabile Kopf-Rumpf-Haltung, evt. Moro-Reaktion
Horizontale Hängelage	Sicherer Hand- und Fußstütz	Kein Handstütz, evt. Moro-Reaktion
Vertikale Hängelage Peiper/Isbert	Rumpfstreckung bis in die LWS, Arme 160 Grad zur Unterlage gestreckt, Hände geöffnet	Keine Ausrichtung des Kopfes im Raum, keine Rumpfstreckung, evt. Moro-Reaktion
Vertikale Hängereaktion Collis	Bein locker nach vorn gestreckt	Beinbeugung verzögert, evt. Tremor oder Moro-Reaktion

15.4 Rainer, ein Junge mit ataktisch-athetoider Koordinationsstörung

Da in der Praxis die Ataxie als Mischform mit der Spastik oder mit der Athetose sehr viel häufiger vorkommt als die reine Ataxie, werde ich das Bild einer Mischform dieser schweren zentralen Koordinationsstörung geben.

Rainer kam als 2 1/2 Jahre alter Junge in unser Zentrum. Die Familie mußte jeweils eine stundenlange Fahrt in Kauf nehmen, tat dies aber gern, denn wir waren für die verzweifelte Mutter so etwas wie die letzte Rettung. In ihrem Heimatort war man nicht bereit, das Kind zu fördern, „da es doch keinen Zweck habe".

Sicherlich war durch die Schwere des Befundes und die zusätzliche Epilepsie die Prognose sehr ungünstig, dennoch wollten die Eltern nicht tatenlos zusehen, wir ihr Kind nur dalag.

Rainer war ein Bündel Angst und Schrecken als er ausgezogen auf den Behandlungstisch gelegt wurde. Er konnte sich in keiner Ausgangsstellung halten und sicher fühlen, nicht einmal in der Bauchlage. Sein Körper wurde geschüttelt von dystonischen Attacken und fiel geradezu von einer Moro-Reaktion in die nächste. Dabei schrie er unaufhörlich mit weit aufgerissenem Mund und Augen. Er konnte keinen Blickkontakt aufnehmen, seine Augäpfel waren durch das starke Innenschielen kaum am inneren Augenwinkel zu sehen. Dies Schielen war keinesfalls konstant, mal war das rechte, mal das linke Auge „verschwunden".

Auf jede Berührung reagierte Rainer mit Fluchtreaktionen und noch lauterem Schreien. Er konnte nicht greifen und sich nicht festhalten, hatte seltsam lange „Spinnenfinger", die entweder überstreckt oder bizarr gekrümmt waren. Seine Haut, besonders an Händen und Füßen war auffallend naß geschwitzt.

Rainer schien nicht ansprechbar zu sein.

Ich fragte die Mutter, ob sie ihn irgendwie beruhigen könnte und dann geschah etwas Erstaunliches und doch so Selbstverständliches: die Mutter nahm das Kind auf den Schoß in eine runde Embryonalhaltung, drückte es fest an sich und sprach beruhigend aber gleichzeitig sehr laut auf ihn ein. Trotz oder gerade wegen der lauten Stimme wurde Rainer ruhiger, die Schleuderbewegungen und das Schreien ließen nach. Er schien erschöpft.

Ich ließ die Mutter das Kind zunächst wieder anziehen und auf den Schoß nehmen, um ihm auch die Sicherheit der gewohnten Kleidung zu geben.

Es war nun möglich, auf dem Schoß der Mutter Rainers Füße und später auch seine Hände mit festem Druck anzufassen und zu bewegen. Als ich seine Hände zusammenführte waren seine Augen für einen kurzen Moment da und schauten die eigenen Hände an. Oder bildete ich mir das nur ein?

Es war ein Anfang gemacht, der Einstieg in die Therapie schien gefunden. Bei jedem Kind kann Aufmerksamkeit und Sicherheit durch festes Anfassen erreicht werden. So konnte auch bei Rainer über die tiefensensible Stimulation eine erste Aufmerksamkeit geweckt werden.

Wegen der starken Überempfindlichkeit und Irritation der Oberflächensensibilität haben wir Rainer in seiner Kleidung behandelt. Für die Mutter war dies eine ungewöhnliche Situation, war sie doch gewohnt, ihr Kind beim Arzt sofort auf den Tisch zu legen und auszuziehen.

Für unsere Förderung war aber wichtigste Voraussetzung, Rainer Sicherheit zu geben

* durch das Gehalten-werden in der Beugestellung,
* durch die feste und großflächige Berührung,
* durch die bekannte Stimme der Mutter, die durch ihre Lautstärke zu ihm vordringen konnte. Wir sehen hier, daß nicht immer die leise und beruhigende Therapeutenstimme angebracht ist.

Dem Prinzip der Bewegung aus der gesicherten Ausgangssituation folgten wir während der gesamten Förderung.

Bei den Stabilisationsübungen, die für die sichere Rumpfhaltung gemacht wurden, kam es zu einer isometrischen Anspannung des Rumpfes. Rainer war in der festen Fixierung der Übung und trotz der Anstrengung sicher und ruhig, selbst wenn er vorher geschrien hatte. Das Gehalten-werden vermittelte ihm Sicherheit, der Widerstand gegen die Bewegung war eine Führung, die ihm taktil- propriozeptiv zeigte, wie und wohin die Bewegung ging.

Den gesamten Therapieverlauf zu beschreiben, wäre ein weiteres Buch, das aber besser die Mutter schreiben sollte. Ich möchte vielmehr die Entwicklung dieses so schwer mehrfachbehinderten Kindes schildern.

15.5 Perspektiven eines mehrfachbehinderten Kindes in der Förderung

Mit vier Jahren konnte Rainer seinen Kopf halten und dadurch, noch im Rücken unterstützt, sitzen. Nachdem die Augen operiert wurden, konnte er Personen im Raum visuell verfolgen und Blickkontakt aufnehmen. Er begann zu lachen, wenn man ihn ansprach.

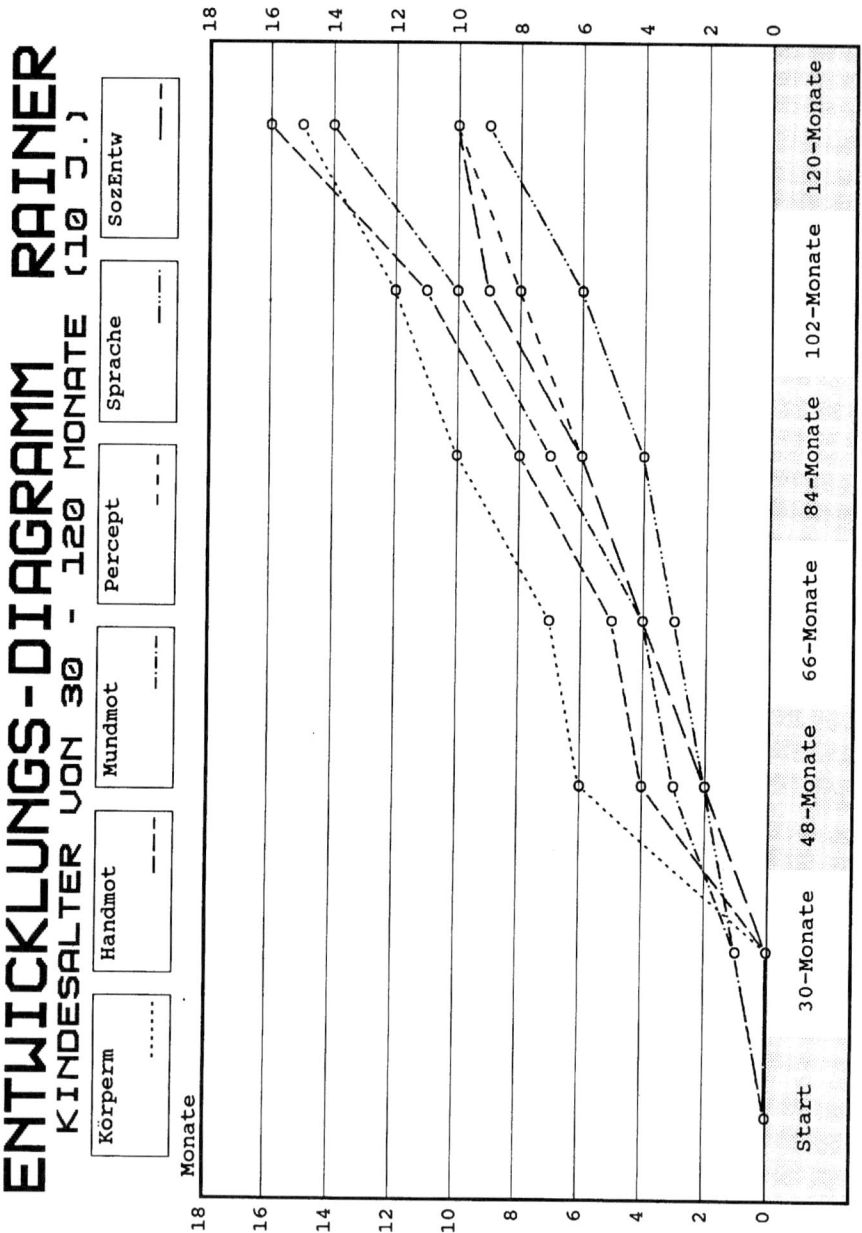

Abb. 51: Entwicklungsdiagramm von Rainer vom 18. Monat bis zum 10. Lebensjahr. Wegen der Schwere der Behinderung ist eine Relation zur Normalentwicklung nicht dargestellt. Eine Entwicklung in der Förderung ist aber auch bei Kindern mit Schwerstmehrfachbehinderung gegeben

Mit sechs Jahren wurde die Epilepsie zeitweise therapieresistent, das heißt, es traten immer wieder täglich mehrmals Krämpfe auf, trotz maximaler medikamentöser Einstellung. Und doch lernte Rainer in dieser Zeit frei zu sitzen und konnte nun im Familienkreis an den Mahlzeiten teilnehmen und gefüttert werden.

Mit sieben Jahren zog Rainer sich zum Stehen hoch, ging bald darauf seitlich an Gegenständen entlang und begann mit acht Jahren mit den ersten selbständigen Schritten.

Heute, mit zehn Jahren, kann Rainer morgens mit der Mutter von der Haustür den abschüssigen Weg zum Schulbus gehen. Er holt seine Jacke, wenn die Mutter ihm sagt, daß der Bus kommt und bewegt sich in seiner gewohnten Umgebung frei und sicher. Sein Körper ist so stabil, daß er nicht mehr bei jedem Laut oder Schreck umfällt. Rainer kann greifen und betastet Dinge mit Händen und mit dem Mund. Seine visuelle und auditive Wahrnehmung orientiert sich im Raum, er schaut sich nach Geräuschen um und sucht sie.

Rainer versteht einige Sätze und kommt einfachen Aufforderungen nach. Er „hört" und reagiert am besten, wenn seine Mutter ihm mit ihrer lauten, klaren Stimme etwas sagt oder verbietet. Zum Beispiel soll er verständlicherweise das Frühstücksgeschirr nicht vom Tisch werfen. Die Mutter kann ihn mit ihrer Stimme auch am besten beruhigen und stabilisieren, wenn er wieder einmal Angst bekommt und in sein Schreien und seine Schleuderbewegungen zurückfällt. Die aktive Sprachentwicklung beschränkt sich immer noch auf die Silbenecholalie, auf das Wiederholen einzelner Silben, mit denen Rainer sich ausdrücken will.

Bei Freude und Aufregung kommt es noch zu lautem Schreien, das jeden Außenstehenden erschreckt und das nur die Familie zu deuten weiß. Rainer freut sich, wenn der Vater, sein Bruder oder seine Schwester kommen, und sie freuen sich, wenn sie Rainer sehen. Seine Grundstimmung bezeichnet die Mutter heute als fröhlich.

Rainer ist ein schwer mehrfachbehindertes Kind, er besucht die Sonderschule und erfährt dort eine ständige Förderung durch die immer wieder neuen Eindrücke der Gruppe. So war er neulich mit der Betreuerin zum ersten Mal in warmem Wasser schwimmen. Er kann diese neuen Eindrücke aufnehmen, weil er eine sichere Grundposition hat, körperlich wie auch psychisch.

15.6 Therapieansatz und Chancen

Er richtet sich nach dem Grundbedürfnis von Sicherheit und Stabilität:

- schaffen einer sicheren Ausgangsstellung,
- tiefensensible Stimulierung durch Muskel- und Gelenkdruck,
- neuromotorische Bahnung basaler Bewegungsmuster,
- taktile Einzelwahrnehmung in der Handfläche zur Greifanbahnung, wobei darauf zu achten ist, daß die Stimulierung unter der Reizreaktionsschwelle bleibt, um keine Fluchtreaktionen auszulösen,
- akustische und visuelle Raumwahrnehmung, da auf Grund der neurophysiologischen Verbindung zwischen dem Kleinhirn und den Seh- und Hörkernen hier Störungen zu erwarten sind.
- Gleichgewichtsschulung aus der jeweils sicheren Position,
- Aufrichtung über den Vierfüßlerstand zum Stand; hier kann einmal das Provozieren der Aufrichtung notwendig sein, wenn das Kind wegen seiner geistigen Behinderung selbst keine Aufrichtungstendenz in die Vertikale zeigt,
- Funktionsübungen, die sich immer nach dem individuellen Befund richten und die Handlungskompetenz und den Spaß am Lernen fördern.

16. Hypotonie

16.1 Die hypotone Bewegungsstörung

Die muskuläre Hypotonie kann viele verschiedene Ursachen haben. Der niedrige Muskeltonus ist ein Symptom, das bei vielen Syndromerkrankungen auftritt, es gibt aber auch die Hypotonie ohne eine weitere Störung. Bei dem Bild der Hypotonie muß also diagnostisch abgeklärt werden, ob sich eine andere Erkrankung dahinter versteckt, da die Therapieansätze bei den verschiedenen Grunderkrankungen sehr unterschiedlich sind.

Es ist unmöglich, hier alle Syndromerkrankungen aufzuzeigen, die mit einer Hypotonie einhergehen, sie können in der Literatur nachgeschlagen werden. Ich werde aber vier häufige Erkrankungen beschreiben, die mit einer Hypotonie einhergehen.

1. Die muskuläre Hypotonie mit Entwicklungsrückstand als zentrale Koordinationsstörung. Die Ursache ist nicht ganz zu lokalisieren. Angenommen wird eine Mangelversorgung des Kindes während der Schwangerschaft. Diese Hypotonie ist eine Entwicklungsstörung, die eine gute Behandlungsprognose hat.
2. Das atonisch astatische Syndrom nach dem Erstbeschreiber auch Morbus Foerster genannt. Auch hier ist die Ursache nicht sicher, man vermutet sie in Stirnhirndefekten oder in metabolischen Störungen. Es ist eine schwere psychomotorische Behinderung.
3. Die Hypotonie als Symptom beim Kind mit Down-Syndrom. Die Ursache ist in einer genetisch bedingten Chromosomenabweichung zu sehen, es liegt also keine zerebrale Schädigung vor. Da die Hypotonie aber ein deutliches Symptom des Down Syndroms ist, und unbehandelt die Gesamtentwicklung durch die Hypotonie stark gehemmt wäre, und da diese Kinder recht häufig in unserer Praxis vorkommen, ist das Bild hier erwähnt.
4. Die infantile spinale Muskelatrophie, nach Werdning-Hoffmann benannt. Auch sie ist keine zerebrale Schädigung, sondern eine progredient verlaufende Muskeldegeneration. Da diese Erkrankung aber schon im ersten Lebensjahr beginnt und durch die deutliche Hypotonie imponiert, könnte sie mit einer zentralen Koordinationsstörung verwechselt werden, wenn keine differentialdiagnostische Abklärung erfolgt.

16.2 Die Hypotonie bei statomotorischem Entwicklungsrückstand

Uwe fiel seiner Mutter, er ist das dritte Kind, schon im Alter von drei Monaten auf, weil er „einfach zu lieb" war. Von ihrer Umgebung hörte die

Mutter Beschwichtigungen wie „das kommt schon noch" und „Jungen sind eben später dran". Sie meldete sich trotzdem zur Untersuchung und Behandlung an, auch weil sie große Angst vor einer geistigen Behinderung ihres Sohnes hatte, der scheinbar uninteressiert mit schlaffer, unbewegter Mimik auf seiner Decke lag.

Mit vier Monaten, als Uwe zum erstenmal in unser Zentrum kam, war der Entwicklungsrückstand bereits deutlich erkennbar. Uwe lag in flacher Bauchlage mit angewinkelten Armen ohne jede Aufrichtung im Rumpf. Er konnte seinen Kopf noch nicht anheben. Auf einen akustischen Reiz von der Hinterhauptseite her versuchte er den Kopf über die Unterlage zu drehen, konnte den Weg aber noch nicht schaffen, weil auch der Anfang eines Ellbogenstützes noch nicht möglich war.

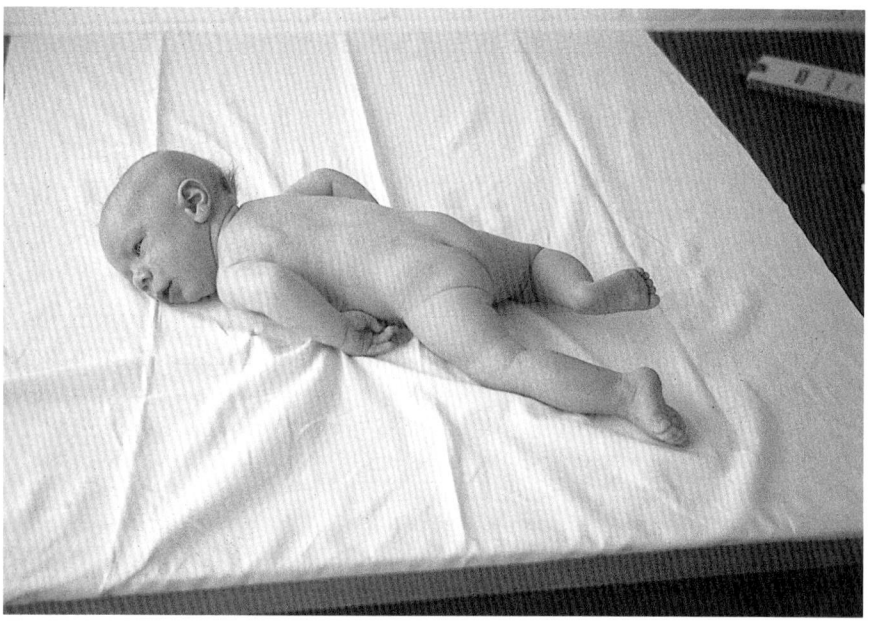

Abb. 52: Uwe kann sich im Alter von vier Monaten aus der Bauchlage noch nicht aufrichten

In der Rückenlage konnte Uwe auf einen Reiz hin den Kopf für wenige Sekunden in die Mittelstellung bringen, er rollte ihm dann aber wieder zur Seite weg. Das Greifen aus der Rückenlage war noch lange Zeit unmöglich, weil die Arme nicht aus der Henkelstellung hoch gehoben werden konnten. Die Beine lagen gebeugt und flach gespreizt auf der Unterlage.

184

Es fiel schon jetzt der verbreiterte abgeflachte Brustkorb auf, der durch die ungestützte flache Lagerung bedingt war. Uwe war ein liebes aber auch ein weinerliches Kind, besonders, wenn man etwas wie Kopfdrehen oder Armheben von ihm erreichen wollte.

Im Alter von sechs Monaten zeigt Uwe diese für sein Krankheitsbild typischen Reflexantworten:

- die tonischen Reflexe waren nicht sicher auslösbar,
- die Moro-Reaktion war in ihrer Streckantwort schwach positiv,
- die Stehreaktionen waren negativ,
- die Handgreifreflexe waren nicht auslösbar, Uwe versuchte aktiv zu greifen, es gelang ihm aber nur, wenn man ihm die Rassel direkt in die Hand gab und seine Schultern und Oberarme nach vorn brachte,
- die Fußgreifreflexe waren negativ, das für das Alter typische Spiel mit den Füßen (Füße gegeneinander) konnte nicht beobachtet werden, die Beine lagen in Froschstellung.
- Die primären Mundreflexe waren schon abgebaut, die Kaureaktion jedoch noch nicht vorhanden, die Mimik war spärlich (Hypomimi). An seinen Augen konnte man aber erkennen, daß Uwe lebhaftes Interesse an seiner Umwelt hatte.
- Die Stellreaktionen waren negativ; in die Senkrechte gehalten, kippte Uwe noch ohne Kopfkontrolle zur Seite,
- bei der Abstützreaktion war kein Ansatz zum Stützen zu sehen, jedoch zeigt das Weinen ganz deutlich, daß er sich der „Gefahr" des Fallens sehr bewußt war,
- im Traktionsversuch konnte der Kopf nicht angehoben werden, der Rücken war kyphosiert, die gerade Bauchmuskulatur klaffte auseinander (Rectusdiastase),
- bei der Landau-Reaktion war kein Halt im Rumpf möglich, Kopf und Beine hingen „schlaff" herunter,
- in der Seitkipp-Reaktion fiel der Rumpf zur Seite, die Arme streckten sich in die Moro Schreckreaktion,
- im Collis-Horizontalabhang mußte die Fixierung an den Schultern und Hüften gegeben werden, wegen der Gefahr der Luxation der Gelenke,
- im Axillar-Hängeversuch fiel das „Durchschlupfphänomen" auf, ich hatte den Eindruck, als ob mir Uwe mit seiner weichen Muskulatur durch die Hände schlüpfte,
- bei den Vertikalabhängen nach Collis und Peiper blieben die Reaktionen aus, die Arme streckten sich jedoch wieder in der Moro-Reaktion.

Tabellarische Übersicht der physiologischen und der hypotonen Reflexantworten im Alter von sechs Monaten

Reflex	Physiologische Entwicklung	Hypotone Entwicklung
ATNR/STNR	Erloschen	Nicht sicher auslösbar
Moro-Reaktion	Abgeschwächt, leichte Handöffnung	Schwach positiv in der Streckantwort, große Ängstlichkeit
Schreitreflex Stehreaktion I	Erloschen	Nicht auslösbar
Stehreaktion II	Positiv, Hüftaufrichtung beginnt	Negativ, keine Kopf-Rumpf-Kontrolle
Handgreifreflex	Erloschen	Schwach auslösbar, kein aktives Greifen
Fußgreifreflex	Positiv	Negativ
Stellreaktionen	Positiv, Kopf-Rumpf-Haltung sicher, Interrotation, Ausrichtung im Raum	Negativ, fehlende Kopf-Rumpf-Kontrolle, keine Gleichgewichtsreaktion
Abstützreaktion	Sicher auf gestreckten Armen	Negativ
Hinwendereflex	Erloschen, aktives Hinwenden	Schwach auslösbar
Saugreflex	Erloschen, aktives Saugen und Lutschen	Schwach auslösbar, aktives Saugen träge
Schluckreaktion	Positiv	Verlangsamt oder negativ
Kaureaktion	Positiv	Negativ, keine seitliche Zungenbewegung
Traktions-Reaktion	Kopf zum sternum, Beine gebeugt, Arme gestreckt	Keine aktive Kopfhaltung, Beine ohne Reaktion, Rectusdiastase
Landau-Reaktion	Nacken-Rumpf-Streckung, Beine in Beugung	Totale Körperbeugung
Axillare Hängereaktion	Kopf-Rumpf-Haltung stabil, Beine in Beugung	Keine Kopf-Rumpf-Haltung, „Durchschlupfphänomen"
Seitkipp-Reaktion	Rumpf gestreckt, Arme und Beine in Beugung	Keine Rumpfkontrolle. Kopf fällt zur Seite, evt. Moro-Reaktion
Horizontale Hängelage	Beinbeugung, Handstütz, unteres Bein beginnt zu stützen	Rumpf nicht gehalten, keine Kopfkontrolle, kein Stütz

Reflex	Physiologische Entwicklung	Hypotone Entwicklung
Vertikale Hängereaktion Peiper/Isbert	Rumpfstreckung bis in die BWS, Arme 145 Grad gestreckt	Keine Rumpfstreckung , Arme seitlich (Moro) oder vor dem Körper
Vertikale Hängereaktion Collis	Lockere Beugung des freien Beines	Bein "fällt" nach vorn, keine Stützbereitschaft

Der Therapieansatz ergab sich aus dem Befund:

- Stimulation der Wahrnehmungsbereiche:
  - taktil: hier muß gut beachtet werden, daß die Reizschwelle langsam erfolgt und nicht überschritten wird, weil Uwe dann „abschalten" würde, der Reiz würde ihn nicht mehr erreichen,
  - tiefensensibel: durch Gelenkdruck, der genau achsengerade ist und der zunächst die körpernahen, proximalen Gelenke, später erst die kleinen, distalen Gelenke betrifft.
  - vestibulär: durch Rotationen und Bewegungen des Körpers im Raum, sobald die Kopfkontrolle dies zuläßt.
- Anbahnung des radialen Handgriffs,
- Mundtherapie zur Bahnung der Kaureaktion und Aktivierung der mimischen Muskulatur,
- Stabilisation der Ausgangsstellung, um die Aufrichtung aus Bauchlage und Seitlage zu ermöglichen,
- keine Aufrichtung provozieren, da genug Eigenmotivation vorhanden ist und bei zu früher Aufrichtung ohne ausreichende Stabilisation die Gefahr von Gelenküberlastungen, von Fehlstellungen und damit vom Provozieren einer gestörten Koordination besteht.

Uwe machte unter der Therapie seine statomotorische Entwicklung mit Verzögerung aber schließlich harmonisch durch. Mit 20 Monaten lernte er frei zu laufen, jedoch noch mit starker Lordose, die durch die noch mangelhafte Hüftstabilisation für seinen Stand nötig war. Uwe hat eben doch ein bißchen zu früh für seinen Rücken das Laufen erlernt, weil Motivation und Initiative seiner motorischen Entwicklung immer voraus waren. Die Handmotorik und Mundmotorik waren altersentsprechend, die Sprachentwicklung erstaunlich weit gediehen. Die Eigeninitiative, sich auf Erkundungsgänge zu begeben, wurde immer größer.

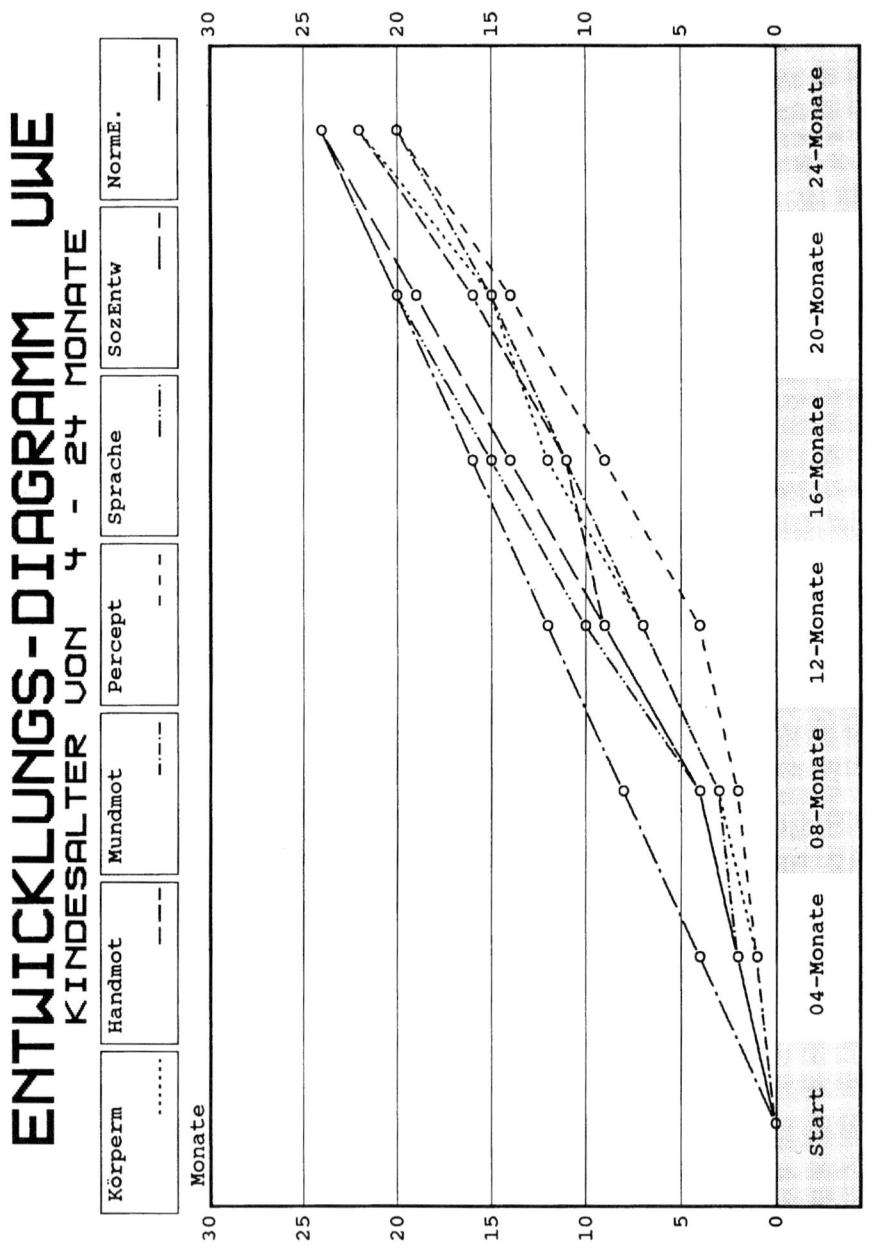

Abb. 53: Entwicklungsdiagramm von Uwe, einem Kind mit hypotoner Entwicklungs-störung in Relation zur Normalentwicklung. Behandlungsbeginn war der 4. Monat

Nach einer weiteren 3-monatigen Stabilisation konnte Uwe aus der Therapie entlassen werden. Im Alter von 5 Jahren ist eine Untersuchung der Feinmotorik und der Wahrnehmung vorgesehen, da hypotone Kinder dann häufig noch feinmotorische und Wahrnehmungsdefizite haben, die durch eine Förderung möglichst schon vor der Einschulung behoben werden sollten.

16.3 Das atonisch-astatische Syndrom

Dieses Syndrom zeigt neben der erheblichen statomotorischen Entwicklungsstörung eine geistige Behinderung, meist schweren Grades. Hinzu kommt, daß bei sehr vielen Kindern zusätzlich eine Epilepsie vorliegt. Bei 60% der Kinder beginnt sie schon im ersten Lebensjahr mit BNS-Krämpfen, den „Blick-Nick-Salaam-Krämpfen". Die Augen „blicken" plötzlich nach oben oder zu einer Seite, der Kopf „nickt" nach unten, die Hände werden wie zum arabischen Gruß hochgezogen. Diese Bilder treten auch einzeln auf. Die Krämpfe dauern nur wenige Sekunden bis maximal einige Minuten, geschehen aber massiert bis zu mehreren hundertmal täglich. BNS- Krämpfe führen zu einer erheblichen Verschlechterung der geistigen Entwicklung. Sie werden häufig als „kleine Krämpfe" bagatellisiert und gerade bei einem hypotonen, apathischen Kind nicht einmal bemerkt.

Bei Susanne, einem Mädchen mit atonisch-astatischem Syndrom wurden diese Krämpfe von der Mutter sehr bald erkannt und konnten dann durch eine medikamentöse Behandlung eingestellt werden.

Als Susanne im Alter von acht Monaten in unser Zentrum kam, zeigte der Reflexstatus folgendes Bild:

- die tonischen Reflexe blieben ohne Reaktion,
- die Stehreaktion war negativ, man spricht von der Astasie,
- der Galantreflex, ebenso wie die Greifreflexe waren negativ,
- die primären Mundreflexe begannen mit dem verzögerten Saugreflex, jedoch lag die Zunge unbeweglich im Mund, die Schluckreaktion war verzögert,
- die Kaureaktion und seitliche Kieferverschiebung war nicht möglich,
- die Stellreaktionen blieben wegen der mangelnden Kopf-Rumpf-Kontrolle aus,
- die Abstützreaktion fehlte,
- die Moro-Reaktion war nicht auslösbar,
- alle Lagereaktionen blieben in ihren Antworten im ersten Trimenon, zeigten die deutliche Hypotonie jedoch ohne motorische Attacken.

Susanne hatte noch mit einem Jahr keinerlei Motivation zu einer Eigenbewegung. Sie konnte nicht aktiv greifen, nicht kauen und hatte keinerlei Interesse an ihrer Umwelt. Die Differenzierung von Personen blieb aus, dadurch auch die typische „Fremdelphase", die ja durch die Differenzierung von fremd und vertraut erst einsetzen kann. Mit zwei Jahren begann Susanne zu drehen und sich durch das Zimmer zu rollen, aber ohne ein Ziel zu verfolgen.

Mit drei Jahren konnte sie sitzen und den Kopf in der Senkrechten halten, sie begann jetzt, sich nach Stimmen und lauten Geräuschen umzusehen, verlor aber sofort das Interesse, wenn das Geräusch aufhörte.

Mit vier Jahren zog Susanne sich in den Vierfüßlerstand hoch, krabbelte und begann später, an einer Hand gehalten, zu laufen. Das Gangbild war staksig, da sich der Tonus in den Beinen, wie es für das Bild typisch ist, mit der Aufrichtung deutlich erhöhte. Auch die Eigenreflexe der Beine waren jetzt gesteigert, so der Patellarsehnenreflex (PSR) und der Achillessehnenreflex (ASR). Es kam sogar zeitweise zur erheblichen Überstreckung der Beine mit einer Spitzfußstellung, die jedoch nie lange bestehen blieb und daher nicht kontrakt werden konnte. Diese Tonuserhöhung erklärt sich dadurch, daß die gesamte Stabilisation eben noch nicht ausreichend gesichert war für den Stand, und daß Susanne nur mit Hilfe der Tonuserhöhung stehen konnte (Pseudohypertonie).

Durch den vergrößerten Aktionsradius, den Susanne heute hat, beginnt sie sich zu interessieren. Sie greift nicht nur nach Gegenständen, die ihr „in die Hand fallen" sondern geht zu einigen wenigen bevorzugten Spielsachen auch hin. Sie greift sie und betrachtet sie, nimmt sie in den Mund. Die Handmotorik ist so weit, daß Susanne wirklich etwas festhalten kann, übrigens auch sich selbst, was sie in unsicheren Situationen immer wieder tut. Die Mundmotorik ist so gut tonisiert, daß der Mund meist geschlossen ist, Susanne kann lutschen, trinkt aus der Tasse, beginnt etwas zu kauen und ißt nicht mehr nur flüssige Nahrung, wenn sie auch immer noch weiche Breie bevorzugt.

Susanne reagiert jetzt auf die Stimme der Mutter und zeigt das durch Hinwenden und Lachen: Sie freut sich, wenn man mit ihr spricht und spielt. Es ist aber nicht immer auszumachen, wieviel sie von den Reizen ihrer Umwelt wahrnimmt. Ihre geistige Behinderung ist erheblich, ein Sprachverständnis ist nicht zu erkennen. Sie reagiert eher auf den Tonfall in einer Stimme, also auf die Musik, als auf die gesprochenen Worte. Auch sonst liebt sie Töne sehr und wird deutlich aktiver, wenn Musik spielt.

Der Therapieansatz richtete sich nach dem sehr niedrigen Entwicklungsniveau:

190

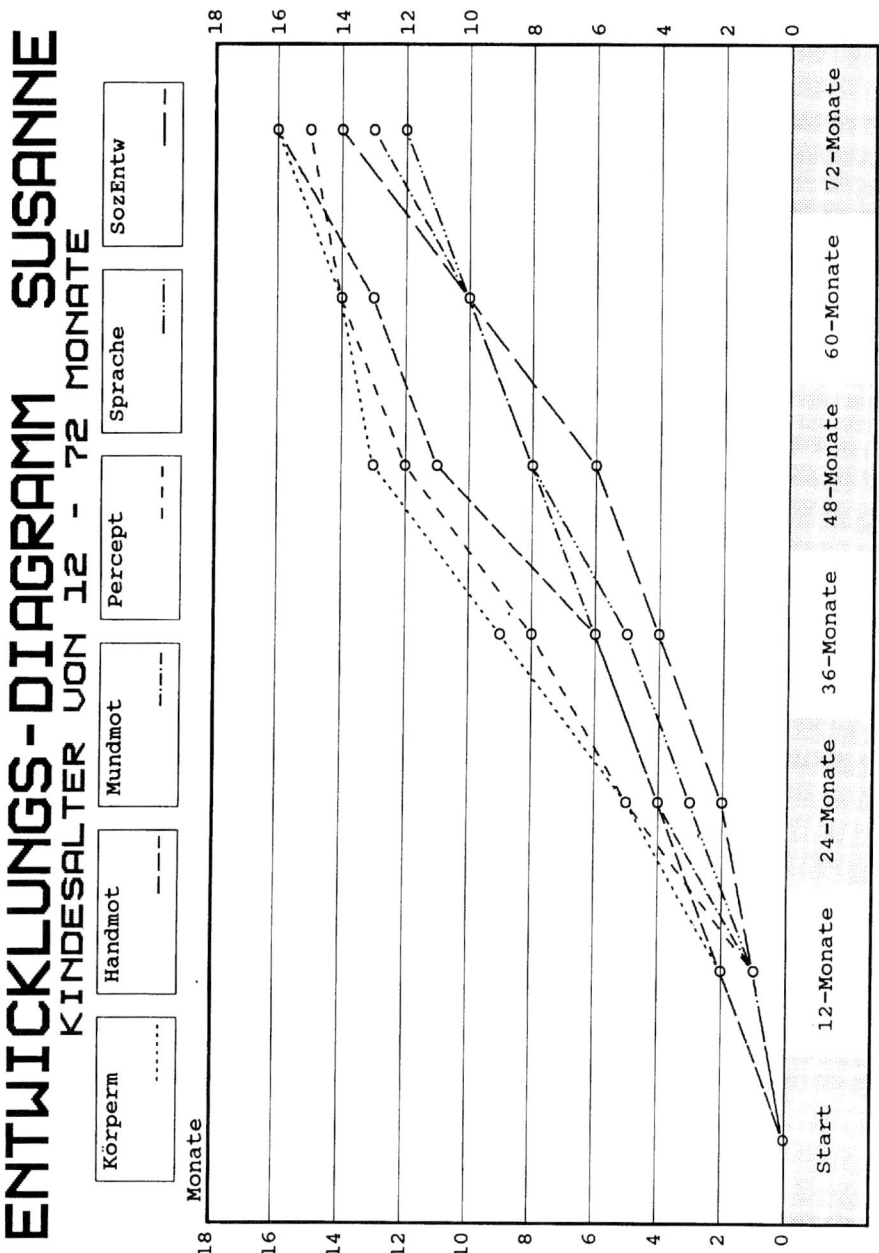

Abb. 54: Entwicklungsdiagramm von Susanne, einem Mädchen mit atonisch astatischem Syndrom. Auf eine Relation zur Normalentwicklung wird wegen der Schwere der Behinderung verzichtet

- basale Stimulation aller Wahrnehmungsbereiche,
- Mundtherapie mit Kauanbahnung,
- Stabilisation der Kopf-Rumpf-Kontrolle,
- Aufrichtung fördern, wenn der Rumpf genug stabilisiert ist, da die Eigenmotivation zur Aufrichtung fehlt!
- Bahnung der Handmotorik zum Greifen und Einbau der Greiffunktion in erste „Handlungen",
- Intensive heilpädagogische Förderung und Spielanbahnung.

16.4 Die Hypotonie beim Kind mit Down-Syndrom

Der Verdacht des Down Syndroms ergibt sich in der Regel sofort nach der Geburt bei der ersten oder zweiten Basisuntersuchung. Die Diagnose wird dann durch eine Chromosomen-Untersuchung humangenetisch abgeklärt, so daß die Kinder mit Down Syndrom früh in eine Behandlung kommen, manchmal vielleicht zu früh, wenn die Eltern noch nicht in der Lage sind zu behandeln, die Therapeuten aber schon fördern wollen.

Zu dem Down-Syndrom gehören mehrere Symptome, auf die ich in diesem Rahmen nicht im einzelnen eingehen will: Es gibt darüber vielfältige und gute Fachliteratur. Ich beschränke mich hier bewußt auf die muskuläre Hypotonie und ihre Auswirkung auf die Entwicklung des Kindes.

Die frühe Diagnose, das Wissen um die intellektuelle Beeinträchtigung und das Wissen um die Wichtigkeit der Frühtherapie bringt manche übereifrigen Therapeuten schon in den ersten Wochen dazu, mit den Kindern krankengymnastisch, heilpädagogisch oder ergotherapeutisch zu arbeiten. Dabei wird vergessen, daß jedes Kind, auch das Kind mit Down-Syndrom, sich zunächst auf der Welt zurechtfinden muß nach der großen Umstellung der Geburt (Re-Organisation). Dafür braucht es auch Ruhe, nämlich 20 Stunden Schlaf.

Die Eltern brauchen in dieser Zeit Hilfe im Umgang mit ihrem Kind und Hilfe im Umgang mit der Diagnose, vor die sie gestellt wurden. Auch sie brauchen jetzt keine Fördertherapie. Das Kind bringt in den ersten Lebenswochen wegen seiner Hypotonie die motorischen Voraussetzungen für eine pädagogische Förderung noch gar nicht mit. Wohlgemerkt, ich bin sehr für Frühförderung, aber nicht alles was früh ist, ist auch richtig und gut!

Der „Therapieansatz" in den ersten Monaten beschränkt sich auf die sensorische Stimulation durch den breiten Hautkontakt zu den Eltern. Dieser Hautkontakt wirkt nicht nur auf die Haut, sondern es wächst dadurch eine enge Beziehung zwischen Eltern und Kind. Durch Streicheln des Gesichtes werden die primären Mundreflexe stimuliert, genauso wie durch das Greifen der winzigen Hände bereits der Handgreifreflex gebahnt wird. Eltern machen so etwas intuitiv richtig, wir müssen ihnen nur zeigen, daß sie auch mit ihrem Kind mit Down-Syndrom ohne Angst umgehen können.

In der Zeit ungefähr ab dem vierten Monat kann mit der Förderung begonnen werden. Der genaue Zeitpunkt richtet sich jedoch nach dem Entwicklungsstand des einzelnen Kindes. Hier sind einige Aspekte der sensomotorischen Förderung dem Entwicklungsalter entsprechend aufgezeigt, die zunächst dem Kontinuum der ersten Monate entsprechen:

- Vestibuläre Stimulation über zunächst langsame, weiche Bewegungen, die dem Bewegtwerden aus der Intrauterinzeit gleichen.
- Tiefensensible Wahrnehmung durch Halt in der runden Stellung am Körper von Mutter oder Vater, dabei erfährt das Kind die wichtige Riechwahrnehmung, die ihm Sicherheit gibt.
- Akustische und optische Wahrnehmung, Blickbahnung mit Kopfwendung,
- Ellbogenstütz mit Faustschluß,
- Anbahnung der seitlichen Kieferbewegung / Kaureaktion, um die Zungengrundmuskulatur zu aktivieren.

Im Alter von ungefähr einem Jahr kann die Therapie erweitert werden:
- Sensorische Stimulation im Mundbereich,
- orofaciale Therapie für die Kieferstellung und den Mundschluß, evt. Mundplattenversorgung,
- Bahnung des radialen Handgriffs durch Sensibilisierung der Hände, dieser Ganze-Hand-Griff ist für die Entwicklung der Handfunktion und für das kräftige Zupacken besonders wichtig und bereitet den Spitzgriff vor. Der Pinzettengriff wird nicht geübt, da er nur als Übergangslösung zu sehen ist und leicht zur Überstreckung der Hand und damit zu mangelhafter Sensibilität führt,
- Stabilisation zur Aufrichtung des Rumpfes, Schlüsselpunkte sind hier die Schultern und die Hüfte,
- Tiefensensibler Gelenkdruck zur Bahnung des Körpergefühls und der Aufrichtung,
- Aufrichtung zum Stehen wird nicht provoziert, die Kinder haben genug Eigenmotivation, sich zu bewegen und aufzurichten, eine verfrühte Aufrichtung birgt die Gefahr des „Pseudohypertonus" in sich.
- Aufrichtung zum Vierfüßlerstand, den die Kinder spontan sonst häufig gar nicht einnehmen. Viele Down Kinder krabbeln von sich aus nicht, so daß ihnen die alternierende Schrittbewegung mit der verbundenen Körperrotation fehlt, und sie später unbehandelt den typischen tapsigen breitbeinigen Gang zeigen würden.

Die heilpädagogische Förderung beginnt, wenn die Kopfkontrolle das Verfolgen von visuellen und akustischen Reizen ermöglicht, und wenn die Schulter-Arm-Haltung so weit gesichert ist, daß die Hände greifen können, ohne in die ulnare Stellung auszuweichen.

Im weiteren Therapieverlauf bleiben die Mundtherapie, die Handmotorik, sowie die Stabilisation vorrangig. Später sind Funktionsübungen, Gleichgewichtstraining und die Psychomotorik angezeigt, um die erlernten Fähigkeiten in die Handlungen mit sich und mit der Gruppe sinnvoll zu integrieren.

Markus, ein bis dahin nicht behandeltes Kind mit Down-Syndrom zeigte im Alter von vier Jahren ein sehr typisches Bild.

Die Körpermotorik ist plump und verlangsamt, sein Gang ist breitbasig und ohne Rotation des Rumpfes. Die Füße werden nicht nach vorn sondern zur Seite gesetzt. Das Gleichgewicht ist auf dem Stand eines einjährigen Kindes. Markus kann nicht balancieren, das Treppensteigen gelingt nicht alternierend, er kann nicht springen, nicht auf einem Bein oder auf den Zehen stehen. Seine Hände sind breit, kraftlos und wenig strukturiert, sie ähneln den „Patschhänden" eines einjährigen Kindes. Markus greift im Pinzettengriff mit spitzen Fingern. Die Sensibilität der Hände ist gering, es besteht eine Überempfindlichkeit der Handinnenflächen. Die Arme werden ins Gangbild nicht alternierend mit einbezogen, sondern wedeln seitlich vom Körper ohne Koordination. Markus fällt oft hin und stürzt auf das Gesicht, weil er die Hände nicht schnell genug zum Abstützen nach vorn bringen kann.

Deutliche Störungen zeigen sich auch im Bereich der Mundmotorik und in der Mimik. Die Zungenspitze liegt durch die muskuläre Hypotonie vor den Unterzähnen, die Zunge wölbt sich aus dem Mund.

Durch diese jahrelange Zungenfehlstellung hat sich der Unterkiefer weit vorgeschoben, was wiederum die Zunge weiter vorkommen läßt. Es wurde bereits eine operative Verkürzung der „zu langen"? Zunge vorgeschlagen. Wir rieten den Eltern zunächst von diesem gravierenden Eingriff ab, weil dadurch die Geschmackswahrnehmung beeinträchtigt werden kann, und die Mundmotorik zusätzlich behindert wird. Hier ist eine Mundplatte kombiniert mit der aktiven Mundmotorik die erste Möglichkeit der Kiefer- und Zungenkorrektur. Durch diese Therapie gelang es auch, den Mundschluß dauerhaft zu halten und damit die Mimik entscheidend zu verbessern. Dieses „neue" Gesicht bewirkt, daß Markus heute von seiner Umwelt sehr viel offener und positiver angenommen wird, weil er jetzt nicht mehr auf den ersten Blick „so behindert" aussieht.

194

Denken wir an uns selbst: wie wichtig ist der erste Blick in das Gesicht eines anderen Menschen? Spricht es uns an, oder lehnen wir es ab? Ein Mensch, den wir „auf den ersten Blick" ablehnen, muß uns verbal schon sehr überzeugen, damit wir unser erstes Urteil revidieren. Die koordinierte Mundmotorik ist also nicht eine kosmetische Notwendigkeit, sondern eine Frage der Kommunikation und damit der Integration.

Markus ist noch in Behandlung, er nimmt an einer psychomotorischen Gruppentherapie teil und geht zum therapeutischen Reiten. Er besucht heute die Sonderschule und turnt und schwimmt.

Bewegung macht ihm heute große Freude.

16.5 Die Hypotonie der infantilen spinalen Muskelatrophie

Diese Erkrankung, benannt nach Werdning-Hoffmann, ist eine genetisch verankerte erbliche Erkrankung, bei der die gesamte Muskulatur mit der Zeit degeneriert und atrophiert, also ihre Funktion nach und nach verliert.

Die Symptome beginnen in einigen Fällen direkt nach der Geburt, sonst in der zweiten Hälfte des erstem Lebensjahres. Die Kinder sind hypoton, liegen mit angewinkelten Armen (Henkelstellung) und schlaff gespreizten Beinen. Aktive Bewegungen sind nur mit den Händen und Fingern möglich, wobei sehr feine (fibrilläre) Zuckungen auffallen. Nach Wochen oder Monaten wird die Atmung durch die Degeneration der Atemmuskulatur flach, die Kinder können nicht laut schreien, sie weinen nur leise. Später ist auch das Schlucken mitgestört.

Die Lebenserwartung ist nur sehr gering, sie richtet sich nach dem Fortschreiten der Symptome. Eine Therapie, die die Krankheit und ihre Progredienz aufhalten kann, ist zur Zeit nicht bekannt.

Diese Form der Hypotonie ist aber hier erwähnt, weil sie differentialdiagnostisch von den anderen Hypotonieformen abgegrenzt werden muß. Denn wir würden eher schaden als helfen, wenn wir hier die Stabilisationübungen, zum Beispiel der Hypotonie mit Entwicklungsstörung, anwenden würden.

Die Therapie setzt hier eher bei der Linderung der Symptome an:

- Lagerung zur Ermöglichung der Wahrnehmung im Raum durch Unterstützung der Kopfhaltung,
- Atemtherapie zur Erleichterung der Atmung,
- Kontrakturverhütung durch leichtes Durchbewegen in sicherer Ausgangsposition.

- sehr vorsichtig dosierte muskuläre Anspannung, eine Überanstrengung ließe die Muskulatur schneller degenerieren.
- wenn möglich, statische Aufrichtung von Rumpf und Kopfhaltung.

17. Befund

17.1 Diagnose und Befund

Befund und Diagnose, dies sind zwei Begriffe, die nicht durcheinander geworfen werden dürfen.

Die Diagnose heißt in der Wortübersetzung das „Erkennen der Krankheit". Sie ist Aufgabe des Arztes und beinhaltet:
- die objektive Anamnese, das heißt die medizinische Vorgeschichte der Zeit der Schwangerschaft und der Geburt,
- die subjektive Anamnese, die Schilderung der Eltern über die Entwicklung des Kindes,
- die Reflexuntersuchung zur Feststellung des Entwicklungsstandes und des Schweregrades der Störung,
- die notwendigen Zusatzuntersuchungen wie EEG, CTG, EMG, Labor- und genetische Untersuchungen, Röntgendiagnostik,
- die Aufklärung der Eltern und Verordnung der Therapie.

Nach der Diagnose kommen die Eltern nun in die Frühtherapie. Ich weiß, daß ich jetzt ein sehr heißes Eisen anfasse, ich werde es behutsam aber doch tun: aus Schilderungen von Eltern und von KollegInnen weiß ich, daß die Aufklärung für die Eltern, und die Weitergabe des Diagnoseergebnisses durch die Ärzte von sehr unterschiedlicher Art und Ausführlichkeit ist. Eine partnerschaftliche Zusammenarbeit zwischen Ärzten, Therapeuten und Eltern ist heute leider noch keine Selbstverständlichkeit. Immer noch stehen Eltern zwischen verschiedenen und teilweise gegensätzlichen Aussagen in dem Dilemma, nicht mehr zu wissen, wem von den Fachleuten sie nun glauben sollen.

Der Befund, der von uns FrühtherapeutInnen zu Anfang jeder Therapie und weiterhin halbjährlich gemacht wird, stellt nicht die Störung fest, sondern er hat eine weitergehende wichtige Bedeutung:
- ein guter Befund gibt den Eltern Klarheit und Sicherheit und bewahrt sie davor, glauben zu müssen,
- ein guter Befund erklärt durch die exakte Beurteilung folgerichtig den Therapieplan,
- ein guter Befund bringt unseren Therapieansatz „auf den Punkt", er erspart uns TherapeutInnen das Probieren, er erspart dem Kind eine Unter- oder Überforderung,
- ein guter Befund hilft den Eltern zu fragen, was sie vorher oft nicht gewagt haben zu fragen, weil sie meinten, zu wenig zu wissen, um fragen zu können,

- ein guter Befund ist für Eltern die beste Motivation zur Mitarbeit

Für diesen Befund habe ich einen Bogen entwickelt, der von uns Thera-peutInnen klare Aussagen fordert. Er besteht nur aus zwei Seiten, da ich in der praktischen Arbeit immer wieder gesehen habe, daß bei sechs Seiten langen Befunden doch nur noch die Zusammenfassung gelesen wird. Der Doppelbogen läßt nicht viel Platz für die Erzählform, und wir gewöhnen uns an kurze präzise Aussagen. Durch die vorgedruckte Form werden die wichtigen Reflexe und Beobachtungen abgefragt, so daß nichts vergessen werden kann.

ME – BEFUND

Mehrdimensionale Neurophysiologische **E**ntwicklungstherapie

Name	Alter
Befund	TherapeutIn

Diagnose /Schilderung der Eltern
Bauchlage/Vfstd
Rückenlage/Sitz
Aufrichtung/Fortbewegung

TLR	Hinwendereflex
ATNR	Saugreflex
STNR	Schluckreaktion
Moro-Reaktion	Kaureaktion
Stehreaktion I	Stellreaktionen:
Stehreaktion II	Kopf/Körper
Handgreifreflex	Kopf/Raum
Fußgreifreflex	Körper/Körper
Abstützreaktion	Greifalter

TLR	Hinwendereflex
ATNR	Saugreflex
STNR	Schluckreaktion
Moro-Reaktion	Kaureaktion
Stehreaktion I	Stellreaktionen:
Stehreaktion II	Kopf/Körper
Handgreifreflex	Kopf/Raum
Fußgreifreflex	Körper/Körper
Abstützreaktion	Greifalter

Traktion
Landau
Axillare Hängereaktion
Seitkippreaktion
Collis Horizontal
Peiper Vertikal
Collis Vertikal
Besonderheiten: Tonus/Körpermotorik/Handmotorik/Mundmotorik/Wahrnehmung
Therapieansatz:

Datum/ Unterschrift:

17.2 Hören, Sehen, Spüren – Unsere Wahrnehmung im Befund

Im Folgenden sollen anhand des Befundbogens die verschiedenen Aspekte der Beobachtungen dargelegt werden:

Die Diagnose, die der Arzt uns schriftlich oder mündlich mit der Verordnung übermittelt, wird uns auch von den Eltern geschildert. Wir hören dann eine subjektive Schilderung dessen, was die Eltern in der Angst- und Spannungssituation aufnehmen und akzeptieren konnten. Die richtige Einschätzung dieser Informationen ist von großer Bedeutung für das Gespräch, das wir am Schluß des Befundes mit den Eltern führen.

Die Schilderungen der Eltern über ihr Kind und die Besonderheiten, die ihnen aufgefallen sind, sind aber auch deshalb so wichtig, weil die Eltern ihr Kind ja bereits wochen- oder monatelang beobachtet haben, bevor sie zu uns kommen. Oft sind es daher die Eltern, die ÄrztInnen und TherapeutInnen mit ihren Schilderungen helfen.

Wir beobachten den motorischen Entwicklungsstand, die Haltung, die Aufrichtung aus der Bauch- und Rückenlage sowie die Art der Fortbewegung. Den ersten Eindruck bekommen wir, wenn die Eltern das Kind in den Raum tragen. Wieviel Unterstützung geben sie für die Kopfhaltung? Kann das Kind auf der flachen Unterlage liegen oder ist es nur in der gebeugten intrauterinen Haltung auf dem Schoß der Mutter ruhig? Das alles sehen wir schon, während die Eltern uns noch den Grund ihres Besuches schildern.

Bei der Beobachtung der Ausgangsstellung und der Fortbewegung fragen wir uns zunächst:

- was kann das Kind? Denn das ist für die Wahl unserer Ausgangsstellung wichtig. Wie nutzt das Kind seine Möglichkeiten? Traut es sich, aktiv zu sein?
- In welcher Entwicklungsphase befindet es sich? Immer geht es bei unserer Beobachtung darum, wie wir das Lernen des Kindes unterstützen können.
- Ist der Entwicklungsstand kongruent oder weicht er in bestimmten Merkmalen deutlich ab? Es ist nicht sinnvoll, nur nach dem zu suchen, was das Kind falsch macht, sondern wir müssen nach dem „Normalen" suchen, das heißt, herausfinden, auf welcher Entwicklungsstufe sich das Kind sicher bewegen kann, um später hier unsere Therapie ansetzen zu können.

Betrachten wir nun das Kind in der *Bauchlage* gezielt auf folgende Fragen hin:

- Bestehen Asymmetrien, Schulterhochstand / Beckenschiefstand?
- Wie sieht das Relief der Rückenmuskulatur aus?
- Zeigt die Wirbelsäule eine symmetrische oder skoliotische Haltung?
- Liegen die Beine in Abduktion oder Adduktion, ist der Symphysenstütz positiv?
- Wie ist die Kopf- Rumpfhaltung, welches ist die bevorzugte Haltung? Vorsicht! Visuelle oder akustische Reize zum Beispiel durch die Eltern, die sich von einer Seite dem Kind zuwenden, beeinflussen die Kopfhaltung. Bei kleinen Säuglingen müssen wir beachten, daß sich mit der Änderung der Kopfhaltung stets die gesamte Rumpfhaltung ändert, weil die Kopfrotation noch nicht separiert werden kann, wie wir aus der Entwicklung der Körpermotorik wissen.

Die Rückenlage zeigt uns, ob die Kopfhaltung symmetrisch oder asymmetrisch ist, ob eine Seite bevorzugt wird und ob der Kopf in den Nacken gezogen wird zum Opisthotonus.

- Liegt das Kind in Rückenlage noch im ATNR, oder in spontaner Moro-Reaktion?
- Wie kann es in Rückenlage die Arme benutzen?
- In welcher Phase der Entwicklung ist die Handmotorik?

Wie erfolgt die *Aufrichtung und Fortbewegung*? Die Angabe: „stellt sich hin" ist nicht genug! Interessanter ist, wie sich das Kind hinstellt, in welchem Muster und in welcher Aufrichtungsphase

- Bestehen Asymmetrien?
- Rollt das Kind en bloc, mit Rotation, oder kippt es noch um?
- Ist die Fortbewegung beim Robben alternierend?
- Krabbelt es alternierend oder benutzt es den „Hasenhüpfer"?
- Steht es über den „Klimmzug" auf oder über die sekundäre Stehreaktion von den Fersen aus?

17.3 Was sagen uns die Reflexe?

Zu Beginn der Untersuchung erklären wir den Eltern, daß wir die Reflexe prüfen, um damit den genauen Stand der Entwicklung und damit unseren Therapieplan exakt festlegen zu können. Wir erklären, daß wir jetzt schon durch die Reflexantworten spätere Bewegungsstörungen erkennen und durch die Förderung vermeiden können.

Um die Eltern nicht zu beunruhigen, müssen wir ihnen auch erklären, was bei einer Reflexprüfung „positiv und negativ" heißt; daß bestimmte Reflexe zunächst positiv und im Laufe der späteren Entwicklung negativ sind und umgekehrt. Eltern beobachten sehr genau, wenn wir bei der Prüfung der tonischen Reflexe eines sechs Monate alten Kindes immer wieder das Zeichen 0 für negativ schreiben und werten „negativ" als schlecht. Wir müssen deshalb die Zusammenhänge aufklären, damit gleich zu Beginn des Befundes eine angstfreie Situation entstehen kann.

Wir haben uns in unserem Befund auf die Reflexe beschränkt, die für unsere Therapie aufschlußreich sind. Ein praktischer Tip: der Therapeut sollte sich nicht nach jedem Reflex von dem Kind abwenden, um die Reaktion zu notieren, auch wenn es ihm am Anfang schwerfällt, mehrere Reaktionen selbst im Kopf zu behalten bevor sie aufgeschrieben werden. Der Befundbogen aber ist so eingerichtet, daß Pausen zum Notieren gemacht werden können, in denen die Eltern das Kind halten können.

Bei Prüfung der tonischen Reflexe ist zu beachten, daß sie langsam ausgeführt werden, da sonst bis zum 4.- 5. Monat immer wieder die Moro-Reaktion alle anderen Reaktionen überlagert.

Der *TLR (Tonische Labyrinthreflex),* die totale Beugehaltung in der Bauchlage, ist leicht erkennbar, schon wenn das Kind auf dem Tisch liegt. Kann das Kind den Nacken strecken, ist der TLR negativ.

Der *ATNR (Asymmetrisch-tonische Nackenreflex)* ist auslösbar in Rückenlage durch langsame, passive Kopfdrehung bei Fixierung des Rumpfes. Vorsicht: eine schnelle Kopfdrehung bewirkt eine en bloc Drehung! Ab dem 4. Monat kann man über einen visuellen Reiz eine aktive Kopfdrehung bis zu ca. 40 Grad auslösen. Dann ist der ATNR nämlich in der Regel nur noch als Beugung im Hinterhauptarm zu sehen. Ab dem 6. Monat ist diese Beugung ein Feinzeichen auch für eine beginnende leichte Hemiparese.

Der *STNR (Symmetrisch-tonischer Nackenreflex)* kann ebenfalls aus der Rückenlage geprüft werden. In Mittelstellung des Rumpfes wird der Kopf passiv langsam angehoben. Bei schneller Auslösung erfolgt die totale Beugung, die wir von dem TLR als Ausdruck der Fallangst kennen. Die Antwort bei der Kopfhebung ist die Beugung der Arme bei gleichzeitiger Beinstreckung, wobei die Armreaktion meist deutlicher zu sehen ist. Die Streckung mit Überkreuzen (Cross) der Beine ist schon sehr früh ein Zeichen einer diparetischen Entwicklung.

Die Moro-Reaktion. Wieder zunächst einmal Vorsicht! Ein Säugling in frühem Alter braucht nicht viel Reiz, um die Moro-Reaktion zu zeigen. Das

Schlagen auf den Tisch mit beiden Händen oder das abrupte Sinkenlassen des Kopfes führt nicht nur zur Moro-Reaktion sondern bewirkt, daß das Kind während des restlichen Befundes schreit und künftig womöglich sehr empfindlich auf Bewegtwerden reagiert. Bei ängstlichen Kindern ist es oft sinnvoll, sie nach Auslösung der Moro-Reaktion kurz aufzunehmen, um ihnen wieder die Sicherheit des Gehaltenwerdens zu geben.

Die erste Stehreaktion kann aus der Position des Schreitreflexes leicht ausgelöst werden. Die persistierende erste Stehreaktion nach dem 3. Monat ist Ausdruck einer Hypertonie in den Beinen. Bei Kindern mit diparetischer Bewegungsstörung bleibt sie bestehen und wird benutzt, um Aufrichtung und Gehen zu versuchen.

Die fehlende *zweite Stehreaktion* nach dem 6. Monat ist Ausdruck einer muskulären Hypotonie. Das plötzliche „Einbrechen" der Beine aus der Stehreaktion nach dem siebten Monat zeigt eine athetoide Entwicklung.

Hier sei der Unterschied zwischen der primären und sekundären Stehreaktion noch einmal sehr deutlich gemacht: Die primäre Reaktion erfolgt ohne Hüftaufrichtung, das „Stehen" geschieht mit Innenrotation und Adduktion der Beine auf den Fußspitzen. Die zweite Reaktion dagegen beginnt ab dem 7. Monat, im zweiten Streckstadium, wenn sich das Kind von den Fersen aus zum Stehen hochdrückt.

Aus der Rückenlage können wir den *Handgreifreflex* prüfen. Dabei achten wir auf die symmetrische Kopfhaltung, da bei Kopfwendung der ATNR die Antwort des Greifreflexes verfälscht.

Therapeuten haben oft geradezu Angst vor den Greifreflexen und denken vorwiegend daran, wie sie zu verhindern sind. Aus welcher „Evolutionsstufe unserer Ausbildung" ist uns diese Angst geblieben? Sicherlich sind persistierende Greifreflexe ein deutliches Zeichen einer Entwicklungsstörung, aber der Greifreflex ist auch ein wichtiger Entwicklungsschritt der ersten Monate. Warum sprechen so viele TherapeutInnen von der Wichtigkeit der gestreckten Finger beim Kind? Sie selbst haben die eigenen Finger und Hände fast nie gestreckt. Unsere wichtigste Handfunktion, das Greifen geschieht mit der Beugung von Hand und Fingern.

Bei Prüfung der *Fußgreifreflexe* werden die Daumen leicht unter die Fußzehen gegen die Ballen gedrückt. Die Zehen greifen dann unsere Daumen. Kinder mit Hypertonie zeigen ab dem zweiten Streckstadium keine Fußgreifreflexe mehr, obwohl sie physiologisch bis zum 10. bis 12. Monat auslösbar sein sollten. Wir alle benutzen heute noch „Reste" der Fußgreifreflexe, um beim Gehen den Fuß federnd abrollen zu können. Menschen, die diese Greiffunktion der Füße nicht vollbringen können, müssen Metallfedern in die Schuhe eingebaut bekommen, weil sie sonst nur ein plumpes Gangbild erreichen können. Die Phase der Fußgreifreflexe ist also Vorbereitung auf den federnden Gang. Wir sollten uns also davor hüten, die Zehen passiv zu dehnen, um Fußgreifreflexe abzubauen.

Die Abstützreaktion zeigt ab dem sechsten Monat das sichere Abstützen der Hände vor dem Körper beim Fallen. Sie wird möglich, wenn die Arme aus Bauch- und Rückenlage nach vorn gestreckt werden. Sie überlagert die totale Beugestellung des Körpers, die alte Fallreaktion. Diese Fallreaktion bleibt aber für den „Notfall" noch erhalten und ermöglicht uns das Abrollen nach dem Sturz. Wenn dieses Abrollen nicht erfolgt, und die Stützreaktion mit der Armstreckung unsere einzige Reaktion bei einem heftigen Sturz bleibt, kommt es zu der typischen Fallverletzung, der Unterarmfraktur. Die verschiedenen Reaktionen beim Abstützen zeigen deutlich die Art der Koordinationsstörung. In den Abbildungen der verschiedenen Abstützreaktionen sehen Sie selbst, welche Tonuslage zu welchem Foto paßt.

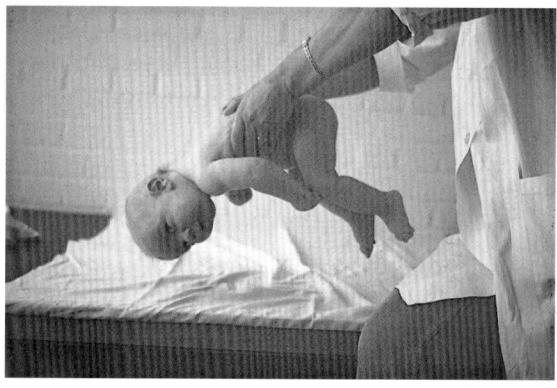

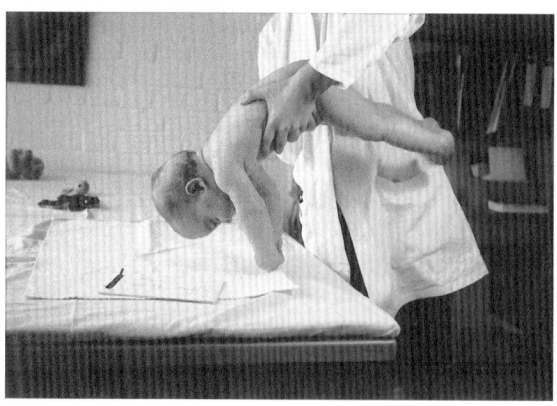

Abb. 55a und b: Abstützreaktion von Säuglingen im Alter von sechs Monaten in verschiedenen Tonuslagen

Die Mundreflexe sind im Kapitel der mundmotorischen Entwicklung bereits beschrieben. Sie müssen nicht in jedem Fall einzeln geprüft werden. Wenn zum Beispiel ein sechs Monate altes Kind problemlos essen und nuckeln kann, sind die Mundreflexe sicherlich nicht pathologisch. Sie sind aber relevant bei der Untersuchung von kleinen Säuglingen und Kindern mit schweren Koordinationsstörungen.

Im Regelfall, das heißt beim Befund eines fünf bis sechs Monate alten Säuglings genügt es, die Kaureaktion zu prüfen. Legt man den Finger seitlich auf die Zahnleiste, wird das Kind darauf kauen. Wenn es das auf beiden Seiten tut, kann es den Kiefer bereist seitlich bewegen. Die Zunge liegt dann unten im Mund und der Saugreflex ist überwunden. Wenn das Kind dann trotzdem an seinen Fingern saugt, so tut es dies nicht reflexogen, sondern aus Lust am Nuckeln. Sehen Sie vorher nach, ob das Kind schon Zähne hat, denn sie sind unglaublich spitz und können empfindlich weh tun und bei Ihnen ungewollte Fluchtreaktionen hervorrufen!

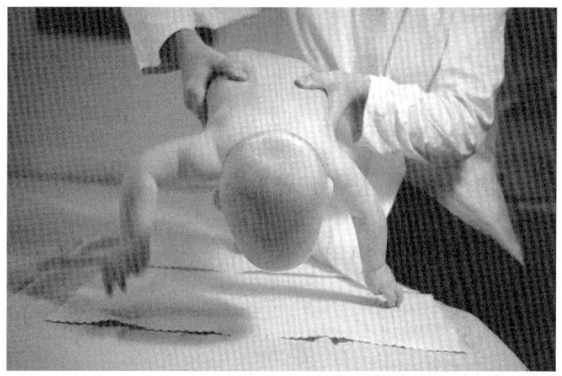

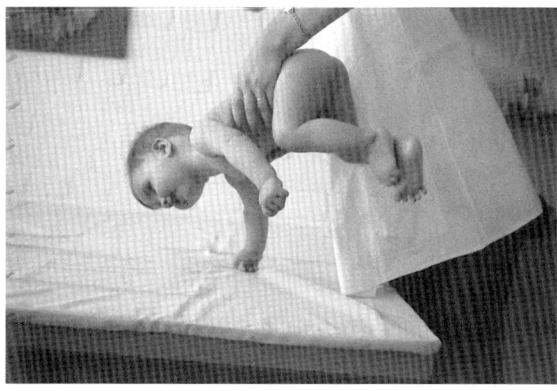

Abb. 55c und d: Abstütz-reaktion von Säuglingen im Alter von sechs Monaten in verschiedenen Tonuslagen

Um herauszufinden, ob der Würgereflex sich schon „zurückgezogen" hat oder noch weit vorn auf der Zungenspitze auslösbar ist, fragen wir die Eltern, ob das Kind schon gröbere Kost ißt und ob es schon selbst Dinge in den Mund steckt. Wenn es das tut, baut es seinen Würgereflex selbst langsam ab.

Alle Mundreflexe können bei unruhigen Kindern übrigens auch geprüft werden, wenn das Kind auf dem Schoß der Mutter sitzt.

Die Stellreaktionen lösen die tonischen Reflexe ab. Sie sind also positiv ab dem 5. bis 6. Monat.

Bei der *Kopfstellreaktion auf den Körper* richtet sich der Kopf in seiner Stellung harmonisch zum Körper aus. Man kann das in verschiedenen Ausgangsstellungen und Bewegungsabläufen sehen. So wird bei der Drehung aus der Rücken- in die Bauchlage die Kopfstellung sich der Drehung anpassen, ebenso wie der Körper der Kopfbewegung folgen wird.

Die Kopfstellreaktion zum Raum zeigt sich dadurch, daß das Baby seinen Kopf ab dem zweiten Beugestadium immer so ausrichten wird, daß er senkrecht zum Raum steht. Selbst in der Hängelage, an den Füßen gehalten, wird es versuchen, sich im Raum auszurichten, indem es den Kopf in den Nacken streckt, so wie wir den Kopf im Handstand halten würden. Man kann das Baby auch aus der senkrechten Rumpfschwebehaltung langsam zur Seite neigen, es wird den Kopf separiert vom Rumpf in der Senkrechten halten.

Die Körperstellreaktion zum Körper zeigt die Interrotation zwischen Schulter und Hüfte. Beginnt man ein Baby aus der Rückenlage von einem gebeugten Bein aus langsam auf die Seitlage zu drehen, beendet es die Drehung in die Bauchlage von selbst, indem die Schulter der Hüftdrehung folgt. Diese „schraubenförmige Drehung" löst die „en bloc Drehung", das Umkippen der früheren Entwicklungsstufe ab. Die dabei beginnende Interrotation ist eine wichtige Voraussetzung für die vielen Diagonalbewegungen, die wir brauchen, angefangen von der Armbewegung über die Körpermitte bis zum alternierenden Gehen.

Wenn Sie mit großen Schritten gehen und lustig mit den Armen pendeln, merken Sie deutlich, daß Sie im Kreuzgang gehen also Arme und Beine gegeneinander bewegen. Sie tun dies, weil Sie es phylogenetisch erlernt haben und vom Robben über das Krabbeln bis zum Gehen ontogenetisch geübt haben. Bei jedem Schritt vollziehen sich viele kleine Drehbewegungen in ihrer Wirbelsäule. Würden Sie öfters so laufen oder krabbeln, hätten Sie übrigens weniger Rückenschmerzen. Wer versucht, mit gleichseitiger Arm- und Beinbewegung zu laufen, hält dabei jeweils seine Wirbelsäule en bloc und bewegt sich im Paßgang. Kamele laufen so!

17.4 Die sieben Lagereaktionen

In seinem Buch „Die cerebralen Bewegungsstörungen im Säuglingsalter" hat Vojta die Lagereaktionen genau beschrieben. In dem Abdruck der übersichtlichen Tabelle sind die Technik des Reflexauslösens sowie die altersgemäße Einstufung der Reaktionen zu sehen.

Hinzufügen möchte ich nur Folgendes: die Lagereaktionen sind Reaktionen auf schnelle, nicht aber auf abrupte Lageveränderungen. Denn auch bei den Lagereaktionen ist eine Beurteilung erschwert, wenn das Kind stark erregt ist und schreit, da sein Tonus dann insgesamt stark erhöht ist.

Für unseren Befund sind die Lagereaktionen ein wichtiger Aspekt, jedoch nicht die vollständige Beurteilung. Auch Lajosi und Bauer schreiben dazu: „Vojta hat häufig genug darauf hingewiesen, daß die Lagereaktionen lediglich empfindliche Indikatoren für die Koordination innerhalb des zentralen Nervensystems sind."

Was erfahren wir durch die einzelnen Lagereaktionen für unseren Befund?

Die Traktions-Reaktion zeigt deutlich die Phase der Kopf-Rumpf-Haltung, eine eventuelle Asymmetrie oder Tonusstörung in den Beinen und Armen.

Die Landau-Reaktion zeigt die Haltung und Stabilisation des Rumpfes, wobei auf den „Pseudolandau" zu achten ist, der durch die Überstreckung des gesamten Körpers mit der opisthotonen Kopfhaltung imponiert.

In der *Axillaren Hängereaktion* sehen wir die Entwicklungsphase der unteren Extremität, die Phase der primären oder sekundären Stehreaktion. Wir finden Hinweise auf eine beginnende diparetische Entwicklung.

Die *Seitkippreaktion nach Vojta* ist eine am Anfang schwer zu beurteilende Reaktion, da in Sekundenschnelle die Kopf- Rumpfhaltung und die Reaktionen von den Armen und Beinen gesehen werden sollen. Vojta rät, zunächst auf die obere Extremität zu achten, in der anfangs die Mororeaktion, dann die Beugeantwort der Babypuppenzeit und später die Stützreaktion des 2. Streckstadiums zu sehen ist.

Die Horizontale Hängereaktion nach Collis zeigt uns die cranio- caudale Entwicklung der Stützreaktion mit ihren möglichen Abweichungen. Im 2. Beugestadium beginnt das Stützen auf der Hand, erst im 2. Streckstadium stützt auch der Fuß.

Die Vertikale Hängereaktion nach Peiper/Isbert zeigt den entwicklungsgemäßen Ablauf der Kopf-Rumpf-Streckung sowie der Stützfunktion der Arme. Hier sind die asymmetrische Kopfhaltung, die Verziehung des Rumpfes zu einer Seite und die einseitige Armhaltung auffällig.

Die Vertikale Hängereaktion nach Collis zeigt insbesondere bei einer diparetischen Entwicklung die pathologische Streckreaktion eines oder beider Beine.

17.5 Besonderheiten der sensomotorischen Entwicklung

Nach der Kenntnis der Reflexe und dem Wissen um die Entwicklungsschritte, die jedes Kind geht, kann ich nun kurz formuliert die Auffälligkeiten in den Entwicklungbereichen schildern:

- Ist die Körpermotorik harmonisch oder partiell retardiert?
- Wie ist der Gesamttonus?
- Welche Asymmetrien zeigen sich?
- Wie ist die Schulter-Arm-Hand-Koordination oder Diskoordination?
- Welche Greifphase benutzt das Kind?
- Wird eine Hand bevorzugt?
- Zeigen sich Auffälligkeiten in der Kopfhaltung?
- Wie ist der Tonus der mimischen Muskulatur?
- Sind Fehlhaltungen der Kieferstellung zu sehen?
- Fällt eine starke Salivation oder mangelnder Mundschluß auf?
- In welcher Vokalisationsstufe befindet sich das Kind?

Den Bereich der Wahrnehmung können wir teils durch den Befund beurteilen, teils durch Schilderungen der Eltern erfahren:

- Ist das Kind besonders schreckhaft?
- Läßt sich das Kind gern anfassen (Taktil)?
- Bestehen Überempfindlichkeiten bei Geruch und Geschmack?
- Wie reagiert das Kind auf vestibuläre Reize (Bewegtwerden)?
- Wird es gern gehalten, gedrückt (Tiefensensibel)?
- Reagiert das Kind zu wenig auf Reize = Unterempfindlichkeit?
- Welche Wahrnehmungsbereiche sind auffällig?

Bedenken wir dabei immer: Empfindlichkeit ist nicht mit Sensibilität gleichzusetzen! Eine Überempfindlichkeit wie auch eine Unterempfindlichkeit zeigen eine sensorische Integrationsstörung an. In diesem Fall sollten wir die Wahrnehmung gut beobachten und uns gegebenenfalls Hilfe holen bei KollegInnen mit einer SI-Ausbildung.

17.6 Zusammenfassung und Therapieansatz

Hier kann alles notiert werden, was uns besonders wichtig erscheint und was sonst vielleicht nirgends Platz fand. Außerdem: was ist bei diesem Kind besonders gut? Ganz bewußt sollten wir hier von dem positiven Ansatz ausgehen, um einen Einstieg in unsere Förderung zu finden:

• Was kann das Kind sicher?
• Welcher Therapeutische Schritt hilft dem Kind in seiner Entwicklung?
• Wie werde ich die Ausgangsstellung wählen?
• Worauf setze ich also mein Hauptmerkmal in der Förderung?
• Auf welche Ausweichbewegungen oder Instabilitäten muß ich achten?
• Was können die Eltern in ihrer Situation an Mithilfe leisten?

Der Befund wird immer im Beisein der Eltern durchgeführt und ihnen abschließend erklärt. Anhand einiger Reflexantworten, zum Beispiel der Abstützreaktion, kann die Behandlungsnotwendigkeit von allen Eltern verstanden werden. Sie sind nicht auf das Glauben angewiesen, sie werden nicht durch lateinische Diagnosen und prognostische Drohbilder in Angst und Schrecken versetzt.

Aufgeklärte Eltern können jeden unserer Schritte in der Therapie nachvollziehen, und so sicher mitarbeiten. Sie fördern ihr Kind dann nicht, weil wir es sagen, sondern weil sie wissen, was sie tun.

Eine Mutter kam kürzlich zu mir und sagte nach einer langen Schilderung, was ihr Kind alles falsch macht und warum sie zu uns geschickt wurde: „Und ich dachte bis jetzt, wir hätten so ein tolles Kind." Da half auch mein Einwand, daß es doch ein tolles Kind sei, zunächst nicht wirklich. Entscheidend für diese Mutter war der Befund. Erst, nachdem sie genau wußte, was ihr Kind alles konnte, welche Reaktionen noch nicht altersgemäß waren und wie sie ihrem Kind helfen konnte, wußte sie wieder, daß sie ein tolles Kind hatte.

Am Anfang diese Kapitels habe ich einige Kriterien aufgezählt:

• ein guter Befund...., dazu noch zwei Sätze:
• ein guter Befund mit der Besprechung der offenen Fragen dauert ungefähr eine Stunde
• ein guter Befund schafft eine Vertrauensbasis zwischen Eltern und TherapeutIn und ermöglicht eine erfolgreiche Förderung.

18. Ideen zum Lernen

Warum steht etwas über Lernen in einem Buch über Frühtherapie? Lernen bedeutet doch für die meisten von uns: Schule, Vokabeln und Büffeln. Lernen ist aber ein viel differenzierterer Vorgang, der wie unsere Gesamtentwicklung bereits in der Evolution verankert ist.

18.1 Das phylogenetische und das ontogenetische Lernen

Das phylogenetische Lernen, also unser ererbtes Lernen betrifft die Reflexe, die uns in der Entwicklungsgeschichte sehr nützlich waren und heute noch sind. Dazu gehören die primären Körperreflexe, wie die Moro-Reaktion, der Greifreflex und Saugreflex, um nur einige wenige zu nennen. Dazu gehören aber auch die Eigenreflexe, wie der Patellarsehnenreflex mit seiner Streck- und Haltungsfunktion und nicht zuletzt die Fluchtreflexe als früh erlernte und schnelle Schutzmaßnahmen. Prof. Henatsch nennt den Fluchtreflex daher „unser aus der Evolution erlerntes Problemlösungsverhalten". Solche aus der Phylogenese erlernten Muster geben uns Sicherheit in unserem Bewegungsverhalten, weil sie stets verfügbar sind. Sie sind subkortikal gebahnt, wir brauchen über sie nicht nachzudenken.

Ein Beispiel dafür ist unsere Beuge- und Schutzhaltung. Bei Gefahr werden wir den Kopf einziehen und Schultern und Rücken gebeugt hochziehen, um den Kopf zu schützen. Eine sinnvolle Maßnahme, wenn uns ein Ast vom Baum auf den Kopf fällt. Wir zucken aber auch zusammen, wenn wir einen lauten Knall hören, oder wenn wir durch eine Nachricht erschreckt werden. Vester hat festgestellt, daß der Mensch sich sogar zusammenkrümmt, also seine Beugermuskulatur anspannt, wenn im Fernsehen ein Auto scheinbar auf ihn zufährt. Hier ist das phylogenetische Muster stärker als das ontogenetische Wissen. Denn selbstverständlich wissen wir genau, daß das Auto nicht wirklich aus dem Fernseher heraus in unser Wohnzimmer fährt.

Das ontogenetische, also unser individuelles Lernen baut auf dem phylogenetischen auf. Es ist weitgehend uns Menschen vorbehalten, die Tiere sind vielmehr in ihren Mustern gefangen. Wir können aus Erfahrung lernen, unsere Muster variieren. Allerdings können wir uns auch falsche, wenig sinnvolle oder sogar schädliche Muster einprägen und zur Gewohnheit machen. Menschen mit Rückenschmerzen haben oft Bewegungsmuster, die schmerzhaft sind, an denen sie aber doch festhalten. Da wir aber lernfähig sind, können wir jederzeit umlernen und eine große Variationsbreite in unserem Verhalten erreichen und uns sinnvoll entsprechend den Erfordernissen verhalten.

Je jünger in der Evolutionsstufe ein Lebewesen ist, desto unvollständiger ist die Vernetzung seines Nervensystems bei seiner Geburt. Die niederen Tiere lernen mehr phylogenetisch, also durch ihre ererbten Reflexe und Instinkte, während das höhere Tier mehr durch seine eigene ontogenetische Entwicklung lernt.

Der Mensch als „hoch differenziertes Tier" ist bei seiner Geburt am unfertigsten, er hat folglich die längste Lernzeit und kann durch die großen Möglichkeiten des ontogenetischen Lernens am meisten dazulernen. Lorenz sagt dazu: „Der Mensch ist das einzige Tier, das sich die Neugierde bis ins hohe Alter bewahren kann." Sein phylogenetisch erworbenes Lernen wird ergänzt und in erheblichem Maß abgelöst von individuell Gelerntem. Das „Alte" bleibt aber, wie wir wissen, als Reserve für Notfälle zur Verfügung.

Lernen bedeutet also: Neue Informationen zu bereits gemachten Erfahrungen hinzuzufügen, so daß sich im Gehirn immer neue Vernetzungen bilden.

18.2 Learning by doing

Abb. 56: „Es hat keine Batterien. Du mußt es selbst bewegen." (nach: McConnell, © Bulls)

Dem Lernen liegt die Plastizität neuronaler Prozesse zugrunde. Unser Nervensystem ist also funktionell und strukturell verformbar. Denken wir an die Veränderbarkeit der sensomotorischen Hirnrinde bei Aktivität, so erkennen wir, daß Lernen am leichtesten möglich ist, wenn wir aktiv sind. Fest steht heute, daß wir am besten lernen, wenn wir motorisch aktiv sind. Entweder wir bewegen uns, was zugegebenermaßen nicht immer möglich ist, oder wir wollen zumindest das Gelernte jemandem erzählen, um es über das Formulieren fest im Gehirn zu verankern.

Neue Informationen laufen im Nervensystem über viele Neuronen in allen Hirnabschnitten. Je differenzierter eine Aktion ist, desto mehr Neuronen sind daran beteiligt, und jede Handlung gibt uns zusätzliche Erfahrungen. Über „Schaltknöpfe", die Synapsen, werden Impulse weitergeleitet zu anderen Neuronen. Diese Leitfähigkeit und damit die große Fülle der Kombinationsmöglichkeiten in dem Netz von über 500.000 Kilometern Fasern garantiert uns, daß wir nahezu unbegrenzt lernen können und das bis ins hohe Alter hinein. Die frühere Meinung, daß Menschen nur bis zum 20. Lebensjahr lernfähig sind, stimmt also nicht. Im Gegenteil, je mehr wir bereits gelernt haben, je mehr Vernetzungen wir schon haben, desto mehr können wir dazulernen.

Ayres bringt folgendes Beispiel einer Reiz-Reaktion, für die zunächst vergleichsweise wenige Neuronen nötig sind, die aber dann zu einem sinnvollen Lernen verknüpft werden.

Ein Kind greift an den heißen Ofen. Über seine Schmerzrezeptoren wird der Reiz aufgenommen und blitzschnell in eine einfache Reaktion (Arm zurückziehen) umgewandelt. Es ist Eile geboten, das bewußte Denken und Handeln kann nicht helfen. Erst nach der schnellen Reaktion gelangt der Reiz über Neuronen und Synapsenschaltungen in das Bewußte. Erst jetzt wird der Schmerz gefühlt, lokalisiert, emotional erlebt und schließlich in der Erinnerung verankert. Das Ergebnis: das Kind wird den Ofen künftig nicht mehr anfassen. Aus einem Fluchtreflex wurde ein Lernprozess.

Praktisch jede Wahrnehmung prägt über die Sinnesorgane in irgendeiner Weise das Wachstum der Gehirnzellen und ihrer Verfaserungen. Ein Kind braucht zum Beispiel Geräusche und Töne, um sein Gehörsystem auszubauen, der Grund, warum bei hörgeschädigten Kindern heute möglichst sofort nach der Geburt Hörgeräte angepaßt werden.

Ein Kind braucht Licht, um sehen zu lernen, sonst würde auch ein sehfähiges Auge seine Funktion bald verlieren.

Da beim Kleinkind das Gehirn noch wächst, kann es besonders schnell und gut über das sensomotorische System lernen. Das Lernen ist also stark aktivitäts- und umweltabhängig. Ayres beschreibt das in ihrem Buch „Bausteine kindlicher Entwicklung" ebenso wie Marianne Frostig in „Bewegung-Erziehung".

18.3 Aus Erfahrung wird man klug

Mit zehn Jahren ist das Wachstum der sensorischen Verbindungen weitgehend abgeschlossen, ab dann lernen wir über die Verbesserung der synaptischen Übertragungseffizienz. Der Mensch hat „nur" 100 Millionen Rezeptoren aber sein Gehirn hat 10 Milliarden Synapsen, so daß alle Informationen aus der Außenwelt um das Vielfache verschaltet werden können. Jede neue Information wird verglichen, das Gehirn versucht, sie mit Bekanntem zu verknüpfen. Auch das rationale abstrakte Denken funktioniert so, es muß immer wieder mit Aktivität (Spüren – Bewegen) gekoppelt sein. Denn durch die Abtrennung der geistigen Fähigkeiten von den körperlichen wird die Wechselwirkung des Wahrnehmungsspektrums empfindlich gestört. Das Gehirn wird passiv, wir merken, daß wir ermüden.

Dem Wunsch, das Gleichgewicht zwischen der sinnlichen Wahrnehmung und dem rationalen Denken wieder herzustellen, entspricht der Trend zu vielen neuen Therapieformen wie Körpertherapie, Musiktherapie und Kunsttherapie, um nur einige zu nennen.

Die Meilensteine zum Lernen und Denken sind die Wahrnehmung, die Erinnerung und die Integration einzelner Vorgänge in eine Gesamthandlung. *„Unsere Sinne beisammen haben"* hilft uns schließlich, richtig und klug zu handeln.

Das Shelhav-Modell der Ontogenese des Menschen (MOM) zeigt die Zusammenhänge der menschlichen Entwicklung und die Einflüsse auf unser Lernen bis zu unserem persönlichkeitseigenen Potential. Das Grundmuster dieses Modells spiegelt sich in jedem Lernvorgang, in jeder Entwicklung wider.

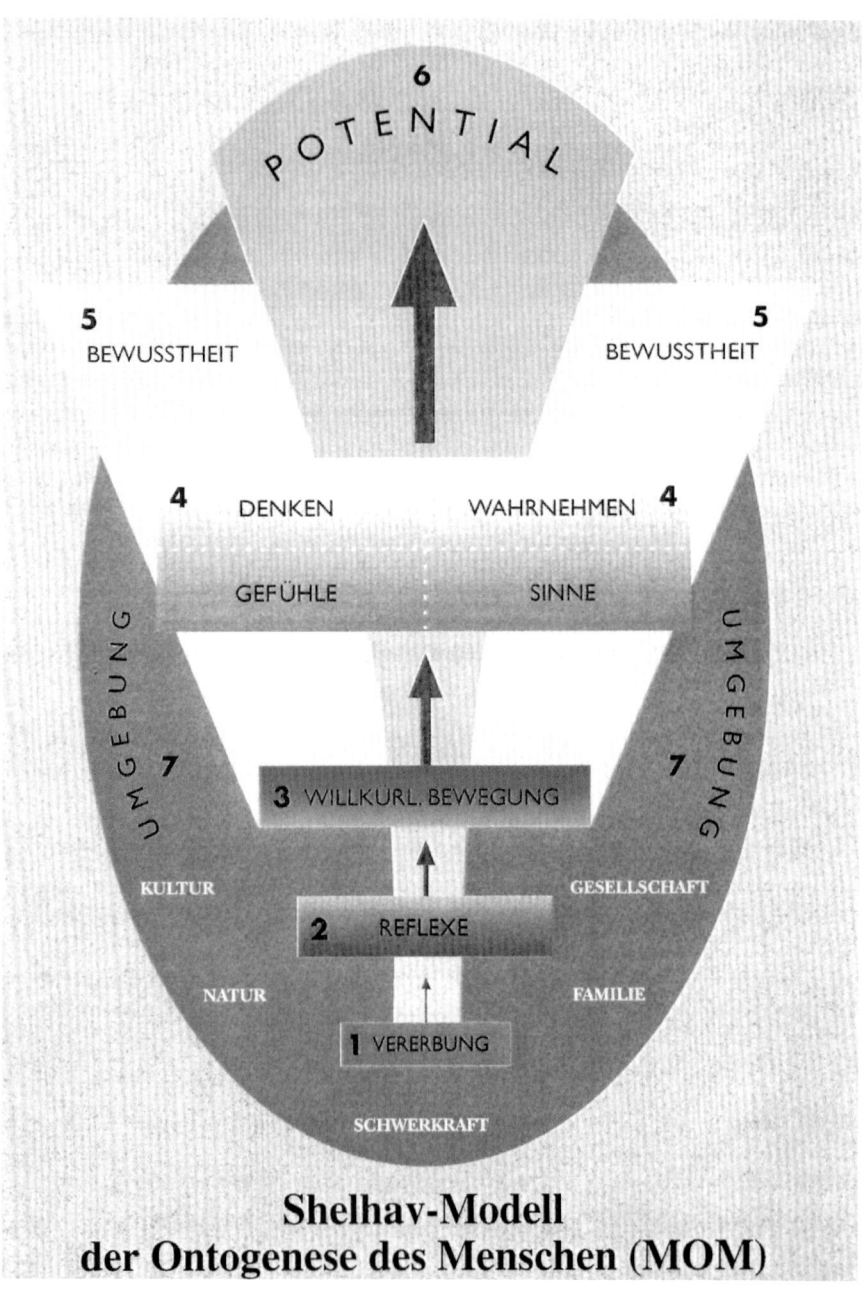

**Shelhav-Modell
der Ontogenese des Menschen (MOM)**

*Abb. 57: Das Shelhav-Modell der Ontogenese des Menschen (MOM) (aus: Shel-
hav-Silberbusch, Bewegung und Lernen, verlag modernes lernen, Dortmund 1999)*

18.4 Falsches Lernen – Üben, was wir nicht können?

Wie müssen aber die meisten Kinder und auch wir oft lernen?

„Was Du nicht kannst, mußt Du eben üben, dann lernst Du es auch."
Lernen wir wirklich gut, indem wir ständig üben, was wir nicht können?
Grundverkehrt, wir lernen dabei nur, daß Lernen keine Freude macht.

Im Urlaub beobachtete ich am Strand ein etwa zehn Jahre altes Mädchen
bei dem Versuch, Wasserski zu laufen. Jedesmal fiel sie sofort nach dem
Start vornüber ins Wasser. Die Erwachsenen versuchten zu helfen mit
Ratschlägen wie „halt Dich gut fest" und „bleib stehen". Die Startversuche
wiederholten sich wieder und wieder und ich fragte mich, wie lange ein
Kind so eine Prozedur wohl mitmacht. Denn da keiner der Erwachsenen
erklären konnte, *wie* man nicht umfällt, konnte jetzt eigentlich nur noch der
Zufall helfen. Die Ratschläge wurden mehr, wurden lauter und ungeduldi-
ger. Das Mädchen wurde ängstlich und unsicher, besonders, nachdem der
Lehrer einen Superstart vormachte und mit dem Ratschlag zurückkam
„So, jetzt mach es genauso!" Aber wie macht man etwas genauso, das
man nicht kann?

Wenn zehn Leute reden, sollte man sich nicht einmischen. Ich habe es
trotzdem getan, weil ich wußte, mit einem Satz helfen zu können. Das
Mädchen konnte das Gleichgewicht nicht halten, weil sich bei dem Auftauchen aus dem Wasser der Luftwiderstand so plötzlich verringerte und sich
der Schwerpunkt gleichzeitig schnell nach oben in eine labile Stellung
verlagerte. Beides konnte der Körper nicht ausgleichen. Durch die vielen
Ratschläge war sie schließlich so durcheinander, daß sie keinen mehr
befolgen konnte. Niemand kann in dieser Situation an mehr als einen
Ratschlag denken.

Ich gab ihr den Tip, einfach in der Hocke sitzen zu bleiben und nach dem
Start nicht aufzustehen (zurück in die sichere Position). Sie brauchte nur
ans Sitzenbleiben zu denken und sich festhalten. Das war leicht und das
Seil zog sie bald von selbst hoch in den Stand. Zurück kam ein stolzes und
fröhliches Kind. Nebenbei bemerkt: Sie haben jetzt gelernt, Wasserski zu
laufen.

Aber warum hat dieses Mädchen nicht nach spätestens drei Versuchen
aufgegeben? Wahrscheinlich ist auch sie bereits gewohnt, daß sie immer
üben muß, was sie nicht kann.
Dies ist ein Beispiel vom falschen Lernen, das sich auf jeder Ebene wiederholen läßt, ob in der Therapie oder in der Schule.

Auswendiglernen?

Ein ähnliches Beispiel ist das Auswendiglernen anstelle von Lernen im Sinne von Verstehen, denn Verstehen erspart uns ja weitgehend das Auswendiglernen. Beim „Büffeln" ohne Verstehen werden keine neuronalen Verbindungen geknüpft. Ohne Eselsbrücken sind Informationen isoliert und ohne Bezug. Was wir so lernen, das werden wir schnell wieder vergessen und können es nicht gebrauchen. Nicht verknüpfte Informationen kann unser Gehirn nur in sehr begrenzter Menge aufnehmen, dann schaltet es aus Selbstschutz ab. Kennen wir das nicht aus Vorträgen oder Seminaren? Wenn zuviel neu für uns ist, denken wir nach einigen Minuten an etwas völlig anderes, obwohl wir wissen, daß das Zuhören sicherlich wichtig wäre.

Früher glaubten wir, unser Gehirn sei voll und ganz damit beschäftigt, die Impulse der insgesamt 500 Millionen Sinneszellen in Auge, Ohren, Nase und Haut zu verarbeiten. Das stimmt aber nicht. Heute wissen wir, daß unser Gehirn faul ist, es möchte nicht dauernd irgendwas Neues erfahren. Es überprüft vielmehr im Drei-Sekunden-Takt, ob alles noch beim alten ist. Unser Denken und unsere Wahrnehmung findet in einem Bezugssystem von Vorurteilen statt, das bestrebt ist, alles Neue in das uns Bekannte, das ja so angenehm ist, zu integrieren.

Überforderung – Unterforderung?

Falsches Lernen kann auch darauf beruhen, daß LehrerIn oder TherapeutIn den aktuellen Kenntnis- und Könnensstand des Schülers nicht richtig einschätzt und daher an der falschen Stelle ansetzt oder erklärt. Die Erklärung kann zu leicht sein, dann langweilt sich der Schüler, sie kann zu schwer sein, dann versteht der Schüler nichts. In beiden Fällen wird er unlustig werden. Eine Erklärung, die nicht verstanden wurde, wird dann oft wortwörtlich geradezu stereotyp wiederholt, vielleicht ein wenig lauter. Aber sie wird darum nicht klarer für den Schüler.

Diese „Lernfehler" betreffen natürlich nicht nur die Schulsituation sondern jedes Lernen, auch das in unserer Therapie.

18.5 Effektives Lernen will gelernt sein

Haben Sie schon einmal bemerkt, daß jedes Kind lacht, wenn es etwas gelernt hat? Jedes Kind ist begierig, zu lernen und zu vernetzen.

Richtiges und effektives Lernen ist leicht, wenn wir den Entwicklungsstand des Kindes richtig einschätzen, wenn wir also wissen, wie der nächste Lernschritt aussieht. Wir schaffen für das Kind die Voraussetzung, es wird den Schritt dann selbst begeistert gehen. In der statomotorischen Förderung sichern wir beispielsweise durch die Stützfunktion die Voraussetzung für den Vierfüßlerstand und das Kind beginnt zu krabbeln.

Effektives Lernen ist leicht, wenn wir den Lernstoff von mehreren Seiten her anbieten, denn jeder Mensch hat eine andere Art der Wahrnehmung, jeder hat einen eigenen Erfahrungsschatz, mit dem er verknüpft und damit eine ganz individuelle Art zu lernen.

Über je mehr Kanäle also eine Information eintrifft, desto eher wird sie Assoziationsmöglichkeiten finden, desto leichter kann sich das Kind (und nicht nur das Kind) aus mehreren Lernangeboten das für ihn beste heraussuchen.

Wenn ein Kind mit einer Dyspraxie unseren Bewegungsauftrag nicht versteht, dann geben wir die Aufforderung „andersherum", formulieren sie um. Beispielsweise weiß ein Kind nicht, sich auf die rechte Seite zu drehen. Es kann sich aber zum Fenster hin drehen, wobei es sich auch nach rechts dreht. Ein anderer Bezug, ein neuer Ansatz hilft vielleicht, die Aufgabe zu verstehen. Und plötzlich ist eine Erklärung, die wir nicht wiederholen, sondern „andersherum" anbieten, leicht verständlich.

Lernen ist leicht, wenn wir Bekanntes einbauen, also einen Bezug zu schon Gelerntem schaffen und viele Beispiele geben („So wie"). Grün ist eben auch wie Gras und nicht nur eine Mischung aus Blau und Gelb. Denken wir an die uns eigene Faulheit des Gehirns, gönnen wir ihm das Lernen über den Bezug zum Gekonnten.

Effektives Lernen garantiert Erfolg und macht Spaß. Jedes Kind, das etwas gelernt hat wird es gern wiederholen und damit „üben", was es kann, was ihm vertraut ist. Kinderspiele sind voll von solchen Wiederholungen. Und nicht nur Kinder tun das. Ein Lied wird dann ein Schlager, wenn es von der Melodie und vom Text her so strukturiert ist, daß es jeder bald mitsingen kann und dann immer wieder hören möchte. Darum werden besonders einfache Lieder häufig Erfolgsschlager.

Kehren wir also den Satz „Du mußt nur üben, dann lernst Du es auch" einfach um und sagen: *„Du darfst üben, was Du kannst, und lernst dadurch etwas Neues."*

Ein Kind, das Bekanntes wiederholt und übt, schafft sich damit ein sicheres Handlungsplateau, (ähnlich einer sicheren Ausgangsstellung), von dem aus es gern Varianten probiert. Und schon hat es etwas Neues gelernt.

18.6 Fordern oder Fördern?

Beim effektiven Lernen ist eine Überforderung kaum möglich, ebenso wie eine Unterforderung ausgeschlossen werden kann.

Marianne Frostig hat das einmal sehr deutlich formuliert:
„Kinder werden heute sehr viel häufiger unterfordert, weil der Entwicklungsstand nicht erkannt wird. Früher wurde aus dieser Unkenntnis heraus oft zuviel gefordert, heute wird aus Angst vor Autorität und Leistungsdruck aus derselben Unkenntnis heraus nicht genug gefordert. Autorität und Leistung müssen nicht negativ sein. Autorität kann Sicherheit geben, Leistung kann Erfolg und Freude bringen."

Hier wird deutlich, welch großer Unterschied zwischen autoritär und Autorität besteht! Prekop sagt dazu: „nur ein Kind, das Autorität und Kompetenz von seinen Eltern erfahren hat, kann selbst Kompetenz erlangen.

Ist ein Kind überfordert, wird es auf dem unsicheren Lernplateau aus Mangel an Erfolg die Lust und Motivation zu neuem Probieren bald verlieren. Ist es dagegen unterfordert, langweilt es sich und verliert die Lust am Lernen, weil es keine wirkliche Leistung vollbringen darf.

Was ist aber der Unterschied zwischen Forderung und Förderung?

Laut Duden ist der Unterschied in dem Standpunkt vom Lehrer und Schüler zu sehen. Beim Fordern stehen wir gewissermaßen vor dem Kind, beim Fördern sind wir dahinter.

Fordern wir von einem Kind, daß es läuft, werden wir es auf die Beine stellen, an den Armen festhalten und es zum Laufen zu bringen. Wir „ziehen" es also nicht zur nächsten Funktion hoch.
Fördern wir ein Kind, werden wir aus einer einfachen, niedrigen Ausgangsstellung, zum Beispiel dem Vierfüßlerstand, die Hüftstabilität verbessern. Wir unterstützen die Fähigkeiten, die das Kind für die neue Funktion braucht. Es wird, wenn seine Fähigkeiten weit genug entwickelt sind, selbst laufen.

Beim richtigen Lernen mit Erfolg haben Kinder eine unglaublich große Energie. Sie scheuen keine Anstrengung, wenn es darum geht, Neues zu entdecken und zu probieren. Eltern wissen ein Lied davon zu singen.

Unsere Entwicklungsförderung richtet sich nach dem Prinzip dieses „Erfolg-Lernens", daher ist es auch hier beschrieben. Wir FrühtherapeutInnen müssen deshalb die neurophysiologischen Entwicklungsschritte so genau kennen und wissen, wie ein Kind lernt zu lernen. Dann brauchen wir nicht fordern, sondern können fördern.

19. Sensorische Bahnung

19.1 Der Weg zur Wahrnehmung

Sensorik ist für uns lebensnotwendig. Das totale Fehlen von Wahrnehmung führt letztlich zum Tod. Kinder, die nicht angefaßt werden, deprivieren und sterben. Dies wurde in Tests mit Affenkindern gezeigt, die isoliert in einem Käfig gehalten wurden. Jede Deprivation führt zwangsläufig zu Entwicklungsdefiziten.

In der ontogenetischen Entwicklung verlagert sich die Wahrnehmung von den Nahsinnen zu den Fernsinnen. Nach den intrauterin erworbenen Fähigkeiten wie dem Tasten, dem Gleichgewichtssinn, der Tiefensensibilität, dem Bewegungssinn, dem Hören und sogar dem Schmecken beginnt nach der Geburt das lange vorher angelegte Riechen, eine Zwischenstufe zwischen Fern- und Nahsinn und später das raumgerichtete Hören und das Sehen.

In der Evolution wurde die Integration der Nah- und Fernsinne durch die Aufrichtung in die Senkrechte möglich. Das Auge konnte weit in den Raum sehen, wir brauchten die Hände nicht mehr nur zum Stützen, sondern konnten sie nun auch zum differenzierten Greifen und Fühlen benutzen.

Eine gute Integration von und Nah- und Fernsinnen wirkt sich ausgleichend auf unsere Muskelspannung aus. Sind wir in unserer Wahrnehmung jedoch irritiert, verändert sich sofort unsere Muskelspannung, auch sie wird irritiert. Die sichere Aufrichtung und koordinierte Bewegungen sind nur bei guter Tonusregulierung möglich. So wirkt die Wahrnehmung letztlich direkt auf unsere Handlungen und unser sicheres Verhalten. Für jedes Bewegungslernen ist daher die sensorische Bahnung wichtige Voraussetzung.

19.2 Sensibilität oder Empfindlichkeit?

Im allgemeinen gehen wir mit dem Wort „Sensibilität" recht unbekümmert um. „Das kann ich nicht hören, ich bin so sensibel", sagt jemand, der vielleicht verhindern will, mit einer unbequemen Information konfrontiert zu werden.

Was aber ist Sensibilität wirklich? Es ist die Fähigkeit, Reize (Inputs) über die entsprechenden Empfänger (Rezeptoren) aufzunehmen, sie über die affarenten Bahnen zum Gehirn zu leiten, um sie dort vielfach zu verschalten (Synapsen) und sinnvoll zu integrieren. Es ist also ein komplexer Ablauf, nicht ein Gefühl oder eine Empfindung und nicht zu verwechseln mit Empfindlichkeit.

Die *Empfindlichkeit* kann irritiert sein, wir kennen dann die Über- und Unterempfindlichkeit. Sie kann in allen Wahrnehmungsbereichen auftreten und ist als Sensorische Integrationsstörung behandlungsbedürftig. Hier sollen nur einige mögliche Folgen einer SI-Störung genannt sein:

• Entwicklungsstörungen im Handlungsbereich
• Lern- und Leistungssstörungen in der Schule
• Emotionale Irritationen und Befindlichkeitsstörungen
• Verhaltensauffälligkeiten

Hier ein Beispiel: Hat ein Kind eine Unterempfindlichkeit in seinem olfaktorischen System, also seinem Geruchssinn, so fällt das wenig auf. Das Kind ißt alles, zeigt wenig Vorliebe für „Lieblingsspeisen". Vielleicht hält es sich besonders viele Dinge, auch scharf riechende Substanzen, nah an die Nase (das wird dann meist verboten). Ist sein Geruchssinn aber überempfindlich, so wird es viele Dinge, Räume, Waschutensilien, Kleidung oder Nahrung ablehnen. Die Überempfindlichkeit kann zu häufigem Erbrechen führen, zumindest aber zu auffallend viel Protest und Unzufriedenheit im täglichen Ablauf, die sich aber keiner erklären kann. Hilfserklärungen wie: „das Kind ist unerzogen, es muß sich daran gewöhnen", nützen natürlich nicht wirklich.

Die Über- wie die Unterempfindlichkeit ist eine Bahnungsstörung an irgendeiner Stelle des afferenten Systems vom Rezeptor zum Gehirn, oder eine mangelnde Integrationsfähigkeit des Gehirns selbst, die eintreffenden Reize zu einem Ganzen zu machen und in sinnvolle Handlungen einzuordnen. Diese Überempfindlichkeit wird oftmals mit Übersensibilität bezeichnet, ein Wort, das in sich schon widersinnig ist. Denn Sensibilität als Integrationsfähigkeit kann nicht gut genug sein. Die Begriffe „Empfindlichkeit und Sensibilität" können nicht gleichgesetzt werden, sie sind nicht vergleichbar.

Was ist eigentlich Desensibilisierung?

Lorenz bezeichnet sie auch als De-Sensitivierung und schreibt in seinem Buch „Die Rückseite des Spiegels": „Man kann die Gewöhnung auch als De-Sensitivierung, als Unempfindlichmachung bezeichnen".

Desensibilisieren heißt in der Therapie: viele, hoch dosierte, schnelle Reize von der Peripherie (z. B. der Haut) an das Gehirn geben, wobei durch die Überreizung die Impulsleitung in den Synapsenschaltungen gestoppt wird. Durch diese „Wahrnehmungsblockade" wird die weitere Reizleitung verhindert. Der Körper schützt sich so vor einer schädlichen Überflutung. Abwehrreaktionen aus der Überempfindlichkeit können nachlassen, jedoch um den Preis, daß auch die feine Sensibilität abgeblockt wird.

Aus der Erklärung wird schon deutlich, daß das Desensibilisieren in der Therapie nur scheinbare Erfolge hat und nachhaltig das sensomotorische Lernen verhindert.

Was ist Sensibilisierung?

Man könnte es als „Input-Training" bezeichnen, also als Bahnung von dem Rezeptor zu allen cerebralen Bahnungssystemen, bis hin zur Körperfühlsphäre der sensomotorischen Hirnrinde.

Bleiben wir bei dem Beispiel der gestörten Geruchswahrnehmung, der Überempfindlichkeit. Durch den Befund und die Beobachtungen und Schilderungen der Eltern kann festgestellt werden, wie weit diese Wahrnehmung integriert wird, welche Reize also akzeptiert werden können. So basale Reize wie der Geruch der Mutter, sind für das Kind angenehm und vermitteln ihm Sicherheit. Dieses Kind bekommt ein Stück Stoff, das die Mutter auf der Haut getragen hat, ins Bettchen gelegt. Die Riechbahnen werden stimuliert mit einer bekannten, angenehmen Wahrnehmung. Von diesem sicheren Wahrnehmungsplateau aus wird das Kind beginnen, „zu schnuppern" und lernt neue Geruchsqualitäten erkennen und integrieren, ein Beispiel einer gelungenen sensiblen Bahnung.

Das Wahrnehmungslernen verläuft also wie jedes effektive Lernen nach dem Muster der Informationsverknüpfung. Sensorische Integration schafft Freude am Probieren und macht neugierig auf Neues. Sie ist damit auch Voraussetzung für das spätere abstrakte Lernen.

19.3 Die Sensorik in unserem Handeln

Alle Wahrnehmungsbereiche sind miteinander und jeweils mit vielen Hirnstrukturen verbunden, wir können nichts isoliert wahrnehmen. Und doch sollen die Bereiche der Sensorik mit ihrer Wirkung auf uns einmal dargestellt werden.

19.3.1 Die tiefensensible, propriozeptive, kinestetische Wahrnehmung

Die Rezeptoren dafür sind in der Tiefe, in Muskeln, Sehnen und Gelenken. Durch sie nehmen wir Druck, Zug, Spannung und Bewegung wahr. Die Qualitäten sind der Stellungssinn, der Bewegungssinn, der Kraftsinn

• Tiefensensibilität gibt uns das Bewußtsein unseres Körpers selbst, so daß wir mit unserem Körper geschickter umgehen können. Wir wissen, ohne hinzuschauen, wie unsere Körperhaltung ist, gleichsam als hätten wir unser Bild vor unserem „inneren Auge".

- Tiefensensibilität weckt Aufmerksamkeit. Nicht umsonst fassen wir ein Kind fest an, wenn wir dessen Aufmerksamkeit erhöhen wollen. Wir würden ihm in dem Fall sicher nicht sanft über die Haut streichen. Kinder schubsen und stoßen ihre Spielgefährten fest an, um ihre Aufmerksamkeit zu wecken.
- Die propriozeptive Wahrnehmung läßt uns über unser Skelett und besonders über unsere Gelenke „auf dem Boden der Tatsachen" sicher stehen. Jeder Druck, den wir in einer Bewegung erfahren, auch der unseres eigenen Gewichts, pflanzt sich durch unser Skelett fort. Wir können abschätzen, wieviel Kraft wir brauchen, um einen Eimer zu heben.
- Die kinestetische, das heißt die Bewegungswahrnehmung, verleiht uns die Fähigkeit, auch mit geschlossenen Augen eine gezielte Bewegung auszuführen. Wir alle können so bei geschlossenen Augen den Arm genau in die Waagerechte anheben. Wir können uns im Raum orientieren, und müssen nicht immer „anecken".

19.3.2 Die vestibuläre Wahrnehmung

Mit der Tiefensensibilität verbunden ist die vestibuläre Wahrnehmung, die uns das Gefühl vermittelt, wie unser Körper sich im Raum bewegt oder bewegt wird. Die Rezeptoren dafür liegen im Innenohr (Vestibularapparat).

Bei Kopfdrehung, Beschleunigung, Abbremsen, Auf- Abwärts- und Seitbewegung geraten die Sinneszellen in den Bogengängen des Innenohres in Schwingung, wobei die damit verbundenen Nervenzellen aktiviert werden.

- Die vestibuläre Wahrnehmung sichert die Stellung des Kopfes zur Schwerkraft, wir richten den Kopf so aus, daß er unserer Schwerkraft und dem Raum angepaßt ist.
- Wir haben ein sicheres Bewegungsgefühl auch bei Richtungsänderung und schnellen Drehungen, wir können Walzer tanzen.
- Der Tonus kann an die jeweilige Bewegungshandlung automatisch angepaßt werden.
- Die Aufrichtung gegen die Schwerkraft wird durch das Gleichgewicht in jeder Lage möglich.
- Verbunden mit der Tiefensensibilität steuert das vestibuläre System unsere Wachheit und Konzentration.

19.3.3 Die taktile Wahrnehmung

Die Rezeptoren sind die Exteroceptoren in Haut, Haaren und Nägeln. Die Bahnung verläuft über die Vorderseitenstrangbahn efferent durch alle Hirnsysteme bis zur sensorischen Hirnrinde.

Die schnelle Bahnung ist der schon bekannte Schutzreflex, das protopathische System. Es bewirkt das schnelle Zurückziehen der Hand bei Berührung mit der heißen Herdplatte. Das epikritische System ist das differenziertere System, daß bis in die Hirnrinde reicht und uns die Berührung mit ihrer Dosierung (warm oder heiß) genau spüren läßt.

- Durch die taktile Wahrnehmung erleben wir den direkten Kontakt von uns zu unserer Umwelt, von der Haut, unserem größten Organ, zur umgebenden Luft, zu einem Pullover, oder zu einem anderen Menschen.
- Die Taktilität grenzt uns aber auch von unserer Umwelt ab. Daher braucht gerade unsere Haut eine feine Differenzierungsmöglichkeit für Außenreize. Wir müssen in der Therapie mit der taktilen Stimulierung daher sehr vorsichtig umgehen, um nicht ungewollt zu desensibilisieren.
- Die taktile Wahrnehmung in unseren Händen ermöglicht erst eine differenzierte Feinmotorik mit „Fingerspitzengefühl".

Die Hautsinne sind eng verbunden mit unserem emotionalen Erleben. Der Ausdruck „dünnhäutig" macht diese Verbindung deutlich.

Neben der Taktilität wirkt auch die *Geruchs- und Geschmackswahrnehmung* auf unsere Handlungen. Denken wir nur einmal daran, wie stark unsere Handlungen beeinflußt sind, „wenn wir jemanden nicht riechen können." „Das schmeckt mir nicht", diese Aussage muß nicht direkt etwas mit Essen zu tun haben. Die Geruchswahrnehmung, liegt im Grenzbereich zwischen Fern- und Nahsinnen. Die Rezeptoren liegen in der Haut (Nahsinn). Wir können aber über sie recht weite Entfernungen überbrücken (Fernsinn).

19.3.4 Die akustische Wahrnehmung

Auch die *akustische Wahrnehmung* ist eng verbunden mit dem vestibulären System im Innenohr. Sie kommt ursprünglich aus dem Hautsinn und tatsächlich spüren wir tiefe Töne als Vibration auf der Haut.

- Die akustische Wahrnehmung liefert gesprochene Information, aber auch den „Ton, der die Musik macht"
- Sie hilft entscheidend bei unserer Ausrichtung im Raum mit. Sie tut dies über die Verbindung der Hörkerne mit dem Gleichgewichtsorgan und dem vestibulären System.
- Sie gibt uns über das Richtungshören Sicherheit und das Gefühl für unsere Körpermitte.

19.3.5 Die visuelle Wahrnehmung

Schließlich bringt uns die *visuelle Wahrnehmung* Informationen über das Auge.

Sie ist die Wahrnehmung, die in der Entwicklung zuletzt angelegt ist. Als Fernsinn ist sie nicht lebensnotwendig. Blinde Menschen können sich mit Hilfe ihrer anderen Sinne durchaus koordiniert bewegen und ihr Leben meistern. Die visuelle Wahrnehmung ist aber eine wichtige Kontrollinstanz. Sie steuert unsere Feinbewegungen; die Augen-Hand-Koordination beginnt bereits mit dem gezielten Greifen des Babys und wird bis zur Graphomotorik in der Schule verfeinert.

Sie gibt uns die Fähigkeit zu fokussieren, wir können Aufmerksamkeit auf Details richten, ohne uns von der Umgebung ablenken zu lassen, und hilft uns, uns im Raum zu bewegen und zurechtzufinden. Das Blinde-Kuh-Spiel macht die Schwierigkeit der Raumorientierung ohne Augenkontrolle deutlich.

Sie hilft uns, Bewegungen zu steuern, wenn die Nahsinne irritiert sind, wie beim Drehschwindel, wenn wir einen Punkt im Raum mit den Augen fixieren, um unser sicheres Gleichgewicht wiederzufinden.

Zusammen mit dem vestibulären System und dem Bewegungssinn ermöglicht sie uns, unser Tempo im Raum, im Verkehr, in der Menschenmenge anzupassen.

19.4 Sensorische Irritationen

Ist die affarente Bahnung in irgendeinem Zwischenglied gestört, kommt es zur sensorischen Integrationsstörung. Hier seien einige typische Beispiele von sensorischen Irritationen beschrieben:

Irma, ein von Geburt gehörloses Kind mit einer zusätzlichen athetoiden Bewegungsstörung konnte im Alter von 12 Monaten noch keine Lageveränderungen vertragen, ohne nicht sofort erbrechen zu müssen. Diese massive vestibuläre Integrationsstörung war verbunden mit der Innenohrtaubheit und zusätzlich mit den gestörten sensorischen und motorischen Dosierungsfunktionen der Kerngebiete des Zwischenhirns. Alle vestibulären Reize wurden durch die Überempfindlichkeit als sensorische Irritationen wahrgenommen. Sie konnten bei schnellen Lagewechseln nicht integriert und unter Kontrolle gebracht werden.

Jenny, ein Mädchen mit einer Hemiparese, kommt nach den Ferien zu mir und sagt: „Ich habe meine Ferse verloren". Verloren hatte sie wirklich das Bewußtsein für den Fersendruck, für den Transport des Druckes durch ihren Körper bis in den Fußboden. Die propriozeptive Wahrnehmung war gestört, es bestand eine Unterempfindlichkeit, die zur Inaktivität führte. Die

Ferse wurde nicht mehr eingesetzt, im Gangbild wurde nur noch der Vorfuß aufgesetzt.

Martin, ein sechsjähriger Junge mit einer leichten athetoiden Bewegungsstörung, ist furchtbar kitzelig, läßt sich kaum anfassen und kann nur sehr wenige Stoffe auf der Haut vertragen. Er schüttelt sich schon bei dem Gedanken an einen Pullover auf seiner Haut. Er mag bei Kreisspielen andere Kinder nicht anfassen und ist ein isolierter Eckensteher. Dies ist die Folge der taktilen Überempfindlichkeit seines ganzen Körpers.

Helma, ein Mädchen mit sensorischer Integrationsstörung würgt, wenn sie im Gesicht berührt wird. Der Würgereflex tritt auch auf, wenn sie sich bei bestimmten Gerüchen ekelt. Sie leidet an einer multiplen taktilen wie olfaktorischen Überempfindlichkeit.

Frank, ein vierjähriger Junge mit einem psychomotorischen Entwicklungsrückstand, hält sich ständig die Ohren zu, weint im Auto immerzu und ist sehr schreckhaft und ängstlich. Diese Überempfindlichkeit der akustischen Wahrnehmung verunsichert ihn sehr.

Sicher würden wir ein solches Kind nicht „desensibilisieren", indem wir es womöglich mit lauter Musik beschallen, bis es lernt, abzuschalten. Vergleichbares wird therapeutisch aber oft im taktilen Bereich gemacht, wenn zum Beispiel der Greifreflex abgebaut werden soll durch Desensibilisierung mit schnellen Handstrichen in der Handinnenfläche.

Unser Ziel kann nicht sein, durch unsere Förderung das Kind unsensibel zu machen. Im Gegenteil, wir wollen Sensibilität schulen, um die Wahrnehmungswelt für das Kind zu bereichern und damit seine Lernfähigkeit zu verbessern. Sie Sensorische Integrationstherapie gibt dem Kind die „harmonische Mitte" zwischen der Über- und Unterempfindlichkeit.

19.5 Die Sensorische Integrationstherapie

Sensorische Integrationstherapie (SI)ist eine Ganzheitstherapie, bei der der ganze Körper, alle Sinne, das gesamte Gehirn und Nervensystem angesprochen wird. Auch hier wird, wie bei der Mehrdimensionalen Entwicklungstherapie (ME) von der holistischen Sicht- und Arbeitsweise des Gehirns ausgegangen. Auch hier ergibt sich der therapeutische Ansatzpunkt aus dem Entwicklungsstand des Kindes. Auch hier wird gefördert, nicht gefordert. Das Ziel ist, dem Kind durch das therapeutische Angebot bei der Selbstorganisation seines Gehirns zu helfen, da man davon ausgeht, daß bei der sensorischen Integrationsstörung nicht einzelne Hirnareale sondern Bahnungen im Gesamtsystem gestört sind.

Die Idee der SI-Therapie nach Jean Ayres ist: „Sinnesentwicklungen zu schaffen und richtig zu dosieren in einer Weise, daß das Kind spontan Anpassungsreaktionen an diese Reize bildet, die dann in einer Integration der dabei erlebten Empfindungen in das Nervensystem führen."

Die Störungen und Auffälligkeiten sind Folge einer mangelnden Integration der Basissinne, wir in einigen Beispielen oben beschrieben. Daher gilt es zunächst, die Basissinne zu stimulieren und aufzubauen, erst wenn die Basis reguliert ist, können hierarchisch höhere Systeme ihre Funktion ausüben. Es ergibt sich eine Verbesserung der Symptomatik, ohne daß an den Symptomen gearbeitet wurde. In der SI-Therapie werden Geräte, die so konzipiert sind, daß sie die Basissinne anregen (Hängematte, schräge Ebene, Kissen, Bürsten) angeboten. Der Therapeut sucht individuell die für das jeweilige Kind passenden Geräte aus. Das Kind wählt die aus, die es wünscht /sucht, wird aktiv und erlebt eine Interaktivität mit den Reizen, die es integrieren kann in seine Entwicklung. Es lernt über das Tun. In der ME-Therapie werden die Grundsteine für das Spüren – Bewegen – Lernen gelegt, in der SI-Therapie wird dies erweitert durch die Verbesserung der Verarbeitungen von Empfindungen, um sinnvolle Handlungsprozesse einzuleiten.

19.6 Die Taktilität der Hand, ein Beispiel der Bahnung

Der „Wahrnehmungsdiamant" zeigt, daß jede Wahrnehmung viele Modalitäten berührt und dadurch viele Verknüpfungsmöglichkeiten schaffen und nutzen kann.

Die Bahnung der Handsensorik ist hier als Beispiel beschrieben.

Ist durch eine Entwicklungsstörung die afferente Bahn von der Peripherie zum Gehirn irgendwo gestört, so kann auch der Übergang vom Spüren zur Aktion in der sensomotorischen Kortex nicht regelrecht erfolgen. Die motorische Antwort wird so durch die sensorische Irritation ungünstig beeinflußt.

Durch zunächst einzelne, tiefensensible Reize (Festhalten, Druck) wird nun die Bahnung der Tiefensensibilität geschult, da wir wissen, daß Tiefensensibilität hilft, taktile Irritationen zur verhindern. Später erst wird durch Hautreize auch die taktile Bahnung stimuliert, sich ihren Weg zu suchen. Hierbei müssen wir langsam arbeiten, Geduld haben und der Bahnung „Zeit lassen", die Reize zu verknüpfen und die Leitung bis zur Körperfühlsphäre zu schaffen. Beim Säugling sehen wir dann durch die motorische Antwort, daß dieser Reiz vom Kind zu einem Impuls „durchgeschaltet" wird.

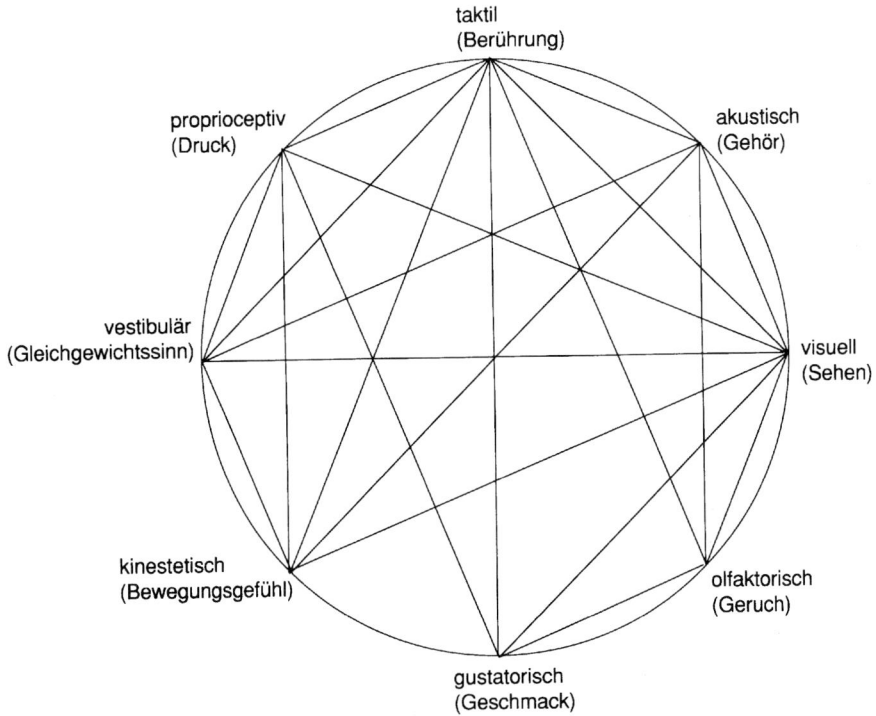

taktil
(Berührung)

proprioceptiv
(Druck)

akustisch
(Gehör)

vestibulär
(Gleichgewichtssinn)

visuell
(Sehen)

kinestetisch
(Bewegungsgefühl)

olfaktorisch
(Geruch)

gustatorisch
(Geschmack)

Abb. 58: Die intermodale Wahrnehmung schafft unzählige Verknüpfungsmöglich-keiten

Die Dosierung muß immer unterhalb der Reizreaktionsschwelle liegen, denn wir wollen ja keine Fluchtreaktion oder neue Irritation provozieren. Der Reiz soll als angenehm empfunden werden, sonst würde die Wahrnehmungsblockade eintreten: die Synapsen würden „abschalten" und damit die Leitung unterbrechen.

Bei richtiger Dosierung wird das Gehirn auf „Aufnahme" gestimmt. Die sensorische Information wird tief verankert und gespeichert. Sie wird – und das ist besonders wichtig – mit den Dosierungskernen und dem Limbischen System verknüpft, so daß sie gefühlsmäßig integriert wird. Der so positiv empfundene Reiz wird immer wieder gesucht und in das Handlungsspiel des Kindes übernommen.

Wichtig ist zu wissen, daß unser Nervensystem nur auf Veränderungen reagiert. Ein ständig gleichbleibender Reiz ist bald keiner mehr, es fehlt die neuronale Wechselwirkung und damit bald die Wahrnehmung. Wir spüren die Kleidung an unserer Haut, die wir den ganzen Tag tragen ja auch nicht

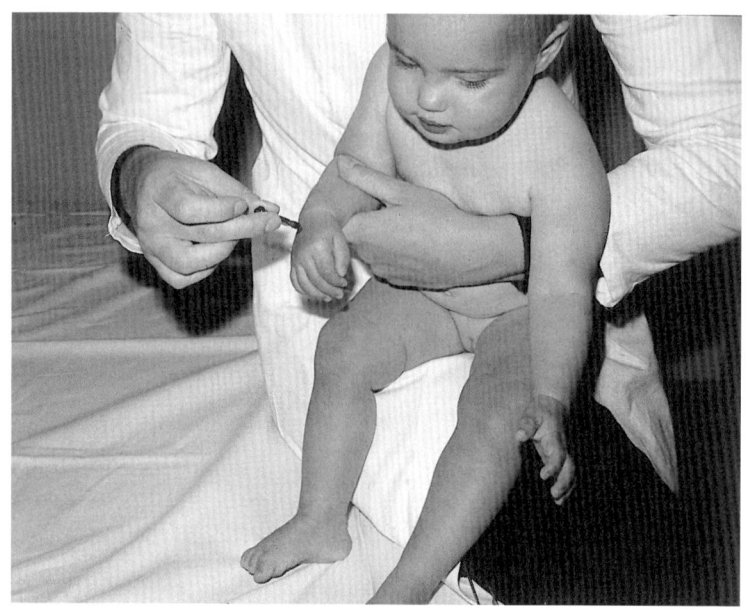

Abb. 59: Sensible Stimulation der Handaußenfläche

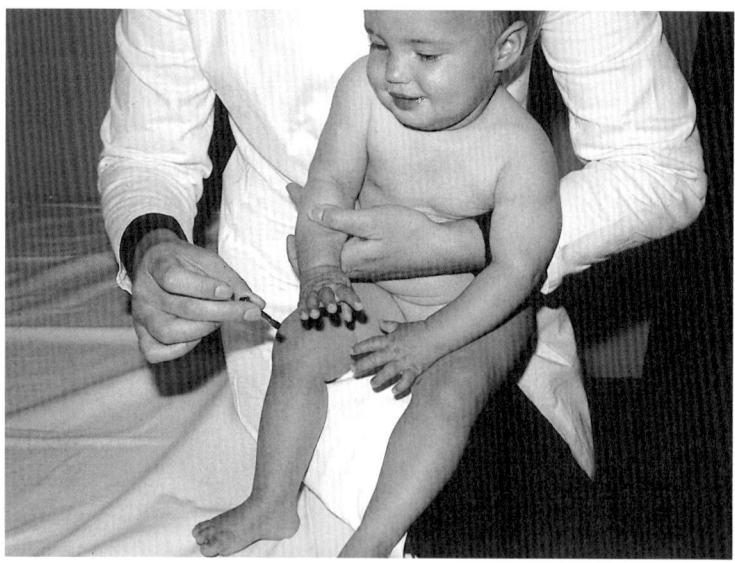

Abb. 60: Die sensomotorische Kette ist geschlossen. Neben der Bewegung der Hand zeigt das Foto die Aufmerksamkeit des Kindes und die gefühlsmäßige Integration der Wahrnehmung. Das Kind lächelt

mehr bewußt. Die sensorische Bahnung mit Variationen gibt dem Kind ein Wahrnehmungsbild seiner Selbst, das seine motorischen Aktionen bewußter, kontrollierter und differenzierter ablaufen läßt. Das Gehirn erhält dadurch „Erfolgsengramme" seiner sensomotorischen Aktionen.

Die Aspekte der Desensibilisierung und Sensibilisierung sind in der folgenden Tabelle noch einmal übersichtlich dargestellt:

	Desensibilisieren	Sensibilisieren
Störung	Bewegungsschablonen auf niedrigem Entwicklungsniveau z.B. Fausthaltung	Störung in der sensomotorischen Bahnung vom Rezeptor bis zur motorischen Antwort
Reizgebung	• Schnelle, breitflächige Reize • Vermeidung der sensomotorischen Bahnung	• Langsame, punktuelle Reize, • Zeit lassen für die sensomotorische Aktion
Dosierung	• Überschreiten der Reizreaktionsschwelle, • Steigerung der Dosierung bei Ermüdung	• unterhalb der Reizreaktionsschwelle, abhängig von der subjektiven Befindlichkeit. • Dosierung wird feiner mit zunehmender Wahrnehmung
Reizantwort	Nachlassen der Fausthaltung durch Nachlassen der taktilen Empfindung	Sensomotorische Aktion mit Einbezug in die emotionalen und dosierenden Systeme
Bahnung	• Auslöschen des 2. Sensomotorischen Regelkreises durch Ermüdbarkeit • Wahrnehmungsblockade stoppt zentrale Bahnung	Stimulierung der sensomotorischen Bahnung • über Vorderseitenstrangbahn • durch Zwischenhirnkerne und Stammganglien • in Verbindung mit dem Limbischen System • zur sensomotorischen Kortex
Wirkung	Die primitiven Bewegungsschablonen verschwinden. Die Wahrnehmungsblockade verhindert aber die Sensibilität	• sinnvolle Integration der Sensorik • Verbesserung des sensomotorischen Feedback • Einbau von Erfolgsengrammen in die Handlungen

20. Motorische Bahnung – von der Bahnung zur Bewegung

Wenn der Satz stimmt: „Bewegung ist Leben, ohne Bewegung ist Leben nicht vorstellbar", so kann man diese These vom Einzelwesen auf seine Umwelt übertragen: „Bewegung erzeugt Aktivität, durch Bewegung werden Dinge in Bewegung gesetzt". Bewegung ist also auch der Schlüssel zu jeder Sozial- und Handlungskompetenz.

20.1 Voraussetzung für eine Bewegung

Voraussetzung für jede Bewegung ist die sichere Ausgangsstellung, die von Geburt an, wenn das Schweben im Fruchtwasser aufhört, durch die Schwerkraft geprägt ist. Unser Skelett sichert die Ausgangsstellung. Ohne Skelett wären wir ohne Struktur, würden uns wie ein Wurm bewegen und könnten uns nicht aufrichten. Das Skelett gibt uns das Gefühl der Leichtigkeit. Es ist so gebaut, daß es die statische Haltung bewahrt, während die Muskulatur gegen die Schwerkraft arbeitet zum Zwecke der Aufrichtung und Fortbewegung.

Die Aufrichtung muß sich der Säugling sich zunächst erarbeiten, um sich bewegen zu können, und das geschieht auf dem Weg der „Gamma-motoneuronen – Aktivität". Was heißt das aber praktisch für einen auf dem Bauch liegenden Säugling?

Da er den Kopf zur Seite gedreht hat, ist die Nackenmuskulatur der Hinterhauptseite gedehnt. Dies führt zu einer empfindlichen Reizung der Gammamotoneuronen in den Muskelfasern. Das Signal „Dehnung" bewirkt sofort das Gegensignal „Kontraktion" oder „Zusammenziehen". Die Muskulatur des Nackens spannt sich also an, das Drehen des bisher flach liegenden Kopfes zur anderen Seite wird eingeleitet.

Die Aufrichtung ist eine sehr alte aus der Evolution erlernte Funktion, für die wir unsere „Bewußtheit" nicht einsetzen müssen. Wohl aber müssen wir bei „Bewußtsein" sein.

Aus der aufgerichteten Position ist eine phasische Bewegung leichter. Je höher nun der Körperschwerpunkt verlagert wird, desto schneller kann die Bewegung sein. Aus der Bauchlage ist unsere Fortbewegung sehr viel langsamer als aus dem Stand. Ein Krokodil ist langsamer als eine Gazelle. Jede Zielmotorik braucht also den ständigen Aufbau immer neuer Stützmotorik. Henatsch sagt es so: „Bewegung ist eine Kette von Haltungen".

Mit der phasischen Bewegung beginnt die Gleichgewichtskontrolle. Kinder zeigen uns das in ihrer Entwicklung deutlich: zunächst laufen sie kurze Strecken, vom Stuhl zur Wand. Sie können noch nicht frei stehen, dazu wäre die bessere Gleichgewichtskontrolle nötig. Sie laufen auch noch nicht wirklich aufrecht, die gebeugte Körperhaltung gibt ihnen Stabilität.

Je höher der Körperschwerpunkt, desto labiler ist unser Gleichgewicht. Je labiler aber das Gleichgewicht, desto wendiger und schneller ist die Bewegung.

Das labile Gleichgewicht hilft uns, die stabile Haltung zu bewahren. Das klingt vielleicht widersinnig, ist aber durch ein Beispiel leicht zu verstehen:

Schilfgras ist zwar dünn und hoch, es ist sehr labil und wird vom Wind leicht umgeweht. Es findet aber durch seine Beweglichkeit immer wieder zurück in die Senkrechte. Ein Mensch würde, wenn er angestoßen würde, sofort umkippen, wenn er sich steif wie ein Zinnsoldat halten würde. Da er aber beweglich und damit im dynamischen Gleichgewicht ist, kann auch er sich immer wieder in die Senkrechte zurückbegeben.

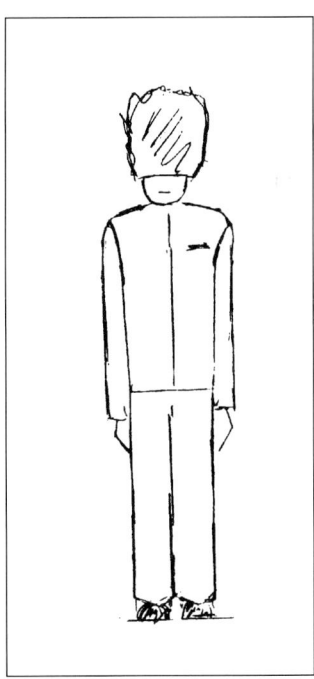

Abb. 61: Die stramme Haltung eines Soldaten in Wachstellung ist in Wirklichkeit sehr unsicher

Gleichgewicht bedeutet nicht unbewegliches Verharren in der Starre, sondern fortwährende Feineinstellung aller Bewegungseinheiten um ihre optimale Funktionslage zueinander. Dynamisches Gleichgewicht bedingt umfassende Beweglichkeit, denn ohne Mobilität ist das Pendeln um die Körperachse nicht möglich.

20.2 Der Weg zur motorischen Aktion

Nun zur Willkürmotorik, der bewußt gewollten Bewegung, die über motorische Aktionsketten verläuft.

Der Weg zur motorischen Aktion

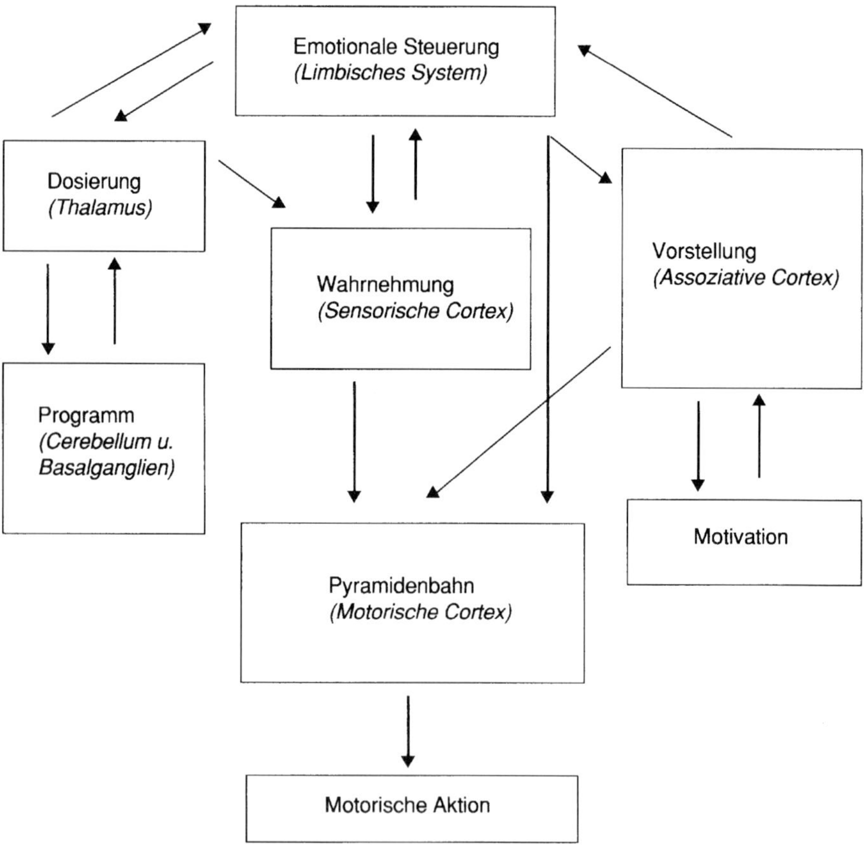

Abb. 62: Der Weg zur motorischen Aktion erfordert eine Kette von koordinierten Funktionen, an denen das gesamte Gehirn beteiligt ist

- Zunächst einmal ist natürlich der *Wunsch* zur Bewegung Voraussetzung. Man spricht heute von *Motivation*szentren im Gehirn, die jedoch noch nicht genau lokalisierbar sind. Sie werden vielmehr als ein System gesehen, das bei allen Handlungen mitspielt, ähnlich dem Limbischen System, mit dem sie in Verbindung stehen.

- Nun ist die *Bewegungsabsicht* notwendig und die *Imagination.* Die Vorstellung der Bewegung ist ohne Begrenzung, in der Vorstellung sind wir frei. Auch bei deutlichen Einschränkungen kann die Beweglichkeit verbessert werden, wenn wir uns die Bewegung als leicht und weich vorstellen.

- Gemäß der Imagination setzt nun die *Bewegungsplanung* ein, die meist ohne unser Bewußtsein geschieht. Alle diese Abläufe sind vom Limbischen System aktiviert und von ihm gesteuert. Haase konnte in hirnelektrischen Abläufen nachweisen, daß bereits vor einer motorischen Aktion alle entsprechenden Hirnregionen aktiv sind.

- Der *Bewegungsentwurf* hilft uns, eine Programm für die Bewegung zu erstellen. Dies geschieht in den Basalganglien und im Kleinhirn.

- Der programmierte Entwurf wird in den *Dosierungskernen*, besonders im Thalamus „ins rechte Maß gebracht", wobei auch hier eine *emotionale Steuerung* durch das Limbische System erfolgt. Nach der Bewegungsdosierung wird das Programm durch die Impulse bereichert, die über die vielen verschiedenen Wahrnehmungskanäle eingegeben werden.

- Erst dann wird der Bewegungsfluß über die *Pyramidenbahn* von der motorischen Hirnrinde aus zur Peripherie geleitet. Die motorische Aktion ist vollendet.

20.3 Die Bahnung ohne Bewegungsantwort

Eine motorische Bahnung kann provoziert werden, ohne daß die Bewegung tatsächlich geschieht. Auch ohne Ausführung ist die motorische Aktionskette im Gehirn geschlossen, so daß Bewegungen sich durch „nicht ausgeführte" Übungen verbessern können.

Diese Erkenntnis kennen wir aus der Therapie, wenn sie die Aufrichtung und Stabilisation provoziert, die Bewegung aber nicht zuläßt. Diese „isometrische Muskelarbeit durch neuromotorische Bahnung" kann angezeigt sein, wenn bei einer athetoiden Störung durch die Bewegungsausführung immer wieder überschießende Reaktionen ausgelöst würden.

Eine andere Möglichkeit, eine Bewegung ohne ihre Ausführung zu verbessern besteht darin, den Bewegungsablauf bewußt zu durchdenken, also über die Vorstellung der assoziativen Hirnrinde zu arbeiten. Diese Möglichkeit, zu üben ohne zu bewegen wird auch bei Schmerzeinschränkungen genutzt. Sie ist wichtiger Bestandteil der Feldenkrais-Methode „Bewußtheit durch Bewegung". Bewegungen, die wir uns gut vorstellen können, werden danach viel leichter. Umgekehrt können wir uns Bewegungen, die uns schwer fallen, auch nur schwer vorstellen.

Obwohl die Bahnung schon bei der neuromotorischen Vorstellung geschaltet wird, sollte doch die wirkliche Ausführung der Bewegung in jedem Bewegungsablauf erlebt werden, denn nur die Aktion selbst und ihre Rückmeldung (Re-Affarenz) zum Gehirn festigt dort die notwendigen Engramme und ihre Verknüpfung vom Spüren zum Bewegen zum Lernen.

20.4 Sensomotorik oder Motosensorik?

Bewegung ist so eng mit Wahrnehmung verbunden, daß der Begriff Motorik allein eigentlich nicht denkbar ist. Aus diesem Grund sprechen wir heute von Sensomotorik oder Motosensorik. In dem sensomotorischen Kreis ist die enge Verknüpfung zu sehen.

Unsere *Körperbewegungen* sind beeinflußt:

- Tiefensensibel durch das Gefühl der Schwerkraft, dem Gelenkdruck und dem Gewicht auf der Unterlage,
- Vestibulär durch das Bewegtwerden und die verschiedenen Ausgangsstellungen im Raum,
- Kinestetisch durch die Rückmeldung der Bewegung der Körperteile zueinander,
- Taktil durch die Berührung der Füße mit der Unterlage, der Hände beim Festhalten, durch das Spüren der Luft auf der Haut,
- Akustisch durch die Raumwahrnehmung und Orientierung,
- Visuell durch die Kontrolle von Bewegung und die Wahrnehmung der Raumlage

Unsere *Handmotorik* erhält Einflüsse:

- Kinestetisch durch die afferente Rückmeldung der Handbewegungen,
- Propriozeptiv durch die Stütz- und Haltungsfunktion des Armes auf der Unterlage und durch den tiefensensiblen Druck der Form in der Hand beim Greifen,
- Taktil durch die Oberflächenwahrnehmung, durch das Spüren und Tasten mit dem Fingerspitzengefühl,

Wahrnehmung

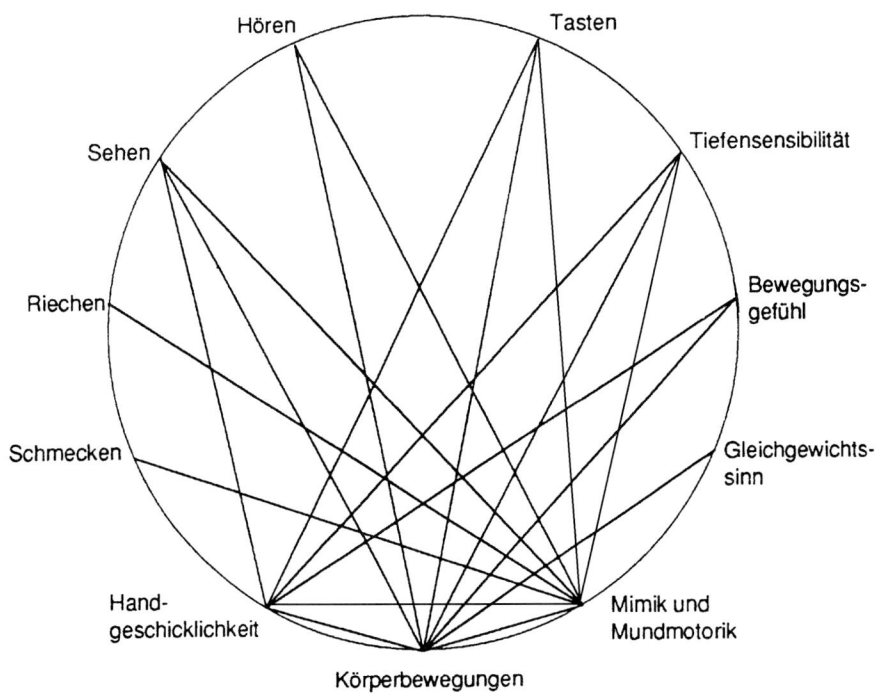

Bewegung

Abb. 63: Wahrnehmung und Bewegung beeinflussen und bereichern sich gegenseitig – ein sensomotorisches Lernen

- Visuell: durch das Sehen wird wir die Feinmotorik kontrolliert und verbessert.

Die *Mimik und Mundmotorik* erhält Einflüsse :

- Tiefensensibel durch die Formwahrnehmung im Mundinneren, wenn der Mund als „dritte Hand" zum Erfassen gebraucht wird,
- Taktil durch die feine Hautsensibilität im Gesichtsbereich und im Mund,
- Visuell: durch die Nachahmung, die Eigen- und Fremdbeobachtung wird die Mimik bereichert,
- Olfaktorisch und gustatorisch durch die Aktivierung der Geruchs- und Geschmackswahrnehmung,
- Akustisch durch die Feedback Funktion bei der Lautgebung der Sprache.

20.5 Die Urformen unserer Bewegungsabläufe

Aus den ersten Reflexreaktionen entwickeln sich in der Evolution die Grundformen von Fortbewegung. Sie sind als Bewegungsschablonen schon um 1920 von Temple-Fay beschrieben worden.

20.5.1 Die homolaterale Fortbewegung

Es ist eine Fortbewegung, die vom Kopf aus eingeleitet wird. Dreht sich der Kopf zu einer Seite, werden Arm und Bein der Gesichtsseite nach vorn gebeugt. Es ist die Bewegungsform der Fische. Neugeborene zeigen in den ersten drei Lebenswochen dieses Muster, wenn man sie im Wasser schwimmen läßt und sie so von der Schwerkraft befreit. Es ist die Rotation des gesamten Körpers um die Achse, noch ohne Interrotation und damit ohne Aufrichtung. Sie wird im Drehen „en bloc" sichtbar. Kinder mit Bewegungsstörungen benutzen diese Rotation als kompensatorische Schablone für erste Bewegungsmöglichkeit. Es ist eine sehr frühe Stufe der Bewegung, die später in das diagonale Kriechmuster übergeht und entwicklungsgeschichtlich dafür die Voraussetzung bildet.

Abb. 64: Die homolaterale Fortbewegung der Fische

20.5.2 Die homologe Fortbewegung

Sie ist leicht zu verstehen, wenn man sich einen Froschsprung vorstellt. Die Fortbewegung geschieht durch die symmetrische Beugung und Streckung von Armen und Beinen. Aus der Entwicklungsstufe der homologen Fortbewegung stammt der symmetrisch tonische Nackenreflex. Bei der Aufrichtung des Kindes aus der Bauchlage verlagert sich die Belastung immer wieder von cranial nach caudal und umgekehrt, auch eine homologe Bewegungsform. Wir zeigen das homologe Muster noch heute, wenn wir im Schreck aufspringen und beide Arme hoch werfen. Wir benutzen es aber auch, wenn wir auf beiden Füßen hüpfen.

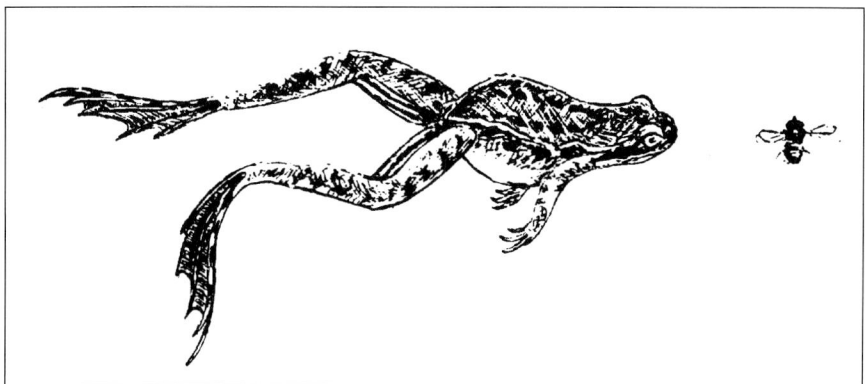

Abb. 65: Die homologe Fortbewegungsart, dargestellt am Sprung eines Frosches

20.5.3 Die kreuzdiagonale Fortbewegung

Sie entwickelt sich aus der homolateralen und der homologen Fortbewegung. Das kreuzdiagonale Muster des Kriechens erscheint zuerst bei der Eidechse. Je nach Kopfwendung ist der Gesichtsarm in Beugung, das Gesichtsbein in Streckung, der Hinterhauptarm nach unten und das Hinterhauptbein in Beugung. Dabei kommt es zum erstenmal in der Entwicklung zur Interrotation, also zur Drehung der Wirbelsäule zwischen Schultergürtel und Becken.

Diese Interrotation hilft uns ganz entscheidend, uns aufzurichten und in der aufrechten Stellung genug Flexibilität und damit die nötige Stabilität zu haben. In der Interrotation geschieht eine Separierung einzelner Bewegungsrichtungen und damit die Ablösung von alten zwanghaften Bewegungsschablonen. Durch die Interrotation, die in allen Wirbelsegmenten stattfindet, können wir unseren Rumpf im Gehen mittig halten und müssen nicht hin und her wackeln. Die Interrotation gibt unserem Kopf die Freiheit, sich unabhängig vom Gangmuster zu drehen und zu bewegen. Eine Fähigkeit, die in grauer Vorzeit, als wir bei Gefahr noch fliehen mußten, lebensrettend war.

Abb. 66: Aus der homolateralen und der homologen Fortbewegung entwickelt sich das kreuzdiagonale Bewegungsmuster, das wir noch genauso wie die Eidechse zur Fortbewegung benutzen

Dieses kreuzdiagonale Bewegungsmuster mit seiner weiteren Differenzierung benutzen wir nicht nur beim Gehen, sondern auch beim Greifen über die Körpermitte und allen wichtigen feinmotorischen Aktionen. Es wird in jeder Therapie gefördert und durch die wichtige Stabilisations- und Aufrichtungsfunktion bereichert.

In der Entwicklung des Kindes wechseln sich die drei Urformen der Bewegungen ab und schmelzen zusammen zur perfekten Koordination.

20.5.4 Die Diagonale in der Bewegung

Die Diagonale in unseren Bewegungen haben wir mit der Kopfrotation aus dem Kriechmuster entwickelt. Sie spielt in mehreren Therapien (Vojta, Bobath, PNF, ME), um nur einige zu nennen, eine zentrale Rolle. Denn die Diagonale ist eine wichtige Bewegungsrichtung, die jede unserer Aktionen begleitet.

Wenn wir unsere Anatomie betrachten, stellen wir fest, daß wir nur sehr wenige Muskeln haben, die in der Relation zur Körperachse nicht diagonal verlaufen. Daher wird auch in der Muskelschulung nach dem Verlauf der Muskulatur mit diagonalen Bewegungen trainiert. Turnvater Jahn's „Vorwärts-seitwärts-hoch-Bewegungen" sind nicht physiologisch und daher „out".

Aber noch heute werden Kinder viel zu früh in die Symmetrie gezwungen, werden animiert, still zu sitzen und geradeaus zu schauen, morgens in der Schule und nachmittags vor dem Fernseher. Haltungsstörungen und Rükkenschmerzen werden programmiert, wenn die körpergemäßen Diagonalbewegungen fehlen. Alle unsere Bewegungen gehen funktionell auf das Kriechmuster und die Rotation zurück, daher sollten diese Bewegungsformen vom Kind ausgiebig gelebt werden.

20.6 Die Bewegungsbahnung in der Therapie

Es gibt hier eine Art „Dreistufenplan", nach dem wir vorgehen sollten.

- Wir schaffen zunächst durch eine gesicherte Ausgangsstellung, die Voraussetzung für die Bewegung. Die Ausgangsstellung ist das sichere Plateau, von dem aus die Aktionskette, von der Bewegungsabsicht bis zur Ausführung, abläuft. Jede instabile Ausgangsstellung erzeugt Unsicherheit und hemmt die Bewegungslust. Aus der gesicherten Position heraus macht Bewegung Spaß, ist leicht und wird als angenehm gespürt. Und was angenehm ist, werden wir wieder tun.

- Aus der gesicherten Ausgangsstellung bahnen wir eine Aufrichtung an, wobei wir insbesondere die proprioceptive Wahrnehmung von Druck und Gewicht mit einbauen. Sie gibt Sicherheit, das Skelett wird bewußt und die Aufrichtung wird leichter.

- Wir entwickeln aus der gewonnenen Aufrichtung die Bewegung über verschiedene Eingangskanäle:

- durch passives Bewegtwerden wird die vestibulär-kinestetische Wahrnehmung geschult, die Bewegung wird bewußt gemacht, um später aktiv übernommen zu werden. Hierbei ist wichtig, daß die passive Bewegung nicht gegen Widerstand „gedrückt" wird; wir geben sonst dem Nervensystem die Information, daß Bewegung schwer ist, das Kind wird sie allein nicht versuchen. Wird Bewegung aber leicht geführt, auch wenn sie nur klein ist, wird sie als leicht empfunden. Das System bekommt die Information: „es ist möglich", das Kind wird sie für sich übernehmen,

- durch tiefensensible und taktile Stimulation werden Körperteile und Bewegungen bewußt gemacht, nur wer sich kennt, kann mit sich umgehen,

- durch Führungswiderstand wird ein propriozeptiver Reiz gegeben und die Gelenkstruktur und Bewegungsrichtung für das Kind geklärt,

- durch das Spüren der aktiven Bewegung in der Peripherie schließt sich der sensomotorische Kreis über die Re-Affarenz bis zum Gehirn.

Alle Aspekte sind in jedem Bewegungslernen enthalten. Welcher Aspekt nun in der Bahnung der einzelnen Therapiestunde in den Vordergrund gestellt wird, richtet sich nach der Art der Störung, nach dem Ziel, das angestrebt wird und nicht zuletzt nach der Verfassung, in der sich das Kind befindet.

21. Förderung – Ein Konzept ist mehr als ein Rezept

Es gibt grundsätzliche Forderungen an die sensomotorische Förderung bei Kindern mit Entwicklungsstörungen. Sie betreffen die Voraussetzung, die Ausgangsposition, die Bahnung, die Dosierung, die Ausgangsstellung und den Therapieansatz. Daß die jeweils neu zu erarbeitenden Fähigkeiten mehrdimensional angebahnt werden, ist bereits ausführlich dargestellt. Viele Kanäle werden miteinbezogen, so daß jedes Kind auf eine ihm eigene Art angesprochen wird, denn jedes Kind, wie übrigens auch jeder Erwachsene, lernt anders.

Maßregeln und Verbessern?

In unserer Therapie werden nicht Maßregeln gegeben oder gar „falsche" Muster abgebaut, denn wie soll sich ein Kind bewegen, wenn ein anderes Muster nicht präsent ist. Es würde die Lust am Bewegungslernen verlieren. Das Korrigieren von „falschen" Mustern kann nach meiner Meinung sogar eine neue Pathologie provozieren. Wenn ein Kind mit einer Hemiparese sich auf der geschlossenen Faust aufstützt, wir aber dann korrigierend diese Hand immer wieder öffnen, zwingen wir das Kind in den pathologischen Handstütz auf der Daumenseite mit innenrotiertem Arm. Wir blockieren damit die Entwicklungsmöglichkeit zu der radialen Handstellung.

Neue Muster lernen

Wir bieten aber neue Muster an, indem wir sie dem Körper des Kindes „zeigen" und geben dem Kind so die Voraussetzung, es selbst zu schaffen. Das Kind wird es benutzen, wenn es reif dafür ist, weil die Bewegungsmuster, die wir ihm anbieten, ökonomisch sind und letztlich leichter als die primitiven kompensatorischen Bewegungsschablonen.

Ökonomie und Effizienz

Bewegungslernen folgt dem Prinzip der Ökonomie und Effizienz. Das heißt: Minimaler Aufwand für maximale Wirkung, nicht umgekehrt. Im Säuglingsalter haben wir noch die Fähigkeit, die für eine Bewegung nötigen Muskeln zu engagieren und geschickt zu koordinieren. Wir haben die Fähigkeit, die Muskelspannung loszulassen, sobald sie nicht mehr gebraucht wird. Gesunde Säuglinge haben keine Verspannungen. Ökonomie der Bewegung ist die Kombination von Leistungsfähigkeit und Leichtigkeit. Daher soll jedes Bewegungslernen in unserer Therapie so leicht sein, daß die Effizienz für das Kind immer erkennbar ist.

Motivation

Ist Bewegung ein Spaß, dann sind die Motivationszentren aktiviert. Durch die emotionale Verankerung des positiv Erlebten im Limbischen System werden einzelne Übungen gespeichert, wiederholt und zu sinnvollen Handlungen integriert. Das ist Motivation zum Lernen.

Freiheit der Wahl

Wenn wir viele Muster anbieten, geben wir dem Kind die Möglichkeit, selbst zu wählen, welches Muster heute das leichte und damit das optimale ist. Denn jedes Kind ist in seiner Struktur einzigartig und hat sein eigenes Bewegungsverhalten. Kindern bewegen sich nicht nach Tabellen! Gesunde Kinder bewegen sich in vielen Mustern. Sie kennen z.B. schon früh viele verschiedene Möglichkeiten, sich zu drehen und wenden situativ die beste an. Wie viele Möglichkeiten kennen Sie?

Wiederholung mit Variation

Häufige Wiederholung mit Variationen, also der Gebrauch der Fähigkeiten ist notwendig, um die dadurch geschaffenen „Engramme" im Gehirn zu festigen. Eindrücke, die nur einmal gegeben und nicht wiederholt werden, gehen bald wieder verloren. Dies ist ein Grund, warum Kinder neu Erlerntes so oft wiederholen, also üben und das sogar freiwillig. Diese Art zu wiederholen, weil mit immer neuen Variationen verbunden, ist weit entfernt von dem stereotypen und langweiligen Üben, das eher Lernblocks setzt als neue Synapsen schaltet.

Die Erkenntnis des Lernens durch Wiederholungen hat dazu geführt, daß die Eltern in unsere Therapie aktiv miteinbezogen werden. Es wird heute teilweise in Frage gestellt, ob Eltern überhaupt „Co-Therapeuten" sein sollten. Ich dagegen kann mir nicht vorstellen, mit einem Kind zu arbeiten, ohne die Eltern mit einzubeziehen, sie also „draußen vor der Tür" zu lassen. Wie verunsichernd muß es für Eltern sein, ihr Kind zu einer Therapie zu bringen, ohne zu wissen, warum und wie jeder Schritt der Förderung geplant und durchgeführt wird. Wie leicht kann die Therapie sein, wenn Eltern wissen, was sie tun und mit ihrem Kind jeden neuen Entwicklungsschritt gehen können.

Dosierung

In der Therapie wird oft aus Unkenntnis und Unsicherheit der TherapeutInnen über- oder unterdosiert. Die Dosierung, also die Entscheidung, wieviel wir tun, ist möglich, wenn wir die Entwicklungsschritte und Defizite genau kennen. Dosierung steht unter dem Motto „So viel wie nötig, so wenig wie möglich", auch sie folgt dem Prinzip der Ökonomie und Effizienz. Je mehr Pathologie bereits aufgetreten ist, also je gravierender sich die Entwicklungsstörung zeigt, desto mehr Hilfe braucht das Kind und brauchen auch die Eltern. Denken wir an die Hilfen beim Tragen, beim An- und Ausziehen, beim Essen und Trinken. Kinder mit Entwicklungsverzögerungen brauchen aber vielleicht nur eine beobachtende Begleitung.

Therapiebeginn

Die Therapie setzt da an, wo die Schere zwischen dem Kalenderalter und dem Entwicklungsalter auseinander geht, in der Phase also, in der die Pathologie beginnt. Dieser Zeitpunkt kann durch eine differenzierte Frühdiagnostik genau bestimmt werden, wenn die Bewegungsstörung noch nicht offensichtlich ist, man aber anhand der Reflexantworten die spätere Entwicklungsstörung bereits erkennen kann. Es ist nicht sinnvoll, ein Kind zu beobachten und festzustellen, was es <u>nicht</u> kann, um das dann zu üben. Viel besser ist es, auf dem sicheren Plateau des „Gekonnten" zu üben und zu lernen.

Lernen aus sicherer Position

Lernen, also das Erarbeiten von Neuem und Fremden, ist immer mit Unsicherheit verbunden, weswegen unsichere Kinder Lernverweigerer werden können. Lernen gelingt nur, wenn die Situation also die Ausgangsstellung gesichert ist. Im Zweifelsfall wählen wir lieber eine niedrigere Anfangsposition als eine zu hohe. Die Aufrichtung zur nächsten Stufe vollzieht das Kind jeweils allein und im richtigen Moment, wenn die Stufe darunter wirklich beherrscht wird. Wir werden also in der Therapie die Aufrichtung nicht provozieren, um keine pathologischen Reaktionen zu riskieren. Die dann notwendig werdende Korrektur wäre ja, wie oben beschrieben, von zweifelhaftem Erfolg. Es gibt eine Ausnahme: Kinder mit schweren geistigen Behinderungen, also Kinder, die selbst zu wenig Bewegungs- und Aufrichtungsmotivation haben, werden in die Aufrichtung gebracht, wenn die Stabilität der Gelenke und der entsprechende statomotorische Entwicklungsstand erreicht ist.

Schlüsselphasen – Übergangsphasen

Die Entwicklung eines jeden Kindes zeigt bestimmte Schlüsselphasen oder Meilensteine, sie hat aber auch sogenannte Übergangsphasen, Phasen, in denen sich ein Kind von einer in die nächste Stufe der Aufrichtung begibt. Es sind einige Wochen dauernde Zwischenstadien, in denen das Kind „mehr will als es kann". Daraus entstehen künstliche Positionen, die durchaus normal sind und nicht unterbunden werden, sie werden aber auch nicht gefördert.

Ein Kind, das sich vom Vierfüßlerstand auf die Füße hochzieht, wird in dieser Übergangsphase erst einmal die Beine überstrecken und sich auf die Zehen hoch stellen. Da die Rumpf- und Hüftaufrichtung noch nicht sicher ist, benutzt es diese Überstreckung, um eine Pseudostabilität des Rumpfes zu erreichen. Das „Bild", das wir sehen, ähnelt dem einer diparetischen Bewegungsstörung in der Aufrichtung. Durch die Gesamtheit des Befundes ist diese Erscheinung aber schnell von einer Diparese abzugrenzen.

In unserer Förderung werden die Meilensteine der Aufrichtung erarbeitet. Während einer Übergangsphase sollte die Ausgangsstellung der niedrigeren Stufe benutzt werden.

Der exakte Befund

Auch wenn oder gerade weil wir das Kind als Ganzheit sehen, ist für eine exakt angesetzte Therapie die genaue Einschätzung des Entwicklungsstands der einzelnen Funktionsbereiche notwendig. Die Ganzheit eines Kindes ist nicht die Summe seiner Einzelleistungen, erst durch ihre Verknüpfung wird eine harmonische Entwicklung möglich.

Beim Kind mit einer Bewegungsstörung wird die Entwicklung disharmonisch, weil die Ganzheit durch die Koordinationsstörung verletzt ist. Das Beispiel einer Hemiparese macht das sehr deutlich: hier kann möglicherweise der Entwicklungsstand des betroffenen Armes auf der Stufe von drei bis vier Monaten stehen, während die Körperkoordination bereits den altersgemäßen Stand von 5 Jahren erreicht hat.

Durch unseren exakten Befund kann die Therapie genau angesetzt und „auf den Punkt" gebracht werden. Das würde z.B. bei dem Kind mit der Hemiparese bedeuten, daß zunächst die radiale Handstellung gebahnt und gesichert würde und nicht etwa schon die Stifthaltung.

Die Übungen

Es sollen nicht zu viele Übungen gezeigt werden. Das Angebot von vielen und wöchentlich immer neuen Übungen zeigt, daß wir nicht exakt wissen, wie wir ansetzen sollten. Wir müssen dann probieren und verunsichern damit die Eltern und auch das Kind, die beide so viel Verschiedenes nicht verstehen und nachvollziehen können. Wenn wir aus dem Befund die Entwicklungsstufe und den Therapieplan klar folgern und festlegen können, werden wir ihnen die wirklich relevanten Übungen zeigen können.

Die Übungen sollten nicht zu schwierig sein. Eltern, die in der Therapiestunde allzu kunstvolle Griffe gezeigt bekommen, verzagen leicht, „das lerne ich ja doch nie". Sie haben Angst, ihrem Kind womöglich durch ihre

Fehler zu schaden; und jeder weiß, wie schlecht der Mensch mit Angst lernt. Eltern dagegen, die die Therapie selbst „im Griff" haben, sehen die Bewegungsantwort, also den Erfolg, und werden zu wunderbaren Therapeuten. Wir werden dann zu Co-Therapeuten, zu Hilfskräften im besten Sinn.

Funktionshilfen

In der Therapie von größeren Kindern, die ihre festgefahrenen Muster funktionell benutzen, um eine möglichst große Handlungskompetenz zu haben, kann Pathologie nicht immer verhindert werden, weil damit ja die Funktion verloren ginge. Wir werden dann zusätzlich zu den Bahnungen der entsprechenden Entwicklungsstufe Funktionsübungen anbieten wie handmotorische Hilfen, Schreibhilfen, passive Stabilisierung des Ellbogenstützes, rutschfeste Unterlage und was noch hilfreich ist. Aber Vorsicht, nicht alles, was sie Industrie an Hilfsmitteln anbietet, ist sinnvoll und manche Hilfsmittel verhindern geradezu die Eigenaktivität des Kindes, und die Wohnung wird zum Therapiezentrum. Wir sollten immer abwägen, welche Hilfsmittel wirklich Hilfe sind und in der Familie soviel Normalität wie möglich erhalten. Auch hier gilt eben: Soviel wie nötig, sowenig wie möglich.

Behandlungsverlauf

Bei günstigem Behandlungsverlauf verringert sich die Differenz zwischen dem Kalenderalter und dem Entwicklungsalter, beziehungsweise gleicht sich aus.

Obwohl die Ursache der zentralen Koordinationsstörung im Gehirn liegt und nach herkömmlicher neurolphysiologischer Ansicht irreversibel ist, können doch durch die sensomotorische Förderung strukturelle Veränderungen im Gehirn geschehen. Durch die Vielfalt der Vernetzungen kann sich das System helfen. Andere Zentren und Strukturen übernehmen teilweise Funktionen. So kann man doch von einer möglichen Heilung sprechen. Wenn durch die frühe Förderung die Harmonie der Entwicklung wiederhergestellt wird, verläuft die weitere Entwicklung des Kindes „normal" und ohne Störung.

22. Sensorische Therapie

22.1 Lernen zu spüren, sensorische Schritte zur Wahrnehmung

Im Folgenden sind die Therapieschritte der verschiedenen Entwicklungsstufen, von der Geburt bis zum 18. Lebensmonat, dargestellt. Mit dem 18. Entwicklungsmonat ist die sensomotorische Phase vollendet. Von da an lernen Kinder mehr und mehr Funktionen, Fertigkeiten und Fähigkeiten.

Die Bewegungsstörung beginnt in den ersten Monaten sichtbar zu werden. Entwicklungs- und Kalenderalter klaffen sehr bald auseinander, und wir sehen die motorischen Auffälligkeiten. Ein Kind besteht jedoch nicht nur aus dem, was wir an ihm sehen, nicht nur aus der Summe seiner meßbaren Funktionen, sondern zunächst aus dem was es fühlt, also seiner Wahrnehmungs- und Lebensqualität. Die Förderung berücksichtigt daher gleichwertig beide Aspekte, die afferente wie auch die efferente Bahnung.

Wir lenken unser Augenmerk in der Therapie zunächst auf die Nahsinne, denn ihre Integration ist Voraussetzung für die Entwicklung. Wahrnehmung ist nicht aufteilbar in Einzelteile, sondern ein Bereich fördert und bereichert den anderen. Bei der Wahrnehmungsschulung können und wollen wir daher auch nicht isoliert stimulieren, denn wir erreichen immer eine breit gestreute Wirkung auf das ganze System.

Für unsere eigene Klarheit ist es jedoch wichtig, die Möglichkeiten der einzelnen Stimulationsbereiche zu kennen, da bei Kindern mit Entwicklungsstörungen häufig einzelne Wahrnehmungsbereiche besonders wenig differenziert sind.

Denken wir an das Kind mit der Hemiparese, hier wird insbesondere die taktile und propriozeptive Handwahrnehmung gestört sein, worauf in der Therapie natürlich das Hauptaugenmerk zu richten ist.

Die Modalitäten der Wahrnehmungsbereiche sind mit ihren Stimulationsmöglichkeiten aufgezählt. Die Gesamtheit der sensorischen Förderung ist dadurch nicht aufgehoben, sie ist in den Therapietabellen noch einmal zusammengestellt.

Bei der Altersangabe handelt es sich nicht um das Kalenderalter sondern um das Entwicklungsalter und um die Qualität der entsprechenden Wahrnehmung, nicht um die Quantität.

22.2 Bewegtes Lernen, die vestibulär-kinestetisch-propriozeptive Stimulation

Auf der Entwicklungsstufe des Neugeborenen führt die Therapie die Erfahrungen aus der Zeit im Mutterleib fort. Ein neugeborenes Kind braucht Kontinuität und Sicherheit. Liedloff schreibt in ihrem Buch „Auf der Suche nach dem verlorenen Glück" von der Notwendigkeit des Kontinuums in der frühen Kindheitsentwicklung. Fehlt diese Erfahrung, folgt daraus lebenslange Unsicherheit. Nur wer die Sicherheit der Beziehung als Kind kennengelernt hat, kann später gut mit sich selbst umgehen. Das Kind braucht die runde Haltung, die es aus der Zeit im Uterus kennt, genauso wie das Gefühl des festen Gehaltenwerdens, noch lange Zeit. Sogar wir Erwachsenen brauchen ja Halt, um Sicherheit zu spüren, wieviel wichtiger ist das für ein neugeborenes Kind! Bei jedem abrupten Wechsel ist es hilflos seinen Schreckreaktionen ausgeliefert.

In unserer Therapie beginnen wir häufig die Stunde so, daß das Kind auf dem Schoß von Mutter oder Vater gehalten wird. Kinder mit Hypertonie, die noch die starke Moro-Reaktion zeigen, können sich in dieser Haltung „entspannen". Sie wirkt tonusregulierend, übrigens nicht nur auf das Kind sondern im gleichen Maße auch auf die Eltern, die zu Anfang Sicherheit ebenso nötig haben, und die zunächst ihr Kind natürlich nur zögernd fremden Händen überlassen.

Im Entwicklungsalter von vier bis sechs Monaten, wenn die Aufrichtung und freie Bewegung des Kopfes möglich wird, wird eine neue vestibulär-kinestetische Stimulation notwendig, die langsame Drehung um die Körperachse. Langsam deshalb, weil die Moro-Reaktion ja noch nicht vollends erloschen ist.

Die tiefensensible Stimulation erhält das Kind durch den Druck der Unterlage gegen seinen Körper, der jetzt nicht mehr in totaler Beugung liegt, sondern sich an die flache Unterlage angepaßt hat. Aus der Bauchlage werden wir insbesondere den Ellbogenstütz durch den propriozeptiven Gelenkdruck anbahnen, zunächst aus der Bauchlage, dann aber aus allen „Zwischenstationen" bis zur Seitlage hin.

Mit 6-8 Entwicklungsmonaten wird die Stimulation der Bewegungswahrnehmung bereits mit großen zügigen Drehbewegungen gegeben, da die Primärreflexe und Schreckreaktionen jetzt erloschen sind. Der Gelenk- und Muskeldruck durch den ganzen Arm und vom Knie zu den Hüftgelenken gibt die Bewußtheit und Voraussetzung für den späteren Vierfüßlerstand. Auch hier wieder wird nach dem Prinzip „Spüren – Bewegen –

Lernen" die Sensorik vor dem Bewegungsaufbau gebahnt.

Die tiefensensible Stimulation von Füßen und Händen macht das Kind auf uns aufmerksam, schafft Kontakt und schaltet alle Wahrnehmungsrezeptoren auf „Aufnahme". Ich nenne dabei bewußt zunächst die Füße. Wir beginnen hier mit dem festen Greifkontakt, weil die Füße im Vergleich zu den Händen noch unreifer sind (cranio-caudale Entwicklung) und den meisten Halt brauchen.

Über seine kinestetische Wahrnehmung lernt das Kind jetzt die seitlichen Bewegungen, durch passive Rotationen und Armbewegungen über die Körpermitte und durch das bimanuelle Greifen von einer Hand in die andere.

Der Entwicklungsstand vom 8. bis 12. Monat ist geprägt von der Sensation der Senkrechten. Unsere vestibulär-kinestetische Bahnung verlangt jetzt die Auf- und Abbewegungen, auch schnelle Richtungsänderungen. Es ist dies ja auch das Alter, indem Kinder es lieben, in die Luft geworfen zu werden und sogar an den Beinen gehalten mit dem Kopf nach unten geschaukelt zu werden.

Die tiefensensible Stimulation sichert über Gelenk- und Muskeldruck die Stabilisation zunächst vom Knie zur Hüfte, später von den Fußsohlen, insbesondere vom Fersendruck aus. Sie beginnt jetzt auch in den Händen und sogar im Mundraum, wenn auch eckige Gegenstände durch „Zupacken" erfahren werden, eine Bahnung der späteren Formwahrnehmung.

Mit dem Entwicklungsalter von 12 – 18 Monaten ist die vestibuläre Stimulation nicht mehr erforderlich, denn ein Kind dieser Entwicklungsstufe hat einen unglaublich großen Bewegungsdrang und erfährt genügend vestibuläre Reize. Wenn wir einmal versuchen, alle Bewegungen eines einjährigen Kindes mitzumachen, werden wir nach einer halben Stunde wahrscheinlich erschöpft in den nächsten Sessel sinken. Kinder sind dann noch topfit.

Die propriozeptive Wahrnehmung wird in dieser Phase über die volle Aufrichtung gegeben, von der Ferse über die Hüfte, bis durch die Wirbelsäule zum Kopf.

Im Handbereich ist noch viel zu lernen durch immer feinere Formdifferenzierung. Es beginnt bereits eine zielgerichtete Konzentration auf die seriale Handlungsabläufe. Das heißt, es bleibt nicht mehr beim bloßen Erkennen, sondern es werden aus dem „Begriffenen" Schlüsse zum „Begreifen" gezogen.

22.3 Spüren durch Berühren, die taktile Stimulation

Die taktile Wahrnehmung differenziert sich in den ersten 18 Monaten von der Wahrnehmung im Urraum, Hand-Mund immer weiter nach distal über die Fingerspitzen bis in den ganzen Körper.

In den ersten drei Entwicklungsmonaten braucht ein Kind einen warmen, weichen, Hautkontakt über den ganzen Körper, mit den Qualitäten warm, weich und glatt, also an besten den engen Kontakt zur Haut von Vater und Mutter. Das gibt dem Kind zudem den Geruch und den Herzschlag und damit wieder die sichere Kontinuität.

Große Schwankungen in taktilen Qualitäten, auch Temperaturabweichungen führen sofort zu einer Tonuserhöhung und zu Schreckreaktionen. Oft ist es gut, sehr ängstliche Kinder zur Behandlung zunächst nicht auszuziehen, wie es das Beispiel des ataktischen Jungen zeigt.

Bereits jetzt kann die Stimulierung mit dem Haut-Haut-Kontakt im mimischen Bereich helfen, die primären Mundreflexe zur Nahrungsaufnahme zu bahnen.

Beginnt das Kind, seine Arme und Beine isoliert zu bewegen, sich also nicht mehr nur in komplexen Schablonen zu bewegen, ist die taktile Stimulation von Armen und Beinen zum Bewußtmachen der Extremitäten angezeigt. Dies geschieht zwischen dem 4. und 6. Entwicklungsmonat; später, ab dem 6. Monat, wird die Differenzierung weitergeführt bis zu den Händen und Füßen. Jetzt wird auch der Bereich des Gesichtes stimuliert und die aktive Mimik und Mundmotorik damit angeregt. Das gesunde Kind tut dies selbst, indem es seine Finger oder Gegenstände in den Mund steckt.

Die sensorische Stimulation erreicht von der Peripherie afferent die sensorischen Areale des gyrus postcentralis, in dem ja gerade die Bereiche Hand und Gesicht mit großen Feldern vertreten sind. Es kommt also gerade bei den taktilen Reizen im Gesicht zu einer starken Hirnstimulierung, die von uns gut dosiert sein will. Denn jede Überdosierung bewirkt eine Desensibilisierung!

Die Taktilität wird im weiteren Verlauf verfeinert durch den Einbau verschiedener Qualitäten, die zunächst von der ganzen Hand begriffen werden bis zum echten Fingerspitzengefühl.

Durch die Sensibilisierung der Handinnenfläche wird der Handteller jetzt wach und bereit gemacht, beim Greifen mitzuwirken, damit der Pinzettengriff nicht vorherrschend bleibt. Die Stimulierung erfolgt bei gebeugter Hand, um nicht durch Dehnung der sensorischen Nervenendigungen die Wahrnehmung künstlich zu blockieren. Die Überstreckung der Hand und damit die Blockierung der Sensorik ist nur dann sinnvoll, wenn wir uns möglichst empfindungs- und schmerzlos z.B. einen Splitter aus der Hand ziehen wollen.

Durch die sensible Stimulierung der Handfläche wird die Hand als Ganzes in die Information der sensiblen Reize miteinbezogen. Erst sehr viel später verfeinert sich die zunächst mehr propriozeptive Handsensorik zum taktilen Fingerspitzengefühl. Eine zu frühe Aktivierung der Finger ohne die Mitarbeit der Handflächen bringt ein Kind dazu, später alles „mit spitzen Fingern" also unsensibel und ungeschickt anzufassen, es lernt nicht, wirklich zuzupacken.

22.4 Hören und Sehen, die auditiv-visuelle Förderung

Die beiden Wahrnehmungsqualitäten sind eng miteinander verknüpft. Sie sind nicht voneinander zu trennen und daher auch zusammen beschrieben. Entwickelt sich die taktile Wahrnehmung „von außen nach innen", von proximal nach distal, so geht die auditiv-visuelle vom Kind aus immer weiter in die „Ferne".

Im Entwicklungsalter des Neugeborenen ist zunächst die Kontinuität der intrauterinen akustischen Wahrnehmungen wichtig: unsere Stimme sollte weich und leise sein. „Akustische Attacken", wie eine schrille Stimme es sein kann, führen unweigerlich zum Erschrecken, zum Weinen, zur Tonuserhöhung.

Die Sicherheit des bekannten Herzschlags ist als kontinuierliche Wahrnehmung schon genannt worden. Oft kann es in der Förderung schon helfen, wenn eine bekannte Geräuschkulisse, wie eine Spieluhr, miteinbezogen wird, besonders bei bewegungsängstlichen Kindern. Eine Spieluhr kann so zu Hause schon eine frühe Korrektur einer einseitigen Kopfhaltung bewirken.

Im weiteren Entwicklungsverlauf bis zum vierten Monat beginnt sich die visuelle Perzeption zu differenzieren, das Kind sieht nicht mehr nur hell – dunkel sondern auch Formen bis zu einer Distanz von einem bis zwei Metern. So wird das Sehen und Hören bald intermodal mit der Raumwahrnehmung verknüpft.

Vom 6. bis 8. Monat erweitert sich diese Wahrnehmung auf einen größeren Raum, auf das ganze Zimmer. Dies wird möglich durch die freie Ausrichtung des Kopfes zu allen Körperlagen und zum Raum und durch die koordinierte Kopf-Augen-Kontrolle. Die Wahrnehmung wird verfeinert, es werden Gesichter und Personen vom Ansehen und von der Stimme her deutlich erkannt und differenziert. So kommt es auch in der Therapie zu dem typischen „Fremdeln", wenn wir zu viele neue Eindrücke geben wollen. Zuviel Wechsel in der Therapie, besonders aber ein Wechsel der Bezugsperson oder eine Förderung von mehreren TherapeutInnen ist also sicherlich jetzt nicht sinnvoll. Vielmehr braucht das Kind immer wieder erinnerbare Eindrücke.

Mit acht bis zwölf Monaten wird die auditiv-visuelle Stimulation erweitert durch die seriale Integration, das Kind lernt „wenn es klopft, kommt gleich jemand ins Zimmer, ich schaue also zur Tür hin." Dies sind Folgerungen, die wir in vielen Versionen in unsere Förderung mit einbauen können.

Durch die Stimulation können immer feinere Leistungen erlernt werden, wie die der Raum- und Entfernungswahrnehmung, und der Wahrnehmung von Details. Im akustischen Bereich wird jetzt differenziert nach Raumrichtung, nach Stimmqualität und nach Wortverständnis. Ein Kind versteht aus unserer Stimmlage und „Stimmung", was wir meinen, lange bevor es alle einzelnen Worte verstehen kann.

Die Vernetzung der audiovisuellen Wahrnehmung mit der vestibulären und der kinestetischen macht letztlich die Raumwahrnehmung von oben, unten, weit und nah möglich. Die Verknüpfung von audiovisuell und taktil-propriozeptiv bahnt und sichert die Wahrnehmung von groß, klein, rund und eckig.

Alle Wahrnehmungsformen werden in unserer Förderung angeboten wobei wir je nach Befund verschiedene Aspekte unterschiedlich betonen können.

22.5 Auch Riechen und Schmecken will gelernt sein

Die Geschmacks- und Geruchswahrnehmung erfährt das Kind immer kombiniert. Denken wir nur daran, wie fade uns das beste Essen schmeckt, wenn unsere Riechwahrnehmung durch einen Schnupfen blockiert ist. Die Wahrnehmung ist aber genauso wenig zu trennen von der visuellen. Mit welchen Gefühlen und Assoziationen würden wir ein blaues Brot oder grünes Fleisch essen?

Die Stimulation der Geruchs- und Geschmackswahrnehmung ist in den ersten Entwicklungsmonaten sehr bedeutsam für das Kind, das seine Mutter durch die Riechwahrnehmung schon einen Tag nach der Geburt erkennt und so Sicherheit schon früh mit bekanntem Geruch gleichsetzt. Bei ängstlichen, unruhigen Kindern kann ein Tuch, das die Mutter getragen hat, dem Kind zur Beruhigung und Tonusminderung mit ins Bettchen gegeben werden. Es kann auch, einseitig angebracht, bei Kindern mit asymmetrischer Körperhaltung die Kopfwendung zu einer Seite stimulieren.

Auch, oder gerade weil die Riechwahrnehmung beim Kind, wenn es in unsere Therapie kommt, oft schon „verkümmert" ist, muß sie wieder geweckt werden. Zunächst durch bekannte Reize, denn Bekanntes wird als angenehm empfunden und die Wahrnehmung wird dadurch bereit, später auch verschiedene Reizqualitäten und Reizstärken aufzunehmen. Über die Geruchs- und Geschmackswahrnehmung wird das Informationsspektrum stark erweitert. Dies ist besonders wichtig bei Kindern mit Bewegungsstörung, die durch die eingeschränkte Bewegungsmöglichkeit auch eine eingeschränkte Möglichkeit der Geruchswahrnehmung ihrer Umgebung haben.

Erinnern wir uns, daß unser Riechhirn eng mit dem Limbischen System, unserem „Emotionalhirn", verbunden ist und daß das Riechhirn in der Evolution einmal unsere Urverstandeskontrolle war. Das Riechen und Schmekken ist also keineswegs nur als erfreuliche Nebensache zu sehen, sondern gehört als basaler Bestandteil zum Lernen und damit in unsere Therapie.

Wir können nicht für das Kind die Wertigkeit seiner Wahrnehmung festlegen, sondern bieten alle Qualitäten an, das Kind nimmt sie auf, vernetzt sie und schafft sich so breite sensorische Verknüpfungsmöglichkeiten.

23. Motorische Therapie

23.1 Bewegungslernen ist mehr als Turnen

Schon seit vielen Jahren ist bekannt, daß durch eine frühe Diagnose und eine rechtzeitige Therapie die weitaus besten Erfolge erzielt werden.

Nach allem, was wir über kindliche Entwicklung, über die Plastizität der Hirnstrukturen und über die Entstehung von disharmonischen Bewegungen wissen, wird verständlich, daß der günstigste Therapiebeginn dann ist, wenn noch keine krankhaften Muster fixiert sind: Dies ist nun einmal die Phase vor der aktiven Aufrichtung.

Hat sich das Kind mit einer Koordinationsstörung bereits aufgerichtet und damit ein höheres Ausgangsniveau gewählt als es seiner Entwicklung entsprechend einnehmen sollte, so wird es aus dieser unsicheren Position heraus jeden Bewegungsablauf mit den primären Bewegungsschablonen des ersten Trimenons ausführen. Es besteht eine Diskrepanz zwischen dem Niveau der Aufrichtung und dem der Bewegung. Aus diesem „mehr tun als können" fällt das Kind zwangsläufig in falsche Muster zurück. Die Entwicklungsstörung wird mit zunehmendem Alter und zunehmender Aktivität sichtbar größer.

In einigen Therapien ist deshalb versucht worden, den kindlichen Bewegungs- und Aufrichtungswunsch zu unterbinden. Es hat sich jedoch schnell herausgestellt, daß dies unmöglich ist, weil jedes Kind seinem natürlichen Drang zur Aufrichtung folgt. Würden seine Bewegungen völlig eingeschränkt, wäre dem Kind die Möglichkeit genommen, über seine Motorik zu lernen. Schwere, bleibende Schäden der Gesamtentwicklung wären dann die Folge.

Da der Behandlungsbeginn im besten Fall vor der sichtbaren Störung liegt, kann die Diagnose nicht aus einer Beobachtung der Quantität der Bewegungen erstellt werden (sehen, was das Kind tut), sondern wird abgeleitet aus einer Beurteilung der Bewegungsqualität der Reflexreaktionen (sehen, wie das Kind sich bewegt). Wir erkennen bei der Auslösung der Reflexe an den Reaktionen, wie das Kind diese Bewegungen später aktiv ausführen würde. Eine zukünftige Störung kann bereits im Voraus vermieden werden, wenn wir jetzt durch sensomotorische Reize und Bahnungen das Entwicklungsalter dem Kalenderalter des Kindes anpassen.

Wie früh sollte eine Frühförderung sein? Sie sollte möglichst nicht schon in den ersten Tagen oder Wochen nach der Geburt einsetzen. Lassen wir dem Kind zunächst Zeit, sich an die Wahrnehmungen seiner neuen Umwelt zu gewöhnen (Re-Organisationsphase), auch die Eltern wollen ungestört die neue Situation erleben. Wenn irgend möglich, sollte diese frühe Phase nicht durch Therapie beeinflußt werden, es ist eine wichtige Zeit für den Aufbau der Verbundenheit zwischen dem Kind und seinen Eltern.

Gleichwohl gibt es Fälle, in denen die Erkrankung oder Behinderung sofort nach der Geburt erkannt wird. Die Eltern werden dann zur Therapie geschickt, wenn das Kind gerade 3 Wochen alt ist, wie es häufig bei Kindern mit Down Syndrom und bei Kindern nach stationärer Intensivpflege geschieht.

Kluge TherapeutInnen werden hier zunächst Hilfen geben, den ursprünglich innigen Kontakt zwischen Eltern und Kind anzubahnen.

- Durch den Hautkontakt über den ganzen Körper mit dem Körper von Mutter oder Vater,
- durch den Kontakt über kontinuierliche Riechwahrnehmung, auch in der Nacht,
- durch die ständige Nähe oder durch das auf der Haut getragene Kleidungsstück,
- durch sanftes Schaukeln, festes Halten, Streicheln,
- durch leises Ansprechen, Singen,
- durch den Blickkontakt, denn Säuglinge beginnen bereits sehr früh, ihre Mutter aufmerksam zu betrachten.

Eltern tun dies in der Regel ohnehin auf ganz natürliche Weise, Eltern von entwicklungsgestörten Kindern sind aber verständlicherweise auch unsicher und „gestört", aus der Angst heraus, ihrem Kind zu schaden, aus der Angst, den Kontakt zum Kind zu wagen. Deshalb können wir Therapeuten ihnen helfen, einen gesunden Umgang mit ihrem kranken Kind zu lernen.

Hier gilt der Satz der Psychologin Ruth Cohn: „Nicht alles was echt ist, will ich sagen, doch alles was ich sage, soll echt sein". Auf die frühe Therapie bezogen heißt das: „Nicht alles was therapeutisch richtig ist, muß ich tun, aber alles was ich tue, soll therapeutisch richtig sein."

23.2 Die Reflexbewegungen im ersten Trimenon

Bei jeder Störung wird die Therapie nach dem Entwicklungsalter ausgerichtet werden, das sich bei einem Behandlungsbeginn um den vierten Monat meist noch im ersten Trimenon also im ersten Beuge- oder Streckstadium befindet. Immer müssen wir das sichere „Lernplateau" der richtigen Ausgangsstellung finden, damit das Lernen effektiv wird.

Die motorische Förderung beinhaltet in dieser Entwicklungsphase neben der wechselnden Lagerung und der damit verbundenen wechselnden Körperhaltung die erste Schulteraufrichtung. Sie beginnt in Bauchlage in der Hinterhauptschulter und leitet die Kopfwendung ein. Die Schulteraufrichtung kann zusammen mit dem ersten Ellbogenstütz des Gesichtsarmes und der Kopfdrehung in einem zusammenhängenden Bewegungskomplex ausgelöst werden. Dies ist die kreuzdiagonale Kriechbewegung, die von Temple Fay und Vojta beschrieben worden ist und die als Gesamtbewegung, vom Gesichtsarm oder von der Hinterhauptschulter ausgehend, stimuliert werden kann.

Nach dem, was wir von der cranio-caudalen Entwicklung wissen, werden wir in diesem frühen Entwicklungsalter die Aufrichtung der Hüfte noch nicht anbahnen, weil eine zu frühe Hüftaufrichtung die Rumpf-Schulter Haltung überfordert und in die pathologische Entwicklung zwingt.

Die künftige Handmotorik wird jetzt schon vorbereitet durch den Handgreifreflex, den wir taktil provozieren, um so die gebeugte Hand für das spätere Greifen zu entwickeln. Diese Aussage trifft oft auf Erstaunen, weil viele Therapeuten gelernt haben, die Greifreflexe möglichst schnell abzubauen und deshalb erleichtert sind, wenn sie in ihrem Befund „schwach auslösbare Handgreifreflexe" finden.

Der Greifreflex als Primärreflex sollte aber im ersten Entwicklungstrimenon gebahnt werden, er muß „voll ausgelebt sein", da er die Voraussetzung für alle weitere Handmotorik ist.

Im mundmotorischen Bereich werden genauso die primären Mundreflexe taktil und propriozeptiv angebahnt, denn sie sind bei Kindern mit Entwicklungsstörungen häufig nur schwach auslösbar. Schwere Probleme bei der Nahrungsaufnahme können die Folge sein, so daß die Kinder nicht selten monatelang sondiert werden müssen.

Der Hinwendereflex, der Mundöffnungsreflex, der Saugreflex und die Schluckreaktion haben einen lebensnotwendigen Sinn und müssen in einer harmonischen Entwicklung in den ersten Monaten positiv sein.

Häufig wird auch hier der Saugreflex noch eher gefürchtet als gebahnt aus der Furcht heraus, daß der persistierende Saugreflex später die Mimik und Sprachentwicklung beeinträchtigt. Der Saugreflex wird aber gerade dann persistieren, wenn er nicht früh und intensiv genug durchlebt wurde. Was für die Bahnung des Saugreflexes gilt, gilt in gleichem Maße für alle primären Mundreflexe.

Mehrdimensionale Entwicklungstherapie
Entwicklungsalter: 1 – 3 Monate

Input	Weicher Körperkontakt
	Fester Halt in runder Stellung auf dem Schoß
	Weiche rhythmische Bewegungen von Armen und Beinen
	Langsame Schaukelbewegungen
	Bekannter Geruch von Mutter/Vater
	Weiche Beleuchtung
Output	Sensorische Stimulation der primären Mundreflexe
	Sensorische Stimulation der Greifreflexe
	Rotation aus Rückenlage mit Schulterhalt, Kopfrotation aus Bauchlage

23.3 Drehen und Stützen im 4. bis 6. Entwicklungsmonat

In dieser Phase wird aus der Rückenlage neuromotorisch bereits das aktive Heben des gestreckten Armes aus dem Muster des ATNR heraus provoziert. Dabei lernt das Kind gleichzeitig die *symmetrische Kopfhaltung*, aus der heraus es später den Kopf vom Körper separiert drehen kann. Die *aktive Armstreckung* ist besonders wichtig bei Kindern mit starkem Beugetonus in einem Arm (Hemiparese) oder in der gesamten oberen Extremität (Tetraparese).

Die Schlüsselposition der Schulter-Ellbogen Aufrichtung wird aus der Seitenlage gebahnt, da in der Seitenlage das Zurückziehen (Retraktion) des Ellbogens schon durch die Ausgangsstellung verhindert ist. Erst wenn die Aufrichtung der Schulter vollzogen ist, wird der Ellbogenstütz mit wechselnden Belastungen und Rotation aus der Bauchlage geübt. Aus der Bauchlage wird der Ellbogenstütz mit aufgerichteter Schulter erarbeitet. Die vollzogene Schulteraufrichtung erkennen wir daran, daß die Ellbogen vor der Schulter aufgestützt sind, im Gegensatz zu dem Unterarmstütz ohne Aufrichtung, bei dem die Schultern vorn und die Ellbogen zurückgezogen (retrahiert) sind. Aus dem aufgerichteten Ellbogenstütz hebt das Kind Schultern und Kopf ohne Überspannung der

Rückenmuskulatur von der Unterlage ab, trägt seinen Kopf in der Vertikalen und erlernt dadurch eine völlig neue visuelle Raumorientierung.

Die Hand liegt dabei in dorsaler lockerer Fausthaltung, die aber nicht mehr die palmare Handstellung des Reflexgreifens ist. Ist der Greifreflex jetzt aber noch positiv, wird er nicht abgebaut oder „desensibilisiert", sondern wird durch die immer wieder ausgelöste Schulter-Arm Aufrichtung in die gebeugte, dorsale Funktionsstellung des *radialen Handgriffs* umgewandelt. Durch die Armstreckung kann aus der Rückenlage bimanuell hantiert werden, und zwar nicht nur dicht vor dem Brustkorb, sondern im „Hand-Seh-Raum" mit der Möglichkeit der vielfältigen, intermodalen Wahrnehmung. Die Hände stellen sich, um in dieser Position greifen zu können, in die radiale Stellung ein.

Die Rotationsbewegung aus der Seitenlage bahnt durch die große Bewegung des oberen Armes eine zweite neue Handfunktion an: Die *Diagonalbewegung* des gestreckten Armes zur Körpermitte mit der geöffneten Hand, wieder in radialer Stellung.

Im Bereich der Mundmotorik erlöschen die Primärreflexe und werden von der seitlichen Kieferbewegung und der *Kaureaktion* abgelöst. Wir werden in unserer Förderung die freie Zungenbewegung nicht fördern, indem wir beispielsweise durch Druck auf die Zunge versuchen, den Saugreflex zu unterbinden. Denn dieser Druckreiz würde über die Gamma-Motoneuronenaktivität eher das Hochdrücken des Zungenrückens reaktiv verstärken und das Erlernen der freien Zungenmotorik eher verhindern.

Wir bahnen statt dessen die seitliche Kieferverschiebung in Kombination mit der Kopfdrehung. Gleichzeitig wird über taktil- propriozeptive Stimulation auf der Zahnleiste die Kaureaktion gebahnt.

Die seitliche Kieferbewegung verbunden mit der Kaureaktion läßt die Zunge auf dem Mundboden herabsinken, weg vom Saugreflex. Die Zunge ist frei beweglich und der Würgereflex baut sich ab bis in das hintere Drittel des Mundraumes. Die „Überempfindlichkeit" wird durch das eigene Sensibilisieren der jetzt freien Zunge beendet. Alle möglichen Dinge werden in den Mund gesteckt, um sie zu spüren und zu „erfahren".

Das alte Muster (der Saugreflex) wird also abgebaut oder baut sich selbst ab, wenn ein neues, besseres Muster (die Kaureaktion) zur Verfügung steht.

Der Umbau von den Primärreaktionen bis zur aktiven Motorik vollzieht sich so harmonisch in einer dem Kind gemäßen Dosierung.

Input	Streichen, Massage an Armen und Beinen
	Bodenberührung in Bauchlage. Tiefensens. Stimulation von Händen und Füßen
	Wahrnehmung der separierten Arm- und Beinbewegungen
	Drehung um die Körperachse
	Geräusche von seitlich und vorn
	Licht und Schatten
Output	Kaureaktion mit diagonalem Stretch und Kontraktion der Zungengrundmuskulatur
	Aufrichtung vom Schulter- zum Ellbogenstütz
	Beginn der diagonalen Bewegungsabläufe, Interrotation zwischen Schulter und Hüfte

23.4 Der Weg zur Aufrichtung im zweiten Streckstadium

Die körpermotorische Bahnung des 6.-8. Entwicklungsmonats richtet sich nach dem Aufrichtungsniveau mit seinem cranio-caudalen Ablauf. Nach dem erreichten Ellbogenstütz wird die obere Extremität in den Handstütz gehen, während die untere Extremität erst mit der aktiven Hüftaufrichtung in den Kniestütz beginnt. Beides ist vorbereitet durch die Rotationsübungen des zweiten Beugestadiums.

Therapeutisch wird jetzt das *alternierende Kriechmuster* aus der Bauchlage mit Beteiligung der Hüftaufrichtung gefördert. Es kann aber auch aus der Seitenlage der Bewegungsübergang vom Rollen zum Vierfüßlerstand eingeleitet werden. Die hierfür nötige *Interrotation* der Wirbelsäule zwischen Schulter und Hüfte kann aus der Bauch- wie aus der Seitlage vorbereitet werden.

Die betont niedrige Position ist notwendig gerade bei der Stimulierung von fließenden Bewegungsfolgen, bei denen es leicht zur Diskoordination kommt, wenn die Ausgangsstellung zu hoch gewählt ist. Das Kriechmuster, jetzt um die Hüftaufrichtung bereichert, bringt das Kind in den *Vierfüßlerstand*, eine neue und wichtige Schlüsselposition auf dem Weg zum Aufstehen.

Der Vierfüßlerstand ohne Aufrichtung, mit stark gebeugten Hüften in einer Hockstellung mit Fersensitz reicht als Vorbereitung zum Stand nicht aus, da das Kind beim Aufstehen wegen der mangelnden Stabilität in die Überstreckung der Hüfte ausweichen würde. Es würde sich hochziehen aber nicht wirklich aufstehen.

Die Handmotorische Förderung im 6.-8. Entwicklungsmonat betont den *„Ganze-Hand-Griff" mit der Daumenopposition*. Das Greifen wird in verschiedene Richtungen geübt, besonders aber über die Körpermitte, um über die Diagonale des Körpers die Diagonale auch als Bewegungsrichtung zu erfahren. Das *bimanuelle Greifen* wird gefördert und damit das aktive Loslassen und Greifen im „Sehraum" mit der intermodalen Wahrnehmung. Eine Wahrnehmung ist nur lebendig, wenn sie sich durch Bewegung verändert. Eine Rassel, die konstant in einer Hand gehalten wird, ist schnell uninteressant, wird kaum noch wahrgenommen. Durch das wechselnde Hantieren sucht und findet das Kind selbst vielfältige Variationen.

Aus den großen Armbewegungen der Seitlage kann der *Handstütz* auf der Handwurzel propriozeptiv gebahnt und funktionell eingebaut werden. Beim Handstütz lassen wir die Handbeugung zu, weil sie physiologisch richtig ist. Dieser Handstütz erfolgt auf der Außenseite der Handwurzel, auf dem Daumenballen und mit weniger Druck auch auf den Fingerkuppen. Es ist die Art, in der auch wir uns aufstützen.

Die mundmotorische Förderung im 6.-8. Entwicklungsmonat baut das alternierende Kauen, das in der Stufe vorher gebahnt wurde, in die aktiven Mundbewegungen des Mundes ein. Das seitliche Kauen kräftigt die Muskulatur der Wangen und des Mundbodens und bewirkt damit neben der freien *Zungenbeweglichkeit* auch den besseren Mundschluß. Damit sind alle grundlegenden Fähigkeiten der Mundmotorik gegeben.

Die taktile Bahnung auch des Lippenschlusses ist gerade bei der Hypotonie zugleich eine mimische und sprachliche Anbahnung. Der Lippenschluß wird aber erst geübt, wenn der Kieferschluß aktiv gehalten werden kann. Bei der Hypomimie ist die Bahnung und Separierung der freien Lippenbewegungen notwendig, da sie schon bald zum ersten Lautieren gebraucht werden.

Die freie Mund- und Zungenbewegung nutzt das Kind, um den Mund als „dritte Hand" in die taktile und propriozeptive Formwahrnehmung mit einzubeziehen. Für die Entwicklung eine wichtige Bereicherung, denn je mehr Informationen es aufnimmt, desto bessere Verknüpfungen ergeben sich. Kinder, die ihren Mund so nicht selbst benutzen, werden wir im Mundraum sensibilisieren und aktivieren.

Mehrdimensionale Entwicklungstherapie
Entwicklungsalter: 6 – 8 Monate

Input	Differenziertes spüren an Mund, Händen und Füßen
	Tonussteuerung durch Gelenkdruck
	Differenzierung von rechts-links
	Große Körperbewegungen im Raum, Hochwerfen
	Räumliche Orientierung durch Geräusche
	Separierung von Kopf-Augen-Bewegungen
Output	Aktiver Gebrauch der diagonalen Kaubewegung
	Bimanuelles Greifen zur Körpermitte
	Rollen mit Armbewegung über die Körpermitte, Aufrichtung zum Handstütz, Beginn der Hüftaufrichtung aus Seitlage und Bauchlage

23.5 Die Separierung von Bewegungen

Im 8.- 12.Entwicklungsmonat wird endlich mit der *Hüftstabilisation* und damit mit der Aufrichtung in die Senkrechte begonnen. Bei dem propriozeptiven Gelenkdruck werden die Knie in die Stabilisation miteinbezogen. Die *Antigravitation* wurde bereits vorbereitet durch die Bewegungsübergänge aus der Bauch- und aus der Seitenlage zum Vierfüßlerstand. Obwohl das Kind sich mit dem „Klimmzug" jetzt zum Stehen hochziehen will, bauen wir den Stand noch nicht in die Förderung mit ein, da die Aufrichtung noch nicht stabil ist.

Mit 10 Monaten werfen Kinder alles weg und hinunter, um dadurch den Raum, seine Weite und Größe besser zu erkennen. Aus demselben Grund beginnen sie sich mit den Armen hochzuziehen, richten sich mit ihrer visuellen und auditiven Wahrnehmung im Raum aus. Sie entdecken das Oben und Unten und wollen das Oben natürlich erreichen. Es ist eine Übergangsphase mit einer „Pseudopathologie", einer scheinbar „falschen" Haltung. Wir werden in dieser Zeit noch weiter die vorherige Schlüsselposition, also den aufgerichteten *Vierfüßlerstand*, stabilisieren, um den Klimmzug nicht zu verfestigen.

Aus der sicheren Position des Vierfüßlerstands kann funktionell die Rotation zum Seitsitz und zurück erarbeitet werden. Die Interrotation der Wirbelsäule, die für das koordinierte *Krabbeln* und den sicheren, koordinierten Gang notwendig ist, verbessert sich.

Die Aufrichtung zum Stand zu provozieren oder den geraden Langsitz zu üben ist weder erforderlich noch sinnvoll, einerseits, weil die Pseudopathologie im Stand nicht zusätzlich gefördert werden soll und andererseits, weil die statische Ausgangsstellung der symmetrischen Sitzposition entwicklungsphysiologisch erst viel später, oft erst nach dem Stand erlernt wird.

Auch in der Handmotorik wird immer noch das radiale Greifen mit der ganzen Hand gefördert, eingebaut in die verschiedenen Körperhaltungen, durch das Greifen aus allen Richtungen und in den verschiedensten Qualitäten mit propriozeptiven und taktilen Reizen in den Handinnenflächen.

Um den 12. Entwicklungsmonat herum finden wir in der Handmotorik mit dem Pinzettengriff eine ähnliche Übergangsphase wie den Klimmzug.

Das Pinzettengreifen der „Krümelphase" geschieht mit gestreckten Fingern, der Daumen liegt seitlich an dem Zeigefinger. Die Daumenopposition und der radiale Griff sind verschwunden, die Hand wird beim Greifen wieder ulnar und palmar gehalten. Auch diese „Pseudopathologie" resultiert daraus, daß die Handmotorik neurophysiologisch auf das „Krümelgreifen" noch nicht vorbereitet ist. Therapeutisch wird der Pinzettengriff daher nicht geübt, aber geduldet. Wenn wir in dieser Zeit die runde Handstellung mit dem radialen Griff weiterhin stimulieren, entwickelt sich nach der Übergangsphase ganz von selbst der für die Handmotorik wichtige **Spitzgriff** mit dem Fingerspitzengefühl und der integrierten Handsensibilität.

Wir werden also auch in dieser Phase die Hand und Finger nicht strecken, da auch jetzt die Dehnung der Handinnenfläche eine verringerte Sensibilität zur Folge hätte.

Die mundmotorische Förderung im Entwicklungsalter vom 8.-12. Monat ist geprägt von der weiteren Separierung der *Lippen- und Zungenmotorik,* die das Kind für die Bildung von Konsonanten und damit auch die Bildung von Silben, wie „ba-ba, la-la" benötigt. Alle Kinder ahmen in diesem Alter liebend gern nach. Wir werden diese Vorliebe in die Förderung der mimischen mundmotorischen Fähigkeiten mit einbeziehen.

Beim Essen und Trinken, jetzt ja meist in aufrechter Position, ist auf die gesicherte Kopf-Rumpf-Stellung zu achten, aus der heraus das Kind ohne Kopfüberstreckung kauen und schlucken kann. Eltern sollten darauf achten, daß ihr Kind etwa gleich hoch wie sie selbst sitzt und hier meine ich natürlich nicht die Sitzfläche sondern die Kopfhöhe.

Input	Sensibilisieren an Gesicht und Händen
	Wahrnehmung der Vertikalen Körperachse durch Gelenkdruck durch den ganzen Körper
	Aufrichtung des Rumpfes durch Rotation
	Kopf-Rumpf-Separierung
	Kopfbewegungen in alle Richtungen bei sicherer Rumpfkontrolle
Output	Willkürliche Bewegung von Mund und Zunge, Nachahmung der Mimik
	Vielfältiger Gebrauch von Hand, Augen, Mund, Greifen um die eigene Achse mit Körperdrehung
	Sicherung der Krabbelposition durch Stabilisierung der Hüftaufrichtung

23.6 Der Einbau der Motorik in die Aktionen

Die Körpermotorik erreicht in der Entwicklungsphase zwischen dem 12.-18. Monat das freie Laufen. Die Therapie wird dies durch weitere Übungen im Vierfüßlerstand mit Hüftaufrichtung unterstützen, denn in der Anfangsphase des Laufens mit gebeugter Hüfte sollte die Rumpf- und Hüftstabilität durch weitere Förderung gesichert werden. Wir werden also das Laufen weder anbahnen noch üben, sondern wieder „nur" die Voraussetzung dafür geben. Der Vierfüßlerstand und das Krabbeln sind die besten Übungen zur Stabilisation. In dieser Phase sollen auch die Eltern sich zurückhalten und nicht mit dem Kind laufen üben, so sehr sie sich auch freuen mögen, daß ihr Kind sich auf zwei Beinen bewegt.

Der *Kniestand* kann eine geeignete Position zur Bahnung der Hüftstreckung sein. Da dies aber eine schwierige Ausgangsstellung ist, die Kinder oft erst nach dem freien Gang erreichen, müssen wir besonders bei Kindern mit wechselndem Tonus darauf achten, daß sie nicht in die Überstreckung ausweichen.

Kinder sind in diesem Stadium ständig in Bewegung. Daher können jetzt durch Rotations- und Seitneigungsbewegungen aus dem Sitz die *Gleichgewichtsreaktionen* aus der aufrechten Position, dem Sitzen, gebahnt werden.

In der Entwicklungsphase vom 12.-18. Monat erfolgt in der Handmotorik der Übergang zum Zangen- oder Spitzgriff. Die handmotorische Entwicklung ist damit neurophysiologisch abgeschlossen. Durch die Auswahl von geeignetem Spielzeug werden wir jedoch immer noch weiter den radialen Handgriff stimulieren. Da die Finger jetzt durch die verstärkte *Separierung* immer mehr in das Bewußtsein rücken, können sie durch Fingerspiele in die handmotorische Förderung eingebaut werden.

Die Handmotorik bleibt kombiniert mit der propriozeptiven Formwahrnehmung, die Fingerbewegungen dagegen sind eher gekoppelt an die taktile Oberflächensensibilität.

Bei der mundmotorischen und mimischen Förderung können die vielen Nachahmungsspiele helfen, die gelernten Fähigkeiten sinnvoll in die *Kommunikation* einzubauen. Das Kind kann lächeln und schmollen, es kann seinen Blick wenden, ohne den Kopf drehen zu müssen, also auch „einen Seitenblick riskieren".

Die eigentliche mundmotorische Förderung ist mit dieser Entwicklungsphase abgeschlossen, obwohl in der Folgezeit noch viele Fertigkeiten und neue Geschicklichkeit, wie das Pfeifen oder ähnliche Kunststücke erlernt. Das größte Kunststück, das Sprechen, erlernt das Kind durch *Nachahmung*.

Mehrdimensionale Entwicklungstherapie
Entwicklungsalter: 12 – 18 Monate

Input	Graduelle Wahrnehmung an Händen und Fingern
	Bewußte Haltung
	Bewegungs- und Handlungsintegration
	Schnelle Änderung der Bewegungsrichtung
	Erkennen von Musik, Namen, Reimen
	Separierte Blickbewegungen
Output	Nachahmung von Mimik und Zungenbewegungen
	Zangengriff mit Fingerspitzengefühl
	Stabilisierung der Haltung gegen die Schwerkraft. Übung der Haltereaktion in alle Richtungen. Gleichgewicht des Rumpfes in Sitzposition

23.7 Bewegungs- und Funktionshilfen

Wenn die Therapie nicht vor der Aufrichtung und vor der sichtbaren Bewegungsstörung begonnen werden kann, wird die Pathologie erscheinen und sich mehr und mehr in den *Bewegungs- und Handlungsablauf* des Kindes einschleichen.

Seinem Wunsch zur Fortbewegung entsprechend richtet sich ein Kind auf, auch wenn ihm die geeigneten Bewegungsmuster noch nicht zur Verfügung stehen. Es bewegt sich dann mit Hilfe seiner pathologischen Muster.

Dies passiert nicht nur bei Kindern, die zu spät, nach dem Handstütz in die Förderung kommen, sondern auch bei Kindern, deren Störung so gravierend ist, daß die Bewegungsmuster im ersten Trimenon verharren. Die natürliche Aufrichtungsmotivation arbeitet dann geradezu unserer Therapie entgegen, wie es bei der schweren Tetraparese mit breiter Läsion der sensomotorischen Hirnrinde der Fall sein kann. Häufig verschlechtert ein Krampfleiden die Prognose, denn nicht immer gelingt es, Krämpfe medikamentös positiv zu beeinflussen.

Je älter nun ein Kind ist, je mehr Willen und Initiative es zeigt, desto mehr pathologische Muster erscheinen und desto mehr therapeutische Hilfen müssen wir geben, damit die Eigeninitiative nicht verkümmert. Denn bei ständigem Mißerfolg schwindet auf die Dauer jede Aktivität und damit die Handlungskompetenz.

Auch wenn die Kinder scheinbar längst über das Krabbelalter hinaus sind, werden wir trotzdem in der Therapie die „Basisbewegung", des alternierenden Kriechens bahnen. Denn dieser Bewegungsablauf enthält alle Voraussetzungen nicht nur für das Gehen, sondern auch für alle weitere Arm- und Handmotorik. Auch beim größeren Kind können über das passiv oder aktiv ausgeführte kreuzdiagonale Kriechmuster dem Gehirn diese Bewegungsengramme gegeben werden, wobei das Bewegungsmuster nicht mehr als ein komplettes sondern separiert ausgeführt werden kann.

Die Bahnung der *motorischen Aktionskette* kann, wenn die Bewegung unmöglich ist, auch über die Vorstellung ohne Bewegungsantwort oder über die isometrische Anspannung eingeleitet werden.

Immer bleibt es dabei gleich wichtig, die für das Kind sichere Ausgangsstellung zu wählen, damit sich nicht durch Angst der Tonus erhöht und weitere pathologische Muster erscheinen.

Die Basisbewegungen des Kriechens werden funktionell in vielfältige Bewegungsabläufe eingebaut, aus den verschiedensten Ausstellungen, dem

Sitz, dem Sitz auf der Rolle, dem Seitsitz, dem Langsitz, dem Vierfüßlerstand, dem Kniestand und schließlich dem Stand.

Das Gleichgewicht, die Körperrotation, die Aufrichtung von Rumpf und Hüfte, die Beinbelastung mit dem „Transport" durch den ganzen Körper und die wechselnde Fußbelastung sind dabei wichtige Schlüsselfunktionen.

Die Übungen sollen so weit wie möglich aktiv ausgeführt werden, wobei durch die Wahl der Ausgangsstellung die Pathologie verhindert wird. Zum Beispiel kann bei Gleichgewichtsübungen im Sitz auf der Rolle die Adduktion der Beine verhindert werden und gleichzeitig die alternierende Fußbelastung gebahnt werden.

Alle diese Funktionen werden dem Kind aber auch passiv angeboten aus möglichst tiefer Ausgangsstellung, wie der Rücken- oder Bauchlage. Das Kind kann so entspannt die Bewegungen mit Bewußtheit verfolgen. Gerade Kinder mit starker Hypertonie sind dann oft verwundert, wie leicht ihre Bewegungen doch sein können!

Die *Handmotorik* und Sensorik wird zu Handfunktionen verbunden in der Spielanbahnung. Trotzdem wird für die Handmotorik das alternierende Kriechen noch als Basismuster belassen, denn es enthält ja alle handmotorischen Funktionen:

- Die Schulterrotation als Voraussetzung für das bimanuelle Hantieren
- das alternierende Stützen und Vorwärtsbewegen der Arme
- das wechselnde Öffnen und Schließen der Hände, das für jedes Hantieren bis hin zur Graphomotorik gebraucht wird.

Auch für die *Spielanbahnung* ist zunächst die gesicherte Ausgangsstellung Voraussetzung. Sie richtet sich wie immer nach dem Entwicklungsalter des Kindes. Möglich sind die Bauchlage auf dem Keil, der unterstützte Langsitz auf der Matte, der kontrollierte gesicherte Sitz am Tisch oder der Sitz auf der Rolle. All dies sind Positionen aus denen heraus das Hantieren, Probieren und Spielen aktiviert wird.

Neben der Ausgangsstellung ist die Höhe der Spielfläche wichtig, damit das Kind zum Beispiel den Kopf nicht in den Nacken ziehen muß, um zu sehen was es tut. Der Ellbogenstütz auf der Tischfläche ermöglicht den propriozeptiven Gelenkdruck bis zur Schulter und dadurch die radiale Greifstellung. Daher wird die Aufrichtung und die Sicherung der Stützfunktion stimuliert. Der taktil-propriozeptive Reiz beim Greifen weckt die Bewußtheit der Hände als Handwerkszeug und schafft durch die sensomotorischen Verknüpfungen ein Feedback für weitere „Handlungen".

Die kombinierte Förderung von Wahrnehmen, Greifen, Begreifen und Spielen verhindert, daß sich das Kind in die Inaktivität, auf den „Beobachterposten" zurückzieht.

„Handlungshilfen" wie Manschetten, Fixierung von Spielteilen, Schreibhilfen können die Effektivität und den Spaß beim Spielen und Schreiben steigern und damit wieder Initiative fördern.

Die mundmotorische und mimische Förderung wird weitergeführt in die *sensomotorische Sprachanbahnung,* aus der gestreckten Nacken- und damit entspannten Kopf-Rumpf-Haltung. Auch wenn dieser Hinweis selbstverständlich erscheint, so sieht man doch immer noch Kinder in der Sprachförderung, die den Kopf in den Nacken ziehen müssen, um ihrem ja viel höheren Gegenüber ins Gesicht schauen zu können. Versuchen Sie einmal, ihre Gesichtsmuskulatur zu bewegen oder zu sprechen, wenn Ihr Kopf weit nach hinten gebogen ist!

- Die Sensibilisierung des Gesichts- und Mundraumes macht den Bereich bewußter, lebendiger und bereit für die diffizilen Sprachbewegungen.
- Die seitliche Kieferverschiebung mit der Kauanbahnung ermöglicht das Separieren der verschiedenen Mundfunktionen.
- Das aktive Essen und Trinken wird zunächst angebahnt und später selbst übernommen, wobei wir die nötigen Hilfsmittel einsetzen wie eine Tellerbefestigung, einen Winkellöffel oder spezielle Trinkbecher.
- Die mimische und mundmotorische Therapie wird verbunden mit der Atemtherapie, einer wichtigen Sprachvorbereitung, durch einen kontinuierlichen Atemfluß wird die folgende Sprachtherapie sehr viel erfolgreicher sein.

Weitere Hilfen, die notwendig werden können:

- Die Anleitung zum An- und Ausziehen wird zunächst den Eltern gegeben. Später wird das Kind mit in die Aktion einbezogen. Bei dieser täglichen Zusammenarbeit wird das Körpergefühl und das Gleichgewicht geschult. Viele Bewegungsübergänge werden erlernt, wenn ein Arm in den Ärmel gestreckt oder ein Bein aus dem Hosenbein gezogen wird.
- Die Hilfen für die Schlafhaltung können Korrekturschalen für die Nacht sein, die den Therapieerfolg des Tages erhalten. Das Tragen von Korrekturschalen am Tag ist dagegen wegen der tonuserhöhenden Gegenspannung kritisch zu betrachten.
- Die Sitzhilfen, Stehhilfen und Gehhilfen können dazu beitragen, die Pathologie der motorischen Aktionen zu verringern, indem sie Sicherheit geben und damit tonusmindernd wirken.

Ziel der Therapie beim Kind mit fixierter Cerebralparese ist nicht, das Kind „normal", also gesund zu machen. Ziel ist, dem Kind soviel Kompetenz wie möglich zu geben und zwar auf allen Gebieten der Ich-Kompetenz, der Handlungskompetenz und der Sozialkompetenz.

Ein weiteres Ziel ist, soviel Pathologie wie möglich zu verhindern, ohne dabei jedoch die Aktivität des Kindes zu bremsen oder zu mindern, sondern vielmehr mit dem Ziel, den Aktionsradius und damit die Selbständigkeit zu vergrößern.

Immer geht es darum, das Lernen des Kindes zu unterstützen, so daß es sein Potential entwickeln kann. Wie zum Beispiel bei Michael, dem Jungen mit der schweren Athetose, der in diesem Buch erwähnt ist. Er geht heute allein zur Schule, schreibt selbst mit der Schreibmaschine und war neulich mit seinen Freunden beim Fußballspiel „seines" Vereins. Er ist trotz seiner Behinderung integriert und initiativ. Er wird seinen Weg gehen.

24. Interaktion

24.1 Partner helfen sich: Interaktion zwischen Kind, Eltern und Therapeut

„Wenn die Mutter nicht versteht, wie wichtig die Therapie ist und keine Lust mehr hat, muß sie die Behandlung eben abbrechen. Schließlich bin ich Krankengymnastin und keine Psychologin." Es klingt vielleicht unwahrscheinlich, aber tatsächlich hat mir eine Kollegin den Satz vor einiger Zeit gesagt. Warum schreibe ich dieses und andere Beispiele auf?

Nicht um irgend jemanden blamieren zu wollen, sondern weil Beispiele wie das hier geschilderte nicht nur einmal sondern immer wieder vorkommen. Sie rühren aus großer Unsicherheit her und sind nicht etwa Ausdruck uninteressierter oder unfreundlicher Therapeuten.

Zurück zu der Krankengymnastin mit der „therapiemüden Mutter". Diese Kollegin hat in ihrer Ausbildung viele Therapien, Griffe und Übungseinheiten gelernt, aber nicht, wie sie in der Therapie mit den „Partnern", den Patienten und Angehörigen umgeht. Ein Mangel, der wohl in fast allen medizinischen Ausbildungen zu beklagen ist. Die verunsicherte Kollegin will daher den psychologischen Teil der Therapie lieber an den Spezialisten abgeben, übersieht dabei aber, daß ein Kind nicht in mehrere Funktionseinheiten aufteilbar ist.

Die Arme und Beine behandelt die Krankengymnastik? Den Mund und die Sprache behandelt die Logopädie? Die Seele behandelt die Psychologie? Wer aber fördert das ganze Kind?

Der Spezialisierung sind heute kaum Grenzen gesetzt. Eine gefährliche Entwicklung, besonders wenn die Spezialisten aus Mangel an Zeit und fächerübergreifenden Informationen und dem daraus resultierenden Konkurrenzdenken nur schwer zu partnerschaftlicher Zusammenarbeit bereit sind. So weiß der eine Spezialist oft nichts von der Arbeit des anderen. Wegen der mangelnden Kommunikationsfähigkeit von Therapeuten und Ärzten untereinander geschehen trotz besten Willens viele Mißverständnisse, unter denen letztlich die Kinder und besonders die oft „zwischen den Stühlen sitzenden" Eltern zu leiden haben.

Die Unsicherheit im Umgang mit den gleichfalls verunsicherten Eltern treibt viele Therapeuten und Ärzte „aufs hohe Roß". Von dort aus ist aber schon wegen des Höhenunterschieds eine Interaktion nicht mehr gegeben.

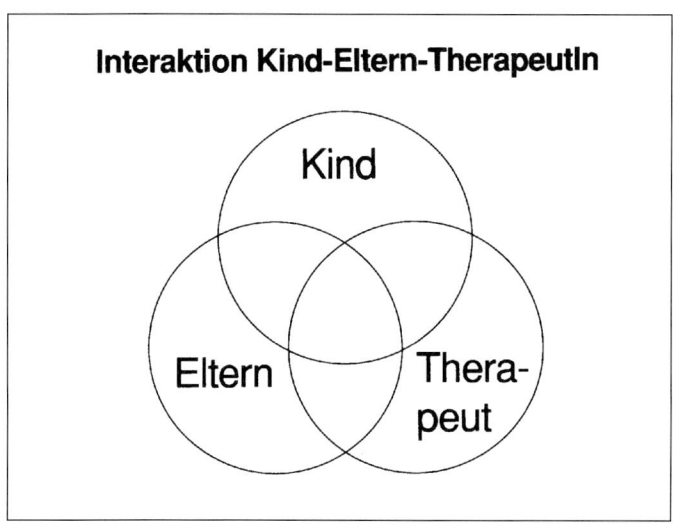

Interaktion Kind-Eltern-TherapeutIn

Kind

Eltern Thera-
peut

*Abb. 67: In der Interaktion Kind-Eltern-Therapeut berühren sich drei Kreise und
stehen in enger Beziehung zueinander*

Dies Kapitel soll aufzeigen, daß eine Partnerschaft in der Therapie möglich ist, daß sie die Zusammenarbeit während der oft monate- oder
jahrelangen Therapiezeit erfolgreicher und erfreulicher macht. Ich bin
keine Psychologin, ich werde daher aus der Praxis berichten, was Eltern
mir an Gefühlen und Wahrnehmungen geschildert haben, welche Probleme und Fragen in der Förderung auftauchen und wie wir damit umgehen können.

24.2 Das schmerzliche Erkennen

Nach der Geburt müssen die Eltern zu dem Kind, das die Mutter bis dahin
im Bauch getragen hat und das jetzt von ihr abgenabelt wurde, zunächst
eine neue Beziehung finden. Der Lebensrhythmus der Familie ändert sich
gründlich, das kleine Wesen bringt alles durcheinander. Es ist so klein und
hilflos, daß seine Eltern zunächst Angst haben vor so einfachen Dingen
wie füttern, waschen, wickeln, besonders wenn sie durch zu viele verschiedene kluge Ratschläge und Meinungen verunsichert wurden. Die Zeit
ist also nicht nur für das Kind schwer, sondern für die Eltern in gleichem
Maße. Es ist aber auch die Zeit, in der die innige Bindung (bonding)
zwischen Eltern und Kind entsteht durch den Hautkontakt, das Ansehen,
das Sprechen mit dem Kind, durch das Stillen und die gemeinsame Zeit
der Körperpflege.

In dieser Zeit beginnen wir, wenn irgend möglich, keine Therapie, um die enge und vertrauensvolle Eltern-Kind-Beziehung nicht in ihrem Wachsen zu stören. Eltern, bei deren frühgeborenen Kindern eine Intensivpflege nach der Geburt lebensnotwendig war, schilderten mir, daß sie durch die frühe Bedrohung der Diagnose Scheu vor einer engen Beziehung zu ihrem Kind hatten. Die Angst vor einer späteren Enttäuschung hemmt die Entstehung von Verbundenheit.

Wenn die Störung gleich nach der Geburt offensichtlich und erkennbar ist, haben die Eltern viele Fragen und Unsicherheiten und suchen Unterstützung. In diesem Fall bieten wir sofortige Hilfe an. Eltern haben Gelegenheit, Fragen zu stellen, sie werden informiert, welche Förderung wann beginnt, so daß sie sicher sind, nichts für ihr Kind zu versäumen.

In der Regel findet die Untersuchung mit der Diagnosestellung einer Entwicklungsstörung aber um den vierten Monat statt.

Bei dieser Erstuntersuchung verstehen die Eltern, und das ist keine Frage der Intelligenz, nur die Hälfte der Informationen, die sie bekommen.

Hierfür kann es verschiedene Gründe geben:

- Auch Eltern können, wie im Kapitel „Lernen" beschrieben, nur eine begrenzte Anzahl neuer Informationen aufnehmen und sind von einer gutgemeinten aber zu gründlichen und zu umfassenden Diagnosebesprechung oft überfordert. Wenn Informationen in dieser für die Eltern angespannten Situation nicht mehr erfaßt werden können, kommt es zu dem schon besprochenen Wahrnehmungsblock, der auch ihr Gehirn vor Überforderung schützt.
- Eltern können nicht verstehen, was sie nicht akzeptieren können. In ihrer persönlichen Identifikation mit ihrem Kind fühlen sie sich selbst tief betroffen durch die Diagnose. Der Ausspruch einer Mutter: „Es wäre halb so schlimm gewesen, wenn der Arzt das alles an mir festgestellt hätte!" macht das deutlich. Die intuitive Schutzreaktion der Eltern für ihr Kind läßt sie häufig sogar verärgert über den Arzt schimpfen, der ihnen die Diagnose mitgeteilt hat. Hier muß allerdings auch einmal gesagt sein, daß immer noch viele Ärzte in Elterngesprächen mehr Latein als Deutsch sprechen und sich hinter Fachausdrücken verstecken, um möglicherweise unbequemen Fragen auszuweichen.
- Die Abwehr der Eltern aus Angst vor der Diagnose kann so weit führen, daß sie von einem Arzt zum anderen wechseln, nicht um sich eine zweite Meinung einzuholen, was ja ein völlig normales Anliegen ist, sondern um irgendwann zu hören, „daß das alles nicht so schlimm ist und sich sicher von selbst gibt."

- Aus vielen ärztlichen Untersuchungssituationen weiß ich, daß Eltern das nicht hören und verstehen, was sie nicht ertragen können. Wochen später in der Therapiestunde fragen sie noch einmal und verstehen dann die Antwort, nicht weil sie jetzt klüger sind, sondern weil sie es nun „hören" und verkraften können. Ruth Cohn, eine bekannte Psychologin, spricht dann von einem „Empfangsgerät, das eingestellt sein muß auf das, was ich sage."

Wenn die Eltern zu uns in die Therapie kommen, haben sie Angst vor dem Befund, Angst vor dem gnadenlosen Aufdecken von Fehlern. Genauso scheuen aber viele Therapeuten auch den exakten Befund, zum Teil, weil sie sich nicht festlegen wollen, „ich mache lieber keinen Befund, ich könnte mich ja irren und das Kind falsch einschätzen", zum Teil auch, weil sie die vielen Fragen der Eltern fürchten und sich unter dem Druck fühlen, auf jede Frage eine Antwort wissen zu müssen.

Wie können wir dieser drohenden Interaktionsstörung entgegenwirken?

Das wichtigste für Eltern ist, daß sie unsere Offenheit spüren, die Offenheit zur Ehrlichkeit und die Offenheit zum Verständnis für die Eltern. Offenheit ist aber etwas, das nicht von Anfang an zwischen Menschen da ist, sondern etwas, das vorsichtig erworben werden muß. Unsere Offenheit und Klarheit in dem was wir sagen hilft, eine Vertrauensbasis zu schaffen und gibt den Eltern und dem Kind Sicherheit.

- Wir erklären daß der Befund eine Hilfe ist, damit wir die Therapie gezielt ansetzen und eine Unter- oder Überforderung ausschließen können.
- Wir erläutern während des Befundes schon einige Reaktionen, z. B. die Stützreaktion, die leicht verständlich ist, so daß der Befund für Eltern verständlich wird.
- Wir beziehen die Eltern aktiv in den Befund mit ein, indem wir sie fragen nach Funktionen und bitte nicht nach denen, die das Kind noch nicht kann. Eltern haben meist schon so oft antworten müssen: „Nein, das kann es noch nicht", sei es bei Untersuchungen oder bei Verwandtenbefragungen, daß sie diese Situation kaum noch ertragen. Wenn sie nun einmal sagen können: „Ja, Robben kann es schon", fühlen sie sich erleichtert, können nicht nur mitreden, sondern dann natürlich auch mitdenken und mitarbeiten. Eine drohende Blockierung ist umgewandelt in aktive Mitarbeit.
- Wir besprechen mit den Eltern, was wir zusammenfassend aus dem Befund schließen, wie der Entwicklungsstand ist, wie wir also unsere Therapie beginnen wollen. Es ist nicht nötig, Eltern zu sagen, was ihr Kind alles nicht kann, denn das wissen sie ja selbst. Aber es ist wichtig,

ihnen aus dem „Ist-Stand" den Weg zu zeigen, den wir zusammen in der Therapie gehen werden.

- Wir fragen die Eltern, was sie meinen, was wir jetzt für ihr Kind tun sollten und besprechen, wo sie im Umgang mit dem Kind und für ihr Kind Probleme sehen, sei es ein Eß- oder ein Schlafproblem. Was ist also wichtig und was kann als sekundär zunächst zurückgestellt werden. Was ist sinnlos weil es dem Kind keine Hilfe bringt. Eltern, die ihr Kind täglich beobachten, können sehr wohl mitentscheiden, wie der Weg in der Therapie geht. Wenn sie einen Weg sehen und akzeptieren und wenn sie wissen was wir tun und warum, dann verlieren sie ihre Angst und gewinnen eine neue Sicherheit.

Ein Negativbeispiel soll einmal zeigen, wie Interaktion mit einem Satz zerstört werden kann:

Ein Arzt rät Eltern dringend ab, eine Therapie zu machen, weil „80 % der Kinder auch von selbst zum Laufen kommen". Da Eltern sich bei ihrem Kind auf eine prozentuale Hoffnung nicht verlassen wollen, gehen sie, weil sie selbst meinen, daß „irgend etwas nicht stimmt", heimlich zu einer Frühtherapie und finden durch den Befund und die Erklärung des Therapieplans einen Weg, ihrem Kind zu helfen. Nach einem Jahr Therapie findet derselbe Arzt seine ursprüngliche Meinung bestätigt, der Befund hat sich tatsächlich normalisiert. Was für eine Vertrauensbasis ist da noch zwischen Arzt und Eltern gegeben? Eltern, die wir offen und klar informiert haben, sind sicher genug, auch in einer so kritischen Situation wie der hier beschriebenen noch zu wissen, was sie tun wollen und denken sollen.

Wer schon etwas weiß, kann viel fragen. Eltern, die informiert sind, werden dies tun, sie stellen uns dabei auch unbequeme Fragen:

- Warum ist es zu dieser Schädigung gekommen?
- Wen trifft die Schuld?
- Wie schwer ist der Befund?
- Wird mein Kind einmal behindert sein?
- Lernt mein Kind einmal laufen?
- Wie lange dauert die Therapie?
- Was würde werden, wenn ich keine Therapie machte?
- Wie sind unsere Chancen?
- Können Sie mir garantieren, daß diese Therapie mein Kind heilt?

Es sollen hier keine Antworten auf die Fragen gegeben werden, sie lauten ja auch in jedem Fall anders, können oft auch nicht beantwortet werden. Aber wie gehen wir mit Fragen der Eltern um?

Eine Mutter kommt zu mir: „man hat mir gesagt, zu 10 % lernt mein Kind einmal laufen." Nora ist 18 Monate alt und hat eine deutliche diparetische Störung. Hier hat man versucht, die Frage der Mutter „lernt mein Kind einmal laufen?" präzise zu beantworten, hat der Mutter aber damit nicht geholfen, sondern sie in tiefe Hilflosigkeit gestürzt. Lohnt sich bei 10% Erfolgsaussichten überhaupt ein Einsatz?

Es wäre sinnvoller gewesen, offen und ehrlich zu sagen, daß nach einer einzigen Untersuchung nicht absehbar ist, wie weit sich ein Kind in der Therapie entwickeln kann. Sinnvoller wäre gewesen, der Mutter den nächsten Lernschritt als Ziel zu erklären. Nora robbte gerade, also war das nächste Ziel, ihren Aktionsradius und ihre Handlungskompetenz durch die Aufrichtung und das Krabbeln zu erweitern. Nebenbei: das war vor einem Jahr, Nora steht heute und geht seitwärts an Gegenständen entlang. Man mag sich gar nicht vorstellen, daß die Mutter damals in ihrer Resignation die Förderung ihres Kindes aufgegeben hätte.

Bei den vielen Fragen der Eltern ist es auch einmal wichtig, zuzugeben, daß wir nicht alles beantworten können und Fragen auch einmal offen lassen müssen. Eltern werden diese unsere Offenheit zu schätzen wissen und nicht an unserer Kompetenz zweifeln.

Nicht nur in der Anfangssituation sondern durch die weitere Therapiezeit hindurch werden wir von Eltern mit Fragen konfrontiert, auf die wir eingehen sollten. Einige typische Situationen sind hier einmal aufgezeigt:

24.3 Ein Kind trotzt und schreit

Ein Kind „will plötzlich nicht mehr", es trotzt und schreit und verweigert die Mitarbeit. Die Eltern wissen aber, daß die Therapie wichtig und notwendig für Ihr Kind ist. Die Mutter ist verunsichert weil die Verwandten und Nachbarn sagen: „Quäl´ das Kind doch nicht so, früher hat es so etwas auch nicht gegeben." Jetzt braucht die Mutter unbedingt unsere Hilfe, die wir ihr aber nur geben können, wenn wir selbst klare Gedanken zu diesem Thema haben.

„Lassen sie es nur schreien, das kräftigt die Lungen!" Dieser Satz ist dumm, zeigt die ganze Hilflosigkeit des Therapeuten und stabilisiert die Eltern sicher nicht.

Natürlich ist es auch für uns Therapeuten schöner, wenn uns jedes Kind anstrahlt, uns also seine Zuneigung zeigt. Nur zu häufig wird das Nichtschreien in der Therapie zum obersten Gebot, weil der Therapeut das Schreien nicht ertragen mag. Ist das aber nicht eine Unsicherheit in uns selbst, eine Angst vor Ablehnung, die wir auf unsere Person beziehen? Haben wir Angst davor, an Beliebtheit zu verlieren? Ist das Schreien für uns unerträglich, weil wir so erzogen sind?

Schreien wird von uns selbst oft genug unterdrückt. Heftige Gemütsäußerungen wie lautes Lachen, Schreien und Weinen zeigt man nicht, das haben wir durch unsere Erziehung gelernt. Das ständige Unterdrücken von Gefühlsäußerungen, das uns heute aufgezwungen wird, führt aber schließlich dazu, daß viele Menschen ihre Gefühle nur noch unter Anleitung erleben können. Sie besuchen Workshops, in denen sie wieder schreien lernen und kommen ähnlich entspannt nach Hause wie andere, die jedes Wochenende drei Stunden beim Fußball zuschauen und für den eigenen oder gegen den anderen Verein schreien.

Warum schreit ein Kind?

Machen wir uns einmal klar, warum ein Kind schreit. Schreien ist für Kinder zunächst einmal eine spontane und heftige „Meinungsäußerung". Hören Sie einmal Kindern beim Spielen zu, Sie werden sie immer schreien hören, entweder um zu protestieren oder um auf sich aufmerksam zu machen oder aus vielen anderen dringenden Gründen.

Fragen wir uns also, was das Schreien aussagt, was es also heißen soll. Es gibt ein Schreien vor Schreck, ein Schreien aus Angst, das Schreien vor Schmerz, vor Aufregung, vor Freude. Es gibt das Schreien als Ausdruck des Triumphes und das Schreien aus Protest, um nur einige der vielen Möglichkeiten zu nennen. Ein Kind darf schreien vor Aufregung, Freude, Triumph und auch aus Protest. Wir wollen diese Äußerungen nicht „abstellen", denn sie gehören zu der ganzen Bandbreite der emotionalen Ausdrucksmöglichkeit. Kinder sollen keine vernünftigen, angepaßten Erwachsenen in Kleinformat sein! Mütter, die gelernt haben auf die Qualität des Schreiens zu achten, stellen zum Beispiel fest, „daß das Schreien beim Turnen genauso klingt, wie wenn ich ihn aus der Badewanne nehme". Hier handelt es sich wahrscheinlich um Protestgeschrei.

Es ist selbstverständlich, daß Schreien aus Angst, Schmerz oder Schreck in der Therapie nicht vorkommen darf. In der Therapie soll das Kind seine Meinung äußern und zwar auch laut. Wir wissen aber, daß sensomotorisches Lernen immer über das Spüren eingeleitet wird. Wenn ein Kind aber schreit, aus Angst vor der fremden Person, die es festhält, aus Frust, weil die geforderten Bewegungen nicht gelingen, oder womöglich aus Schmerz, dann überlagert das jede Wahrnehmung. Aus diesem Grund muß genau differenziert werden, in welcher Therapiesituation wir welche Art von Schreien akzeptieren können.

Welche Reaktionen gibt es auf das Schreien in der traditionellen Behandlung?

Das Schreien wird ignoriert.

In der Fachsprache heißt es, „Löschen des ungewollten Verhaltens durch Nichtbeachten". Diese Möglichkeit soll konsequent verfolgt werden. Eltern fällt die Konsequenz verständlicherweise sehr schwer.

Wenn wir aber das ungewollte Verhalten nur zehn Minuten ignorieren können und es dann doch beachten, dann schulen wir vielmehr die Ausdauer im Schreien als daß wir es abbauen. Wenn diese Methode versucht wird, muß mit vermehrtem Schreien gerechnet werden, das Kind ist verunsichert, versteht nicht, warum die Eltern auf seine doch deutliche Botschaft nicht reagieren. Nichtbeachten ist im Umgang miteinander eine schwere Strafe, die das Kind sicher nicht verdient hat. Wenn diese Methode des Nichtbeachtens konsequent angewandt wird, zeigen wir dem Kind, daß es uns gleichgültig ist. Es wird resignieren, sicher keine Lust haben zum therapeutischen Zusammenspiel.

Die Behandlungsstunde wird abgebrochen, wenn das Kind schreit.

Dies geschieht häufig, wenn Eltern oder TherapeutInnen Angst vor dem Protest und der vermeintlichen persönlichen Ablehnung haben, die Botschaft des Schreiens also nicht verstehen. Dies geschieht aber auch, wenn Eltern oder Therapeut nicht wirklich von dem Sinn und der Notwendigkeit der Förderung überzeugt sind und den Protest als willkommenen Anlaß sehen, die Therapie zu beenden.

Wenn wir selbst nicht überzeugt sind von dem was wir tun, können wir das Kind auch nicht überzeugen, und ich habe gehört, daß schon Therapien ganz abgebrochen wurden. Zurück blieben Eltern voller vedrängter Ängste und Schuldgefühle und ein Kind, das um viele Chancen gebracht wurde. Eltern, die „hinter der Therapie stehen", werden in diese Situation nicht kommen, weil sie wissen, daß sie als Eltern die Verantwortung haben, zum Wohle ihres Kindes zu handeln, auch wenn es das nicht immer sofort einsieht und versteht.

Das Kind wird konditioniert.

„Wenn Du nicht schreist und brav bist, bekommst Du eine Belohnung". „Wenn Du schreist, bist Du böse und ich will Dich nicht mehr sehen". Es wird im ersten Fall versucht, das erwünschte Verhalten durch Belohnung zu konditionieren, im zweiten Fall soll das unerwünschte Verhalten durch Bestrafung und Entzug der Zuwendung gelöscht werden. Das Konditionieren ist uns aus der Verhaltenspsychologie bekannt. Eine Konditionierung des Kindes in der Frühtherapie halte ich indes für nicht geeignet, weil dabei in „gut und schlecht" eingeteilt und damit gewertet wird.

Ein Kind mag eine Belohnung für seine Anstrengung, nicht aber für sein Wohlverhalten bekommen. Wenn ein Kind in der Therapie mit Erfolg lernt, dann ist es fröhlich und braucht als Belohnung unsere Zustimmung. Brav muß nicht immer positiv sein und bei manchen Kindern habe ich schon sehnlichst darauf gewartet, daß sie mit Protest sich und ihre Meinung einmal deutlich ausdrücken.

Als viel schlimmer jedoch empfinde ich die zweite Möglichkeit. Die Bestrafung des Kindes durch Entzug von Aufmerksamkeit und Zuwendung zwingt das Kind in die Isolation und Verzweiflung, in der es nicht mehr lernfähig ist. Wie kann sich ein Kind wirklich angenommen wissen, das sich nur geliebt fühlt, wenn es sich brav und angepaßt nach den Vorstellungen der Erwachsenen verhält? Es wird zwar vielleicht nach dieser Methode bald dies „erwünschtes Verhalten" zeigen, aber um welchen Preis! Muß man hier nicht sogar an einen Dressurakt denken?

Das Schreien wird mit heftigem Schimpfen verboten.

Eine erfolglose und daher unsinnige Methode, die letztlich dazu führt, daß Eltern und Kind immer wütender aufeinander werden. Ein Kind hört nicht auf zu schreien, wenn man es ihm verbietet, denn das Verbot ist ein neuer Grund zur Gegenreaktion. Würde es aufhören zu schreien, wäre es bereits ein dressiertes Kind, dessen Protest in unterdrückte Wut umgewandelt würde. Und das wäre wahrscheinlich der frühe Beginn späterer psychosomatischer Erkrankungen. Wie viele Menschen „schlucken" dauernd ihre Wut und entladen sich entweder in regelmäßigen Abständen durch Wutanfälle, oder bekommen irgendwann je nach ihrer Grundkonstitution Magengeschwüre, Herzbeschwerden oder Migräne!

Es wird versucht, das Kind zu trösten.

„Gleich ist es ja wieder gut!" Diesen Satz hören wir oft von verunsicherten Eltern oder TherapeutInnen. Dem Kind sagt er: „jetzt ist es leider nicht gut aber ich kann Dir nicht helfen". Wie soll das Kind lernen in einer Situation, die auch von den Erwachsenen nicht positiv gesehen wird. Sicherlich wird durch ein solches zwar gut gemeintes aber nicht wirkliches Trösten das Kind bald genauso verunsichert sein wie seine Eltern, das Schreien wird also nicht weniger sondern eher verstärkt und zudem noch hilfloser.

Das Schreien wird akzeptiert

Wenn sich in der Therapie eine Protestsituation ergibt und das Kind uns „seine Meinung sagt", können wir das akzeptieren und die Situation mit dem Kind zusammen erleben. Das ist durchaus schon bei sehr kleinen Kindern und ohne viele Worte möglich, denn wir wollen das Schreien ja auch nicht überbewerten indem wir lang und breit mit dem Kind darüber „diskutieren".

Wenn wir dem Kind sagen: „Jetzt hast Du laut geschimpft und das Turnen war auch wirklich anstrengend, Du hast es aber toll gemacht und geschafft", dann vermitteln wir, daß wir den Protest verstehen können. Und ist es nicht wirklich verständlich, bei einer anstrengenden Arbeit einmal zu schimpfen? Das Kind wird nicht allein gelassen in seinem Protest, es fühlt sich akzeptiert, ob es nun schreit oder nicht. Es spürt gleichzeitig, daß diese anstrengende Übung wichtig ist. Unsere Sicherheit und Nähe, der es sich anvertrauen kann, wird sich schnell übertragen.

Nach meiner Erfahrung läßt sich Schreien auf diese Weise zwar nicht sofort „abstellen", und das wollen wir ja auch gar nicht, aber es wird sich mit der Zeit und mit dem Erfolg in der Therapie von selbst abbauen, ohne daß wir dem Kind seine freie Meinungsäußerung genommen haben.

24.4 Leistung mit Druck oder Freude?

Andere zentrale Fragen der Eltern lauten immer wieder:

* Schadet die Therapie nicht der Psyche meines Kindes?
* Wie kann ich sicher sein, mein Kind nicht zu überfordern oder zu „übertherapieren"?
* Wie verkraftet mein Kind die Behandlung?
* Leidet es nicht unter einem frühen Leistungsdruck?

Fragen, die wir verstehen können, wenn wir die Unsicherheit kennen, in der heute viele Kinder und Jugendliche erzogen werden. Nach der Ära der autoritären Erziehung haben viele Eltern heute nicht den Mut, ihrem Kind eine Autorität zu sein. Die Autorität der Eltern gibt aber letztlich dem Kind erst Sicherheit. Es erfährt die Kompetenz der Eltern, an die es sich halten kann.

Verunsicherte Eltern wollen „alles gut und noch besser machen". Sie haben Angst, Leistung zu erwarten und ihr Kind damit zu überfordern. Auf diese Weise werden heute Kinder aber häufiger unterfordert und sind dabei genauso wenig glücklich.

In unserer Therapie hilft uns die genaue Kenntnis vom Entwicklungsstand, den nächsten Schritt für das Kind zu finden. Es wird ihn gehen und damit eine Leistung vollbringen und stolz darauf sein. Leistung und Erfolg gehören zusammen und durch Erfolg entwickelt sich Selbstwertgefühl. Daraus erwächst der Wunsch nach weiterer Leistung. Leistung ist eben nicht gleichzusetzen mit Druck. Wir selbst kennen alle das beglückende Gefühl, eine tolle Leistung vollbracht zu haben, das Gefühl, etwas geschafft zu haben.

Vor vielen Jahren bekamen die Eltern von Ingo, einem Jungen mit einer schweren diparetischer Bewegungsstörung, den Rat, keine Therapie durchzuführen, weil „ein Kind im Rollstuhl glücklicher ist als ein therapiegeschädigtes Kind, das vielleicht läuft aber doch nie völlig geheilt werden kann." Wer diesen Rat gegeben hat, ahnt nicht, daß eine Förderung aufbaut und nicht Forderung bedeutet. Ingo ist heute dreizehn Jahre alt, läuft, wenn auch in seinem Muster und ist sehr froh über seine Selbständigkeit.

Was aber geschieht, wenn wir tatsächlich einmal ein Kind „falsch" beurteilt haben und dadurch über- oder unterfordern in unserer Förderung? Denn auch bei bestem Bemühen können wir einen Fehler nicht völlig ausschließen. Da wir in unserer Therapie nicht einfach ein Programm abspulen, sondern in jeder Stunde sensibel auf die Reaktionen des Kindes achten, werden wir eine Fehleinschätzung sehr schnell spüren. Ein überfordertes Kind wird resignieren, ein unterfordertes Kind wird vielleicht ablenken. Das Kind wird es uns so „sagen" auch ohne Worte und wir können uns korrigieren.

Eine Überforderung ist auszuschließen, wenn wir uns immer wieder fragen, was für das Kind jetzt wirklich wichtig ist zu lernen und nicht nur „sehen", was uns TherapeutInnen an dem Bild stört und was wir darum „wegbehandeln" wollen.

Warum soll ein Kind mit einer Hemiparese die Hand offen halten, wenn es dann nicht mehr greifen kann? Vielleicht sieht die geöffnete Hand nicht so krank aus? Hier wird sehr klar, daß wir uns über unsere eigenen Gefühle im Umgang mit Störungen und Therapie Gedanken machen müssen.

24.5 Behinderung – und wie wir damit umgehen

Was tun wir, wenn die erhofften Behandlungserfolge ausbleiben?
Wie gehen wir mit der Behinderung um?
Können wir Pathologie zulassen, wenn sie dem Kind eine Handlung ermöglicht?
Stört uns die Pathologie so sehr, weil sie so offensichtlich aus der Normalität ausbricht?
Wie gehen wir mit unserem Gefühl der eigenen Hilflosigkeit um?
Können wir mit den Eltern offen über die Behinderung sprechen?

Diesen Fragen sind TherapeutInnen und auch Ärzte meist ohne Vorbereitung durch ihre Ausbildung ausgeliefert. Gerade, weil sie sich engagiert für „ihre" Kinder und Eltern einsetzten, empfinden sie bei dem Erkennen der Behinderung plötzlich selbst Inkompetenz und gleichzeitige Machtlosigkeit. Sie haben Schuldgefühle, vielleicht doch nicht optimal behandelt zu haben, genau wie die Eltern, die sich immer wieder fragen, was sie falsch gemacht haben könnten. Hier gibt es nun verschiedene Reaktionen, die aus der Hilflosigkeit herrühren und so zu erklären sind, die aber für die weitere Förderung fatale Auswirkungen haben können:

- *die eigenen Schuldgefühle werden weggeschoben* von den TherapeutInnen auf die Eltern, „die nicht genug getan haben für ihr Kind". Eine für Eltern schlimme Unterstellung, die ihre Schuldgefühle noch vergrößert.
- *die Therapie wird von Seiten der Therapeuten aufgegeben,* weil sie keinen Zweck mehr hat. Der unliebsame Mißerfolg wird damit aus dem Bewußtsein verdrängt, die Eltern und das Kind bleiben ratlos und ohne Unterstützung zurück.
- *die Therapie wird beendet,* Ärzte und Therapeuten ziehen sich zurück mit der Warnung vor einer drohenden Überforderung. Eine Therapie, die sich aber am Kind und seinem Entwicklungsstand orientiert, kann nicht überfordern, so daß auch ein Übertherapieren ausgeschlossen wird.
- *Therapeuten raten zu mehr und mehr Hilfsmitteln,* oft mehr als sinnvoll ist, weil sie den Eltern etwas neues bieten und etwas Gutes tun wollen, um den „Mißerfolg" der Therapie, den sie auf sich selbst beziehen, abzuschwächen.
- *Eltern weichen aus* und probieren Ärzte, Therapeuten und Zentren aus und werden durch die unterschiedlichen Meinungen weiter verunsichert. Dazu führt insbesondere das Konkurrenzdenken, das noch häufig anstelle des kollegialen Denkens steht.
- *Therapeuten und auch Ärzte versuchen, Eltern an sich zu binden,* indem sie Kollegen negativ beurteilen. Sie geben den Eltern zum Teil unrealistisch gute Prognosen, ohne zu wissen, wie der bisherige Verlauf der Störung und Förderung war. Mit einer guten Prognose: „das wird schon noch!" wird wieder die Behinderung verdrängt und den Eltern die Möglichkeit zu offenen Fragen genommen.
- *Eltern wechseln von einer Therapie zur anderen* und probieren alles auf der Suche nach dem Wunder. Die Mutter eines 6-Jährigen schwer tetraplegischen Kindes meldet ihr Kind an mit den Worten: „wir haben zwei Jahre nach Vojta geturnt und dann nach Bobath und jetzt wollen wir bei Ihnen nach Feldenkrais behandeln lassen." Diese Eltern wissen

nicht, wie verschieden Lern- und Therapieansätze sind. Sie haben nicht verstanden, daß man eine Förderung nicht einkaufen kann nach dem Namen, sondern daß der für das Kind richtige Ansatz gefunden werden muß.

Eltern, die informiert sind über Therapieansätze werden nicht in diese Unsicherheit geraten, weil sie die Förderung für ihr Kind verstanden haben und selbst wissen, was sie tun.

In der Interaktion zwischen den Eltern, dem Kind und uns erfolgt durch die Offenheit der Gespräche ein ständiger Austausch. Die Eltern haben Zeit und Möglichkeit, uns die erfreulichen und auch die traurigen und schmerzlichen Dinge und Gedanken zu schildern, die im Zusammenhang mit dem Kind und seiner Störung stehen. So können wir auch diese Gegebenheiten mit in unsere Förderung einbeziehen. Denn das Kind ist ja nicht ein von seinem Umfeld losgelöstes Einzelwesen. Eine Krankheit, eine Überforderung durch eine Reizüberflutung, wie sie schon durch eine turbulente Familienfeier geschehen kann, verändert die Verfassung eines Kindes völlig und fordert von uns, unseren Therapieplan immer wieder neu anzupassen.

In unserer Arbeit erfolgt ständige Diagnostik verquickt mit der Therapie. Auf diese Weise sind Kind, Eltern und Therapeut Partner, Partner haben Vertrauen zueinander und können sich dadurch gegenseitig unterstützen und helfen.

Fachworterklärung

- Abducensparese: Einwärtsschielen aufgrund mangelnder motorischer Augenkontrolle
- Abduktion: Abziehen, Wegführen von der Mittellinie, Abspreizung
- Abusus: Mißbrauch, von Suchtmitteln wie Nikotin und Alkohol
- Acidose: Übersäuerung des Blutes
- Adaptation: Anpassung
- Adduktion: Hinziehen zur Mittellinie des Körpers
- Adiadochokinese: Unfähigkeit, eine Bewegungsrichtung schnell zu ändern z.B. schnelles Handdrehen
- afferent: von der Peripherie zum Zentralnervensystem
- Agonist: Muskel, der eine Bewegung ausführt. (griech. Wettkämpfer)
- Alphamotoneuron: Nervenzelle der Arbeits- und Bewegungsmuskulatur
- Ambidextrie: fehlende Handdominanz
- Amblyopie: Schwachsichtigkeit durch einseitige Augenfunktion
- Anaesthesie: Schmerzbetäubung
- Anamnese: (griech. Erinnerung) Vorgeschichte des Kranken
- Antagonist: Muskel, der eine dem Agonisten entgegengesetzte Bewegung ausführt.
- Aphasie: (griech. Fehlen von Sprache) Sprachstörung, aufgrund einer Schädigung des Sprachzentrums
- Archicerebellum: Altkleinhirn
- Asphyxie: Drohende Erstickung, Atemstillstand
- Aspiration: Eindringen von Flüssigkeit (Fruchtwasser) in die Lungen
- ASR: Achillessehnenreflex
- Assoziationsfelder: miteinander verbundene Hirnareale
- Assoziierte Reaktion/Bewegung: Unwillkürliche Mitbewegung einer Muskelgruppe bei Anspannung anderer Muskeln
- Astasie: Unfähigkeit zu Stehen
- Ataxie: (griech. ohne Ordnung) Störung der Bewegungskoordination
- Athetose: (griech. ohne feste Stellung) Bewegungsstörung mit überschießenden unwillkürlichen Bewegungen
- ATNR: Asymmetrisch Tonischer Nackenreflex
- audio-visuell: über das Gehör und das Sehen eingehend
- auditiv: dem Hören dienend
- bilateral: doppelseitig, beidseitig
- Bilateralintegration: Fähigkeit, beidhändig und über die Körpermitte zu agieren
- Bilirubin: gelber Gallenfarbstoff
- bimanuell: mit zwei Händen
- binokular: Beidäugig

- bioelektrisch: feinelektrisch gesteuerte Vorgänge im Organismus
- bipedal: auf zwei Füßen
- BNS-Krämpfe: Blick-Nick-Salaam Krämpfe, eine schwere Form der Epilepsie im Säuglingsalter
- Body-Image: subjektive Vorstellung des Körperbildes
- Bonding: innige Eltern-Kind-Beziehung, die sich in den ersten Lebenstagen prägt
- BWS: Brustwirbelsäule
- cerebellar: das Kleinhirn betreffend
- Cerebellum: Kleinhirn
- cerebral: das Großhirn betreffend
- Cerebrum: Gehirn
- Chromosom: Erbkörperchen, Träger der Erbmasse in der Zelle
- Chromosomenaberration: genetische Abweichung der Chromosomenanordnung
- cognitiv: s. kognitiv
- Computertomographie: diagnostisches Schichtaufnahmeverfahren von Organen oder Gelenken
- Corpus callosum: Großhirnbrücke, Hemisphärenübertragung von sensomotorischen Fähigkeiten
- Corpus striatum: Streifenkern, gehört zum extrapyramidalen System
- Corpus: Körper
- cranial: zum Kopf hin
- cranio-caudal: (Kopf-Schwanz) von oben nach unten
- CT: s. Computertomographie
- Dendrit: Fortsatz der Nervenzelle
- desensibilisieren: unempfindlich machen
- Diadochokinese: Schnelle Bewegungsrichtungsänderung
- Diencephalon: Zwischenhirn
- Diparese: Bewegungsstörung der unteren Extremität
- Disposition: Veranlagung, Krankheitsbereitschaft
- distal: vom Rumpf entfernt
- Dominanz: ererbtes Vorherrschen der einseitigen Handmotorik
- dorsal: (dorsum – Rücken) rückseitig, zur Rückseite hin
- Dysmelie: Fehlen von Gliedmaßen
- Dysmetrie: falsche Abmessung von Zielbewegungen
- Dyspraxie: Unfähigkeit geplante Bewegungen auszuführen
- Dyssynergie: fehlerhaftes Zusammenwirken von Muskeln
- Dystonische Attacken: durch gestörte Muskelspannung verursachte Bewegungsausbrüche
- Dystrophie: mangelnde Ausbildung der Muskulatur z.B. durch Stoffwechselstörung

- EEG: Elektroencephalogramm, mißt die bioelektrischen Hirnströme
- efferent: herausführend, hier: vom Zentralnervensystem zur Muskulatur
- Ektoderm: äußeres Keimblatt des Embryos
- Embryo: ungeborenes Kind bis zum 3. Monat
- EMG: Elektromyogramm, mißt die bioelektrischen Muskelimpulse
- Encephalitis: Viruserkrankung des Zentralnervensystems
- Endoderm: inneres Keimblatt in der frühen Embryonalentwicklung
- Engramm: bleibendes Erinnerungsbild im Gehirn
- Enteroceptor: Fühler, der im Körper selbst wahrnimmt
- Entwicklungsaphasie: Sprachstörung durch Schädigung des motorischen oder sensorischen Sprachzentrums vor dem Spracherwerb
- epikritisches System: taktiles System, das Reize bewußt wahrnimmt und beurteilt
- EPS: extrapyramidales System
- Eutonie: ausgewogene Muskelspannung
- Evolution: Entwicklungsgeschichte
- Exteroceptor: Fühler in der Haut
- extrafusale Muskelzelle: außerhalb der Muskelspindel = Arbeitsmuskulatur
- extrapyramidal: außerhalb der Pydamidenbahn, hier: unwillkürliche, nicht bewußt gesteuerte Bewegung
- Facial Feedback: Zusammenspiel zwischen der Mimik und unserer Gefühlslage
- Feedback: steuernde Rückmeldung bzw. Rückkopplung
- fokal: den Krankheitsherd betreffend
- Fokus: Herd, Sitz einer Krankheit
- Forceps: Zange, hier Geburtszange
- Formatio reticularis: netzförmiges Funktionsgebilde, das sich vom Stammhirn bis ins Mittelhirn zieht
- fötal, fetal: die vorgeburtliche Zeit betreffend
- Fötus: ungeborenes Kind vom 3. Monat an
- Fraktur: Knochenbruch
- frontal: (frons= Stirn), von Stirn zu Stirn, vorn
- Galaktosämie: angeborene Erkrankung des Säuglings infolge von Leberstörung
- Gammamotoneuron: Nervenzelle der Stütz- und Haltungsmotorik
- Ganglienzelle: Nervenzelle, bestehend aus Kern, Körperchen, Neurit und Dendrit
- Ganglion: Anhäufung von Nervenzellen
- Genese: Abstammung, Vererbung
- genetisch: die Vererbung betreffend
- Gestose: Schwangerschaftserkrankungen, wie Nierenfunktionsstörungen

- Graphomotorik: Bewegung des Schreibflusses
- gustatorisch: den Geschmack betreffend
- Gyrus postzentralis: sensorische Hirnwindung hinter der Zentralfurche
- Gyrus praecentralis: motorische Hirnwindung vor der Zentralfurche
- Gyrus: Hirnwindung, Wulst
- Händigkeit: Handbevorzugung auf einer Seite
- Hemiparese: halbseitige Bewegungsstörung
- Hemisphäre: Halbkugel, hier Hirnhälfte
- Hinterseitenstrangbahn: Leitungsbahn für Tiefensensibilität und Lage-empfinden
- holistisch: ganzheitlich
- Homo errectus: der aufrecht gehende Vorläufer des Menschen
- Homunculus: Abbild des Menschen auf der Hirnrinde
- HWS: Halswirbelsäule
- Hyperbilirubinaemie: erhöhte Gallenfarbstoffkonzentration im Blut, Gelb-sucht
- Hyperkinesie: übermäßige Muskeltätigkeit, überschießende unwillkürli-che Motorik
- Hypertonie: erhöhte Muskelspannung
- Hypokinesie: Mangel an Willkür- und Reaktivbewegungen
- Hypothalamus: entwicklungsgeschichtlich alter Kern unterhalb des Tha-lamus
- Hypotonie: Niedrige Muskelspannung
- Hypoxie: Sauerstoffmangel im Blut
- induzieren: bewirken
- Infektion: Eindringen von Krankheitserregern in den Körper
- inferior: unten liegend
- Inkompatibilität: Unverträglichkeit
- Inkubator: Brutkasten
- Innervation: Nervenerregung, Nervenversorgung
- Input: Eingabe
- Interaktion: Zusammenwirken, Wechselbeziehung von Handlungen und Informationen
- Integration: Einordnen in das Gesamtkonzept
- interior: innen liegend
- intermodal: mehrere Modalitäten betreffend
- Intoxikation: Vergiftung
- intrafusal: innerhalb der Muskelspindeln
- intramodal: nur eine Modalität betreffend
- intrauterin: innerhalb der Gebärmutter
- Intrauterin: innerhalb des Uterus
- isometrisch: Muskelarbeit durch Spannungsänderung ohne Bewegung

- isotonisch: Muskelarbeit durch Bewegung bei gleichbleibender Spannung
- Kinesiologie: Lehre von der Integration von Muskelkraft und Energie
- Kinestesie: Bewegungsempfindung
- kinestetisch: die Bewegungsempfindung betreffend
- kognitiv: erkentnismäßig
- Konstitution: Summe der angeborenen Eigenschaften und Dispositionen: Bereitschaft, hier Anfälligkeit
- Kontraktion: Zusammenziehen der Muskulatur durch Anspannung
- Kontraktur: Dauernde Verkürzung von Muskeln oder Sehnen
- kontralateral: auf der gegenüberliegenden Seite, gekreuzt
- Koordination: harmonisches Zusammenwirken von Muskeln und Bewegungen
- Korrelation: Wechselwirkung
- Kortex: Großhirnrinde
- kortical: die Großhirnrinde betreffend
- kortikale Plastizität: Fähigkeit der Hirnrinde, sich nach den sensomotorischen Aktivitäten zu verändern
- kranial: s. cranial
- Kyphose: Verkrümmung der Wirbelsäule nach hinten, z.B. Sitzkyphose
- Labyrinth: Innenohr
- Läsion: Verletzung
- Latenzzeit: Zeit zwischen Reiz und Reaktion
- lateral: seitwärts, seitlich
- Lateralisation: wörtlich Verseitlichung, Funktionsverlagerung auf eine Körperseite
- Lateralpräferenz: Seitenbevorzugung
- Limbisches System: Verbindendes Funktionsgebiet zwischen Mittelhirn und Großhirn
- Lokomotion: Fortbewegung
- manuell: mit der Hand
- MCD: Minimale cerebrale Dysfunktion, leichte Hirnfunktionsstörung
- ME- Therapie: Mehrdimensionale neurophysiologische Entwicklungstherapie
- medial: mittig, in der Mitte
- Medulla oblongata: verlängertes Mark
- Memory-Zellen: Erinnerungsfelder in der Hirnrinde
- Meningitis: Hirnhautentzündung
- Mesencephalon: Mittelhirn
- Mesoderm: mittleres Keimblatt in der frühen Embryonalentwicklung
- metabolisch: im Stoffwechsel entstanden
- Metabolismus: Stoffwechsel

- Migration: Bewegungen von Zellen aus den Keimschichten zu ihrer endgültigen Lokalisation im Gehirn
- Modus: Art, Weise
- monocular: einäugig
- monomanuell: einhändig
- Monoparese: Bewegungsstörung einer Extremität
- Monosynaptischer Reflex: Streck- und Haltungsreflex, der über nur eine Synapse geschaltet wird
- Motilität: Beweglichkeit
- Motoneuron: der Bewegungsfunktion zugeordnete Nervenzelle
- Motorik: aktive Bewegungsvorgänge
- Mutation: Änderung der Erbanlage und ihrer Merkmale
- Neocerebellum: Neukleinhirn
- neonatal: in der Neugeborenzeit
- Neuralrohr: aus dem Ektoderm entwickelte Anlage zum Nervensystem
- Neuron: Nerveneinheit, bestehend aus Ganglienzelle, Neurit und Dendrit
- Neuroplastizität: Anpassungsfähigkeit des Gehirns
- Nucleus Ruber: Roter Kern im extrapyramidalen System
- Nystagmus: Augenzittern, rhythmisches Zucken der Augäpfel
- occipital: den Hinterkopf betreffend
- olfaktorisch: den Geruchssinn betreffend
- Ontogenese: Entwicklungsgeschichte des Einzelwesens von der Eizelle bis zum Tod
- Opisthotonus: Rückwärtsbewegung des Kopfes durch Spannung der Rücken- und Nackenmuskulatur
- Opposition: Gegensatz, Gegenüberstellung
- Output: Ausgabe
- palmar: in Richtung zur Handinnenfläche
- Paralyse: komplette Lähmung
- paravertebral: neben der Wirbelsäule
- Parese: Teillähmung
- Patella: Kniescheibe
- Pathologie: Krankheitslehre
- pathologisch: krankhaft
- peripartal: unter der Geburt
- Persistenz: Fortbestehen
- Perzeption : Wahrnehmung
- Phenylketonurie: Stoffwechselstörung, die unbehandelt zur geistigen Behinderung führt
- Physiologie: Lehre von den gesunden Lebensvorgängen
- Plegie: motorische Lähmung ganzer Gliedmaßen

- polysynaptischer Reflex: über mehrere Synapsen geschalteter Reflex, Fremdreflex, Schutzreflex
- Pons: Brücke, Kreuzungsstelle der Pyramidenbahn
- Population: Bevölkerung
- postpartal: nach der Geburt
- posturale Kontrolle: (engl. posture) Gesamtsteuerung der Körperlage
- posturale Reaktibilität: automatische Reaktion zur Steuerung der Körperlage bei den Lagereaktionen
- praepartal: vor der Geburt
- Präferenz: Bevorzugung einer Seite in der Motorik
- primär: ursprünglich
- Prognose: Vorhersage, Aussicht auf den Krankheitsverlauf
- progredient: fortschreitend
- Progredienz: Fortschreiten
- Pronation: Einwärtsdrehung (d. Armes)
- proniert: einwärts gedreht
- Propriozeptoren: Fühler für Druck- und Lagegefühl in Gelenken, Sehnen und Muskeln
- Protopathisches System: taktiles Schutz- und Abwehrsystem
- protrahiert: vorgezogen
- proximal: dem Körperzentrum näher liegend
- Pseudodominanz: scheinbare Händigkeit
- PSR: Patellarsehenreflex
- Pyramidenbahn: Gesamtheit der absteigenden Leitungsbahnen vom Gehirn zur Muskulatur
- radial: daumenwärts
- Radius: Speiche, der auf der Daumenseite liegende Unterarmknochen
- RAS: retikuläres Aktivationssystem, Verarbeitung von Sinnesreizen
- Reafferenz: gegenseitiges Zusammenwirken von Sensorik und Motorik
- Reaktivbewegung: Bewegung, die nicht spontan sondern als Reaktion auf einen Reiz auftritt
- Rectusdiastase: Auseinanderweichen der geraden Bauchmuskulatur
- Reflex: unwillkürlich ablaufende Muskelkontraktion, die durch äußere Reize unter Vermittlung eines Zentralorgans (z.B. des Rückenmarks) hervorgerufen wird
- Regelkreis: Funktionseinheit des ZNS, bestehend aus einer afferenten und einer efferenten Leitung
- Regression: Zurückgehen in der Entwicklung
- Rehabilitation: Wiedereingliederung eines Kranken in seine Umwelt
- Resistenz: Widerstandskraft gegen Krankheiten oder Medikamente
- retrahiert: zurückgezogen
- Retraktion: Zurückziehen

- Rezept: ärztliche Vorschrift
- Rezeptor: Empfänger, Aufnahmeorgan für Sinnesreize
- Rhomboideus, M.: Rautenförmiger Muskel, der den inneren Schulterblattrand an die Wirbelsäule zieht und damit das Schulterblatt an die Rippen legt
- rigide: steif, starr
- Rigidität: Starrheit, Bewegungslosigkeit durch Steifheit
- Rindenfeld: Areal der Hirnrinde
- Rotation: Drehung
- Salivation: krankhafte Vermehrung des Speichelflusses
- Sectio caesarea: Kaiserschnitt, operative Entbindung
- sekundär: zweitrangig
- Sensibilität: ausgewogene Reizaufnahme
- Sensorik: die Gesamtheit der Reizaufnahme
- Sensorische Integration: s. SI
- Separation: Trennung
- serial: nacheinander sich aufeinander beziehend
- SI: Sensorische Integration, Fähigkeit, auf innere und äußere Reize mit spontaner Anpassung zu reagieren
- signifikant: bedeutsam
- Silbenecholalie: Silbenwiederholung
- Skoliose: seitliche Verkrümmung der Wirbelsäule
- small for date: untergewichtiges, zum errechneten Termin geborenes Neugeborenes
- Spasmus: Krampf, unwillkürliche Muskelkontraktion
- Spastik: gesteigerter Muskeltonus mit gleichzeitig gesteigerten Eigenreflexen
- Spina bifida: angeborene Spaltbildung der Wirbelsäule durch Schädigung des Ektoderms
- spinal: zur Wirbelsäule, zum Rückenmark gehörend
- Split-brain-Phase: Unfähigkeit, beidseitig zu agieren, wegen (noch) nicht ausgeprägter Großhirn-Brückenfunktion
- Stellreaktion: Einstellung des Körpers zu einer Lageveränderung
- Stimulation: Anregung, Reizung
- STNR: Symmetrisch tonischer Nackenreflex
- Strabismus convergenz: Einwärtsschielen
- subdominant: untergeordnet
- subkortikal: Ebene unterhalb der Großhirnrinde
- Substancia nigra: Schwarze Substanz im extrapyramidalen System
- Sulcus centralis: Zentralfurche in der Großhirnrinde
- Supination: Auswärtsdrehung (z.B. der Hand, wobei die Handinnenfläche nach oben zeigt)

- supiniert: auswärts gedreht
- Symphyse: (griech. Verwachsung) Schambein
- Symptom: Krankheitszeichen
- Synapse: Kontaktstelle zwischen Nervenzellen
- Syndrom: Zusammenfassung von Krankheitssymptomem
- synergistisch: zusammenwirkend
- taktil: sich auf den Tastsinn beziehend
- Telorezeptoren: Aufnahmeorgane, Fühler für Fernsinne
- tertiär: drittrangig
- Tetraparese: Bewegungsstörung, bei der vier Extremitäten und der Rumpf betroffen sind
- Tetraplegie: Lähmung aller vier Gliedmaßen
- Thalamus: graue Kernmasse des Zwischenhirns
- Timing: Handlungen in zeitliche Abfolge integriert
- TLR: Tonischer Labyrinthreflex
- Tomographie: Schichtaufnahmeverfahren von Organen oder Körperteilen
- Tonus: Spannung, Muskelspannung
- Topographie: Beschreibung der Körperteile und der Lageverhältnisse
- Torsion: Achsendrehung
- Tractus: Zug, Strang
- Transfer: Übertragung z.B. einer Hirnfunktion von der einen auf die andere Seite
- Transport: Beförderung, Übertragung z.B. von Druck und Gewicht
- Triceps surae: Gruppe der Wadenmuskeln
- Trimenon: Dreimonatsspanne
- Ulna: Elle, der an der Kleinfingerseite liegende Unterarmknochen
- ulnar: zur Elle gehörend
- unilateral: einseitig
- uterin: zum Uterus gehörend
- Uterus: Gebärmutter
- Vakuum-Extraktion: Geburtshilfliche Maßnahme in der Austreibungsphase durch Zug mit der Saugglocke
- Vegetatives Nervensystem: Autonomes Nervensystem, das dem Willen und Bewußtsein entzogen ist.
- ventral: den Bauch betreffend
- verbal: in Worte gefaßt
- verbalisieren: in Worte fassen
- Vertebraten: Wirbeltiere
- vertikal: senkrecht
- vestibulär: das Gleichgewichtsorgan betreffend
- Vestibulum: Gleichgewichtsorgan im Innenohr

- visuell: das Sehen betreffend
- Vokalisation: Formen und Bilden von Lauten und Worten
- Vorderseitenstrangbahn: Leitungsbahn für Schmerz und Temperatur
- zerebral: cerebral, das Großhirn betreffend
- ZNS: Zentralnervensystem

Sachregister

Literatur

Annunciato, Nelson: Neuroplastizität: Wunschtraum oder Wirklichkeit? Zeitschrift Krankengymnastik Nr. 8, 1998

Ayres A.Jean: Bausteine der kindlichen Entwicklung, Springer Verlag, Berlin, Heidelberg, New York, Tokyo 1984

Barth, Norbert: Das System des Denkens. Forschungsgruppe Prof. von Radigk. Beitrag aus Psychologie Heute, Beltz Verlag, Juli 1988

Biedermann, Heiner: KISS-Kinder. Ferdinand Enke Verlag, Stuttgart 1996

Blechschmidt, Erich: Wie beginnt das menschliche Leben. Christiana Verlag, Stein am Rhein 1976

Bobath, Berta: Abnorme Haltungsreflexe bei Gehirnschäden. Georg Thieme Verlag, Stuttgart 1971

Brüggebors, Gela: Einführung in die Holistische Sensorische Integration (HSI). borgmann publishing, Dortmund 1992

Castillo-Morales, Rodolfo: Neuromotorische Entwicklungstherapie. Hansisches Verlagskontor, Lübeck 1978

Castillo-Morales, Rodolfo: Die Behandlung von Kau-, Schluck- und Sprechstörungen bei behinderten Kindern mit der orofazialen Regulationstherapie nach Castillo-Morales. Zahnärztliche Mitteilungen, Heft 9/85

Dithfurth, von: Der Geist fiel nicht vom Himmel. Deutscher Taschenbuch Verlag, München 1980

Dornes, Martin: Der kompetente Säugling. Fischer Taschenbuchverlag 1993

Eibl-Eibesfeld, Irenäus: Der vorprogrammierte Mensch. Verlag Fritz Molden. Wien-München-Zürich 1973

Feldenkrais, Moshé: The Potent Self, Verlag Harper & Row, San Francisco 1985

Feldenkrais, Moshé: Body And Mature Behavior, International Universities Press, New York 1983

Feldenkrais, Moshé: Die Entdeckung des Selbstverständlichen. Insel-Verlag, Frankfurt 1985

Feldkamp, Margret: Krankengymnastische Behandlung der infantilen Zerebralparese. Pflaum Verlag, München 1989

Fischer, Erhard: Wahrnehmungsförderung. borgmann publishing, Dortmund 1998

Fröhlich, Andreas: Wahrnehmungsstörungen und Wahrnehmungstraining bei Körperbehinderten. Schindele Verlag, Rheinstetten 1977

Frostig, Marianne: Bewegungserziehung. Ernst Reinhardt Verlag, München/Basel 1975

Garliner, Daniel: Swallow Right – Or Else. Verlag Warren H. Green, St. Louis, Missouri 1979

Garliner, Daniel: Myofunktionelle Diagnose und Therapie der gestörten Gesichtsmuskulatur. Verlag Zahnärztliches Schrifttum, München 1980

Haase, Henatsch, Jung, Strata, Thoden: Sensomotorik. Verlag Urban & Schwarzenberg, München, Berlin, Wien 1976

Haupt Ursula: Körperbehinderte Kinder verstehen lernen. Verlag selbstbestimmtes leben, Düsseldorf 1996

Hellbrügge, Theodor: Münchner funktionelle Entwicklungsdiagnostik. Urban und Schwarzenberg, München-Wien-Baltimore 1978

Henatsch, H.-D.: Haltung und Bewegung als Kontrahenten und Partner in der Motorik. Krankengymnastik Aktuell. Pflaum Verlag, München 1980

Kneisner, Karl: Aspekte zur Mundraum-Entwicklung KG-Intern 5/98

Larsen, Christian: Die zwölf Grade der Freiheit – Kunst und Wissenschaft menschlicher Bewegungskoordination. Verlag Via, Petersberg 1995

Leiber Olbrich: Die Klinischen Syndrome. Verlag Urban & Schwarzenberg, München – Wien – Baltimore 1981

Levy, Jerre: Hirnhälften: Die Kooperation im Kopf. Beitrag in Psychologie Heute, Beltz Verlag, Stuttgart April 1989

Liedloff, Jean: Auf der Suche nach dem verlorenen Glück. Beck'sche Reihe, München 1989

Lorenz, Konrad: Die Rückseite des Spiegels. R. Piper & Co. Verlag, München/Zürich 1973

Lovejoy, C. Owen: Die Evolution des aufrechten Gangs. Spektrum der Wissenschaft, Januar 1989

Mehne, Sabine: Fingerspitzengefühl. borgmann publishing, Dortmund 1999

Meier, Heinrich u.a.: Der Mensch und sein Gehirn – Die Folgen der Evolution. Verlag Piper, Zürich 1997

Molcho, Samy: Körpersprache als Dialog. Mosaik Verlag, München 1988

Montagu, Ashley: Körperkontakt. Klett Verlag, Stuttgart 1974

Müller, Laurence: Das Gehirn: rechts heiter, links betrübt? Beitrag in Psychologie Heute, Beltz Verlag, Mai 1988

Nuber, Ursula: Was macht die Gefühle? Beitrag in Psychologie heute, Beltz Verlag, Mai 1989

Pflüger, Leander: Neurogene Entwicklungsstörungen. Ernst Reinhardt Verlag, München, Basel 1991

Piaget, Jean: Das Erwachen der Intelligenz beim Kinde. Klett Verlag, Stuttgart 1975

Pöppel, Ernst: Passivität ist schlimm – Lernerfolge und Kreativität. Skript 1998

Prekop, Jirina: Störungen der Persönlichkeitsentfaltung in Wechselwirkung mit Teilleistungsstörungen. Skript

Prekop, Jirina: Der Kleine Tyrann, Kösel-Verlag, München 1988

Remschmidt, Schmidt: Neuropsychologie des Kindesalters. Ferdinand Enke Verlag, Stuttgart 1981

Russel, Roger: Feldenkrais im Überblick, Thomas Kaubisch Verlag 1999

Schäfer, Ernst: Das Hand-Buch. Droste Verlag, Düsseldorf 1988

Shelhav-Silberbusch, Chava: Bewegung und Lernen. verlag modernes lernen, Dortmund 1999

Spitz, René: Vom Säugling zum Kleinkind. Ernst Klett Verlag, Stuttgart 1974

Thiesen-Hutter, Maren: Psychologie und Neurophysiotherapie Vojtas. Enke-Verlag, Stuttgart 1982

Tomatis, Alfred: Der Klang des Lebens. rororo Sachbuch 1987

Versch. Autoren: Neurokinesiologische Diagnostik. Documenta Pädiatrica Band II, Hansisches Verlagskontor, Lübeck 1976

Versch. Autoren: Gehirn und Nervensystem. Verlagsgesellschaft Spektrum der Wissenschaft: Verständliche Forschung, Heidelberg 1985

Vester, Frederic: Leitmotiv Vernetztes Denken. Heyne-Verlag, München 1988

Vester, Frederic: Denken-Lernen-Vergessen, Deutsche Verlagsanstalt, Stuttgart 1975

Vojta, Václav: Die Cerebralen Bewegungsstörungen im Säuglingsalter. Ferdinand Enke Verlag, Stuttgart 1974

Watzlawick, Paul: Menschliche Kommunikation Verlag, Hans Huber 1985

Wolff, Gunda: Die ersten Lebensjahre, Ernst Klett Verlag, Stuttgart 1979

Zimmermann, Antje: Ganzheitliche Wahrnehmungs-Förderung bei Kindern mit Entwicklungsproblemen. verlag modernes lernen, Dortmund 1998

Zinke, Petra: Frühdiagnose – Krankengymnastische Befunderhebung zentraler Bewegungsstörungen bei Säuglingen und Kleinkindern. Krankengymnastik Aktuell. Pflaum Verlag, München 1980